중국 동북지구 석붕 연구

중국 동북지구 석붕 연구

화이빙(华玉冰) 지음 / 하문식 옮김

사회평론아카데미

한강문화재연구원 학술총서 8

중국 동북지구 석붕 연구

2019년 9월 2일 초판 1쇄 인쇄
2019년 9월 9일 초판 1쇄 발행

지은이 화이빙
옮긴이 하문식
펴낸이 윤철호
펴낸곳 (주)사회평론아카데미
책임편집 고인욱
편집 고하영·장원정·최세정·임현규·정세민·김혜림·김다솜
표지·본문디자인 김진운
본문조판 민들레
마케팅 최민규
등록번호 2013-000247(2013년 8월 23일)
전화 02-2191-1128
팩스 02-326-1626
주소 03978 서울특별시 마포구 월드컵북로12길 17

ISBN 979-11-89946-26-5 93910

한국어판 서문

졸작『중국동북지구석붕연구(中國東北地區石棚研究)』를 한국의 독자와 친구들에게 소개해 주신 하문식 선생의 후애(厚愛)에 깊은 감사를 드린다.

하 선생은 매우 일찍 요령 고고학계와 협력 연구를 수행한 학자 가운데 한 사람으로, 나의 장인인 씬짠산(辛占山), 은사 린윈(林澐) 그리고 중국의 많은 선배, 동료들과도 친분이 있다. 하 선생은 오랫동안 한·중 문화교류에 노력해 왔고, 학문의 엄격함, 사람됨이 열성적이고, 후진들을 이끄는 어른다운 풍모가 있다. 이 책을 번역하기 위하여 하 선생은 글을 쓴 배경, 관련 개념, 중요한 관점 등을 리꽝밍(李光明) 선생을 통해 내게 상세히 알아보았으며, 관련 성과를『이상길교수추모논문집(李相吉教授追慕論文集)』에 발표하였다.

이 책의 한국어판 출판을 앞두고 몇 마디 써 달라는 부탁을 하여 나는 흔쾌히 응했다. 첫째는 이 자리를 빌려 고마움을 표하고 싶었으며, 둘째는 관련 문제에 대한 설명을 추가하기 위해서이다.

1

이 책은 나의 박사논문을 수정·보완하여 작성하였으며 2011년에 출판되었다. 석붕(石棚) 연구를 위주로 하였지만, 실제는 요동(遼東) 전 지역 청동기시대의 고고문화 계보 문제와 관련이 있다. 현재 중국 동북지구 석붕무덤의 열악한 보존 상태와 출토 유물의 빈약한 현실을 볼 때, 석붕류 유적의 전반적인 상황에 대한 연구는 사실상 앞에서 말한 시·공간적 틀에 의해서만 합리적 추론과 해석을 할 수 있으며, 현재도 여전히 그런 상황이다.

석붕 연구를 주제로 선정한 초기부터 한·중 학계 동료들의 관심과 주목을 받았다. 2007년 10월 한국 장흥군에서 '제10차 세계거석문화 국제학술대회'가 개최되었는데, 한국 대사관은 중국 문화부를 통해 중국측 인사를 초청했다. 사회과학원 고고연구소에 초청장이 전달되고 동료들이 나를 추천하여 회의에 참석하였다. 이 회의에서 나는 「중국 석붕연구 현황」을 발표했고, 현장 방문을 통해 무형문화재 관람, 고인돌 축조 과정 재현 행사 등에 참여하면서 처음으로 한국 고인돌 연구에 대한 대중들의 높은 관심을 알 수 있었다. 또한 같은 해 12월 한국 고인돌 연구의 현황을 알아보기 위해 갔을 때 청징탕(成璟瑭) 선생을 통해 조진선 선생의 연락을 받고 「석붕의 유형」이라는 제목으로 한국 전남대학교의 '동북아시아의 고인돌 연구 해외명사 강좌'에서 발표하게 되었다. 그 기간에 조 선생은 직접 운전을 하여 약 3만 기의 고인돌을 볼 수 있게 해 주었고, 특별히 이영문 선생을 만나 조언을 듣는 기회도 만들어 주었다.

2009년 5월에는 한국 울산문화재연구원의 초청을 받아 '한·중고고학비교연구' 세미나에 참가하여 「요동지역 청동기시대 고고학문화 연구」를 발표하였다. 같은 해에 바이윈쌍(白雲翔) 선생의 추천으로 한국 나주문화재연구소와 중국사회과학원 고고연구소 등이 공동으로 추진한 '한·중·일 고인돌 비교연구[韓·中·日支石墓比較硏究]'에 참여하였고, 8월에는 한국에서 열린 연석회의에서 「중국 동북지역 각종 석붕 유형의 분포」를 발표했다(2011년에 연구과제가 완료되었으며, 천위엔부[陳元甫] 선생과 나는 이 과제를 공동으로 완성하여 한국에서 『중국 지석묘』를 출판했음).

2010년 3월에는 한국 울산문화재연구원 창립 10주년 학술세미나에 참가하여 「석붕묘와 개석묘의 발전 변화」를 발표했고, 2013년 5월에 울산문화재연구원이 개최한 '한·중 고고학 비교연구' 회의 기간에 이청규 교수의 요청으로 한국청동기학회의 세미나에 참석하여 「요동과 한반도의 문화교류」를 발표하였다. 2017년 10월에는 박양진 교수의 초청으로 한국청동기학회에 참석하여 주제 발표를 하였다(「人文背景下的"千山山地石棚"起源與發展」). 따라서 이 책의 성과는 이미 많은 학자들에 의해 한국 학계에 소개되었다.

이 밖에 중국에서도 이 책과 관련된 글(「馬城子文化墓葬分期及相關問題」, 『新果集-慶祝林澐先生七十華誕論文集』, 科學出版社, 2009年; 「新城子文化初步研究-兼談與遼東地區相關考古遺存的關系」, 『考古』, 2011年 6期; 「遼東青銅文化譜系再檢討」, 『慶祝張忠培先生八十歲論文文集』, 科學出版社, 2014年; 「試說遼東青銅考古文化圈」, 『青銅器與山東古國』, 學術研討會論文集, 上海古籍出版社, 2017年 6月 등)을 발표했다.

2

위에서 언급한 성과는 이 책을 심화하고 세분화한 것인데 주요 관점에는 변화가 없으나 여전히 몇 가지 문제는 보완이 필요하다고 생각하는데, 이 기회를 빌려 여러분들의 조언을 부탁드린다.

첫째, 석붕의 유형과 상호관계에 관한 것이다. 한·일 학계는 먼저 고인돌의 분류를 통해 형태의 차이점을 지적하는 동시에 그 발전과정을 밝혀 보고자 하였다. 예를 들어 북방식(탁자형)에서 남방식(바둑판형)으로 발전하였다거나, 또는 개석식(蓋石式)이 가장 먼저 등장했다고 주장하는 것 등이다. 중국 학계의 석붕 분류도 이와 비슷하지만, 고인돌의 유형 분류와 일치시키기는 어렵다고 인식하는 이들이 대부분이다. 즉, 석붕의 기원은 돌무지무덤이며 그것이 개석무덤으로 발전했고, 그중에서 석붕은 위의 두 유형의 무덤과 병존한 시기도 있었다는 주장이다.

이 책에서는 이 석붕들이 서로 다른 문화계통에 속하며, 각 계통의 전형적인 무덤형식을 보여 주는 것으로 보고 있다. 이와 유사한 정황이 요서에서도 발견된다. 예를 들면, 서주 시기 연남(燕南) 지역의 주인(周人), 상인(商人), 장가원상층(張家園上層) 주민의 무덤은 각자의 특징을 가지고 같은 지역에 있었지만, 결국에는 융합되어 연문화(燕文化)를 형성하게 된다. 연북(燕北)지역에서는 화상구 유형(和尚溝類型), 십이대영자 유형(十二台營子類型)(여기서는 능하 유형[凌河類型]의 개념은 사용하지 않음), 하가점 상층문화(夏家店上層文化)가 이와 유사한 관계를 보이고 있다. 즉, 춘추 후기부터 전국 시기까지 건창 동대장자 무덤(建昌東大杖子墓地)의 전토묘(塡土墓)와 전석묘(塡石墓) 장례습속은 여러 면에서 차이가 있음에도 불구하고 한 지역의 무덤에 동시에 존재했으며, 조양 원대자 무덤(朝陽袁台子墓地)도 역시 토착문화와 연문화(燕文化)의 무덤이 공존하고 있다. 이를 통해 요동과 요서는 문화의 발전과 융합에서 공통적인 양식이 존재하였으며, 서로 다른 문화를 참고하여 무덤 유형에 대하여 새로운 이해를 할 수 있었음을 보여 준다.

둘째, 석붕무덤의 출현 연대와 기원에 관한 것이다. 각 유형의 석구무덤[石構墓葬]이 독자적인 문화계통에 속해 있는 만큼 각자의 기원을 추적해 볼 필요가 있다. 현재의 고고 발견을 통해 볼 때, 석붕무덤의 흥기(興起)와 관련된 시기에는 두 차례의 큰 문화 요소의 변화가 있었던 것으로 밝혀졌다. 첫 번째 변화는 지금으로부터 약 5천 년 전의 신석기 후기에 요서·요동의 '지자문 계통(之字紋系統)' 유적이 쇠락하고, 요동에서는 '돌대문 계통[堆紋系統]' 유적으로 대체된 것이다. 예를 들면, 편보자 유형(偏堡子類型), 삼당 1기 유형(三堂一期類型), 북구문화(北溝文化) 등은 모두 송눈평원(松嫩平原)과 북방초원(北方草原)의 문화요소가 혼합된 것으로 요동 청동기시대 초기 마성자문화(馬城子文化) 등의 가장 중요한 근원이 된 것이다. 두 번째는 상말 주초(商末周初)에 발생했는데, 강력한 하가점 하층문화가 쇠퇴하면서 요서, 북방초원, 송눈평원, 심지어 요동지역까지 주인(周人)의 각축 지역이 되었으며, 동시에 초도구 유형(抄道溝類型)을 대표로 하는 북방 유적이 요동지역으로 들어오게 된다. 서주 초기에 하가점 상층문화가 요서에서 주도적 지위를 차지한 다음 요동지역은 현문호(弦紋壺)와 동북계 동검(東北系銅劍) 출현을 표지로 하는 문화권이 형성된다. 기존 학계에서는 보란점 쌍방2호 석붕(普蘭店 雙房2號 石棚)에서 쌍타자 3기 문화(雙砣子 三期文化)의 특징이 있는 단지를 근거로, 석붕의 출현 연대를 위에서 언급한 두 번째 변화 단계로 보는 주장이 많았다.

8

이 책에서는 화가와보 석붕무덤의 연대가 이보다 이르며, 껴묻기된 겹입술 깊은 바리와 돌대문 계통 유적은 밀접한 관계가 있어 석붕 유적의 출현 연대는 첫 번째 단계로 올라갈 수 있다고 주장하였다. 사실 신석기시대 후기의 소주산 상층문화(小珠山 上層文化) 단계에 대련을 중심으로 한 요남지역에는 이미 돌무지무덤이 있었으며, 요동은 마성자문화 중기에 속하는 남분 무덤[南芬墓地]에서 이미 개석무덤이 출현한다.

셋째, 요동지역 현문호와 동북계 동검의 기원에 대해서이다. 이 책에서 현문호가 마성자문화를 계승한 신성자문화에서 가장 먼저 흥기했다고 주장한 것은 그 기원을 고려했을 뿐만 아니라 그 흐름도 주시한 결과이다. 이 책에서는 동북계 동검의 요동 출현에 관하여는 다루지 않았으나, 아직 완전하지 않은 일부 관점에 대해 언급하고자 한다. 지금까지 요동에서 동북계 동검은 주로 돌널무덤과 개석무덤에서 출토되고 있으며(쌍방 6호무덤 포함), 마성자-신성자문화 계통에 속한다. 린윈 선생이 「중국 동북계 동검 시론[中國東北系銅劍初論]」과 「중국 동북계 동검 재론(中國東北系銅劍再論)」에서 연대가 비교적 이른 검들이 신성자문화 분포지역에서도 많이 발견된다고 밝힘으로써 요동에서 이 동검의 문화가 가장 먼저 출현했음을 표명하였다.

2017년 심양 신민북외(沈陽 新民北崴) 유적의 신락 상층문화(新樂 上層文化)의 폐기퇴적(廢棄堆積)에서 초기 동북계 동검 1점과 부채꼴 청동도끼 거푸집이 출토되었다. 기존 연구성과에 의하면 신락 상층문화의 하한 연대는 서주 초기로 요서에서 동북계 동검이 출현한 연대보다 앞서게 된다. 쟈오삥부(趙賓福) 선생은 일찍이 신락 상층문화를 마성자문화에 포함시켰는데, 두 문화 사이의 밀접한 관계를 엿볼 수 있는 대목이다. 따라서 동북계 동검은 신성자문화보다 이른 시기에 나왔다는 견해가 자연스럽게 성립된다. 상술한 두 가지는 요동(遼東)문화 요소의 두 번째 변화 단계에서 나타났으며, 석붕무덤의 출현보다 늦으나, 결코 석붕무덤 계통의 원생문화(原生文化) 요소에 해당하지는 않는 것이다.

3

결론적으로, 중국 동북지구 석붕은 발굴자료가 비교적 적고, 관련 연대측정 자료가 부족하기 때문에 상관 연대를 판단할 수 있는 근거가 부족하다.

량쯔룽(梁志龍) 선생의 소개에 따르면, 본계(本溪)지역 조사에서 '남방식 고인돌[支石墓]'과 비슷한 석구(石構) 유적이 발견되었으나 안타깝게도 발굴할 기회가 없었다고 한다. 이러한 유적들은 요동반도와 한반도의 관계를 연구하는 데 중요한 단서가 된다.

2007년부터 중국에서 진행된 제3차 전국문물조사[全國文物普査] 결과, 영구(營口) 조사단이 석붕 유적의 중요 분포지역인 개주 일대에서 청동기시대 산성을 여러 곳 발견하였다. 출토 유물들은 상당히 특별하여 대련을 중심으로 한 돌무지무덤 분포지역과 본계를 중심으로 한 개석무덤 분포지역에서 지금까지 알려진 여러 종류의 고고문화 범위에 포함되지 않지만 이 책의 관점을 증명하는 증거가 될 수 있을 것이다.

본인은 업무의 제약으로 위에서 언급한 문제를 해결하기 힘들지만, 이러한 문제들에 대하여 후학들과 뜻있는 학자들의 심화된 연구가 이루어지기를 기대한다.

하문식 선생을 비롯한 여러 연구자들의 도움에 다시 한 번 감사드린다. 또한 이 책을 많은 한국 동료, 친구 및 독자 여러분께도 권하고 싶다. 마지막으로 80세 생신을 맞이하시는 스승 린윈 선생님께서 강녕하시기를 기원하며 이 책을 바친다.

2019년 8월

화이빙(华玉冰)

추천의 글

내가 북경대 고고학과에서 공부할 때인 1960년부터 동북고고학에 흥미가 생겨 동북지역에서 발견되는 고고학 관련 자료를 수집하기 시작했다. 당시 북경은 도서를 구하기 좋은 조건이었으며, 고구려 벽화 무덤[學年論文]을 지도해 주신 쑤바이(宿白) 선생께서는 나를 북경대 도서관 선본(善本) 서고와 북경도서관에 보내 책을 조사하도록 하셨다. 이때 상당히 많은 동북고고학 관련 중국과 일본 자료를 찾게 되었다.

고구려 벽화 무덤 외에 내 기억으로는 동북계 청동단검(青銅短劍), 석붕(石棚), 요나라 무덤[遼墓] 등 세 가지 자료가 가장 많았던 것 같다. 당시에 나는 청동단검과 석붕을 기록한 것 외에도 항목마다 요점을 정리하고 그림 자료를 추가해서 두꺼운 황색 모눈종이를 표지로 하여 2권의 전문 자료집을 만들었다. 그 결과 동북계 청동검이라는 제목으로 졸업논문을 완성했다.

석붕 관련 자료집은 계속 보관해 오다가 안타깝게도 '문화혁명' 시기에 어디론가 사라졌다. 그러나 나는 석붕이 동북고고학에서 연구 가치가 큰 과제의 하나라는 인식을 줄곧 하고 있었다.

석붕 문제가 중요한 것은 1960년대 자료를 조사할 때, 이러한 고고 유적이 청동단검과 마찬가지로 요동반도뿐만 아니라 한반도에 더 많이 있으며 바다

건너 일본까지 분포한다는 것을 알고 있었기 때문이다. 따라서 동북아시아의 고대사 연구에 있어 중요한 가치를 지닌다는 것은 의심할 여지가 없다. 그러나 이러한 유적에 대한 연구는 하나하나 현지를 방문하여 관찰, 기록, 발굴을 할 때에만 연구자로서의 자격을 가질 수 있다.

문화혁명 이전 이 분야의 연구자로 인정받았던 학자는 여순박물관의 쉬밍까앙(許明綱)을 들 수 있다. 문화혁명 이후에 요령성문물고고연구소의 쉬위이린(許玉林)은 전문적으로 석붕을 조사하고 연구하여 전문 저서를 출판하였다. 길림성문물고고연구소의 왕홍펑(王洪峰)도 많은 석붕을 조사하여 논문을 발표하였다. 그러나 모두 자기 지역에 국한되었기 때문에 한반도와 일본의 관련 유적과 연관시켜 이 문제를 연구하지 못했다. 일본·북한·한국 학자들도 중국에 관련 유적이 있다는 사실은 인식하고 있었으나 중국 석붕에 대해 많이 연구하지 못하여 앞으로 심화된 연구가 기대되는 상황이었다.

화이빙(华玉冰)이 나와 박사논문 주제를 논의하면서 석붕 문제를 연구주제로 제기했을 때 나는 기쁘기도 했지만 한편 걱정도 되었다. 기쁜 이유는 그가 요령성에서 유적 현지조사로 상당히 많은 새로운 석붕을 발견하고 발굴자료를 얻은 것을 알고 있었기 때문이다. 또 그는 많은 시간을 들여 한반도와 일본 고인돌[石棚] 상황에 대해 거의 완벽하게 파악하고 있어 현재 중국 고고학계에서 이 방면의 최고 연구자라 할 수 있기 때문이다. 그러나 걱정이 되는 점은 이 주제는 연구하기 너무 어려운 데다가, 그가 요령성문물고고연구소의 부소장으로서 특히 강녀석 유적[姜女石遺址] 보고서 집필 책임자였기 때문이다. 그런데 나는 지도교수로서 이 문제에 대한 실질적인 이해와 연구 성과가 전혀 없었기 때문에 구체적인 도움과 지도를 해 줄 수 없었다. 박사논문 지도교수로서 이 주제는 내게 가장 자신이 없는 분야라고 할 수 있다.

그렇지만 화이빙은 강인하고 인내심 있는 학자로 스스로 논문 개요를 작성하고 충실하게 진행하여 나는 마음을 놓을 수 있었다. 결국 정해진 기한 안에 상당히 구체적인 박사논문을 완성하게 되었다. 이 논문은 적어도 세 가지 방면에서 의미가 있다.

첫째, 중국의 석붕 자료에 대해 현재까지 가장 상세하고 믿을 만한 설명을 하였다. 그림 자료도 풍부하여 기존의 『요동반도석붕(遼東半島石棚)』과 기타 논저보다 훨씬 뛰어나 앞으로 이 분야의 연구에 매우 귀중한 기본 자료를 제공할 것이다.

둘째, 중국, 한반도 및 일본의 관련 유적의 다양성을 충분히 고려하여 석붕에 대하여 새로운 정의를 내리고 분류를 진행하였다. 그의 연구 성과들이 아직 학계의 공식적인 인정을 받지는 않았으나, 이러한 유적의 객관적 형태에 대해 전반적으로 깊은 인식을 하게 만들었다. 한편 이러한 유적의 종합적 연구에 도움을 주고, 다른 방면으로는 유적의 발견과 조사, 기록에 큰 바탕이 될 것이다.

셋째, 석붕에서 출토된 유물에 근거하여 서로 다른 형식의 석붕 상호 관계와 발전과정에 대해 매우 새로운 견해를 제시하였다. 이것은 석붕 자체에 대한 인식뿐 아니라 동북지역 남부의 상당한 지역에 걸친 청동기~철기시대 고고문화의 시·공간과 관련된 인식까지 포함된다.

이것은 동북고고학의 두 가지 방면에 많은 영향을 미친다. 첫째, 과거 동북지역 남부의 고고문화 구획과 상호관계를 고려할 때 석붕이라는 유적은 종종 중요한 문화요소로 충분히 인식되지 못하여(이러한 관련 유적의 연구가 충분히 발표되지 못한 것도 하나의 원인이다) 신뢰할 만한 연구 결과를 얻지 못했다. 따라서 앞으로 해당 시·공간 범위의 고고문화에 대한 연구에서 반드시 연구 방법이 개선되어야 할 것이다.

둘째, 이 책은 고고문화의 지역 구분에서 참고할 만한 의견을 제시했다. 석붕 무덤의 분포 지역, 특히 입지형 석붕무덤의 분포 지역에서는 현재까지 청동기시대에서 초기 철기시대의 유적이 거의 발견되지 않았고 유물도 아주 적게 발견되어 고고문화의 유형 연구가 부족하였다고 할 수 있다. 실제로 결론을 내리는 데 어려움이 많았다.

쌍방문화(雙房文化) 같은 고고문화에 대하여 각 연구자의 관점은 일치되지 않는다. 어떤 연구자는 구획을 작게 나누고, 어떤 연구자는 매우 크게 구분한다. 심지어 요서 평원의 '능하 유형(凌河類型)'도 쌍방문화에 속한다고 주장하듯이 의견들이 제각각이다. 화이빙은 논문에서 이른바 '쌍방문화'를 '신성자문화(新城子文化)' 등 서로 다른 문화와 유형으로 세분화하자는 의견을 제시하였고, 현재 자료 상황으로 볼 때 논의할 가치가 있는 분석 방법이다.

이 책의 분명한 한계는 석붕의 분류에서 한반도와 일본의 관련 유적을 참고했으나 기본적으로 중국의 석붕을 한반도, 일본의 유적과 관련시켜 언급하지 않은 것이다. 중국의 청동기~초기 철기시대의 고고문화와 한반도, 일본과의 관계에 대한 논의도 전혀 없다. 이것은 박사논문 완성이라는 시간의 한계때문에 어쩔 수 없이 회피했을 가능성이 있다. 그러나 논문이 정식으로 발표된 후 화이빙은 자연스럽게 중국의 대표적인 석붕 연구자가 되었으므로 다시 피할 수 없는 문제가 되었다. 그래서 나는 화이빙이 용기를 갖고 중국을 넘어 한반도와 일본의 관련 고고학 문제도 더 연구하여 중국 고고학계가 세계에서 주목받을 수 있도록 기여할 수 있는 촉망받는 연구자가 되길 희망한다.

만일 연구가 이 논문을 출판하는 것에서 그치게 된다면 그것은 정말 안타까운 일이 될 것이다! 중국 고고학계의 더 많은 뜻있는 연구자들이 세계 고고학에 공헌할 수 있도록 자신의 역량을 발휘하여 중국 이외의 더 넓은 세계로 시야를 넓히는 것이 필요하다. 나 역시 이미 칠순이 넘은 나이지만 화이빙과 함께 노력할 것이다.

길림대학 변강고고연구중심에서
2011년 2월 2일
린윈(林澐)

서문

논문의 초고를 완성하고 보여 드리니 지도교수인 린원(林澐) 선생이 "나는(선생 자신을 지칭) 한시름 놓게 되었다"고 말씀하셨다. 이에 나는 진심으로 감격하고 감동했다. 실제 이런 감격과 감동은 과제를 받고 자료를 수집하며 논문을 최종 완성하기까지 계속되었다.

일부 자료를 나는 볼 수 없고 복사할 수도 없었으나, 선생이 친히 학교 도서관에 가서 초록하여 나에게 주셨다. 논문 중에 명확하지 않은 문제가 있을 때, 선생은 나에게 질문하는 방식으로 생각을 정리할 수 있도록 도와주셨고 깨우침도 주셨다. 중요한 부분은 서술이 더욱 충실해질 수 있도록 직접 글을 고쳐 주셨고, 도판을 고를 때는 시범을 보여 주셨다. 심지어 세세하게는 구두점 기호의 사용과 잘못 쓴 글자 하나하나까지도 지적해 주셨다. 힘들 때 선생은 시의적절한 격려로 나에게 자신감을 주셨으며, 선생의 엄격함은 감히 나를 게으르지 못하게 했다.

이 논문에 대해 말하자면, 개인의 능력에 한계가 있어 여전히 선생의 희망과 요구에 미치지 못하였기에 정성과 심혈을 기울여 주신 것에 대해 매우 송구스러움을 느낀다. 하지만 이 논문이 통과되고 나서 더 많이 느낀 것은 행운이었다.

행운이라고 한 것은 이 한 편의 보통 논문이 많은 선배, 선생, 동료의 관심과 배려를 받을 수 있었기 때문이다. 주제 선정과 글을 쓰는 과정에 리버첸(李伯謙), 궈따쑨(郭大順), 씬짠산(辛占山), 왕웨이(王巍), 텐리콘(田立坤) 등 여러 선생이 모두 중요한 제안과 의견을 주셨다. 나는 논문을 쓰는 동안 꾸위차아이(顧玉才), 청징탕(成璟瑭) 선생과 함께 두 차례 한국을 방문했다. 고인돌을 연구하는 학자인 조진선(趙鎭先) 선생은 고생을 마다하지 않고 직접 차를 운전하여 한국의 주요 고인돌 유적을 현지조사할 수 있게 하였고 자료 수집을 도와주었다. 하문식(河文植) 선생은 리광밍(李光明) 선생을 통해 북한의 관련 자료를 복사하여 보내 주었다. 이영문(李榮文) 선생은 고인돌의 축조과정 등에 주의해야 한다고 일러 주었다. 비록 일부 자료들은 이용하지 못했지만 시야를 넓히고 관점을 교정하기에 충분했으며, 논문이 통과되어 얻은 수확은 이미 논문 자체를 훨씬 넘은 것이다.

이 논문이 완성되도록 도와주신 텐리콘 소장, 씬이안(辛岩), 리룽빈(李龍彬), 쒸영쉰(薛英勛) 선생 등 여러 동료들께 감사드린다. 그들이 일을 분담하였기 때문에 나는 충분한 시간을 가질 수 있었다. 이 논문을 완료할 수 있도록 왕라이주(王来柱), 쓩정룽(熊增珑), 리씬취엔(李新全) 선생 등은 많은 새로운 발굴 자료를 사심없이 제공해 주었다. 일부 자료는 이미 어느 정도 알려지기는 했으나 아직 정식으로 발표되지는 않았다. 이 부분에서 특별히 샤오징취엔(肖景全) 선생에게 감사드린다. 논문의 그림은 연구소의 화쩡제(華正杰), 왕시이오레이(王晓磊), 완청중(萬成忠) 등이 그려 주었다. 본문은 동료들의 도움으로 교정을 진행할 수 있었다. 후배 판링(潘玲)은 본문과 그림의 편집을 자신이 직접 하여 주었다.

재학 기간동안 모교 길림대학의 주훙(朱泓), 리이안(李言), 리이(李義), 왕영룽(王英龍), 왕리씬(王立新), 류이안(劉艷) 등 고고학 전공의 여러 선생님들께서 각 방면에서 나에게 관심을 가져 주셨다. 또한 동학 쟈오삥부(趙賓福), 충더씬(從德新), 찐쉬뚱(金旭東), 쑨리난(孫力楠) 선생 등을 많이 귀찮게 하였다. 몇 년동안 처 씬쌍링(辛香齡), 딸 화시이오신(華曉欣)은 줄곧 나의 논문 작성을 가정의 가장 큰 일로 여기고 많이 도와주었기에 마침내 한숨 돌릴 수 있게 되었다. 나는 이 논문을 존경하는 스승님과 친구, 동료 그리고 가족 모두에게 바치고자 한다.

또한 논문을 완성하고 3년이 지나 정식 출판을 하게 되었다. 그 사이에 논문 관련 주제로 몇 차례 강연을 하면서 왕웨이, 쉬융제(許永傑) 선생이 제기한 의견에 따라 2차례 철저히 수정을 하였다. 또 비교적 모호한 학술용어를 자세히 정리하여 명확하고 간결하게 서술하는 데 중점을 두었다.

원문의 입지형 석붕무덤[立支型石棚墓]에서 널 모양[棺狀], 덧널 모양[槨狀], 방 모양[室狀] 등 세 가지 아형(亞型)으로 설정한 개념이 모호하다는 텐리콘 선생의 지적에 청징탕 선생의 제안을 받아들여 감입(嵌入), 탑접(搭接), 의고형(倚靠型)으로 고친 것이 그 예이다. 또 개석형 개석무덤[蓋石型蓋石墓]을 원래 석관(石棺), 토갱(土坑), 석광(石壙), 토광(土壙) 등 4가지 아형으로 분류하였지만 구분하기 어려워 홑묻기[單葬型]와 어울묻기[集葬型]로 수정하였다. 그리고 서로 다른 지역에 분포하는 개석무덤과의 매장 풍속에 대한 차이를 설명하고자 힘썼다. 물론 여전히 많은 학술 용어를 확실하게 정의하기 어렵지만 동료들의 가르침으로 한층 개선할 수 있었다.

논문을 출판할 수 있었던 것은 길림대학 변강고고중심(吉林大學 邊疆考古中心)의 과제에 선정되어 출판비를 제공받았기 때문인데 이에 감사드린다. 또 지도교수인 린윈 선생께서 바쁘신 가운데 이 책의 서문을 써 주시고, 린쉐찬(林雪川) 선생이 정성들여 촬영한 나와 선생의 사진을 이 책 앞부분에 기념으로 실어 주신 것에 감사드린다. 그리고 쑹시이오쥔(宋小軍) 선생이 고생을 마다하지 않고 설 기간 동안 편집하고 윤색을 진행하여 빠른 시간에 출판할 수 있게 해 주셔서 감사드린다.

2011년 3월
화이빙

차례

일러두기

1. 중국의 인명은 외래어 표기법에 따라 표기하였고 지명과 유적 등 고유명사는 우리말 한자음으로 처리하면서 독자의 이해를 위하여 맨 처음 나오는 부분의 괄호 안에 한자를 같이 표기하였다.

2. 본문에서 각종 기호는 원문에 충실하도록 노력하였으나 강조하는 " " 표시는 ' '로 바꾸었다.

3. 본문에서 인용한 문헌의 제목은 우리말 한자음으로 표기하면서 일부 수정하였고 맨 처음에는 괄호 속에 한자를 같이 표기하였다. 각주에서 인용한 논문이나 책명은 한자로 처리하였다.

4. 그림에서 출토 유구와 유물 번호는 일부 수정하여 표기하였지만(예: M1:4 → 1호 - 4), 편집 과정에서 복잡하고 어려운 부분은 원유물 번호를 그대로 표기하였다(예: MBM16:6이나 SBT2③:40 등).

5. 유구나 유물은 되도록 우리말로 옮겼는데 다음 자료를 참고하였다. 한국고고미술연구소, 1984, 『한국고고학개정용어집』.

제1장

서론

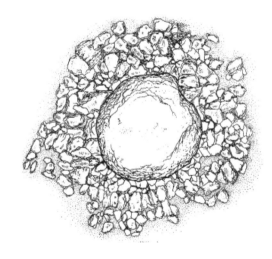

1. 연구 내용 및 의의

1) 연구 대상

이 책의 연구 대상은 넓은 의미의 '석붕(石棚)'이다. 여기에는 현재 굄돌이 지표에 노출되어 있는 좁은 의미의 '석붕', 덮개돌[頂石][1]만 지표에 드러나 있는 '대석개묘(大石蓋墓)' 및 '대개석묘(大蓋石墓)', 하나의 완전한 판자돌로 덮개돌을 만든 이른바 '돌널무덤', 돌을 쌓아 무덤방을 만들고 주위에 돌무지를 쌓은 다음 판자돌을 덮은 '돌무지무덤[積石墓]'·'압석묘(壓石墓)' 등이 포함된다. 위에서 말한 여러 종류의 무덤들은 무덤방의 구조에는 차이점이 있지만 장례습속에서 많은 공통점이 있다. 지표 위에 하나의 완전한 큰 돌을 놓아 덮개돌로 삼은 점은 이들 무덤들의 공통된 특징의 하나이다.

현재 학계에서는 이러한 무덤 유형을 아우르는 명칭으로 고인돌[支石墓]을 사용하고 있다. 이 책에서는 이 학술용어를 '석붕'으로 한다. 그 이유는 다음과 같은 것을 고려하였기 때문이다. 『중국대백과전서·고고학(中國大百科全書·

考古學)』석붕조(條)에서는[2] 석붕 그 자체는 곧 고인돌과 서로 대응되는 하나의 전문용어이다. 이 명칭은 학계에서 쉽게 받아들이고 있을 뿐만 아니라 중국에 분포하고 있는 이러한 유형의 무덤 특징을 구체적으로 표현하며 다른 지역에서 발견되는 무덤들과 구별하기 위한 것이다.

2) 연구의 공간 범위

이 연구의 공간 범위는 중국 동북지구이다. 현재까지의 조사에 의하면 중국 동북지구에서 석붕은 주로 동요하와 하요하 동쪽, 송화강 남쪽, 압록강 서쪽에 이르는 중국 동북의 동남부지역에 분포한다. 지리적 개념으로는 요동반도와 반도 북부 산지 및 요하평원의 동부가 포함된다.

3) 연구의 주요 의의

중국 동북지구의 석붕에 대한 체계적 정리를 통해 향후 동북아시아지역 석붕(고인돌)의 체계적 비교연구를 위한 기초를 마련하고자 한다.

중국에서 석붕은 동북의 동남부지역 이외에도 산동반도의 동쪽 끝, 절강 남부의 바닷가에서도 발견된다. 유행한 시대는 주로 상·주(商·周)시기이다(지역별로 유행한 시기는 차이가 있다. 최근의 연구 성과에 의하면 절강 남부 연해지역의 석붕은 그 상한 연대를 상대(商代) 후기로 볼 수 있고, 요동지역에 있는 어느 한 유형의 석붕도 그 연대를 이르면 상대, 하한은 서한(西漢) 중기로 볼 수 있다). 한반도에서 고인돌(석붕무덤)은 청동기시대의 대표적인 무덤 형식이다. 일본의 큐슈지역에서 고인돌은 야요이[彌生]문화 형성기의 무덤 형식이다. 위에서 말한 각 지역의 석붕은 모두 독자적인 특징을 지니고 있으며, 아울러 일정한 공통점도 있다. 그러므로 그 기원과 상호 연관성 문제는 줄곧 각국 연구자들의 주요 관심사가 되어 왔다.

일부 연구자들은 한반도 청동기문화의 기원을 중국 요동과 요서지역의 청동기문화에서 찾아야 한다고 보고 있으며, 일본의 야요이시대 청동기문화는 그 영향 아래에서 형성된 것으로 보기도 한다.[3] 이러한 의미에서 요동지역 석붕의 개시 연대, 계통 관계, 문화와 족속 등의 문제를 다루는 것은 동북아시아 지역의 여러 민족 관계의 역사 연구에 중요한 의미가 있다.

2. 연구 현황 및 문제점

1) 연구 현황

중국 동북지구의 석붕 연구는 어느 정도 연구 성과가 축적되어 있다. 그럼에도 불구하고 여전히 쟁점이 되고 있는 문제점들이 있다. 이를 정리하면 다음과 같다.[4]

(1) 학술용어로서의 석붕

현재 중국 학계에서는 석붕이라는 용어를 두 종류의 서로 다른 개념으로 이해하고 있다. 이는 좁은 의미의 석붕 개념과 넓은 의미의 석붕 개념으로 나눌 수 있다.

그 가운데 넓은 의미의 석붕 개념은 '고인돌'과 대체로 같다. 석붕을 몇몇 유형으로 구분하고, 각 유형이 서로 밀접한 연관성을 가진다는 견해가 처음 제시된 것은 『중국대백과전서·고고학』의 석붕조(條)이다.

좁은 의미의 석붕은 대체로 '탁자형 고인돌[卓子型 支石墓]'과 같은 개념으로 볼 수 있다. 고인돌의 연구 범위에 해당하는 무덤의 한 종류인 '대석개묘'(그 개념은 '개석형 고인돌[蓋石型 支石墓]'과 비슷함)는 그 구조가 서로 다르기 때문에 석붕이나 바둑판 고인돌이라고 부르기에는 어려움이 있다. 이러한 견해를 가장 먼저 제시한 연구자는 쉬위이린(許玉林)과 쉬밍까앙(許明綱)으로 현재 많은 중국 학자들이 이 견해를 받아들이고 있다.

사실상, 좁은 의미의 석붕이 분포하는 지역에는 거의 같은 시기에 해당하는 이른바 '대석개묘'(또는 '개석 유형(蓋石類型)'의 고인돌)가 두루 발견된다. 두 종류의 무덤이 어떠한 관련성을 가지고 있는가는 매우 중요한 연구과제이다. 그러나 좁은 의미의 석붕 개념으로는 관련 무덤과의 종합적인 비교연구가 어려운 점이 있다.

(2) 좁은 의미의 석붕 연구

현재 국내외 학계의 중국 동북지구의 좁은 의미의 석붕에 관한 연구 성과는 비교적 많다. 주로 그 기능과 형식, 연대, 기원, 고고문화 성격 등 여러 분야에 걸쳐 연구되었지만 아직까지 많은 부분에서 일치된 견해를 이루지 못하고 있다.

① 기능에 관하여

석붕에 대한 체계적인 조사와 연구가 이루어지기 전까지 그 기능에 대한 학계의 견해는 일치하지 않았다. 제의 시설이 주를 이루었으나 무덤이라는 의견도 있었으며, 혹은 양자를 겸한다는 주장도 있었다.

현재 고고학적 조사와 발굴의 진전에 따라 석붕이 무덤이란 견해가 우세하다. 하지만 소수 학자들은 요동반도의 일부 대형 석붕은 무덤으로 볼 수 없다고 주장한다. 중국에서는 천따웨이(陳大爲)를 대표로 하는 학자들이 석붕을 '대석무덤[大石墓]'과 구분해야 한다고 주장하였지만 이에 대한 명확한 분별 기준은 제시하지 못했다. 국외에서는 이융조(李隆助)와 하문식(河文植) 등이 한반도에 분포하는 탁자식 고인돌의 굄돌 특징과 기능을 자세히 분석하면서 '고인돌'을 연구하여 먼저 그 기능에 따라 '제단 고인돌[祭壇支石]'과 '무덤 고인돌[墓葬支石]'로 분류할 것을 제안하였다. 이처럼 일부 좁은 의미의 석붕 기능에 대해서는 지속적인 연구가 필요하며, 앞으로 제사 성격의 석붕과 석붕무덤의 특징을 구체적으로 확인해야 한다.

② 형식 및 연대에 관하여

동북지구 석붕의 형식 분류에는 대체로 두 가지 견해가 있다.

먼저 쉬위이린과 쉬밍까앙 등은 석붕의 규모와 석재를 다듬은 정도에 따라 대·중·소 3가지로 구분하였다. 대석붕의 연대가 가장 이르고 개시 연대는 지금부터 4,000~3,500년 이전이며, 소석붕은 가장 늦으며 약 2,500년 전쯤이고, 중석붕은 대석붕보다 조금 늦게 축조된 것으로 보았다.

다음으로 왕훙펑(王洪峰) 등은 양쪽 굄돌과 앞뒤 막음돌의 조합 관계, 똑바로 선 상태, 문돌의 구조 등 다양한 측면에서 석붕의 형식 분류를 시도하였다. 규모가 비교적 작고 굄돌이 똑바른 소형 석붕의 연대가 이르고, 굄돌이 기울어져 있고 문돌이 있으며 정교하게 다듬어진 대형 석붕의 연대는 비교적 늦은 것으로 그는 인식하였다.

이러한 형식 분류는 모두 석붕의 변화·발전 관계에 따른 것이지만 그 변화 양상의 실마리는 명확하지 않다. 현재 각 유형의 석붕 연대를 판단할 수 있는 실질적 증거 또한 많지 않다. 이처럼 지금까지 국내외 학자들은 좁은 의미의 석붕 축조 연대와 변천 과정에 대하여 일치된 견해를 도출하지 못한 상황이다.

③ 기원에 관하여

중국 동북지구의 좁은 의미의 석붕 기원지를 국내외 대부분의 학자들은 요동반도로 추정하고 있다. 한반도 북부지역에서 '침촌형(沈村型)' 고인돌의 발굴과 연구가 지속적으로 이루어짐에 따라 일부 연구자들은 석붕의 기원을 북한의 대동강 유역으로 보고 점차 요동반도로 전파되었을 가능성을 주장하기도 하였다. 석붕의 자체 기원에 대하여 대부분 학자들은 돌널무덤에서 발전된 것으로 보고 있으나, 이와 반대로 돌널무덤이 석붕무덤에서 발전되었다는 상반된 견해도 있다. 석붕무덤과 기타 다른 유형의 무덤들 간의 관계를 다룬 연구는 매우 적은 편이다.

④ 고고문화 유형에 관하여

대부분의 중국 학자들은 요동반도의 석붕과 대석개묘는 쌍방문화(雙房文化, 또는 유형)에 속한다고 인식한다. 그러나 요북·길남지역 석붕의 문화 성격에 대해서는 거의 언급하지 않았다. 두 지역의 석붕은 서로 차이가 있고 많은 학자들은 요동반도에서 요북·길남지역으로 전파되었다고 보고 있으나, 두 지역에서 동시에 기원했다는 견해도 있다.

(3) 대석개묘 연구에 관하여

중국 동북지구의 대석개묘에 대한 연구는 비교적 빈약한 편이다. 현재까지의 연구 성과는 좁은 의미의 석붕무덤과의 관계, 형식 구분, 연대 등 몇 분야에 관한 것이다. 그 체계적 연구와 비교는 부족한 실정이다.

① 대석개묘와 석붕의 관계

쉬위이린은 무덤방 구조에 따라 서로 간의 일정한 유사성을 지적하였다. 양자는 간혹 같은 묘지 안에서 군집을 이루기도 하는데 대석개묘는 석붕무덤보다 늦게 출현하였으며, 석붕무덤에서 변화·발전한 것으로 보았다. 동시에 같은 발전 시기를 거쳤다고 인식했다. 우지야창(武家昌)은 대석개묘와 석붕무덤을 병렬 발전한 서로 다른 무덤 형식으로 인식하였다. 왕쓰쪼우(王嗣洲)는 양자의 구조 형식과 분포의 차이는 당시의 신분에 따른 무덤 규모의 차이이지 지상에서 지하로의 퇴화, 혹은 지하에서 지상으로의 발전이라는 구조의 변화나 시간상의 선후 문제가 아니라고 설명하였다.

② '대석개묘'와 '고인돌'의 관계

코우모토 마사유키(甲元眞之)는 대석개묘를 침촌리 A형 혹은 B형 고인돌에 해당한다고 인식하였다. 아즈마 우시오(東潮)는 대석개묘가 이른바 바둑판 고인돌의 범주에 포함될 수 있으며, 석붕무덤과 관계가 없는 것은 아니라는 견해이다. 하문식은 중국의 석붕무덤과 한국의 탁자식 고인돌은 같은 것이며 대석개묘는 한국의 개석식 고인돌과 같다고 보았다.

중국 학자 짱쯔리(張志立), 천구워칭(陳國慶), 쉬꽝훼이(徐光輝), 왕쓰쪼우 등은 대석개묘의 형식을 연구하였으나, 대석개묘의 각 형식 간 분포 및 연대에 관하여는 의견이 서로 다르다. 그러나 발굴자료가 매우 제한되어 있어 대석개묘의 각 형식별 관계에 대해서는 체계적 결론을 도출하지 못한 실정이다.

2) 현존하는 주요 문제점

현재 동북지구의 석붕에 대한 체계적인 연구를 진행하는 데 있어 당면한 과제와 문제점은 다음의 두 가지가 있다.

(1) 자료 문제

체계적이고 전문적인 고고 조사가 부족하여 현재까지의 조사 성과로서는 중국 동북지구에 분포한 석붕의 실제 수량, 분포 상황 및 그 범위 등을 정확히 파악하기 어렵다. 따라서 거시적인 관점에서 석붕의 분포 규칙을 찾는 데 어려움이 따른다.

과학적 조사와 측량 및 발굴이 이루어진 석붕 자료가 많지 않아 여러 종류의 구조를 분명히 알 수 없고 그 기능을 명확하게 파악하기가 쉽지 않다. 또한 껴묻거리가 매우 적고 연대를 알 수 있는 표지 유물 역시 부족하여 여러 종류 석붕의 고고문화 속성 및 연대를 정확하게 알기 어렵다.

(2) 연구 문제

지금까지의 연구가 좁은 의미의 석붕에 집중된 반면 대석개묘의 연구는 대체로 빈약하였기 때문에 동북지구 석붕에 대한 체계적 연구가 이루어지지 못하였다. 더불어 각 지역의 형식별 석붕의 연대, 상호관계, 기원 등의 문제는 아직까지 논쟁과 과제로 남아 있다.

기존의 연구에서 중국 학자들은 동북지구의 석붕과 한반도의 고인돌 사이에 존재하는 문화 내용의 차이점을 중요시하였고, 서로 간의 구조적 유사성, 분포 지역과 연대의 비슷한 점을 소홀히 하고 지나치게 그 자체 특징만 강조하여 광범위한 지역을 대상으로 한 비교연구가 어려웠다. 반면 국외 학자들은 형태상의 유사성을 중요시하여 그 관계를 강조하였지만 차이점을 간과하였다.

3. 연구 목표 및 방법

1) 연구 목표

현재 진행된 석붕 관련 연구는 매우 많은 편으로 연대, 기능, 기원, 족속, 각 지역의 형식 관계 및 축조 방식에 관한 것 등 다양하다. 이 책에서 이러한 것들을 모두 다룰 수는 없고, 다만 중국 동북지구 석붕과 관련된 일련의 문제에 대해 연구하고자 하는데 그 목표는 다음과 같다.

첫째, 관련 개념과 내용을 명확히 하여 동북아시아 각 지역 석붕의 종합된 비교연구의 기초를 마련하고자 한다.

현재 중국 학계의 석붕에 대한 학술용어의 개념과 이해가 모호하다. 이러한 개념의 모호성은 석붕 그 자체에 대한 연구에 불리할 뿐만 아니라 각 지역의 비슷한 형식의 유적에 대한 비교연구에도 어려움을 준다.

따라서 중국 동북지구의 실제 상황에 맞추어 넓은 의미의 석붕 개념을 기초로 현재까지의 고인돌 연구 성과를 참조하여 중국 동북지구 석붕 연구의 체계를 세워야 한다. 여기에는 석붕의 개념과 내용, 형식 및 '석붕'과 '고인돌' 간의 대응 관계도 포함된다.

둘째, 중국 동북지구 석붕과 관련된 중요 문제에 관하여 논의하고자 한다.

근래 몇 년 동안 동북지구의 석붕 연구는 거의 침체된 상태로 여러 문제들이 미해결 상태로 남아 있다. 2002년 이후 요령성 문물고고연구소 등 관련기관의 조사 활동을 통해 무순(撫順) 하협심(河夾心)·관문(關門), 신빈(新賓) 왕청문(旺淸門), 본계(本溪) 대편지(大片地), 환인(桓仁) 풍가보자(馮家堡子)·광복촌(光復村) 등 석붕 관련 유적에 대한 발굴조사가 진행되었다. 여러 유물이 출토되어 연대 추정은 물론 기본적인 구조까지 어느 정도 밝힐 수 있게 되었다. 이런 새로운 발굴에 의하여 석붕의 구조와 기능, 연대, 고고문화 속성 등 여러 문제에 대한 심층 검토가 가능해졌다. 본 연구는 이러한 새로운 자료를 바탕으로 당면한 연구과제의 해결을 목적으로 한다.

2) 연구 방법

첫째, 중국 동북지구 석붕의 실제 상황에 맞추어 최신 연구 성과를 기초로 하며, 동북아시아 전 지역을 아우를 수 있는 석붕의 성격을 새롭게 설정한다. 여러 종류 석붕 구조의 충분한 연구와 분석을 기초로 각 지역의 같은 형식의 유적 분류에 대한 연구 성과를 참조하고 현재 보편적으로 사용되고 있는 개념을 종합적으로 고려하여, 석붕의 유형에 대한 큰 범위의 형식 분류를 시도하고, 이를 바탕으로 각 지역의 같은 형식에 대한 비교연구의 기틀을 마련한다.

둘째, 여러 종류 석붕무덤의 장례습속, 분포지역, 껴묻거리에 대한 충분한 연구를 기초로 각 유형별 석붕무덤에 대한 체계적인 연구를 진행하여 그 변화과정을 살펴보고 고고문화 성격 및 연대를 검토한다.

셋째, 각 지역의 같은 형식의 석붕에 대한 전면적인 비교를 통하여 초보적으로 그 상호관계를 추론한다.

요컨대, 석붕 연구와 관련된 유적은 매우 많고 분포지역 또한 광범위하며, 각 지역별로 유적의 특징이 있다. 그런데 이들 간에는 시간적 차이가 비교적 크며, 유적 유형에 있어 시기 차이가 있고 분포구역이 다르기 때문에 모두 같은 고고문화에 속하는 것으로 볼 수 없다. 만약 구조적 특징의 유사성을 배제한다면 이들 간의 관계 설정은 상당히 어렵다.

하지만 동북아시아에 분포한 이런 석붕들은 지역의 근접성과 구조가 비슷하기 때문에 여기에 존재하는 문화와 전파 관계는 의심의 여지 없이 깊이 연구해야 할 하나의 과제임은 분명하다. 그러나 현재의 발굴과 연구 성과를 가지고 전면적이면서도 객관적인 결론을 얻기는 어려운 실정이다. 현재 시급한 것은 통일된 분류기준의 마련, 각 지역 기초연구의 강화 및 공동연구의 진전을 촉진하는 것이며, 이러한 점이 바로 본 연구의 출발점이자 목표이다.

제2장

석붕의 내용

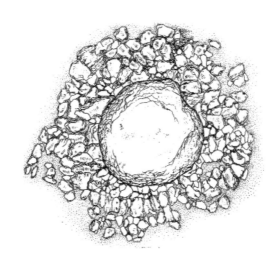

고고학 전문 학술용어의 개념을 고려하지 않는다면 석붕의 글자 자체로서의 의미는 돌로 만든 간단한 구조의 방 정도로 이해할 수 있다. 이는 이른바 '석붕'의 특징을 보더라도 그렇다.

'석붕' 명칭의 유래는 마을 사람들이 지상에 3매의 판자돌을 벽으로 하고 그 위에 하나의 커다란 덮개돌을 덮은 건축물을 일컫는 데에서 찾을 수 있다. 그 명칭과 관련된 기록은 오래되었는데 적어도 금대(金代)까지 소급시킬 수 있다.

금(金) 명창(明昌) 2년(1191년), 왕적(王寂)이 직무로 요동반도의 북부 산지를 지나가던 중, 지금의 와방점 지역(개주 지역이라는 설도 있음) 서산에 이르러 우연히 1기의 고대 거석 건축물을 발견하였는데 찬탄해 마지않아 바로 시를 지어 '그 기이함을 기록'하였다.

또한 『압강행부지(鴨江行部志)』에는 이러한 기록이 있다. "기유(己酉)년에 서산을 유람할 때 돌방 위로 3장(丈) 되는 하나의 돌이 가로놓여 있었는데 두께는 2척(尺)쯤 되며 끝은 평평하고 매끄러워 그 모습이 마치 바둑판 같다. 그 아래의 벽은 3매의 돌로 세워졌고 높이와 너비는 1장(丈)을 넘으며 깊이 또한 이와 같다. 돌 사이에는 틈이 없고, 맞물림에 어색한 흔적이 없어 귀신의 교묘한 신공이 아니면 만들 수 없다. 마을 사람들은 석붕이라 부른다."

지금도 사람들은 이러한 종류의 건축물을 '석붕'이라 부른다. 예를 들면 와방점시(瓦房店市) 송수진(松樹鎭) 대자촌(台子村) 하북둔(河北屯) 북산에 위치한 '대자둔(台子屯) 석붕', 개주시(蓋州市) 이대농장(二臺農場) 석붕산촌(石棚山村) 남석붕산(南石棚山) 꼭대기의 '석붕산 석붕(石棚山 石棚)' 등이 그러하다. 간혹 '석붕묘(石棚廟)' 혹은 '석묘자(石廟子)'라고 부르기도 한다.

이 밖에도 석붕에 의해 해당 지역의 명칭이 결정된 경우도 있다. 보란점시(普蘭店市) 검탕향(儉湯鄉) 석붕자둔(石棚子屯) 석붕산 위의 '석붕구 석붕(石棚溝 石棚)',[5] 대석교시(大石橋市) 관둔진(官屯鎭) 석붕욕촌(石棚峪村) 석붕산 위의 '석붕욕 석붕(石棚峪 石棚)' 및 개주시(蓋州市) 단전향(團甸鄉) 석불촌(石佛村) 석붕산 위의 '석불촌 석붕(石佛村 石棚)'[6] 등이 있다. 이 가운데 이미 파괴된 석불촌 석붕을 제외하고 나머지 석붕은 보존 상태가 완전하다.

이러한 종류의 석조 건축물 명칭은 그 구조적 특징과 잘 부합하기 때문에 중국 학자들은 줄곧 이를 '석붕'이라 불러 왔으며, 많은 외국 학자들 역시 이 용어를 사용하고 있다. 이것이 석붕이란 단어의 유래인 동시에, 최초로 그 의미를 규정한 것이다.

그렇지만 학술용어로 채택되어진 이후 석붕의 개념이 그 글자 자체가 갖는 함의와 최초의 의미에 지나치게 한정되는 점이 있는 것도 사실이다.

I. 연구 범위

대형 막[棚] 형태의 건축물로서 일찍이 중국의 고대 문헌에 석붕이라 부른다고 기록되어 있다. 이런 종류의 건축물을 민간에서는 '고수석(姑嫂石)'이라고도 불렀다. 예를 들면 해성(海城) 석목성(析木城), 개주 석붕산·유수방(楡樹房)·앙산촌(仰山村), 장하(庄河) 대황지(大荒地) 등이 있으며 다양한 신화와 전설이 전해지고 있다.

석붕과 같은 건축물이 학계에 본격적으로 알려지고 이에 대한 체계적인 연구가 시작된 것은 19세기 말부터다.

1. 발견 및 초기 연구

석붕에 대한 최초의 발견은 모두 대형 석붕 위주였기 때문에 외형적 특징상 유럽, 아시아, 아프리카 등지에서 발견되는 일련의 무덤들과 비슷한 것으로 이해되었다. 따라서 서양과 일본은 물론 중국의 학자들 역시 초기에 조사·발견된 관련 유적을 모두 '돌멘'(거석건축 범주에 포함)이라고 하였다.

1) ‘돌멘’ 범주의 석붕 연구

1895년을 전후하여 토리이 류조(鳥居龍藏)가 해성 석목성 석붕에 대한 조사를 시작하였으며, ‘돌방[石室]’이라고 불렀다. 그러나 1910년 간행된 『남만주조사보고(南滿洲調查報告)』에서는 ‘돌멘형 고분’이라는 명칭으로 집안(集安) 장군분(將軍墳) 배총(陪冢)과 석목성 석붕의 관계에 대해 발표하면서 같은 형식으로 인식하였다. 이후 일부 일본 학자들이 지속적으로 중국 요동지역의 석붕에 대한 조사를 진행하였다. 예를 들면 야기 소자부로(八木裝三郎),[7] 야마모토 타다시(山本正), 쿠하라 이치지(久原市次),[8] 니키하라 후미요시(中原文敬), 시마다 사다히코(島田貞彦), 시마자키 야쿠치(島崎役治), 미야케 슌조(三宅俊成) 등[9] 이 있으며 모두 ‘돌멘’[10]이라 부르고 있다.

그렇다면 어째서 ‘돌멘’이라 하는가? 토리이 류조는 다음과 같이 설명하였다. “3매 혹은 4매의 돌로 기둥을 삼고 위에 평평한 큰 돌을 덮은 거대한 기념물”이다.[11] 일본 학자 코마이 카즈치카(駒井和愛)는 『일본의 거석문화(日本の巨石文化)』에서 과거와는 구별되는 해석을 하였다. 돌멘은 무덤 건축물이다. 2매 혹은 여러 매의 돌을 수직으로 세워 벽을 만들고, 위에는 하나의 큰 판자돌을 놓았다. 처음에는 주검을 안치하는 곳으로 사용하기 때문에 사람이 사는 방과 비슷한 모양으로[12] 만들었다. 이러한 해석으로 볼 때 중국의 대형 ‘석붕’과 한반도의 ‘고인돌[支石]’은 구조상 ‘돌멘’과 유사함을 알 수 있다.

이후 관련 유적의 발견이 점차 증가함에 따라 일부 연구자들은 ‘돌멘’을 ‘석붕’ 혹은 ‘고인돌’로 부르는 것이 적절하지 못하다는 인식을 하게 되었다.

2) ‘고인돌[支石墓]’ 범주의 석붕 연구

요동반도 석붕과 비슷한 유적이 한반도에서도 발견되었는데 현지에서는 ‘고인돌’ 혹은 ‘탱석(撑石)’으로 부른다. 이와 관련하여 일찍부터 일부 일본 학자들은 ‘지석묘’라는 용어를 사용하여 관련 연구를 진행하였다.

(1) 고인돌의 개념

'지석묘'라는 용어는 후지타 료사쿠(藤田亮策)의 『조선고대문화(朝鮮古代文化)』(1934년)에서 처음 확인된다. 또한 1936년 출판된 경상북도 대구시 대봉정 고인돌 조사보고서에서는 '지석묘'에 대해 "굄돌[支石]이 있는 무덤의 총칭이다"라고 정의하였다.[13]

현재의 고인돌 개념과는 다르며 초창기 연구에서 '지석묘'라고 부른 것에는 구조적으로 두 가지 특징이 있다. 하나는 굄돌이 있는 것이고 다른 하나는 굄돌 위에 완전하고 커다란 판자돌이 있는 것이다.[14] 그러나 현재의 고인돌 개념은 구조적으로 공통된 특징이 오직 '지표에 커다란 돌이 드러난 것'이다.

여기서 한 가지 더 설명해야 할 문제가 있다. 굄돌은 지탱하는 돌이라는 뜻이지만 지탱하는 돌이 없고 덮개돌과 지하에 무덤방이 있는 구조로 된 것도 많기 때문에 '굄돌'이라는 단어도('석붕'과 마찬가지로) 문제가 제기될 수 있다.

따라서 이러한 형식의 무덤들이 공통적으로 가지는 가장 중요한 특징이 바로 거대한 덮개돌이기 때문에 한국의 임효택(林孝澤) 등은 '고인돌'을 '큰돌무덤'으로 고치자는 합리적 의견을 제기한 바 있다. 미국 학자 넬슨(S. Nelson)은 '큰돌무덤'[15]이란 명칭으로 바꾸어 사용하였다. 그러나 하문식이 제기한 것처럼 만약 고인돌을 다른 명칭으로 고쳐 사용한다면 지금까지 보편적으로 폭넓게 사용되었던 학술용어에 혼란을 가져올 것이고 여러 방면에 문제를 초래할 수 있다.[16] 그러므로 비록 이 명칭이 연구 내용과 다소 부합되지 않는 면이 있더라도 현재 많은 학자들이 이 명칭을 사용하고 있다.

(2) 고인돌의 초기 분류

일찍이 '고인돌'에 대해 종합연구를 진행했던 토리이 류조는 지역적 특징에 따라 두 가지 형식으로 분류하였다. 먼저 전라도와 해안지역에 분포된 고인돌은 '바둑판'형이고 구조는 비교적 간단하다고 지적하였다. 그리고 충청 동쪽과 북쪽에 분포한 고인돌의 구조는 조금 복잡하거나 차츰 발전된 흔적이 확인되는데 이를 '탁자'형이라고 하였다. 비록 초기 고인돌의 변화 관계 연구는 현재 관점에서 불명확한 것이 사실이지만, 그 연구에서는 서로 다른 형태의 무덤이 가지고 있는 동질적 요소를 충분히 고려하였다. 굄돌의 형태는 다를지라도 '굄돌'이 존재한다는 속성은 공통적이다. 또한 굄돌의 형태 차이에 근거하여 고인돌의 형식을 분류하는 기준으로 삼고, 더불어 이들 간의 변화·발전 관계를 언급함으로써 이 명칭이 합리적이라는 것을 설명하였다.

한편 토리이 류조는 고인돌의 형태 차이에 의하여 두 형식으로 나누고 동시에 이들이 분포하는 지역적 차이에 따라 '남방식'과 '북방식'으로 이름을 붙였다. 그러나 일반적으로 이러한 지역적 차이에 따른 분류는 굄돌의 형태 구분에 의한 분류법과 본질적으로 큰 차이가 없을 뿐더러 지역적 차이에 따른 형식 구분이 더 이상 유효하지 않다는 점에서 재고될 필요가 있다.[17]

(3) 고인돌 범주의 석붕 연구

초기 일본 학자들에 의한 고인돌의 종합적인 연구 체계는 중국 지역에 분포한 석붕 연구에도 새로운 인식을 가져오게 하였다.

1946년, 토리이 류조는 『중국석붕의 연구[中國石棚之硏究]』에서 세계적인 시각으로 고인돌에 대해 논술하였다. 더불어 그는 중국의 산동과 요동지역 석붕에 대한 비교를 통해, 요동의 석붕은 모두 제2식(이른바 북방식 혹은 탁자형)에 속하며, 대련 대불산 꼭대기 부근에서 발견된 석붕은 제1식(이른바 남방식 혹은 바둑판형)과 유사하지만 제2식의 원시 형태에 속하고 여기서 발달한 것이 소관둔 석붕이고 좀 더 발달한 것은 석목성 석붕, 석붕산 석붕 등으로 보았다. 또한 그 연대는 '신석기시대 후기부터 금석병용시대의 과도기'로 추정하였다. 당연히 바둑판식에서 탁자식 고인돌로 발전하였다고 그는 초기부터 줄곧 주장하였지만, 안쯔민(安志敏), 쉬위이린, 쉬밍까앙 등은 대불산 석붕을 부정하면서 자연암반으로 인식하였다. 이러한 내용으로 볼 때 토리이 류조는 요동지역의 석붕과 한반도의 고인돌을 동일한 유형의 발전과정으로 이해하였던 것 같다.

1952년, 미카미 츠구오(三上次男)는 『만주 지석묘의 존재상태[滿洲支石墓存在的狀態]』를 통해 22곳의 석붕 유적을 보고하였고, 그에 대한 특징을 정리하였다. 그에 따르면, 옛 만주지역에는 탁자식 고인돌만 분포하며, 비록 한 곳에 여러 기가 분포하는 경우는 적으나 바닷가 지역에는 군집을 이루기도 한다. 평지 혹은 산기슭에 분포하기도 하나 대부분 구릉 위나 멀리 바라볼 수 있는 곳에 위치한다. 대형의 고인돌이 비교적 많은데 이것은 소형 고인돌이 많은 한반도와 차이가 있다. 무덤방의 한쪽이 개방된 것은 사면이 모두 막혀진 상자 모양의 석붕보다 시대가 늦다. 무덤방의 바닥에는 판자돌이 깔린 경우와 그렇지 않은 경우가 있는데, 판자돌은 주검을 보호하기 위해 설치된 것이다. 무덤방의 방향이 자북(磁北)과 관련이 있는지는 앞으로 고증이 필요하다. 이 지역 석붕의 껴묻거리는 석기시대의 특색이 아주 강하며 한반도의 금석병용기에 해당하는 유물 특징과 차이가 있다.[18]

최근 증가된 조사자료를 볼 때 이러한 내용 중 일부는 수정되어야 한다. 그러나 1950년대 초의 시대적 상황을 감안한다면 이 시기 일본 학자들의 석붕 연구는 일정한 성과를 거두었다고 할 수 있다.

2. 용어 및 개념 정리

중국 학자들은 고인돌이라는 용어 대신 석붕을 사용하여 관련 유적의 연구를 진행하고 있다. 그러나 아직까지 석붕에 대한 명확한 개념 정의가 진행되지 못하고 있다.

중국 학자들은 20세기 중반인 1950·60년대에 들어와서야 석붕 관련 조사와 연구를 시작하였다. 비록 이 시기 일본 학자들에 의해 석붕 연구가 진행되어 일정 수준의 성과가 있었지만 당시의 역사적 환경으로 인해 중국 학계에서는 그 성과를 활용할 수 없었기 때문에 조사와 연구를 처음부터 다시 시작하였다.

1953년, 천밍따(陳明達)는 해성 석목성 석붕을 조사하여 그 실측도면을 발표하였다. 그는 세계 건축사에서 석붕, 석갈(石碣), 석권(石圈)을 현존하는 가장 오래된 건축물로 보았다. 이런 유형의 건축물은 모두 거대한 자연석을 이용하여 간단한 가공을 한 다음 세우거나 쌓아서 만든 것이다. 대부분 신석기시대부터 청동기시대에 해당하며, 고고학자들은 이런 거석건축 시기의 문화를 '거석문화'라고 부른다. 그러나 중국의 석붕이 거석문화 유물인지는 명확하지 않고 여러 의문이 있다는 의견이 제시되었다.[19] 이후 푸쏭즈(符松子)[20]·리원씬(李文信)[21]·왕씨엔탕(王獻唐)[22]·쉬쯔량(徐知良)[23] 등이 먼저 10여 기의 석붕을 발견하였고 그 형태와 성격에 대해 분석과 연구를 진행하였다. 이 시기에는 '거석문화'와의 관계를 중점적으로 다루었지만 유사한 형태의 관련 유적들과의 비교연구는 깊이 있게 진행하지 못하였다.

1980년대를 전후하여 전국적인 문물조사가 활발하게 진행되면서 중국 동북지구에서도 많은 석붕들이 발견되었다. 이에 따라 중국 학자들은 석붕에 대한 체계적인 연구를 진행하였다.

그러나 당시 중국 학자들의 석붕 연구는 대부분 중국 내의 발견 자료에 국한되었으며, 초기의 조사는 주로 대형 석붕을 위주로 진행되었다. 또한 사면이 모두 막혀 있는 일정한 특수성을 가진 대형의 석붕은 조사된 예가 없었기 때문에 그 기능에 대한 논의가 진행되었다. 그 가운데에는 석붕을 제사 혹은 씨족의 공공활동 장소라고 주장하는 사람이 있었고,[24] 혹은 무덤이거나[25] 무덤과 동시에 제사의 기능이 함께 있다는 주장 등도 있었지만 공통된 인식에 이르지는 못하였다.

실제로 이 시기의 석붕 관련 연구는 대부분 그 성격에 국한하여 논의가 진행되었다. 그러다가 많은 현지조사와 발굴자료를 가진 쉬위이린·쉬밍까앙 등이 연구에 참여하면서 체계적으로 정립되기 시작했다. 더불어 중국 학계에서는 석붕의 학술적인 개념과 정의에 대해서도 초보적인 논의가 이루어졌다.

학술적 의미로 쓰이는 석붕의 개념에 대하여 중국 학자들은 다른 관점을 가지고 있으며, 지속적으로 이에 대한 기준을 제시하고 있다. 학자들의 관점을 종합적으로 정리하면 다음과 같이 두 가지로 구분할 수 있다. 첫 번째는 좁은 의미의 석붕 개념이고, 두 번째는 넓은 의미의 석붕 개념이다. 서로의 내용은 다른데 이에 대하여 설명하겠다.

1) 좁은 의미의 '석붕' 개념

좁은 의미에서의 '석붕'이란 어떤 특징이 있는가? 현재 학자들 간에는 다양한 견해가 존재한다.

가장 먼저 좁은 의미의 석붕 개념을 제기한 사람은 쉬위이린과 쉬밍까앙이다. 그들은 1981년에 발표한 「요동반도 석붕 개관[遼東半島石棚綜述]」[26]에서 당시까지 조사된 54기의 대·소 석붕을 소개하면서 석붕의 기본적인 개념과 그 내용을 초보적으로 정리하였다. 그 핵심 내용은 '고인돌[支石墓]'의 연구 범위에 속하는 무덤 유형을 석붕·대석개묘·돌무지무덤 등 3가지로 구분한 것이다. 이러한 인식은 당시 요동반도의 고고학 발굴성과를 바탕으로 석붕을 '고인돌'의 연구 범위에서 벗어나게 하려는 일종의 특수한 시도였다. 이와 관련하여 쉬위이린은 1985년에 발표한 「요동반도 석붕 연구[遼東半島石棚之研究]」[27]에서 보다 명확하게 설명하였다. 대부분의 석붕에는 흙더미가 있기 때문에 석붕의 형식을 분류할 때에는 지표에 노출된 기준으로 판단해서는 안 된다(주로 초기 고인돌에 대한 분류 기준: 지상/지하). 그리고 지역적 분포의 차이가 뚜렷하지 않기 때문에 남방식과 북방식으로 구분하는 것도 어렵다. 바둑판식과 탁자식으로 분류하는 것도 불가능하며, 요동지구의 바둑판식은 마땅히 대석개묘로 불러야 한다고 주장하였다. 그러나 쉬위이린도 좁은 의미의 석붕이 가지고 있는 특징에 대해서는 설명을 하지 못하였다.

왕훙펑은 1986년에 발표한 「길림 해룡 원시사회 유적조사(吉林海龍原始社會遺迹調査)」[28]에서 길림 해룡지역의 무덤 유형에 대하여 다음과 같이 설명하였다. 청동기시대의 무덤으로, …… 모두 수 톤 혹은 수십 톤에 이르는 큰 돌을 가지고 축조하며 형태는 크게 두 가지 유형으로 나누어진다. 하나는 '석붕'무덤을 가리키는데 유럽에서는 '돌멘' 혹은 '탁석'이라고 부르며, 북한에서는 '고인돌무덤'이라 한다. 그 특징을 보면 3~4매의 굄돌은 두터운 판자돌이 반쯤 묻힌 상태로 세워져 무덤방 사면에 둘러져 있으며 그 위에는 더 큰 판자돌이 덮여 있다. 덮개돌 사면으로 처마를 이루고 무덤방에는 바닥돌이 깔려 있다. …… 또 다른 유형은 이것과 비슷한데 차이점은 무덤방의 4벽이 모두 지하에 있으며, 위에는 큰 판자돌이 덮여 있고 지면과 평행하다. 이러한 무덤 형식은 요남지역에서도 많이 볼 수 있는데 일반적으로 '대석개묘(大石蓋墓)'라고 부른다. 이러한 견해는 중국 학계에서 진행된 좁은 의미의 석붕에 대한 첫 번째 정의로 볼 수 있다. 그 후, 우지야창 또한 좁은 의미의 석붕에 대한 견해를 제시하였다. 그는 석붕은 예나 지금이나 똑같이 부르는 명칭인데, 덮개돌과 굄돌로 조성된다. 붕(棚)은 세운다는 뜻을 가지고 있으며 중간이 비어 있고 밖으로 드러난 형태이다. …… 위쪽에 덮개돌이 있고, 아래에는 3개의 벽석이 굄돌의 기능을 하며, 한 면은 단벽 혹은 반벽으로 되었고, 지상에 축조되었거나 혹은 지하에 일부분이 묻혀 있는 이러한 종류의 거석건축물을 석붕이라 필자는 생각한다[29]고 하였다.

위와 같은 좁은 의미의 석붕 특징에 대한 설명에는 전적으로 동의할 수 없지만 대체로 중국 학자들의 견해는 비슷하다고 할 수 있다.

그렇지만 1990년대 초부터 일부 학자들 사이에서 석붕의 내용에 대한 관점의 변화가 생기기 시작하였고 석붕 개념이 어느 정도 정립되어가는 추세이다.

예를 들면, 1991년 천따웨이는 「시론: '석붕' 성격과 그 변화[試論遼寧'石棚'的性質及其演變]」에서 '석붕'은 4벽이 모두 지표에 노출된 것으로서, 다수의 학자들이 석붕으로 부르던 것은 대석무덤으로 개칭해야 한다고 강조하였다.[30] 이에 따라 쉬위이린의 '석붕' 개념에도 변화가 생긴다. 1994년에 출판된 『요동반도석붕(遼東半島石棚)』[31]에서 석붕은 모두 지상에 노출되어 있으며 흙더미와 돌더미에 묻힌 것은 석붕이라고 부를 수 없다고 명확하게 지적하였다. 1996년 「요동반도 석붕 관련 문제의 검토[對遼東半島石棚有關問題的探討]」에서 석붕은 인공적으로 손질된 큰 덮개돌과 굄돌로 축조되며, 지상에 노출되어 있는 거석 건축물로서 "붕자(棚子)" 및 "탁자(卓子)"의 형태라고 다시 강조하였다.[32]

이러한 기준에 근거한다면, 중국 학계에서 말하는 석붕의 개념은 석광준이 정의한 '오덕형' 고인돌에 해당한다. 현재까지 학계에서 인정한 중국 동북지구의 석붕 유형 중에 이러한 개념의 석붕은 소수에 불과하다. 또한 위의 두 학자가 예시한 석붕에는 지표에 노출된 정도가 불명확한 것들이 포함되어 있어 논란의 여지가 있다.

이와 동시에 일부 중국 학자들 사이에서는 좁은 의미의 석붕 개념에 대한 또 다른 논의가 진행되기도 하였다. 예를 들면 왕홍펑은 1993년 발표된『석붕묘장연구(石棚墓葬硏究)』[33]에서 석붕에 대해 다음과 같이 정의하였다. 무덤방이 지표에 만들어지고 완전한 덮개돌을 덮은 것이 석붕의 기준이 될 수 있다. 더불어 무덤방이 여러 매의 판자돌 혹은 막돌로 이루어진 것 역시 석붕의 연구 범위에 해당된다고 하였다. 이러한 인식은 쉬위이린을 대표로 하는 연구자들의 의견과는 상반된 것으로 넓은 의미의 석붕 개념에도 부합되지 않는다.

필자는 왕홍펑의 좁은 의미의 석붕에 대한 의견을 받아들인다. 다만 그가 정의한 여러 매의 판자돌 혹은 석재로 이루어진 무덤방의 석붕을 서북한과 중국에서 자주 볼 수 없다는 점에서 아래와 같이 보완하려 한다. 기존에 북한 학자들이 말하던 '묵방리' 고인돌과 요령 무순 산용 묘지에서 발견된 이른바 '압석묘(壓石墓)'가 모두 이러한 유형에 속한다. 왕홍펑은 지하에 축조된 대석개묘와 석붕의 관계에 대해서는 명확하게 밝히지 않았고 다만 양자의 장속(葬俗)과 장법(葬法)이 같다고 설명한다.

2) 넓은 의미의 '석붕' 개념

넓은 의미의 석붕은 1980년대 이전까지 진행된 석붕 연구의 성과를 종합적으로 고찰하여 도출된 개념이다. 당시까지 학계에서 논의되어 온 '돌멘'·'고인돌' 등의 개념과 대응된 하나의 학술용어로서『중국대백과전서·고고학』석붕조에 그 자세한 내용이 수록되어 있다.[34]

"신석기시대 후기부터 초기 철기시대의 무덤 유형의 하나이며, 거석건축

계통에 속한다. 중국에서는 석붕이라고 부르며, 석탁무덤[石卓墳] 혹은 고인돌[支石墓]이라고도 한다. 석붕의 분포 범위는 매우 광범위한데 유럽의 서부와 북부, 아시아의 남부·동남부와 동북부, 아프리카의 북부와 남미의 북부 등에서 모두 발견된다.

석붕은 기본적으로 3가지 형식으로 구분된다. ① 지표에 3~4매의 판자돌을 세우고 그 위에 1매의 큰 판자돌을 덮어 무덤방을 이룬다. 예를 들면 요동반도와 한반도 북부에서 발견되는 탁자식 석붕(북방식 고인돌)이다. ② 큰 판자돌 아래에 작은 돌을 괴어 놓으며 무덤방의 구조가 뚜렷하지 않다. 예를 들면 한반도 남부와 일본에서 발견되는 바둑판 석붕(남방식 고인돌)과 같은 것이다. ③ 지하에 큰 돌로 무덤방을 만들고 그 위에 다시 여러 매의 큰 돌을 덮어 놓았다. 예를 들면 유럽에서 발견된 거석무덤과 같은 것이다. 엄밀하게 말하면 세 번째 형식은 석붕의 범주에서 벗어난다."

이러한 견해에 따르면 석붕의 개념은 매우 광범위하게 설정될 수 있는데, 초기 철기시대를 비롯한 그 이전 시기의 '거석무덤'[35]을 통칭한다. 동시에, 석붕이라는 표제어를 쓴 연구자는 유럽의 거석무덤을 석붕의 연구 범위에서 제외시켜야 한다. 현재까지의 고인돌 연구 성과를 보면 '석붕'이 '고인돌'을 대체할 수 있는 개념으로 적합해 보인다. 이러한 관점에서 보면, 이른바 석탁무덤과 고인돌 모두를 석붕으로 부를 수 있고 이로 인하여 상당수 외국 학자들은 석붕이 곧 고인돌이라는 인식을 보편적으로 하게 되었다.

현재 중국 학계에서는 좁은 의미의 석붕 개념을 보편적으로 받아들이고 있지만, 일부 연구자들은 『중국대백과전서·고고학』의 관점을 견지하면서 석붕과 고인돌을 같은 내용으로 받아들이고 있다. 대표적으로 왕쭝쑤(王仲殊)는 "(석붕은) '거석문화'의 주요 유적 중 하나로서 중국에서는 석붕이라 부르며, 일본에서는 1950년대 초부터 외래어 개칭에 따라 지석묘로 명칭하였다. 석붕(지석묘)은 그 구조와 형태의 차이에 따라 탁자식과 바둑판식 등 두 가지 유형으로 나누어진다. 전자는 주로 중국 동북지구와 한반도 북부지역에 분포하기에 북방식으로 부르고, 후자는 거의 한반도 남부와 일본 큐슈 지방에 분포되었기에 남방식으로 부른다. 그런데 한국에서는 북방식과 남방식이 같이 있는 경우가 있기 때문에 두 형식의 변화, 발전 관계는 순차적 개념으로 받아들여야 한다"라고 지적하였다.[36]

이 밖에도 일부의 번역서 중 석붕과 고인돌을 같은 개념으로 파악하는 경향이 있는데 대표적으로 쉬꽝훼이는 한반도의 고인돌을 석붕으로 번역해서 소개하였다.[37] 바이윈쌍(白云翔)은『동북아지구의 지석묘[東北亞地區的支石墓]』의 번역문에 각주를 달아 중국 학계에서 통용되는 좁은 의미의 석붕 개념에 대해 다루었는데, 중국 학술지에서는 '고인돌', '석붕', '석탁무덤' 등을 모두 사용하고 있으나 '고인돌'로 부르는 것이 합리적이라고 하였다.

3) 이 책에서의 '석붕' 개념과 그 내용

위에서 간단히 살폈듯이 좁은 의미의 석붕 개념은 단어 자체의 뜻과 일부의 특징만 강조되어 다른 유형의 무덤들과 연관을 짓기 어렵고, 더불어 자체적인 개념의 기준과 연구 내용에도 부합하지 않는다. 따라서 동북아시아 전 지역에서 발견되는 이런 종류의 무덤 유형에 대한 종합적인 비교연구를 위해서는 이러한 석붕의 개념은 받아들이기 어렵다.

『중국대백과전서·고고학』에 정의된 석붕 개념은 그 내용이 포괄적일 뿐만 아니라 동시에 고인돌의 개념과도 통하여 참고할 수 있다. 왕쫑쑤는 석붕과 고인돌의 성격이 같다는 것을 더 명확하게 표명하였고, 필자 역시 그의 관점에 동의한다. 따라서 현재 중국 내의 고고 발견 및 동북 아시아지역 고인돌 연구의 현황을 고려하여 이 책에서 정의하는 석붕은 다음과 같이 정리할 수 있다.

석붕은 중국 내에서 발견되는 다듬어진 커다란 덮개돌을 가지는 무덤 및 제사 관련시설의 통칭이며, 주로 청동기시대에 유행하였고 중국의 동북지구 동남부, 산동반도 동쪽 끝, 절강성 남부의 바닷가 지역에 분포한다. 비슷한 유적이 한반도·일본의 큐슈지역에서 발견되며 '고인돌'이라 부른다. 기능으로 보면 석붕은 두 가지로 나눌 수 있다. 하나는 제사와 관련된 것으로 석붕이라 부를 수 있고, 다른 하나는 무덤으로서 석붕무덤이라 부른다. 이러한 석붕무덤은 무덤방의 위치와 구조에 따라 다시 두 유형으로 나눌 수 있다. 무덤방이 지표보다 높은 것은 석붕무덤, 무덤방이 지하에 있는 것은 개석무덤이라 한다.

이러한 개념에 따라 상세하게 설명하면 다음과 같다.

첫째, 석붕의 형태와 비슷한 거석건축물의 분포 범위는 매우 넓다. 이 밖에도 석붕과는 형태 차이가 있는 선돌[立石]·줄 선돌[列石]·둘레 선돌[環狀列石] 등 고대 거석건축물 또한 전 세계 여러 지역에 분포되어 있는데 이를 '거석문화'라고 부른다. 거석문화는 지중해에서 기원하여 다시 세계 각 지역으로 확산되었다.

필자는 각 지역의 거석건축에 대한 선행연구에 동의한다. 여기에는 지역·문화·연대·민족에 따라 거석 유적들의 형태는 비슷할 수 있지만 지역마다 특징, 문화 성격은 차이가 있다. 서로 다른 지역에 살았던 사람들이 자연 및 거석 숭배의 종교적 관념 속에서 거석건축물을 축조하는 것은 일정한 역사적 상황에 따라 발생된 필연적인 현상이다. 따라서 이들을 모두 '거석문화'로 부를 수는 없다.[38] 그렇다고 해서 유사한 형태의 건축물을 모두 석붕이라 부르는 것도 동의할 수 없으며, 현지에서 부르는 명칭을 그대로 사용하는 것도 좋다고 본다.

석붕이란 동북아시아지역에서 발생한 것으로 지역적 특색이 강하고 비교적 장기간의 발전과정을 거쳤으며, 큰 돌을 사용하여 무덤과 제사 기능을 가진 건축물의 표지를 삼은 거석건축의 한 유형이다.

현재까지 알려진 바에 의하면, 석붕은 주로 중국 동북의 동남부 및 동부 바닷가 지역에 분포하며, 한반도 전 지역, 일본의 큐슈 북부, 서부 및 남부의 일부 지역에서도 발견된다. 동북아시아지역의 석붕 유적은 동경 121°~132°, 북위 28°~43°의 범위에 있는데, 주로 환황해지역에 분포한다(그림 1).

이러한 석붕의 분포지역은 육로나 해로로 이어지며, 지역적으로 서로 연결

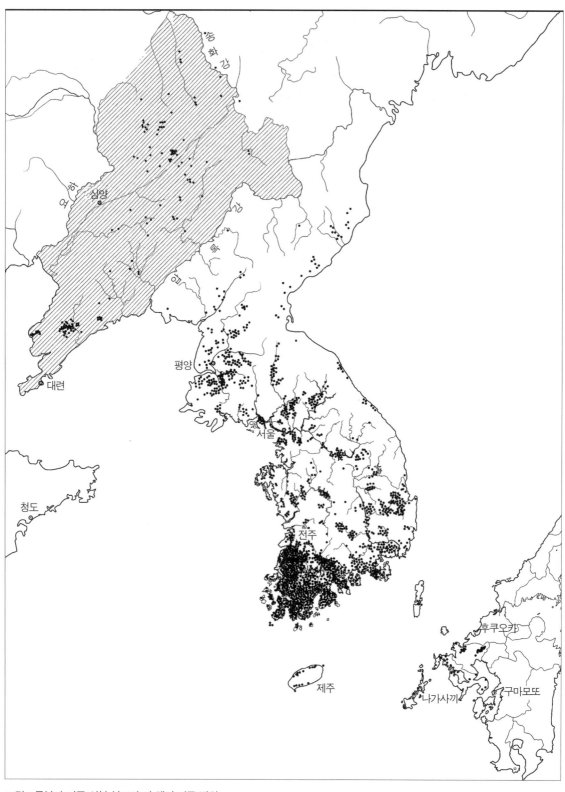

그림 1 동북아 지구 석붕 분포와 이 책의 연구 범위
● : 석붕 분포 지점, ▨ : 이 책의 연구 범위

표 1 중국 학계의 석붕 개념 비교표

덮개돌 형태	하부 구조			좁은 의미				넓은 의미	필자 분류	
	위치	축조법	현상	천따웨이[39]	쉬위이린[40]	우지아창[41]	왕훙펑[42]			
하나의 큰돌	지상식	판자돌 세움	노출	석붕	석붕	석붕무덤	석붕무덤	석붕	석붕	석붕
			반노출	대석무덤	돌무지무덤				석붕 무덤	
			돌더미			압석묘				
		막돌 쌓기	돌더미							
	지하식	흙벽		고인돌	대석개묘		대석개묘, 대개석묘		개석 무덤	
		돌벽								

되어 있다. 각 지역 내에서도 석붕의 구조는 복잡 다양하여 여러 유형으로 구분되며, 분포지역에 따라 석붕의 형식은 물론 연대도 차이가 있다. 현재까지의 연구 성과에 의하면 이러한 차이는 석붕의 변천 관계와 집단의 이동 관계 등 역사적 배경을 반영한다.

둘째, 무덤방 위에 큰 돌을 올려놓는 형태의 무덤은 동북아시아 전 지역에서 청동기시대 이후 거의 모든 시기에 걸쳐 발견되는 보편적 현상이다. 이와 비교하면, 석붕무덤 덮개돌의 가장 전형적인 특징은 다듬은 한 매의 큰 돌이 지표에 있다는 것이다. 바로 이러한 점이 후기의 많은 굴식 돌방무덤[橫穴式石室墓]과 구분되는 특징이다. 또한 무덤방의 구조를 보면 이런 유형의 석붕은 문은 있지만 널길이 없다. 이는 외부 구조가 유사한 고구려 돌무지무덤과의 차이점이기도 하다. 일부 석붕 중에는 단 위에 축조된 것도 있다. 이 역시 고구려 무덤의 '고단(高壇)'과는 다른 것이다. 엄격한 의미에서 석붕의 구조를 설명할 때에는 이러한 내용을 충분히 고려해야 한다.

이 책에서 말하는 석붕 개념 및 중국 학계의 석붕 개념의 차이를 정리하면 표 1과 같다.

II. 유형 구분

1. 자료 분석

앞에서 살펴본 석붕의 특징에 근거하여 중국 동북의 동남부지역에서 조사 및 발굴한 고고 자료를 다시 분석해 보면, 석붕 연구의 범주에 속하는 무덤은 '석붕', '대석개묘', '대개석묘', '돌무지무덤', '돌널무덤' 등으로 나눌 수 있다. 여기서는 관련 자료를 제시하고 각 유형 무덤들의 형태를 중심으로 분석하겠으며, 이로써 석붕무덤의 형식 구분을 위한 기초 연구를 진행하고자 한다.

1) 석붕[43]

현재 학계에서 인정하는 석붕은 모두 이 책의 석붕 범주에 속한다. 그러나 그 원시 형태에 대해서는 보다 많은 논의가 진행되어야 한다.

(1) 대표 유적
동북지구에서 발굴이나 조사가 이루어진 비교적 전형적인 석붕 유적은 아

래와 같다.[44]

① 개주 화가와보 석붕군[45]

□ 위치: 개주시(蓋州市) 구채진(九寨鎭) 삼도하자촌(三道河子村) 화가와보둔(伙家窩堡屯) 노우대산(老牛台山) 북쪽

석붕군은 노우대산 꼭대기와 그 남쪽 기슭에 분포하며, 현재 지표에는 대형의 덮개돌이 드러나 있다. 1988년 이 가운데 5기를 발굴하여 동쪽에서 서쪽으로 가면서 1~5호로 이름 붙였다. 모두 20기 이상이 조사되었으나 대부분 파괴된 상태였다.[46]

발굴보고서에 의하면 조사된 5기의 석붕 굄돌은 모두 일부분이 땅속(기반암 아래) 20~30cm 깊이에 묻혀 있으나 대부분 지표에 노출된 상태였다. 그 이후 자연적인 퇴적으로 석붕이 묻혔다. 어떤 것은 깊이 묻혀 벽석의 끝부분만 보이고 어떤 것은 일부만 드러나 있다.

그런데 여기서 의문점은 이른바 무덤방 주변으로 쌓여 있는 사암(실제는 막돌)이 포함된 한 층의 자연퇴적층이 석붕의 축조 과정 중 인위적으로 쌓은 층일 수 있다는 점이다. 필자가 현장을 직접 조사하여 얻은 결론은 석붕의 네 벽 바깥에 쌓인 막돌은 석붕 축조 당시의 돌더미일 가능성이 있다는 것이다. 그러나 적어도 1호 석붕의 덮개돌 한쪽 면이 기반암 위에 무너져 있는 것은 인위적인 파괴에 의한 것일 수 있어 이를 바로 무덤방 벽이 본래는 지상에 드러난 상태였다고 해석하는 것은 문제가 있어 보인다.

이와 관련해서는 3호 석붕을 주의 깊게 살필 필요가 있다. 3매의 벽석 사이에는 깨진 막돌들이 가득 채워져 있는데, 보고서에서는 "이 석붕이 무너진 후 교란되어 인위적으로 돌들이 채워진 것"으로 보았다. 그러나 무덤방의 바닥돌 위에서 완전한 형태로 발견된 26점의 껴묻거리를 볼 때, 보고서의 이러한 추측은 의문이 든다. 필자가 생각하기에 이 묘지에서 발굴된 5기의 석붕은 기본적으로 그 외부 특징이 같은데, 즉 무덤방의 벽 주변에는 막돌을 쌓은 것이 분명하며, 네 벽이 외부에는 드러나지 않았고 아마도 덮개돌만 지표에 노출된

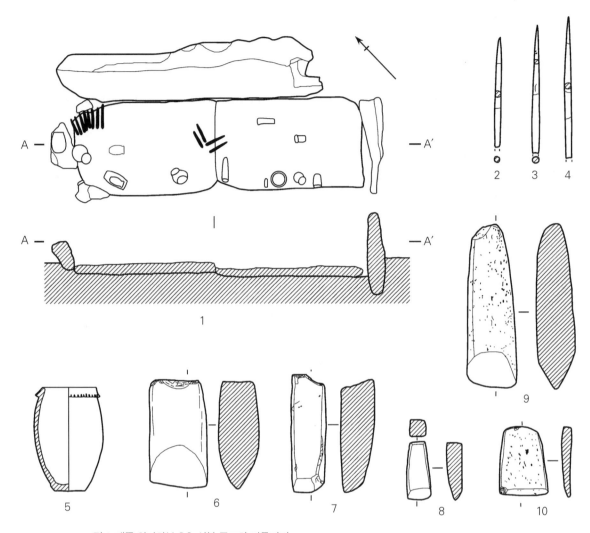

그림 2 개주 화가와보 3호 석붕 구조와 껴묻거리
1: 3호 석붕 구조, 2~4: 돌화살촉(3호-14·15·11), 5: 깊은 바리(3호-22), 6·9: 돌도끼(3호-3·5),
7: 돌자귀(3호-2), 8·10: 돌끌(3호-4·1)

상태였을 것으로 판단된다.

발굴된 5기의 석붕은 긴 방향이 모두 동서쪽에 가까우며, 서북 5~35° 사이
이고 남북 방향은 없다. 이곳의 지형으로 보면 모두 산줄기 방향과 나란하다.

5기의 석붕 중 4기(다른 1기는 양쪽 굄돌이 있는 4호)의 서쪽 굄돌은 모두 높
이가 낮거나, 판자돌이 아닌 막돌을 놓았다. 이로 보아 문돌 혹은 막음돌로 쓰

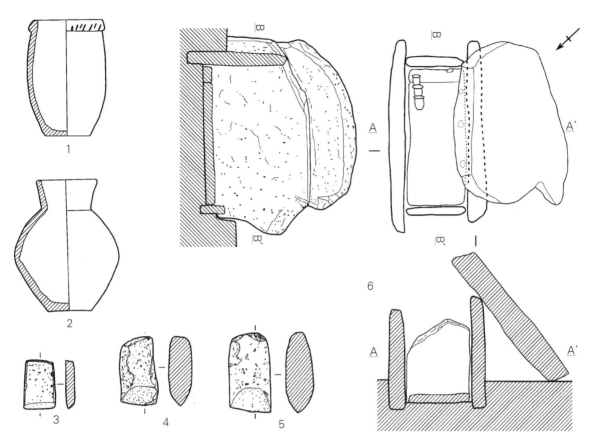

그림 3 개주 화가와보 1호 석붕 구조와 껴묻거리
1: 깊은 바리(1호-5), 2: 단지(1호-2), 3: 돌끌(1호-3), 4·5: 돌도끼(1호-4·1), 6: 1호 석붕 구조

였을 것 같으며 문은 서쪽일 가능성이 있다.

각 석붕의 굄돌 짜임새는 기본적으로 같은데 막음돌과 문돌은 모두 양쪽의 긴 굄돌 사이에 끼어 있다. 그 가운데 3호는 막음돌의 바깥쪽과 두 굄돌의 양쪽 끝 부분이 가지런하다(그림 2). 1호는 앞뒤 막음돌이 양쪽 굄돌 사이에 깊이 끼어 있는 상태이다(그림 3).

나머지 석붕들은 보존 상태가 좋지 않아 구조가 불명확하며 각 석붕의 무덤방 높이는 모두 100cm 이하이다.

껴묻거리 대부분은 바닥돌의 네 귀퉁이에서 찾아졌다. 출토유물은 돌도끼,

돌끌, 돌자귀, 돌화살촉, 겹입술 깊은 바리, 단지 등이다. 토기는 크기를 달리하여 조합을 이루고 있다.

1호와 5호에서 발견된 불에 탄 사람뼈로 볼 때, 이 무덤에서는 대부분 화장이 이루어졌을 가능성이 있으나 화장이 무덤방 안에서 이루어졌는지는 확실하게 알 수 없다.

② 보란점 소둔 석붕군

□ 위치: 보란점시(普蘭店市) 안파진(安波鎭) 소둔촌(邵屯村) 서남쪽 500m 지점의 서산

모두 5기의 석붕이 조사되었다. 그 가운데 4기는 산 위에 있고 나머지 1기는 산 아래에 위치한다.

석붕에 사용된 석재는 모두 자연 화강암이며, 무덤 방향은 동서쪽이다.

산 위에 위치한 1호 석붕은 보존 상태가 매우 좋은 편이다. 굄돌은 똑바로 서 있으며, 동쪽 막음돌은 북쪽과 남쪽 굄돌 사이에 끼어 있다. 사진으로 보아 서쪽 막음돌은 비교적 낮아 문돌로 삼은 것 같고, 주변에는 돌더미가 있다. 조사된 내용과 도면으로 볼 때 기본적인 형태와 크기는 화가와보 3호 석붕과 비슷하다(그림 4-1).

나머지 4기는 모두 파괴된 상태이다.

③ 장하 대영산 석붕[47]

□ 위치: 장하시(庄河市) 율자방진(栗子房鎭) 온둔(溫屯) 동북쪽 대영산(大營山) 동쪽 기슭

1기가 조사되었다. 문은 남서쪽에 있고 굄돌이 안쪽으로 기울어져 있다. 북쪽 막음돌은 얇으며, 동서 굄돌 안쪽에 끼어 있다. 남쪽 것은 파괴되어 안쪽으로 쓰러져 있으나 보고서의 설명으로 볼 때 북쪽 것보다 낮지는 않은 것으로 보인다(그림 4-2).

그림 4 보란점 소둔 등지의 석붕 구조
1: 보란점 소둔 1호 석붕, 2: 장하 대영산 석붕, 3: 장하 분방전 동석붕, 4: 장하 분방전 서석붕

④ 장하 분방전 석붕

□ 위치: 장하시 율자방진 분방전둔(粉房前屯) 후산(後山) 북쪽 기슭

약 60cm의 거리를 두고 2기가 분포한다. 무덤방 방향은 모두 남서 50°이고 대체로 동북-서남쪽이다. 사용된 석재는 매우 거칠게 손질되었으며, 굄돌은 약간 비스듬히 서 있다. 규모는 같아 크기가 구분되지 않는다.

덮개돌은 모줄인 네모꼴이며 길이가 무덤방의 길이와 거의 같고, 너비는 조금 넓다. 구조는 기본적으로 비슷하며, 막음돌은 양쪽의 굄돌 사이에 끼어 있지만 가장자리에 기대어 있다. 돌널을 만든 방법은 비슷하다. 양쪽의 굄돌은 1매는 길고, 1매는 짧다. 조사된 사진을 통해 볼 때 2기의 석붕 주변으로 막돌들이 쌓여 있다(그림 4-3·4).

⑤ 보란점 쌍방 서산 석붕군[48]

□ 위치: 보란점시 안파진 덕승촌(德胜村) 쌍방(雙房) 서산

1980년 발견되어 모두 9기가 발굴되었다.

모든 석붕은 작은 산의 꼭대기 및 남쪽 기슭에 분포한다. 발굴자는 무덤방의 위치, 즉 지상 혹은 지하에 따라 이 묘지의 무덤을 두 유형으로 나누었다. 무덤방이 지상에 위치한 것은 석붕으로 분류되며 1, 2, 5, 7, 8, 9호이다. 무덤방이 지하에 있는 것은 석개돌널무덤[石蓋石棺墓]으로 분류하였으며 3, 4, 6호가 해당된다.

두 유형 모두 무덤방 방향은 동서쪽이며, 사용된 석재는 조금 다듬어진 화강암이다.

3기의 석개돌널무덤 중에서 6호의 보존 상태가 양호하였다. 돌널의 사방이 막혔고, 바닥돌은 깔지 않았다. 나머지 2기(3, 4호)는 조사된 자료와 무덤방 구조의 도면을 보면 6호와 차이가 있다. 예를 들면 벽석은 1매의 판자돌을 사용하였고 폐쇄된 흔적은 보이지 않는다. 바닥에는 돌을 깔아 기본 구조는 석붕과 비슷하다(그림 5-4).

조사된 전체 무덤의 분포도 및 무덤의 상대적인 위치에 대한 보고 내용을 보면 6호는 다른 무덤들과 비교적 먼 곳에 떨어져 있다. 다무라 코이치(田村晃一)는 현장조사를 통해 이른바 석개돌널무덤은 석붕과 함께 있지 않으며, 묘역의 한쪽에 위치해 있다는 의견을 제시하였다.[49] 또한 3호와 4호는 2호와 가까운 곳에 위치한다.

위의 내용을 종합하면 6호를 제외한 나머지 무덤은 모두 석붕에 해당하는 듯하다. 발굴자는 3호와 4호를 무덤방이 지하에 위치한다는 것에 근거하여 석개돌널무덤으로 분류하였다. 그런데 이처럼 무덤방의 위치가 지상이나 지하

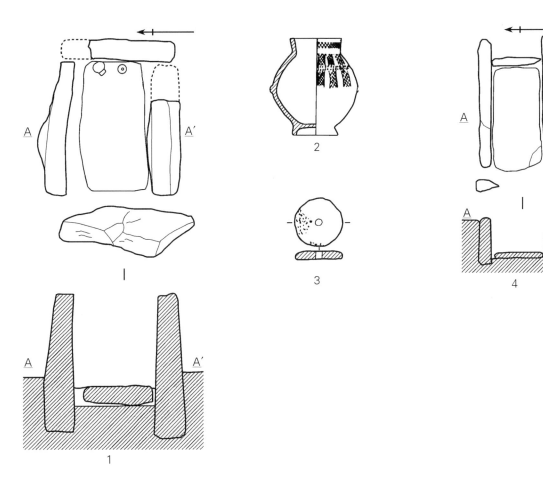

그림 5 보란점 쌍방 무덤 석붕 구조와 껴묻거리
1: 2호 석붕 구조, 2·3: 2호 석붕 출토 단지·돌가락바퀴, 4: 4호 '돌널무덤' 구조

에 있다는 구분의 기준은 상대적인 것이기에 재고의 여지가 있다. 예를 들면 2
호의 굄돌이 지하에 깊이 묻혀 있기는 하지만, 일부는 지표에 노출되어 있기
도 하다(그림 5-1). 또한 3호와 4호의 벽석은 본래 지표에 노출되었으나 위쪽
부분이 파괴되었을 가능성도 있다.

　위에서 설명한 석붕 가운데 2호만 보존 상태가 양호하다. 북쪽 굄돌은 완
전하게 남아 있는데 지표에서 약 118cm가량 노출되었고, 남쪽 것은 윗부분
이 깨져 있다. 무덤방의 바닥에는 거칠게 다듬은 두터운 판자돌을 깔았다. 바
닥돌의 동북쪽 모서리의 퇴적된 흙 및 바닥돌과 굄돌 사이의 틈에서 불에 탄

사람 뼛조각과 껴묻거리가 확인되었다. 유물은 모래가 섞인 붉은색의 굽 있는 배부른 단지와 돌가락바퀴가 각 1점씩 찾아졌다(그림 5-2·3).

발굴보고서에 의하면 2호의 굄돌은 지하에 72cm가량 묻혔다고 한다. 또한 석붕 구조의 도면을 보면 바닥돌은 무덤방 밖의 지표보다 적어도 20cm가량 낮다. 필자가 유적을 직접 조사한 결과 석붕의 네 벽 주변에는 돌더미가 있어 무덤방을 보호하였고 발굴 시 전면 노출시키지 않았다. 이러한 내용을 종합 분석해 보면 이 석붕의 네 벽은 지표에 노출되지 않았다. 결과적으로 3·4호의 현황으로 볼 때 이 유적의 석붕들은 대체로 흙더미와 돌더미가 모두 존재하였 던 것으로 추론되지만 현존하는 보존 양상이 같지는 않다.

⑥ 수암 태로분 석붕군[50]

□ 위치: 수암현(岫岩縣) 흥륭향(興隆鄉) 백가보자촌(白家堡子村) 서남쪽

발굴보고에 의하면 태로분(太老墳) 석붕은 백가보자 석붕군 및 유적 내에 위치한다. 또한『요동반도석붕』에 의하면, 1981년 단동시 문물조사대에 의해 태로분 석붕 유적에서 11기의 파괴된 석붕이 조사되었고 석붕 안에서 돌칼과 토기 조각이 출토되었다. 유적 주변에서는 토기 조각과 돌칼, 달도끼 등이 수 습되었다. 1989년에는 수암현 문물관리소에서 '대석개묘' 1기를 발굴조사하 여 비파형동검과 네 손잡이 달린 검은 단지를 각 1점씩 찾았다. 위의 보고 내 용을 종합하면 이곳에서는 모두 12기의 석붕이 조사되었고, 1기는 태로분 석 붕과 구조가 비슷한 '대석개묘'에 해당된다.

이 대석개묘를 보고할 당시 쉬위이린은 소석붕으로 소개했다. 당시 덮개돌 이 지표에 약 20cm쯤 노출되어 있었고 4벽은 모두 황토에 묻혀 있었기 때문 이다. 이후『요동반도석붕』에서는 '대석개묘'로 수정하였는데 그 이유는 구조 의 특수성 때문이다(그림 6).

발굴보고의 내용을 보면 태로분 석붕의 덮개돌은 긴 네모꼴이며, 남쪽이 좁고, 북쪽이 넓은 편이다. 긴 방향은 남북쪽이며, 동쪽과 서쪽 굄돌은 안쪽으 로 약간 기울어 있다. 굄돌은 바닥돌 밑으로 약 50cm가량 묻혀 있다. 남쪽 막

음돌은 똑바로 서 있고 서쪽 굄돌에 기대어 있는데 바깥으로 10cm쯤 벗어나 있다. 남쪽 막음돌과 동쪽 굄돌 사이에는 54cm 정도의 공간이 있는데 그 사이의 바닥에는 돌들이 불규칙하게 놓여 있다. 이를 통해 볼 때 남쪽 벽석과 그 사이의 돌들은 무덤방의 문돌 역할을 한 것으로 추정된다. 석붕을 견고하게 하기 위하여 동·서 굄돌의 바닥쪽에는 크기가 다른 돌들을 덧대어 놓았다.

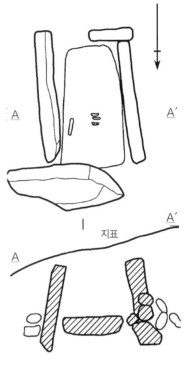

그림 6 수암 태로분 석붕 구조

석붕 안에는 돌이 섞인 검은 갈색 또는 검은색 흙이 쌓여 있었다. 석붕의 바닥 북쪽 끝의 중간에서는 동서 방향으로 3점의 팔다리뼈가 발견되었고 동쪽으로 치우쳐 남북 방향으로 한 부분의 팔다리뼈가 확인되었다. 바닥돌의 남쪽 끝과 동쪽 굄돌 사이의 틈새에서는 불에 탄 뼛조각이 발견되었으나 이미 가루로 변한 상태였다. 석붕 안의 쌓임층에서 토기 조각과 돌칼 등의 껴묻거리가 출토되었는데, 부근의 유적에서 출토된 것과 같은 것이다. 따라서 석붕은 기존의 유적을 파괴하고 그 위에 축조된 것으로 설명할 수 있다. 석붕 내의 쌓임층과 유물은 후대에 들어갔거나 충적된 것으로 판단된다.

이러한 내용과 발표된 석붕의 평·단면도를 참고하면, 이 무덤은 석붕 유형에 포함된다. 무덤 위의 표토층은 후대에 퇴적된 것이 확실하다. 또한 동·서 굄돌의 바닥 양쪽에 크기가 다른 석재를 덧대어 놓은 것은 석붕 바깥쪽의 돌더미일 가능성이 있다. 조사 내용과 도면으로 보아 무덤구덩이가 불명확한 것은 이러한 추정을 가능하게 하는 증거가 된다. 또한 북쪽 막음돌의 위치가 제자리에서 움직인 점, 굄돌이 바닥돌 밑으로 50cm쯤 들어가 있는 것, 문돌이 있는 점 등을 고려해 볼 때, 석붕의 네 벽 역시 모두 땅 속에 묻혀 있던 것은 아니다.

이러한 벽석의 조합 방식은 비교적 특수하다. 남벽석은 서벽에 기대어 있는데 서벽석 바깥으로 10cm쯤 벗어나 있으며 문돌의 높이는 동벽석보다 높다. 이미 본래의 위치에서 벗어나 있는 북벽석은 동·서 벽석에 기대어 있다. 이러한 구조는 쌍방 2호 석붕의 막음돌 구조와 대체로 같다. 문은 남쪽에 있는데 조사 보고에 따르면 먼저 문돌로 반을 막은 다음 나머지 반은 다시 돌을 쌓아 막았던 것으로 판단된다.

태로분 석붕은 백가보자촌의 동·뒷산, 마을의 서쪽 석붕군과 인접해 있고, 주위에 있는 11기의 석붕보다 규모가 큰 편이며, 긴 방향은 남-북쪽이다. 백가보자 석붕군은 보존 상태가 좋지 않아서 오직 1호 석붕의 방향만 알 수 있고(동-서), 구조 역시 명확하지 않아서 자세한 비교는 어렵다.

⑦ 개주 연운채 석붕

□ 위치: 개주시 십자가향(什字街郷) 연운채촌(連雲寨村) 서산 아래

현재 2기가 있으며 서로 34m 정도의 거리를 두고 있다(그림 7-1·2).

『요동반도석붕』에 2기의 석붕 내용이 소개되었는데 조사 당시에 2기 모두 대부분 흙속에 묻혀 있어 자세한 사항을 알 수 없었다. 2006년 3월, 필자와 츄웨이더원(崔德文)이 현지조사를 하였는데, 2기의 석붕 모두 바깥의 흙더미와 돌더미가 이미 무너진 상태였다. 현지조사한 내용을 정리하면 다음과 같다.

서쪽 석붕에 일부 남아 있는 흙더미를 볼 때 2기의 석붕에는 본래 돌더미, 흙더미가 존재하였고 덮개돌만 지표에 노출되었다. 흙더미는 언덕처럼 이루어져 있었고 가장자리는 대체로 수직에 가깝다. 츄웨이더원의 설명에 의하면, 부근의 계단식 밭에서 확인되는 큰 돌들은 모두 2기의 석붕을 둘러쌓았던 흙더미에서 나온 것이라고 한다. 현재의 흙더미 상태와 제거된 돌들로 볼 때 흙더미의 바닥은 돌을 쌓았을 가능성이 크다.

현재 지형을 보면 석붕은 원래 언덕의 비탈진 부분에 있었으나 후대에 흙이 깎여 나가 굄돌이 노출된 상태다. 석붕 2기의 규모는 거의 비슷하다. 축조에 사용된 석재는 손질을 하였지만 비교적 거칠게 되었다. 덮개돌은 평평하며, 불규칙한 타원형이고 가장자리는 가지런하지 못하다. 굄돌들은 약간의 손

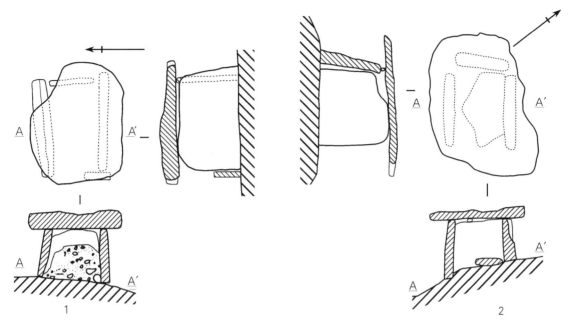

그림 7 개주 연운채 석붕 구조
1: 동석붕, 2: 서석붕

질을 하여 불규칙한 사다리꼴 형태이며, 벽석과 벽석 사이에는 틈이 있어 조합 상태는 치밀하지 못하다. 양쪽 굄돌은 비교적 높으며, 주로 덮개돌 하중을 견디는 역할을 한다.

약간 큰 서석붕은 긴 방향이 북서 $60°$이고 남북 방향에 놓여 있다. 비교적 작은 동석붕은 동서 방향이다. 서석붕의 막음돌은 양쪽 굄돌의 바깥에 위치하며, 바닥과 양쪽 굄돌의 가장자리는 일정 거리 떨어져 있다. 이 막음돌은 무덤방의 너비보다 좁아서 양쪽 굄돌은 안쪽으로 비스듬히 기울었다. 막음돌의 위쪽과 양쪽 굄돌은 부분적으로 맞물려 있으며 나머지 세 벽석은 그 두께가 서로 비슷하다.

쉬위이린의 조사 내용에 따르면 서석붕의 동쪽에는 무너진 벽석이 하나 있는데 문돌로 보고 있다. 벽석의 크기를 보면 양쪽 굄돌 사이에 끼울 수 있으며 무덤방의 높이보다 낮다. 이번 조사에서는 이 돌(문돌)을 확인하지 못했다.

동석붕의 막음돌은 양쪽 굄돌 사이에 끼어 있다.

⑧ 와방점 화동광 석붕군

□ 위치: 와방점시(瓦房店市) 이관진(李官鎭) 화동광(鏵銅礦) 부근의 구릉

『요동반도석붕』에 의하면, 이 석붕 부근에서 4기가 발견되었으나 현재는 확인할 수 없다.

그 가운데 1기가 발굴되었는데 쉬위이린의 석붕 분류안으로는 중형에 속하며, 다무라 코이치는 대형 '석붕'으로 분류하고 있다. 그 형식은 독특하며, 지상에 반쯤 노출되어 있는 무덤방은 보존 상태가 완전하며 4면이 모두 막혀 있었다. 무덤방의 평면은 거의 방형이고, 네 벽은 잘 맞물려 있다. 다무라 코이치는 이러한 조합방식을 '파식(巴式)'[51]이라 하였고, 무덤방 안에서 사람뼈가 출토되었다.

화동광 석붕은 1933년 미야케 슌조가 조사하였는데 정식 보고는 하지 않았다. 현재 학계에 알려진 자료는 2차 세계대전 후에 발표된 미야케 슌조의 석붕 도면과 유물의 실측 도면이다. 다무라 코이치는 이러한 도면에 근거하여 "붉은 간토기 단지 1점과 바탕흙에 회색 활석이 섞인 단지 2점을 소개하였다. 그런데 토기들의 도면을 보면 후자는 독 모양 토기나 깊은 바리형 토기에 가깝다. 이 토기는 겹입술로 아가리의 위쪽에 무늬의 흔적이 뚜렷하다"라고 소개하였다(겹입술 항아리의 가능성이 크다). 또한 쉬밍까앙은 화동광 석붕의 4면 벽석이 완전히 보존되었고, 바닥돌의 중간에서 청색 연옥의 별도끼 1점, 모래가 섞인 깊은 바리 2점, 배가 부른 단지 1점[52]이 출토되었다고 설명하였는데 근거는 알 수 없다.

사실 화동광 석붕의 껴묻거리는 다른 석붕의 연대 설정에 자주 이용된다. 쉬위이린은 화동광 출토 깊은 바리는 상마석 상층문화에 속하며, 이런 중석붕의 출토 유물이 소석붕보다 연대가 이르기 때문에 대석붕의 연대가 가장 이른 것으로 추정하였다. 반면에 다무라 코이치는 반구형(半球形)의 별도끼(이른바 곤봉머리)가 요령성과 한반도에서 자주 발견되는 유물로, 팽이형 토기문화

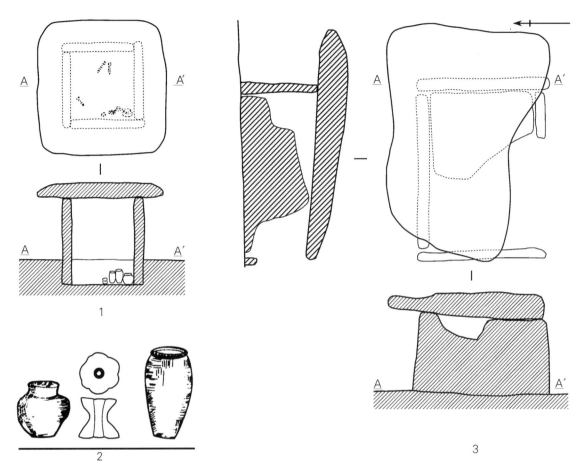

그림 8 와방점 화동광·금주 소관둔 석붕 구조
1·2: 화동광 석붕 구조와 껴묻거리, 3: 소관둔 석붕 구조

의 대표적인 석기이며, 연대는 쌍방2호 석붕과 같거나 조금 늦은 것으로 설명하였다. 이것을 대석붕의 연대가 비교적 늦은 것으로 추정하는 근거로 삼았다 (그림 8-1·2).

　발굴된 껴묻거리와 사람뼈를 볼 때 이러한 '석붕'은 당연히 무덤으로 볼 수 있다. 미야케 토시히코(三宅俊彦)의 설명에 따르면 이 석붕의 벽석은 지표에서 대략 50cm쯤 묻혔으며, 그 무덤방 안에는 지표에서 50cm까지 모래가 퇴적되어 있었다. 충적된 모래의 아래쪽 가운데 부분에서 사람뼈가 발견되었고, 같은 높이의 모서리에서 껴묻거리가 찾아졌다.[53]

이러한 내용을 보면 화동광 석붕의 굄돌 바깥에는 본래 흙더미가 존재하였을 가능성이 있다. 무덤방의 구조, 즉 벽석의 조합 방식은 매우 특수한 상태인데 네 벽석이 덮개돌을 지탱하며, 문의 흔적은 불명확하다. 이 석붕의 가공 상태는 매우 정밀하다. 덮개돌은 모줄임 네모꼴로 네 벽의 길이와 높이가 모두 동일하다. 무덤방은 네모꼴이며 길이와 너비가 같고 굄돌은 똑바로 서 있다.

⑨ 금주 소관둔 석붕[54]

  □ 위치: 대련시(大連市) 금주구(金州區) 향응진(向應鎭) 소관둔(小關屯) 동산

지금까지 동북지구에서 발견된 석붕 가운데 제일 남쪽에 위치하며, 이미 오래전부터 잘 알려진 유적이다. 소관둔 석붕을 가장 먼저 자세히 소개한 사람은 야기 소자부로이다. 그 내용을 보면 본래 2기의 석붕이 있었는데 1기는 대형이며, 나머지 1기는 소형이었다. 현지 사람들은 이를 '대석붕'과 '소석붕'이라 부른다.

대석붕은 야기가 조사할 때 이미 무너진 상태로, 한쪽 굄돌만 남았으며 덮개돌은 파괴된 상태였다. 기존에 보고된 자료에 의하면 이 석붕은 흙과 돌을 섞어 쌓은 단 위의 높은 곳에 있었다고 한다. 덮개돌의 일부분이 흙에 파묻혀서 정확한 크기는 알 수 없으나 대체로 너비는 400cm, 길이는 600cm 정도이며, 굄돌의 높이와 너비는 약 200cm 정도이다.

소석붕은 지금의 소관둔 석붕을 말하며 대석붕에서 북쪽으로 200m 떨어진 곳에 위치한다.

다무라 코이치[55]의 조사에 의하면 높지 않은 두 구릉이 만나는 중간 지점에 자리하는데, 아래쪽에 약 10m² 정도의 단이 만들어져 있다. 덮개돌은 모줄임 긴 네모꼴이고 처마가 있다. 네 벽이 지표에 노출되었는데, 모두 화강암을 다듬어 만들었다. 굄돌 가운데 동쪽 것은 비교적 보존이 잘 되었고, 서쪽 것은 아래쪽의 일부가 거의 같은 높이로 남아 있으며, 남쪽 벽석은 파괴되어 일부분만 남아 있다. 북쪽 벽석 역시 파괴되어 2/3가량만 남아 있으며, 긴 방향은 동서쪽이다. 바닥에는 1매의 판자돌이 놓여 있다.

이 석붕의 문 방향에 대하여 쉬위이린은 서쪽에 있다고 하였다. 다무라 코이치도 이에 동의하면서 소관둔 석붕의 남·북 벽석은 모두 파괴되어 서로 다른 높이로 남아 있지만 서벽이 거의 같은 높이로 파괴된 것은 우연한 결과가 아니라고 인식하였다(그림 8-3). 이렇게 보면 막음돌과 문돌은 모두 양쪽 굄돌 바깥에 있고 굄돌의 양쪽 끝과 나란하다.

⑩ 수암 흥륭 석붕

□ 위치: 수암현 흥륭향(興隆郷) 설가보자촌(薛家堡子村) 동쪽 1km, 하분방둔(下粉房屯) 고수석산

크고 작은 2기의 석붕이 조사되었다. 이 가운데 대석붕은 산에 위치하며, 소석붕은 산 아래 평지에 있는데 두 곳의 거리는 약 500m쯤 된다. 유적 서쪽으로는 동북-서남 방향으로 간파하(干巴河)가 흐른다.

대석붕의 벽석 4매는 모두 지표에 노출되어 있다. 북쪽 것은 석회암이며 나머지는 화강암이고, 사용된 석재는 손질을 많이 하였다. 긴 방향은 남북쪽이며, 문은 남동 10°이다. 다무라 코이치에 의하면 대석붕의 아래에는 "비록 단을 쌓은 흙은 없지만 석붕 주변 너비 약 1m 정도의 범위에 잔돌을 깔아 놓은 흔적이 있다. 이것은 북한 학자가 말하는 부석(敷石) 유적일 가능성이 있다"고 하였다.[56]

덮개돌은 긴 네모꼴에 가깝고, 모서리는 둥근 모양이며 큰 처마를 이루고 있다. 덮개돌의 뒤쪽은 비교적 길고 조금 기울어져 있다. 동·서·남·북의 벽석 바깥쪽으로 각각 80cm, 100cm, 120cm, 140cm쯤 나와 있다. 덮개돌의 뒤쪽 끝부분의 가운데에 긴 줄홈이 있다. 막음돌은 두 굄돌에 기대어 있다. 세 벽석의 두께는 기본적으로 같으며, 막음돌의 양끝과 두 굄돌의 바깥면은 가지런하다. 세 벽석의 길이는 같다. 벽석은 잘 맞물려 있으며, 두 굄돌은 안쪽으로 약간 경사지도록 비스듬히 세워져 있다.

바닥돌은 지표 아래에 있다(그림 9-1).

소석붕은 규모가 매우 작으며, 문은 서남 10° 방향이고 긴 방향은 동서쪽에

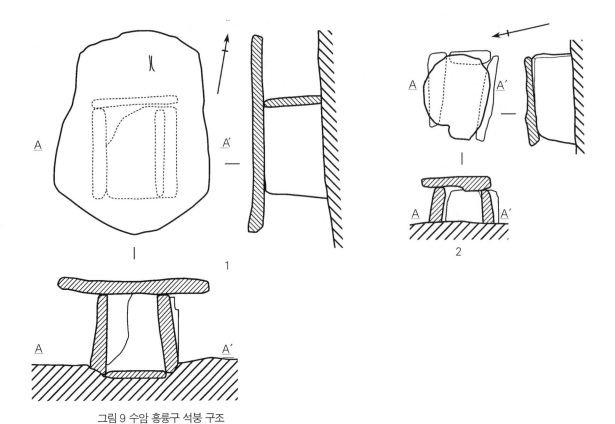

그림 9 수암 흥륭구 석붕 구조
1: 흥륭구 대석붕, 2: 흥륭구 소석붕

가깝다. 덮개돌은 둥근꼴이며 현재 네 벽을 전부 덮지 못한 상태이다. 막음돌은 두 굄돌 사이에 끼어 있으면서 가장자리에 기대어 있다. 굄돌은 조금 경사져 있으며, 덮개돌과 벽석의 조합 상태는 정교하지 못하고, 사용한 석재 역시 거친 편이다(그림 9-2).

⑪ 보란점 석붕구(石棚溝) 석붕군

□ 위치: 보란점시 검탕향(儉湯鄕) 대가촌(戴家村) 석붕자둔(石棚子屯) 석붕산(石棚山) 북쪽

석붕산은 해발고도 265m이며, 상대고도는 약 16m이다. 산 아래 남쪽으로는 작은 하천이 서에서 동으로 흘러 벽류하(碧流河)로 유입된다. 산 꼭대기에

서 4기의 석붕이 조사되었으며, 1기는 크고 나머지 3기는 작다.

대석붕은 산꼭대기의 가장 남쪽 끝에 위치하며, 화강암을 잘 다듬어서 정교하게 축조하였다. 덮개돌은 모서리가 둥근 긴 네모꼴에 가깝고 서쪽과 남쪽이 높고, 동쪽과 북쪽이 낮다. 4면이 모두 처마를 이루고 있는데, 동·서·남·북 각각 110cm, 160cm, 210cm, 160cm 정도 나와 있다. 동·서·북쪽의 벽석은 1매의 큰 돌이고, 옆면 형태는 사다리꼴이며 약간 안쪽으로 기울어지게 세웠다.

필자가 현장답사를 통해 직접 조사한 결과, 현재 벽석의 대부분은 지표에 노출되었고, 바깥쪽에 돌더미가 있었다. 내부에는 약 30cm쯤 검은 흙이 쌓여 있으며, 그 아래에는 바닥돌이 있다. 막음돌은 두 굄돌에 기대어 있는데 양쪽 끝면이 두 굄돌의 밖으로 벗어나 있다. 남쪽은 비어 있어 남북 방향임을 알 수 있고 무덤방의 문은 남쪽이다(그림 10-1).

또한 석붕의 서쪽 굄돌에서 80cm가량 떨어진 남쪽에 긴 돌이 노출되어 있는데, 쉬위이린은 이것을 남벽석 혹은 문돌로 보고 있으나, 이 돌과 측벽과의 거리를 보면 문돌의 가능성은 높지 않으므로 필자는 '계조석(階條石)'으로 추정하고 있다.

소석붕은 모두 3기가 발견되었다. 대석붕 주변에 분포하며, 가장 먼 곳에 있는 것은 대석붕과 약 25m가량 떨어져 있으며, 가까운 것은 6m 정도 거리에 있다. 대부분 보존상태가 좋지 못하여 완전하지 않으며, 구조상 대석붕과 차이를 보인다.

그 가운데 소석붕 1호의 조사 내용과 평·단면도를 보면 막음돌이 양쪽 굄돌의 바깥에 있고 기울어진 정도가 심하다. 또한 두 굄돌이 많이 파괴되어 막음돌과의 사이에 상당한 공간이 있다. 무덤방에서는 옛날에 돌화살촉, 돌도끼, 모래가 섞인 홍갈색 항아리와 단지의 조각 등이 출토되었다(그림 10-2).

나머지 2기의 소석붕은 1매의 굄돌만 남아 있다.

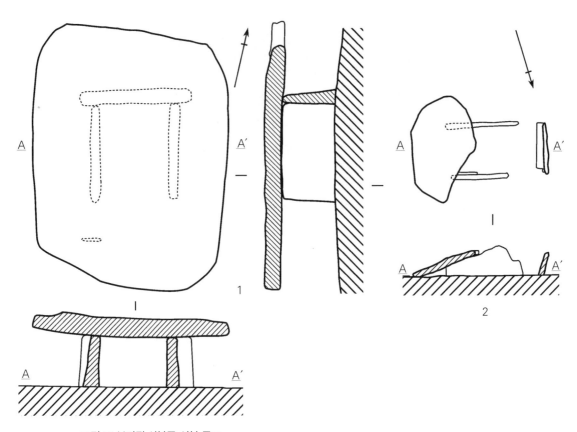

그림 10 보란점 석붕구 석붕 구조
1: 석붕구 대석붕, 2: 석붕구 소석붕

⑫ 장하 백점자 석붕[57]

□ 위치: 장하시 오로향(吳爐鄉) 소방신촌(小房身村) 백점자둔(白店子屯) 석붕산의 서남쪽 기슭

본래 2기가 있었지만 현재는 1기만 있다. 고석(姑石)이라고 부르는 석붕에서 동북쪽 20m에 '수석(嫂石)'이라는 석붕이 있었지만 지금은 없다. 석붕이 위치한 곳의 해발은 60.8m이며, 상대 높이는 약 30m 정도이다. 산 아래에 동북-서남 방향으로 백점하(白店河)가 흐른다.

다무라 코이치의 조사에 의하면, 이 석붕은 본래 단 위에 축조되었다.[58] 네벽석은 지표에 드러나 있으며 사용된 석재는 화강암으로 손질을 하였으나 정교하지 않다. 동벽석은 깨어진 상태이며 다른 세 벽석은 완전하다.

1960년 조사 당시 쉬밍까앙은 석붕을 해체한 다음 그 축조법에 대하여 다음과 같이 설명하였다. 먼저 바닥돌을 깔고 그 주변으로 구덩이를 파서 벽석을 세웠다. 남·북 굄돌을 구덩이에 세운 다음 동벽석을 세워 남·북 굄돌과 정확하게 맞추었다. 축조 당시에 먼저 벽석과 바닥돌이 맞닿는 곳에 오목홈을 파고, 이 홈의 너비와 바닥돌의 두께가 서로 맞게 자모사개[子母卯榫]를 만들었다. 그리고 그 위에 덮개돌을 놓았는데 남·북·동쪽의 세 벽석에 의해 지탱되었다. 서벽은 시신을 안치한 후 마지막에 세워진 것으로 문돌의 역할을 하였다. 바닥돌의 깨어진 틈 사이에서 사람뼈와 함께 돌가락바퀴 등이 출토되었으며, 마을 사람들에 의하면 과거 석붕 안에서 돌그릇이 발견되었다고 한다.[59]

쉬밍까앙의 소개를 자세히 보면 이 석붕의 긴 방향은 동–서쪽이며 문은 서쪽에 두었다(그림 11-1). 이와 관련하여 쉬위이린은 긴 방향이 남북쪽이고, 문은 남서 30°이며, 남·북 막음돌이 동·서 굄돌 사이에 끼어 있었고 문은 남쪽으로 판단하였다[60](그림 11-2). 필자는 쉬밍까앙의 설명을 보다 합리적인 것으로 생각한다. 그 이유는 이러한 유형의 석붕 구조를 보면 양쪽의 굄돌이 곧게 서 있고 막음돌은 양쪽 굄돌에 기대어 놓는 것이 이미 관례가 되었기 때문이다. 그리고 이 석붕의 북벽도 똑바로 세워져 있다. 문이 남쪽을 향한다는 쉬위이린의 견해는 남벽석의 동쪽 끝이 안쪽으로 13° 기울어져 석붕 안에 들어간 현존 상태만을 고려한 것이다.

백점자 석붕의 서쪽 굄돌이 잘 맞물리지 못한 현상을 쉬밍까앙은 다음과 같이 추론하였다. 현존하는 대련 지역의 석붕은 모두 한쪽 벽이 없다. 이것은 제일 마지막에 세워져 문돌의 기능을 한 것으로, 문돌의 조합이 정교하게 마무리되지 않으면 덮개돌과 맞닿지 못하기 때문에 후대의 여러 요인으로 이동되거나 훼손된 경우가 많다. 이러한 이유로 현존하는 대부분의 석붕에는 한쪽 면이 없는 것이다.

현재 이 석붕의 벽 바깥에는 흙더미나 돌더미가 없어 그 본래의 상태를 알 수 없다. 하지만 쉬밍까앙이 소개한 이 석붕의 축조법을 주의 깊게 살펴볼 필

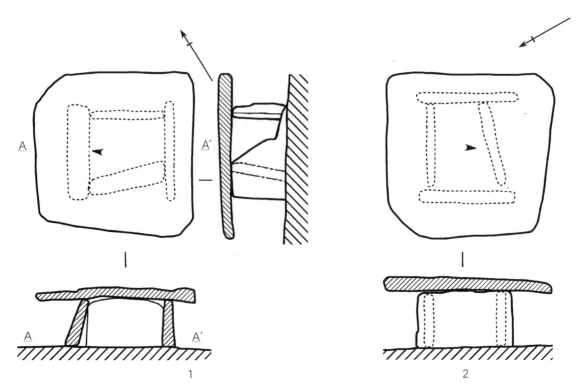

그림 11 장하 백점자 석붕 구조
1: 서쪽에 문(쉬밍까앙), 2: 남쪽에 문(쉬위이린)

요가 있다. "세 벽석을 세운 다음 흙을 덮어 경사를 지게 한 뒤 경사면을 이용하여 덮개돌을 벽석 위에 끌어올렸다. 이러한 방식은 현대의 다리를 건설하는 공정에도 사용되며, 제일 마지막에 쌓아놓은 흙을 제거한다." 만약 석붕의 벽석 주변으로 흙을 쌓은 흔적이 발견된다면 이 석붕에 본래 흙더미가 존재하였을 가능성도 배제할 수 없다.

⑬ 대석교 석붕욕 석붕[61]

□ 위치: 대석교시(大石橋市) 관둔진(官屯鎭) 동남 석붕욕촌(石棚峪村) 서남쪽

석붕욕촌 서남쪽 200m 지점의 만두처럼 생긴 작은 산 위에 자리하며 마을 사람들은 이곳을 석붕산이라 부른다. 유적 주변에서는 1기의 석붕만 조사되었

다. 이곳의 해발고도는 95.8m이며 상대높이는 40m이다. 산 아래로는 관둔하(官屯河)가 서북-동남 방향으로 흐른다.

이 석붕은 흙과 돌을 섞어 만든 단 위에 축조되었다. 단의 범위는 약 8×6m이고 높이는 0.5m이며[62] 바닥에는 돌을 쌓은 흔적이 남아 있다.

네 벽석은 지표에 노출되어 있고 축조에 사용된 석재는 잘 다듬어진 화강암이다. 덮개돌은 모줄임 사다리꼴이며, 남쪽 끝이 넓고 북쪽 끝은 좁다. 4면이 모두 처마를 이루고 있는데 동·서·남·북이 벽석으로부터 60cm, 90~108cm, 60~80cm, 60~100cm쯤 나와 있다. 동쪽 막음돌은 깨져 2매의 돌조각이 지표에 드러나 있고 나머지 세 벽석은 잘 남아 있다. 벽석은 모두 사다리꼴이고 아래가 넓고 위쪽은 좁다. 남쪽과 북쪽의 굄돌은 안쪽으로 약간 기울었으며, 서벽은 똑바로 서 있다. 여기에 근거하여 쉬위이린은 무덤방의 방향이 동서쪽이고, 문은 동쪽에 둔 것으로 추정하였다(그림 12-2).

쉬위이린은 1992년 봄 조사 때 덮개돌 남쪽 끝부분에서 3줄의 갈아 만든 홈을 발견하였다. 홈의 너비는 10cm, 깊이는 5cm 정도인데 북쪽의 끝에도 2줄이 파여 있다. 이것은 덮개돌을 옮길 때 만든 흔적으로 추정하였고, 더불어 북쪽 굄돌과 덮개돌이 서로 맞닿는 곳에 있는 1줄의 붉은 선[紅線]은 석붕을 축조할 때 사용된 기호일 것으로 생각하였다.

일본 학자 야마모토 타다시 등은 "북쪽 굄돌의 남아 있는 상태로 볼 때 축조 당시에는 4매의 석재가 둘러 세워졌음을 알 수 있다"고 하였으며, 다무라 코이치 역시 그 의견에 동의하였다. 필자의 현지조사에 의하면 북쪽 굄돌의 동쪽 끝부분과 동쪽 벽석이 이어지는 곳에는 홈줄이 남아 있는데, 이것은 유하 대사탄 1호, 북한의 오덕리 1호 고인돌과 같은 것으로 보인다. 문돌은 한쪽 옆에만 세워져 있다. 현재의 상태가 본래의 것인지는 명확하지 않지만, 장하 백점자 석붕의 구조와 같은 것으로 보인다.

주의해야 할 점은 남쪽 벽석은 다른 세 벽석보다 약 5cm 정도 낮고, 무덤방 바닥돌의 남쪽 부분은 거의 없으며, 동벽석과의 사이에 틈이 있고, 그 사이에 긴 석재가 끼어 있다. 이러한 현상은 석붕의 방향이 동서쪽이 아니라 남북

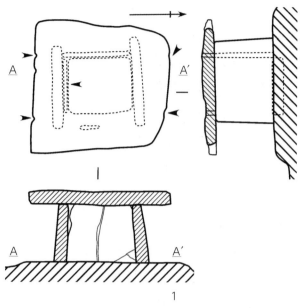
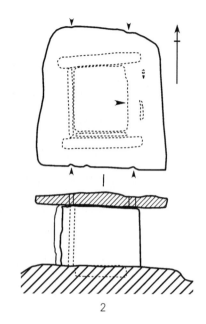

그림 12 대석교 석붕욕 석붕 구조
1: 남쪽에 문(화이빙), 2: 동쪽에 문(쉬위이린)

쪽이라는 것을 말해 주며, 막음돌이 두 굄돌에 기대져 있고 문은 남쪽에 둔 것
으로 볼 수 있다(그림 12-1). 그 이유는 벽석에 있는 홈줄을 볼 때, 남·북쪽 벽
석을 먼저 세우고 덮개돌을 덮은 다음 문돌을 끼워 넣는 것은 불가능하기 때
문이다. 이외에 바닥돌의 남쪽 부분을 채워 넣었고 남쪽 벽석에 홈줄이 없는
것으로 보아 가장 마지막에 세워진 것으로 여겨진다. 석붕욕 석붕의 구조에
대해서는 장하 백점자 석붕을 참고할 수 있다.

⑭ 해성 석목성 석붕

□ 위치: 해성시(海城市) 석목성진(析木城鎭) 고수석촌(姑嫂石村) 동남쪽
석붕은 마을에서 동남쪽으로 1km 떨어진 고수석산 남쪽 기슭의 대지에 위
치한다. 본래 이곳에는 2기의 석붕이 있어 '고수석(姑嫂石)'이라 부른다.
높은 대지에 있는 석붕(姑石, 석목성 석붕)은 보존 상태가 완전하며, 이곳의
상대높이는 30m쯤 된다. 해성하(海城河)의 물길이 대지의 남쪽으로 흐른다.

현재 네 벽석은 모두 지표에 노출되었으며, 축조에 사용된 석재는 손질된 화강암이고, 문의 방향은 남동 30°이다.[63]

덮개돌은 네모꼴에 가깝고 남쪽이 높고 북쪽은 낮다. 4면이 모두 처마를 이루고 있는데 동·서·북 3곳은 벽석에서 각각 150cm쯤 나와 있으며, 남쪽은 190cm 정도 된다. 또한 덮개돌의 가장자리에는 갈아서 만든 홈이 있다. 벽석은 사다리꼴로 아래가 넓고 위가 좁은 편이다. 벽석은 서로 잘 맞추어져 있고 약간 안쪽으로 경사가 진 모습이다. 북쪽 막음돌은 동·서 굄돌에 기대어 있고 두 굄돌 밖으로 각각 13cm 정도 나와 있다. 남벽은 문돌인데 나머지 세 벽석에 비해 얇으며 높이는 무덤방의 반 정도이다. 문돌의 위쪽 평평한 곳에는 2줄의 작고 둥근 홈[圓窩]이 있다. 제일 큰 것의 지름은 4cm, 깊이는 2cm이며 모두 33개가 있다. 서쪽 굄돌의 안쪽에도 크기가 다른 몇 개의 작은 홈이 있다. 이러한 홈에 대해서는 제사를 지낸 횟수 혹은 제사 때 희생된 짐승의 수, 묻힌 사람의 재산과 공로의 정도를 기록한 것이라는 등의 해석이 있다.[64] 남쪽 벽석의 50cm 정도 앞에는 '계조석'이라 부르는 1매의 문돌이 있는데 길이는 막음돌의 바닥 너비와 같다. 다무라 코이치는 이 석재를 '부석(敷石)'으로 추정하였다[65](그림 13-1).

바닥돌은 지표보다 20cm 높게 있으며, 아랫면은 지면에서 12cm 위에 있는데 이것은 '계조석'과 같은 높이이다.

수석(嫂石)은 토리이 류조의 조사에서는 확인되었으나 현재는 남아 있지 않다. 그의 기록과 실측도면을 보면 규모가 비교적 크고 정교하게 다듬어진 것으로 판단된다.

⑮ 와방점 대자 석붕[66]

□ 위치: 와방점시 송수진(松樹鎭) 대자촌(臺子村) 하북둔(河北屯) 북산

하북둔 북산에 석붕 1기가 위치한다. 이곳의 상대높이는 30m쯤 되며 산의 서·남·북쪽 3면으로 넓은 평야지대가 펼쳐져 있으며, 서쪽에는 남북 방향으로 복주하(復州河)가 흐르고 남쪽에는 동서 방향으로 대자하(台子河)가

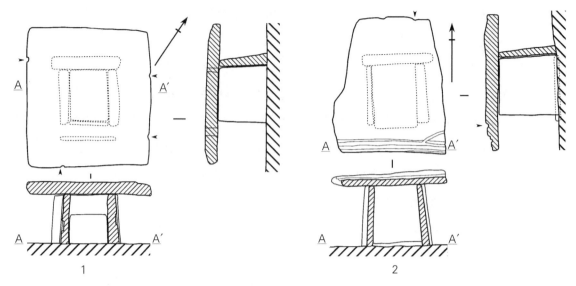

그림 13 해성 석목성·와방점 대자 석붕 구조
1: 해성 석목성 석붕, 2: 와방점 대자 석붕

흐른다.

석붕의 네 벽은 지상에 노출되었고, 모두 화강암을 다듬어 사용하였다.

덮개돌은 사다리꼴이고, 남쪽이 넓으면서 높고 북쪽은 좁으면서 낮은 편이다. 4면이 처마를 이루고 있는데 동·서 벽석에서 각각 70cm, 120cm, 남·북 벽석에서 각각 100cm, 105cm쯤 나와 있다. 또한 덮개돌의 앞쪽에는 너비 약 50cm 되는 계단식 처마가 드리워 있는데, 그 위쪽에는 가로 방향으로 2줄의 홈줄이 파여 있다. 그리고 뒤쪽에도 갈아 만든 2줄의 홈이 있다.

동·서·북쪽의 세 벽석은 각각 1매의 큰 판자돌을 세웠고, 남쪽에는 낮은 판자돌 하나를 세워 문돌로 삼았다(이 석붕은 아주 오랜 시간 동안 마을의 사당으로 사용되었기 때문에 쉬위이린은 이 문돌이 후대에 덧붙여졌을 것이라 생각한다). 이러한 내용으로 볼 때 석붕의 방향은 남-북쪽이며 문은 남쪽에 두었음을 알 수 있다. 벽석은 모두 사다리꼴이며, 아래가 넓고 위가 좁은 편이다. 동·서 양쪽 굄돌은 안쪽으로 기울었고 북쪽 막음돌은 양쪽 굄돌에 기대어 있으며, 동쪽과 서쪽으로 각각 18cm와 13cm쯤 바깥에 나와 있다.

바닥돌은 무덤방의 바깥으로 약 17cm쯤 나와 있다(그림 13-2).

⑯ 개주 석붕산 석붕[67]

  □ 위치: 개주시 이대자농장(二台子農場) 석붕촌(石棚村) 남쪽 500m 지점

둥근 대지 위에 1기의 석붕이 위치하며, 마을 사람들은 이곳을 석붕산(石棚山)이라고 부른다. 산의 상대높이는 20m이며 위쪽은 평평하고 전체 면적은 약 4,400m²이다. 현재 산 남쪽으로는 부도하(浮渡河)가 흐른다. 이 석붕은 과거에 사당으로 사용하였으며 고운사(古雲寺)라고 불렀다.

석붕의 축조에 사용된 석재는 화강암을 매우 정교하게 다듬었으며, 네 벽은 모두 지표에 노출되어 있다. 동·서·북 3면의 벽석은 한 매의 커다란 판자돌을 세웠고, 남쪽은 빈 공간이다. 이런 상황으로 보아 석붕은 남북 방향이며 문은 남쪽에 있었다.

덮개돌은 모줄인 사다리꼴로 앞쪽이 넓고 높으며, 뒤쪽은 좁고 낮은 편이다. 4면 모두 처마를 이루고 있는데 동·서·남·북으로 각각 170cm, 160cm, 280cm, 325cm쯤 벽석 밖으로 나와 있다. 1991년 조사에서는 덮개돌 윗면 서남쪽에서 사람 머리가 새겨진 것이 발견되었다. 둥근 얼굴에 살구씨 모양의 눈과 반원형의 작은 입이 표현되어 있고 방향은 남쪽을 향하고 있으며, 길이 14cm, 너비 11.5cm이다. 선각이 얇고 능각은 뚜렷하지 않은 것으로 보아 새겨진 연대는 상당히 오래되었을 것으로 보인다.

벽석은 모두 사다리꼴이며, 아래가 넓고 위쪽이 좁아지는 형태이다. 양쪽 굄돌은 안쪽으로 비스듬히 기울었고, 북쪽 막음돌은 여기에 기대어 있는데, 굄돌 바깥쪽으로 18cm, 19cm 정도 나와 있다. 동쪽 굄돌의 안쪽 면에는 깊게 음각된 2개의 문자가 있는데 능각이 뚜렷하며 후세에 새긴 것으로 여겨진다. 많은 사람들은 이 글자를 범문(梵文)으로 보고 사당[石棚廟]이 세워질 당시 음각된 것으로 판단하기도 한다. 혹은 이 글자를 원시 그림문자로 보면서 사람 머리 모양은 '首'자로, 다른 두 글자는 '하늘(天)과 땅(地)'으로 해석하여 원시 사회 후기, 부락 연맹의 수령들이 자리를 선양할 때 제사지내던 장소에서 쓰

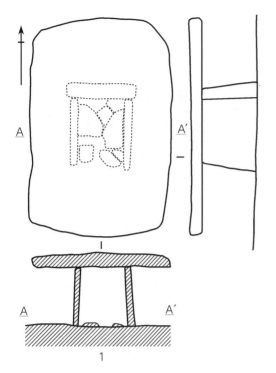
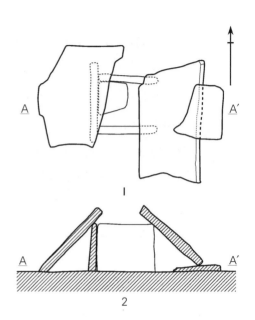

그림 14 개주 석붕산·장하 대황지 석붕 구조
1: 개주 석붕산 석붕, 2: 장하 대황지 석붕

던 문자라고 해석하기도 하였다.[68]

바닥돌은 이미 파괴된 상태이며 지면에 약 12cm쯤 드러나 있다(그림 14-1).

⑰ 장하 대황지 석붕

□ 위치: 장하시 탑령진(塔岭鎭) 대황지촌(大荒地村) 남쪽 고수석산(姑嫂 石山)

해발 89.52m, 상대높이 30m 정도의 작은 산 위에 1기의 석붕이 위치한다. 산의 북쪽으로는 대황지하(大荒地河)가 흐르며 그 남쪽에 전각루(轉角樓) 저수 지가 있다.

석붕은 이미 무너졌으며 사용된 석재는 잘 다듬어진 화강암이다.

덮개돌은 긴 네모꼴이고 중간부분이 갈라져 두 조각으로 나뉘었으며 현재 남북으로 기울어진 상태이고 한쪽은 땅에, 다른 한쪽은 굄돌 위에 놓여 있다.

『장하현지(莊河縣志)』에 "이 돌은 먼저 3매의 석재를 각각 세운 다음, 그 위에 1매의 석재를 덮은 것인데, 후대에 번개와 폭우로 덮개돌이 두 개로 갈라져 이처럼 양옆으로 무너져 있다. 이 무너진 두 개의 판자돌을 합치면 하나가 된다"라고 기록되어 있다.

만약 이것이 사실이라면 이 덮개돌의 크기는 개주 석붕산 석붕 다음으로 큰 규모가 된다. 북쪽 막음돌은 동·서 굄돌에 기대어 세웠는데, 그 양쪽 끝이 두 굄돌의 바깥으로 나와 있다. 또 북쪽 막음돌 아래의 양쪽은 약간 경사지도록 손질하였으며, 그 안쪽 면과 동·서 두 굄돌이 만나는 지점에는 오목하게 홈을 내어, 서로 잘 맞물리도록 하였다. 동쪽과 서쪽 굄돌은 똑바로 서 있다. 쉬위이린에 의하면, 남벽석은 무너진 덮개돌의 아래에 깔려 있으며, 그 크기는 북쪽 막음돌보다 작은 것으로 판단된다. 이런 근거에 따르면 석붕의 긴 방향은 남북쪽이고 문은 남쪽에 있다. 바닥돌은 파괴되어 동북쪽 모서리의 일부분만 남아 있다(그림 14-2).

마을 사람들의 전언에 의하면 석붕 내부에서는 불탄 사람 뼛조각이 발견되었다.

석붕 주변의 청동기시대 유적에서는 많은 양의 유물이 수습되었다.

⑱ 개주 단산 석붕군[69]

□ 위치: 개주시 십자가진(十字街鎭) 패방촌(牌坊村) 남단산(南團山)

1981년 모두 20기의 석붕이 조사되었다.

단산은 주 능선이 동서 방향으로 뻗어 있으며 여러 기의 석붕이 산줄기를 따라 서남 방향으로 줄을 지어 분포한다. 이곳에서 조사된 석붕은 무덤방이 지하에 있는 것과 지상에 위치한 두 종류로 구분할 수 있다. 이 가운데 지상 석붕은 좁은 의미의 석붕 범주에 속하며, 지하 석붕의 구조는 비교적 복잡한 양상을 보인다.

츄웨이더원은 지상 석붕 4기에 관해 소개하였다. 이 가운데 1호 석붕은 구제발굴이 이루어졌다. 단산의 동쪽 끝에 있는 꼭대기의 평탄지에 위치하며, 이곳은 석붕군 안에서 가장 높은 지대이고, 동서 방향으로 있다. 덮개돌과 동쪽 벽석은 마을 사람들이 파괴하였으나, 서쪽 벽석은 곧게 서 있다. 남벽석은 바깥으로 무너져 흙속에 파묻혔고, 북벽석과 바닥돌은 제자리에 남아 있다. 바닥돌 위에는 불탄 사람뼈가 흩어져 있었다. 이 석붕에서는 비파형동검, 검자루 맞춤돌, 가락바퀴, 그물추, 뼈송곳, 뼈바늘, 청동 꾸미개, 구슬과 토기 등이 출토되었다. 그 가운데 토기는 모래가 섞인 민무늬의 붉은색으로 몸통 아래 부분과 바닥만 남았는데 손으로 만들었으며 구운 온도가 비교적 높다. 토기 바닥은 작고 두터운데 밑은 오목하며 두께는 고르지 않다. 청동 꾸미개는 엄지손가락의 형태를 띠며 윗쪽에 코끼리 머리 모양[象首形]의 작은 구멍이 있다. 가운데에는 홈이 1줄 돌아가며 아래쪽에는 방형의 와점무늬[窩點紋] 1줄을 돌렸다. 단면은 타원형이며 빈 공간 안에는 기둥 모양의 추가 1개 달려 있다.

나머지 석붕들은 서로 떨어진 곳에 분포한다. 석붕의 방향은 모두 동서를 향한다. 벽석의 두께는 10~20cm로 고른 편이다. 개별적인 구조와 크기는 조금씩 차이가 있다. 보고 내용에 의하면 비교적 규모가 큰 1호의 서벽석은 바닥돌에 비해 너비가 크기 때문에 막음돌이 양쪽 굄돌에 기대진 것으로 추정된다. 반면 규모가 작은 19호 석붕의 경우 그 너비가 1m 전후인데 여러 상황으로 볼 때 막음돌이 굄돌 사이에 끼인 것으로 보인다. 13호 석붕은 1호의 북쪽 기슭 아래에 있는 밭에 위치하며 방향은 동서쪽이다. 만약 이 석붕의 무덤방 길이와 너비에 대한 조사자료를 신뢰할 수 있다면 그 구조는 화동광 석붕과 비슷한 것으로 추정된다. 현재 단산 석붕군의 실측도면은 발표되지 않아 구체적인 양상은 알 수 없으나, 조사기록의 내용을 통해 어느 정도 연구에 참고할 수 있다.

필자는 2007년 3월 츄웨이더원 등과 함께 현지답사를 하였다. 당시 이 유적의 대부분 석붕들은 이미 파괴된 상태였다. 현지답사에서 모든 석붕의 벽석 바깥에 돌더미가 있었는데 계단식 밭을 경작하면서 이것을 파헤치게 되어 벽석이 노출되었고 돌더미의 바닥이 남아 있어 대체적인 모습을 알 수 있었다. 이것을 통해 지상 석붕의 벽석 외부에는 돌더미가 있었고, 더불어 몇몇 지하 석붕 중에는 원래 지상에 축조되었으나 부가된 돌더미의 보존상태가 비교적 양호하여 지하식으로 오해할 수 있는 것들도 있을 것이며 구조는 역시 지상 석붕과 차이가 없는 것으로 판단하였다. 단산 석붕군 내에서는 현 지표면과 수평으로 놓인 덮개돌을 가진 지하 석붕도 발견되고 있으며, 주변에 돌을 간 흔적도 찾아지지만 구체적인 상황은 파악하지 못했다.

⑲ 개주 모가구 서강자(西崗子) 석붕군[70]

□ 위치: 개주 십자가진 패방촌 모가구둔(牟家溝屯) 서쪽 구릉

1983년 12월 모두 16기의 석붕이 조사되었다. 츄웨이더원에 의해 석붕마다 측량이 이루어졌고 파괴된 소석붕 중 일부가 발굴되었다.

4호 석붕은 1983년 겨울에 조사되었다. 동벽석은 바깥으로 넘어져 흙에 파묻혔고 남벽석과 북벽석은 남쪽으로 기울어져 있었다. 덮개돌은 파괴되어 남벽석 바깥에 흩어져 있었다. 무덤방의 서쪽에는 바닥돌이 있었으나, 동쪽은 노란 모래 생토이다. 무덤방의 서북쪽에는 모래 섞인 붉은색의 그은무늬 토기 조각이 집중되었고, 다른 곳에서는 모래 섞인 붉은 토기 조각이 흩어져 있었다. 보고서의 내용을 보면 이 토기는 단산 1호 출토 토기보다 연대가 빠르고 쌍방 석붕 출토 토기와 같아 그 연대는 비슷하다.

석붕에 사용된 석재는 대부분 자연 판자돌이며, 덮개돌은 파괴된 것이 많고, 방향과 크기는 모두 제각각이다. 실측도면은 물론 구조에 대한 구체적인 설명이 없어 자세한 내용은 알 수 없다.

⑳ 개주 하북 석붕군[71]

□ 위치: 개주시 양운향(楊運鄉) 하북촌(河北村)

3개 지점으로 구분되며 모두 12기의 석붕이 조사되었다. 츄웨이더원에 의하면 대부분의 석붕들은 지하에 묻힌 상태이다. 쉬위이린 역시 이 석붕들이

본래 흙더미 혹은 돌더미가 있었다고 설명하였다.

석붕군 가운데 용조산(龍爪山) 서쪽 기슭에 5기의 석붕이 분포해 있었다. 이 중 4호와 5호는 이미 파괴되었고, 현재는 1·2·3호의 3기만 남아 있다. 석붕의 크기를 보면 1지점의 석붕에서는 4호의 규모가 가장 크며, 2호와 5호 석붕의 양쪽 굄돌 크기는 대체로 비슷하다. 1호와 2호는 긴 방향이 남북이고 나머지 석붕들의 방향은 분명하지 않다.

없어진 2기의 석붕 안에서 모래 섞인 홍색 항아리가 출토되었지만 이미 훼손되었다. 2호 석붕은 현재 동·서·북 세 벽석이 남아 있으며 북벽석은 동·서 굄돌에 기대어 있다. 바닥돌은 돌과 갈색 흙속에 묻혀 있다.

차구둔(岔溝屯)의 평지에서 크고 작은 2기의 석붕이 조사되었으나 이미 모두 파괴되었다. 보고자료에 의하면 석붕의 덮개돌은 타원형이며 동·서·북 3면의 벽석은 크기가 같다.

소발둔구(小脖屯溝)에서 5기 석붕이 조사되었다. 츄웨이더원에 의하면 이곳에서 서쪽으로 약 500m가량 떨어져 석붕구 석붕군이 마을 안에 위치한다. 마을 주민들의 설명에 의하면 기본적인 구조는 석붕구 석붕과 비슷하며 최근에 파괴되어 현재는 1매의 벽석만 남아 있다고 한다.

참고할 수 있는 내용은 용조산 4호, 차구 1·2호 석붕은 모두 3매의 벽석만 남아 있는데 이들의 크기는 모두 동일하다는 점이다.

㉑ 무순 관문 석붕[72]

□ 위치: 무순현(撫順縣) 구병향(救兵鄉) 관문촌(關門村) 조가분(趙家墳)

석붕은 관문촌으로 진입하는 입구의 작은 산 위에 자리한다. 유적의 동북쪽으로 동주하(東洲河)의 샛강인 협하(峽河)가 흐르는데, 남에서 북으로 흘러 혼하(渾河)로 유입된다.

석붕의 동·남·북 3면의 벽석은 그대로 보존되었으나 서쪽 것은 파괴된 상태이다. 덮개돌은 남아 있지 않다. 석붕의 긴 방향은 동서쪽이고 문은 동쪽에 두었다.

구체적인 축조 방법을 보면 석붕을 축조하기 전에 바닥을 평평하게 정리한 다음 원지표면을 따라 홈을 판다. 원지표면이 조금 높은 서쪽 벽은 깊이 팠고, 동쪽 벽은 원지표면과 평행이 되게 하였기 때문에 구덩이의 흔적이 없다. 바닥돌을 깐 다음 구덩이에 막음돌과 양쪽 굄돌을 세웠다. 벽석의 대부분은 원지표면보다 높고, 벽석과 바닥돌의 틈 사이에는 작은 판자돌을 채워 넣었다. 문돌을 막은 다음에 벽 바깥으로 돌을 쌓았다.

사용된 석재는 모두 화강암인데 거의 손질되지 않았고 두터우며 무거운 편이다. 막음돌은 서쪽에 위치하며 구덩이 위에 기대어 있다. 문돌은 지세가 낮은 동쪽에 놓여 있으며 각 벽석들은 서로 잘 맞물리지 않았다. 문돌과 무덤방의 너비는 기본적으로 같지만 문돌은 양쪽 굄돌의 바깥까지 나와 있다(그림 15).

무덤방 내부의 쌓임층은 3층으로 구분된다. 제1층은 부식토이고 많은 양의 돌덩어리가 섞여 있다. 제2층은 검은흙층인데 흙이 단단하며 탄화된 부스러기, 작은 돌조각, 사람 머리뼈 조각 및 모래 섞인 붉은색 토기 조각 등이 찾아졌다. 제3층은 황갈색 흙층으로 단단하며, 많은 양의 토기 조각과 사람뼈 및 껴묻거리가 출토되었다. 여기서 발견된 사람뼈는 화장된 것이다.

토기는 3점이 출토되었다. 단지 1점은 모래가 섞인 홍갈색 토기이다. 손으로 만들었으며, 무늬는 없고 아가리는 넓다. 긴 목이 경사졌으며 몸통은 둥글고 바닥이 평평하다. 어깨 부위에 대칭을 이루는 장식용 손잡이가 있고, 몸통에는 대칭되는 다리 모양의 가로 손잡이가 있다. 또 다른 1점은 항아리인데 모래가 섞인 홍갈색 토기이다. 손으로 만들었으며 민무늬이고, 몸통은 배부르고 납작밑이다. 그밖에 토기의 바닥이 1점 발견되었는데 모래가 섞인 붉은색 토기이고, 비교적 두터운 편이다. 석기는 대롱구슬 2점, 돌치레걸이 1점, 돌가락바퀴 1점 등 모두 4점이 발견되었다. 이 가운데 대롱구슬은 표면이 회색이고 광택이 나며, 비교적 정밀하게 만들었다. 치레걸이는 위쪽에 구멍 1개가 뚫려 있고 갈아서 광택이 난다. 돌가락바퀴는 평면이 둥글고 납작한 만두 모양이다. 청동기는 물고기 모양 꾸미개[銅魚形飾件] 1점이 출토되었다. 납작하며 깨

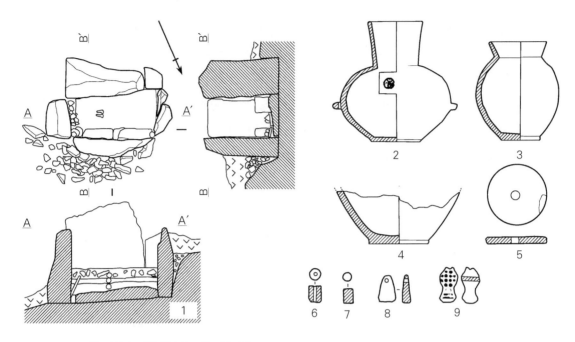

그림 15 무순 관문 석붕 구조와 껴묻거리
1: 무순 관문 석붕 구조, 2: 단지, 3: 항아리, 4: 토기 바닥, 5: 돌가락바퀴, 6·7: 돌대롱구슬,
8: 치레걸이, 9: 청동 물고기 모양 꾸미개

어졌고, 뒤쪽에는 홈이 있다(그림 15).

㉒ 무순 하협심(河夾心) 석붕군[73]

□ 위치: 무순현 장당향(章党鄉) 고려영자촌(高麗營子村) 철배산(鐵背山) 서
쪽 산기슭

석붕 4기와 돌널무덤 2기가 발굴되었다. 모두 강변의 대지 위에 축조되었
으며 그 아래는 대화방(大伙房) 저수지이다. 발굴된 4기의 석붕무덤은 대부분
남북 방향에 가깝고, 2호만 동북-서남 방향이다.

발굴이 이루어지기 전에 4기의 석붕은 외관상 커다란 덮개돌만 노출되어
있었고, 그 주변으로 돌더미가 있었다. 이 무덤들은 모두 대석개묘로 분류되
었으나, 발굴 결과 석붕의 한 유형임을 알게 되었다. 아래에서 발굴 정황을 간
단히 소개한다.

4기의 석붕은 모두 기반암 위에 축조되었는데 그 축조 방법은 거의 동일하다. 먼저 큰 판자돌을 세워 벽석으로 삼고, 그 바깥에 강돌을 쌓아 돌더미를 만들었다. 돌더미를 보면 벽석에 가까운 곳은 비교적 두텁게 쌓았고 그 주변으로는 점차 얇아지면서 돌 언덕 모양을 이룬다. 무덤방의 평면은 긴 네모꼴이며, 바닥에는 큰 판자돌을 깔았다. 사용된 석재는 모두 화강암이고, 드물게 손질된 부분도 있다. 현재 대부분의 석붕이 무너진 상태여서 무덤방의 정확한 크기는 알 수 없다. 다만 각 석붕 바닥돌의 길이와 너비, 벽석의 높이는 다음과 같다. 1호의 크기는 길이 324cm, 너비 150cm, 높이 105cm, 2호는 길이 260cm, 너비 140cm, 높이 약 112cm, 3호는 길이 240cm, 너비 130cm, 높이 약 84cm, 4호는 길이 230cm, 너비 140cm, 높이 120cm 정도이다(그림 16).

4기의 석붕 안에서 확인된 쌓임층은 모두 동일하며 2층으로 구분된다.

제1층은 부식토에 돌들이 섞여 있다. 이 층에서는 북송 시기의 동전과 소량의 모래가 섞인 홍갈색의 토기 조각이 주로 발견되었다. 제2층은 황토흙층으로 돌과 토기 조각이 섞여 있다. 바닥에서는 사람 뼛조각이 발견되었다. 1호는 사람뼈가 이미 가루로 변해 있었고, 2호는 불에 태운 흔적이 뚜렷한 사람 머리뼈 조각이 찾아졌다.

각 석붕 안에서는 모두 토기 조각이 발견되었다. 그 가운데 4호에서 출토된 유물에는 단지, 항아리와 제기 등이 있다. 2호의 껴묻거리는 보존상태가 좋은데 청동방울 1점, 항아리 1점, 돌가락바퀴 2점, 돌치레걸이 1점, 돌대롱 3점이 출토되었다. 이 밖에도 2호의 무덤 밖 돌더미에서 쇠괭이 1점이 발견되었는데 부식된 정도가 심하다(그림 16).

발굴상황을 고려해 볼 때 하협심 석붕은 적어도 북송 시기에 이미 파괴된 것으로 보인다. 석붕 내부 및 주변의 돌더미에서 북송 시기 동전이 발견된 점으로 보아 당시 사람들의 제사 행위가 있었을 것으로 추정된다.

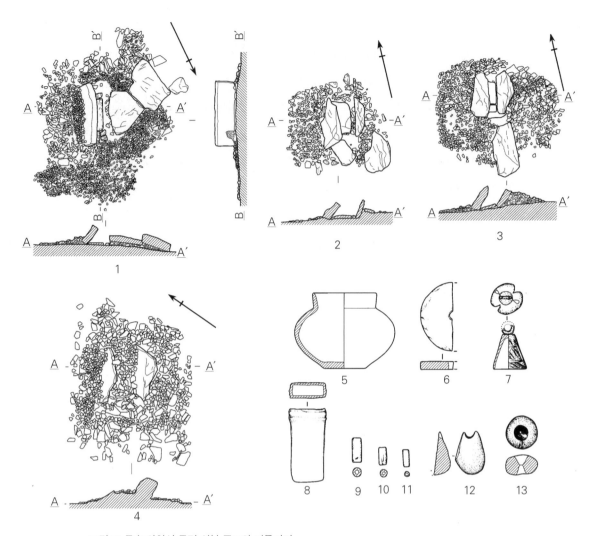

그림 16 무순 하협심 무덤 석붕 구조와 껴묻거리
1: 1호 평·단면도, 2: 4호 평·단면도, 3: 3호 평·단면도, 4: 2호 발굴 전 모습, 5: 항아리, 6: 돌가락바퀴,
7: 청동 방울, 8: 쇠괭이, 9~11: 돌대롱구슬, 12: 돌치레걸이, 13: 돌가락바퀴(5~13은 2호 출토 껴묻거리)

㉓ 무순 산용 석붕군[74]

□ 위치: 무순현 구병향 산용욕촌(山龍峪村) 북쪽 1km

많은 무덤이 조사되었는데 모두 두 산 사이 강안 대지 위에 자리한다. 무덤
주변으로는 많은 양의 강돌이 퇴적되어 주위보다 조금 높은 편이다. 유적에서
동쪽으로 100m 정도 떨어진 곳에 구병하(救兵河)가 북에서 남으로 흐른다.

무덤 구조의 차이에 따라 발굴자는 석붕무덤[石棚墓], 돌무지무덤[積石墓], 돌무지 돌방무덤[積石石室墓] 등 3가지 유형으로 구분하였으며, 각 무덤은 순서대로 줄을 지어 분포한다. 그 가운데 구조로 보아 '석붕'과 '돌무지무덤'은 이 책에서 다루는 석붕 연구의 범위에 속한다.

2기의 석붕[75]은 1·2호로 이름 붙여졌으며 유적의 북쪽에 위치한다. 석붕의 긴 방향은 모두 동서쪽에 가까운데 정확하게 동남 5°이다. 문은 동쪽으로 두었고, 바깥에 돌더미가 있었다. 무덤 벽석의 조합 방식은 조금씩 차이가 있다. 1호의 양쪽 굄돌은 막음돌과 함께 덮개돌을 받치고 있으며, 문돌은 높이가 낮아서 양 굄돌 사이에 끼어 있다. 하지만 2호는 막음돌이 양쪽의 굄돌 사이에 있으며, 문돌이 양쪽 굄돌의 바깥에 놓여 있다. 상세한 정황은 아래와 같다.

1호는 유적의 제일 북쪽에 위치한다. 먼저 무덤구덩이를 판 다음 바닥에 큰 판자돌을 깔고 벽석을 세웠다. 그 순서를 보면 남쪽 벽석을 먼저 세운 다음 서쪽 막음돌을 세워 남벽의 서쪽 모서리에 고이고, 다시 북쪽 벽석을 세운 후 막음돌의 북쪽 모서리에 고정하였다. 무덤방의 동쪽에 문을 내었는데 무덤방 높이의 반쯤 되는 판자돌을 세워 막았다.

벽석 바깥의 구덩이에는 자갈과 모난돌을 채워 넣어 견고히 하였고, 그 둘레에도 많은 양의 막돌을 쌓아 지표에 돌더미를 만들었다. 벽석 위에는 또 1~3층 정도 작은 돌들을 덧대어 쌓았고 마지막에 덮개돌을 놓았다. 덮개돌은 네모꼴에 가깝고, 윗면은 평평하며 가장자리는 비교적 손질을 많이 하였다. 현재 '석붕'의 벽석들은 대부분 돌더미에 묻혀 있고 위쪽에 쌓아 놓은 일부 돌들만 지표에 드러나 있다(그림 17-3).

무덤방 앞의 문 근처에 작은 단이 있다. 이것은 제단일 가능성이 있다. 이 무덤에서는 유물이 확인되지 않았으나 마을 사람들에 의하면 1950년대 무덤방에서 붉은색의 항아리가 발견되었다고 한다.

2호는 1호에서 남쪽으로 11.5m쯤 떨어져 있다. 덮개돌은 세 부분으로 갈라져 가운데로 무너졌다. 벽석은 현재 북벽의 일부분을 제외하면, 대부분이 흙속에 묻혀 있다. 부식토를 걷어 낸 다음 네모꼴의 돌더미가 드러났는데, 벽

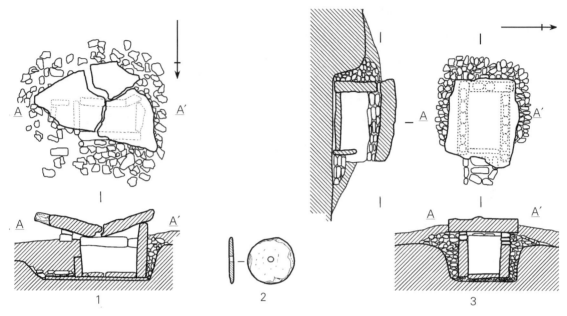

그림 17 무순 산용무덤 석붕 구조와 껴묻거리
1·2: 산용 2호 석붕과 껴묻거리, 3: 산용 1호 석붕

석에 가까울수록 돌더미가 두터웠다. 막음돌은 양 굄돌 사이에 끼워져 있으나 높이가 그보다 높다. 문은 동쪽에 있었고 문돌은 두 개의 판자돌을 겹쳐 양 굄돌 바깥에 세웠다. 바닥은 여러 매의 판자돌을 이어서 깔았다.

무덤방 바닥의 서북 모서리에서 불에 탄 머리뼈 조각이 발견되었다. 그리고 무덤방 바닥과 막음돌, 남쪽 굄돌에서 불에 탄 흔적이 확인되어 주검을 무덤방 안에서 화장하였던 것으로 여겨진다. 무덤방의 동남쪽 바닥에서 돌가락바퀴 1점이 발견되었고, 홍갈색의 토기 조각과 숯도 찾아졌다. 무덤방 앞부분에서는 작은 돌로 쌓은 단이 찾아졌다. 그리고 무덤방 앞쪽에서도 많은 돌더미가 발견되었다(그림 17-1·2).

㉔ 개원 조피둔 석붕[76]

□ 위치: 개원시(開原市) 팔과수향(八棵樹鄉) 조피둔(刁皮屯)

모두 2기가 발견되었다. 그 가운데 1호 석붕은 조피둔의 서남쪽에서 약

1km 떨어진 남산 위에 자리한다. 긴 방향은 동서쪽이며, 문은 동쪽에 두었다. 축조에 사용된 석재는 자연 화강암이다. 덮개돌은 네모꼴에 가깝고 남쪽 굄돌은 동쪽의 일부분이 깨어졌으며 안쪽으로 15°가량 기울었다. 북쪽 굄돌은 곧게 서 있으며, 벽석 바깥에는 흙이 쌓여 있다. 서벽석은 남·북 굄돌 사이에 끼워져 있다. 석붕의 남쪽 지표에서 2매의 긴 네모꼴 판자돌이 확인되었는데 동벽석이거나 바닥돌로 추정된다. 석붕의 벽석은 대부분 흙속에 묻혀 있으며 지표에 약 20cm쯤 드러나 있다(그림 18-1).

석붕 주변의 산기슭에 '대석개묘'가 있다.

2호 석붕은 조피둔 남산의 서쪽 기슭에 위치하며 동쪽으로 1호와 약 1.5km 떨어져 있다. 근래에 심하게 훼손되어 덮개돌과 서쪽 벽석만 남아 있다. 덮개돌은 불규칙한 형태의 긴 네모꼴이며 자연화강암이다.

㉕ 신빈 선인당 석붕

□ 위치: 신빈현(新賓縣) 상협하진(上夾河鎭) 승리촌(胜利村) 북쪽의 평지

1기가 발견되었다. 마을 사람들은 '선인당(仙人堂)' 또는 '비래석(飛來石)'으로 부른다.

사용된 석재는 자연 화강암이고 긴 방향은 동서쪽이며, 문은 동쪽에 있다. 덮개돌은 지붕 모양을 닮았는데 긴 네모꼴이며, 가운데가 두텁고 양쪽 가장자리가 얇다. 벽석은 정교하게 맞추어져 있지 않으며 남쪽 굄돌은 곧게 서 있으나 북쪽 굄돌은 밖으로 20°쯤 기울어져 있다. 동벽석은 낮고 서벽석은 파손되어 남북 굄돌 사이에 끼어 있다(그림 18-2).

㉖ 청원 낭두구 석붕[77]

□ 위치: 청원현(清原縣) 창석향(蒼石鄉) 낭두구촌(榔頭溝村) 증가구둔(曾家溝屯) 남산

모두 2기가 조사되었다.

산 위의 석붕은 문이 남서 30°이다. 덮개돌은 파괴되었고, 벽석은 정교하게

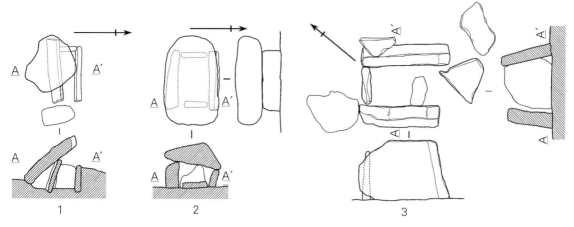

그림 18 개원 조피둔 등의 석붕 구조
1: 개원 조피둔 1호 석붕, 2: 신빈 선인당 석붕, 3: 청원 낭두구 석붕

맞추어져 있지 않다. 동·서 굄돌은 안쪽으로 조금 기울었으며 북쪽 벽석은 얇
고, 동·서 굄돌 사이에 곧게 서 있다. 바닥돌은 깨어진 상태인데 석붕 안에서
모래 섞인 붉은색 토기 조각이 발견되었다(그림 18-3).

산 아래 남쪽으로 약 500m쯤 떨어진 곳에 파괴된 석붕 1기가 있다.

㉗ 유하 집안둔 석붕[78]

□ 위치: 유하현(柳河縣) 태평천향(太平川鄕) 집안둔(集安屯) 서남쪽 산
등성이

석붕의 보존 상태가 매우 좋다. 축조에 이용된 석재는 석회암이며 거칠게
손질을 하였다. 긴 방향은 남북쪽이다. 덮개돌은 네 모서리를 손질하여 불규
칙한 원형으로 다듬었다. 앞에서 보면 가운데가 두텁고 양쪽이 점점 얇아지는
데, 마치 세로 방향이 능선 모양과 같다. 양쪽 굄돌은 곧게 서있고, 남벽석은
이미 없어졌다(그림 19-1).

㉘ 매하구 험수 석붕군

□ 위치: 매하구시(梅河口市) 진화향(進化鄕) 험수(礆水) 북쪽의 산능선

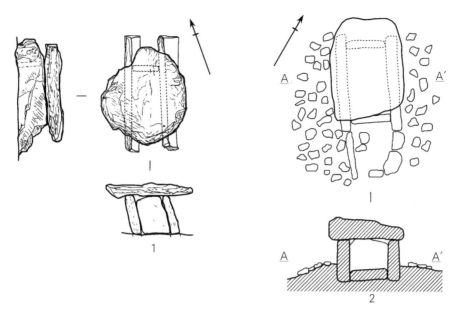

그림 19 유하 집안둔·매하구 험수 5호 석붕 구조
1: 유하 집안둔 석붕, 2: 매하구 험수 5호 석붕

『중국문물지도집·길림분책(中國文物地圖集·吉林分冊)』[79]에 의하면 험수구(鹼水溝)에서 대가산(大架山)까지 약 7km의 범위 내에 산능선을 따라 22기의 석붕무덤이 분포해 있다고 한다. 모두 양쪽 굄돌과 앞뒤 막음돌이 있으며 바닥에는 여러 매의 판자돌을 깔았고 위에는 대형 판자돌을 덮었다. 현재 대부분 지하에 반쯤 묻혀 있다. 왕훙펑은 22기의 무덤 중 16기는 석붕에 속하며 나머지 6기는 개석무덤[蓋石墓]으로 보고 있다.

석붕에 사용된 석재는 대부분 손질되었는데 암질은 편마암과 혈암(頁巖)이 많다. 거의가 이미 파괴된 상태다. 긴 방향은 주로 동서쪽 혹은 동남쪽이나 서남쪽이 많고 남북쪽은 적은 편이다. 이미 발표된 석붕들의 크기를 보면 덮개돌의 길이는 220~360cm, 너비 150~230cm, 두께 20~50cm이다. 양쪽 굄돌의 길이는 170~280cm, 높이 70~100cm, 두께 20~40cm이다. 무덤방의 길이는 180~200cm, 너비 80~130cm, 높이는 100cm 미만이다. 그 가운데 2호와 6호 석붕에서는 사람 뼛조각이 발견되었으며 17호 석붕 안에서는 간화살촉의 끝부분이 찾아졌다.

여러 문헌의 조사 내용을 볼 때 이 석붕에 대한 서술 내용이 서로 일치하지 않아 험수 유적의 석붕무덤 구조는 매우 복잡함을 알 수 있다. 5호 석붕의 구조를 발표한 도면을 보면 벽석의 바깥에는 원형의 돌더미가 남아 있다. 그 구조는 무순 산용 석붕과 매우 비슷하다. 『중국문물지도집·길림분책』에서 이곳의 무덤들을 모두 석붕으로 여기고 있는 점에서 무덤방이 대부분 지표에 드러나 있음을 알 수 있다. 왕홍펑이 개석무덤으로 분류한 일부 무덤들은 아마도 흙더미와 돌더미가 파손되지 않은 석붕일 가능성이 있다.

5호 석붕의 벽석 짜임새를 보면 막음돌과 문돌이 모두 양쪽 굄돌 사이에 끼어 있다(그림 19-2). 그러나 10호 석붕의 양쪽 굄돌은 1매가 아닌 여러 매의 판자돌을 이어 세웠다. 오른쪽은 2매의 판자돌을 이어 세웠고, 왼쪽은 아래쪽에 1매의 판자돌을 세우고 그 위로 2매의 작은 판자돌을 이어 모두 3매로 이루어졌다. 위에서 설명한 2기의 석붕은 대체적으로 이 지역 석붕들의 구조적 특징을 반영하고 있다.

㉙ 유하 태평구 석붕군

□ 위치: 유하현 동남쪽 2.5km 지점의 태평구(太平溝) 양쪽의 산

『중국문물지도집·길림분책』에는 이 유적에서 돌널무덤 18기, 석붕 6기가 발견된 것으로 기록되어 있다. 왕홍펑은 석붕 16기, 나머지 8기는 개석무덤으로 소개하였다.

왕홍펑의 설명에 의하면 이 유적의 무덤들은 대체로 두 곳에 나뉘어 분포한다. 그 가운데 북산에 4기, 남산에 20기가 있으며, 석붕과 대개석묘가 서로 뒤섞여 분포하고 있다. 축조에 사용된 석재는 대부분 자연 암석을 조금씩 손질한 것이고, 암질은 혈암과 편마암이 많다. 개별적으로 석재를 비교적 정교하게 가공한 것도 있다. 석붕의 방향은 대부분 남북쪽이며, 일부 동남쪽도 있다. 이미 발표된 석붕의 조사자료에 따르면, 덮개돌의 길이는 235~380cm, 너비 100~190cm, 두께는 26~55cm이다. 양쪽 굄돌의 길이는 170~290cm, 높

이는 50~100cm, 두께는 20~60cm이다. 무덤방의 길이는 180~200cm, 너비는 72~95cm이고, 높이는 100cm 미만이다. 이러한 크기는 험수 석붕의 관련 자료와 기본적으로 같다. 3호 석붕의 바닥돌 위 쌓임층에서 손으로 만든 민무늬의 모래 섞인 홍갈색 토기 조각 몇 점을 수습하였다. 생김새는 배부른 단지와 항아리의 몸통 부분으로 보인다.

그 가운데 11호 석붕은 전체가 동쪽으로 기울어졌으나, 보존 상태는 양호하다. 긴 방향은 남북쪽이고, 무덤방은 길이 185cm, 너비 85cm, 높이는 90cm이며 바닥돌은 2매의 돌을 이어서 만들었다. 동쪽 굄돌의 남쪽 모서리 안쪽에 얕은 홈이 있다. 이것은 문돌을 잘 끼워 넣기 위한 것으로 보인다. 동쪽 굄돌은 서쪽보다 낮아 위쪽을 평평하게 하기 위하여 3층의 작은 돌을 쌓았다(그림 20-1).

이 유적을 소개하는 몇몇의 자료들이 무덤의 형식을 서로 다르게 설명하는 점을 고려해 볼 때, 이곳의 석붕들은 험수 석붕군과 대체로 동일함을 알 수 있다. 석붕의 벽석을 끼워 맞추는 방식도 비슷하다.

㉚ 유하 대사탄 석붕

□ 위치: 유하현 안구진(安口鎭) 대사탄촌(大沙灘村) 서산 능선

유적이 위치한 곳은 지세가 비교적 높은 편으로 2기가 조사되었다. 보존 상태는 매우 양호하며, 방향은 모두 남북쪽이다.

1호 석붕은 남쪽에 위치해 있고 양쪽 굄돌의 위쪽은 안쪽으로 조금 기울었다. 바닥돌은 동쪽이 높고 서쪽은 낮으며 40cm쯤 틈이 있다. 북쪽 막음돌은 양쪽 굄돌 사이에 끼어 있다. 양쪽 굄돌은 서로 대응되는 곳에 오목홈을 만들어 놓았다. 이것은 막음돌을 잘 끼워 맞추기 위한 것으로 보인다. 남쪽 막음돌은 높이가 낮아서 문의 아래 부분만 막을 수 있다(그림 20-2).

2호는 1호에서 서북 방향으로 20m쯤 떨어진 곳에 위치해 있다. 무덤방은 여러 매의 돌로 만들었다. 동쪽 벽의 두 석재는 잘 맞추어져 있고 서쪽 벽의 두 매는 사이에 틈이 약간 있다. 북쪽 벽석은 양쪽 굄돌의 사이에 끼워져 있고,

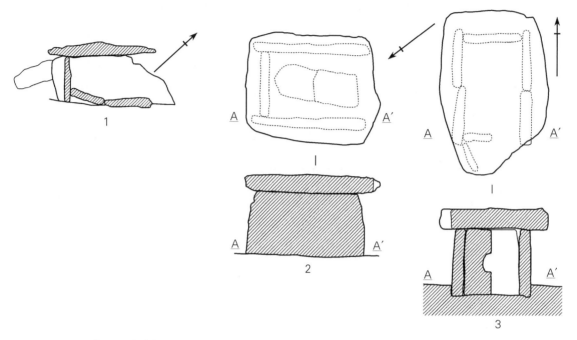

그림 20 유하 태평구·대사탄 석붕 구조
1: 유하 태평구 11호 석붕, 2: 유하 대사탄 1호 석붕, 3: 유하 대사탄 2호 석붕

남쪽 벽석은 두 벽의 옆에 놓여 있었으며 무덤방 문의 왼쪽 부분을 반쯤 막았다. 바닥돌 위의 쌓임층에서 유물이 확인되지 않았다(그림 20-3).

③1 무송 무생둔 석붕[80]

□ 위치: 무송현(撫松縣) 무생촌(撫生村) 동북쪽 산꼭대기

리리앤(李蓮)의 보고자료에 의하면 무생둔은 두도강(頭道江) 오른쪽의 제2단구에 위치해 있다. 이곳은 북쪽으로 산과 접하고 있다. 높은 산에서 흐르는 물줄기가 3개의 작은 산 사이로 흘러내리며 그 가운데 산의 꼭대기에서 파괴된 돌널무덤 1기가 발견되었다.

널은 판자돌을 쌓아서 긴 네모꼴로 만들었다. 무덤방의 위쪽은 지표면의 높이와 같고, 방향은 남서 10°이다. 무덤방 주위에 쌓아 올린 판자돌은 현재 동벽과 남벽이 잘 남아 있고 서벽은 일부만 있다. 널의 내부는 비어 있었고 주

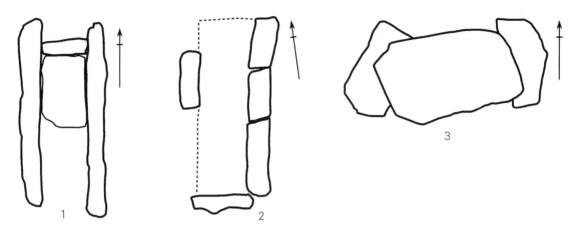

그림 21 무송 무생둔 등지의 석붕 평면도
1: 정우 망우강 석붕, 2: 무송 무생둔 석붕, 3: 정우 도수둔 석붕

위에서 유물은 발견되지 않았다(그림 21-2).

이 무덤은 왕홍펑에 의해 석붕으로 소개되었는데 널의 위쪽이 지표면의 높이와 같다는 것으로 보아 본래 흙더미가 있던 석붕인 것 같다.

㉜ 정우 망우강 석붕[81]

□ 위치: 정우현(靖宇縣) 유수천향(榆樹川鄕) 망우강(牤牛崗)

리리앤의 보고자료에 의하면 석붕이 위치한 언덕은 보통 지면보다 70~80m 높다. 언덕의 능선에는 지표에 드러난 돌널 1기가 있다. 널의 방향은 정남쪽이고, 평면은 긴 네모꼴이다. 무덤방은 커다란 판자돌을 쌓아 만들었으나 크고 두터운 덮개돌은 이미 없어졌다. 바닥의 판자돌 일부분과 남쪽의 막음돌은 남아 있지 않았다. 널의 내부는 비어 있었고 주위에서 유물은 발견되지 않았다(그림 21-1). 이 무덤을 왕홍펑은 석붕으로 분류하고 있다.

㉝ 정우 도수둔 석붕[82]

□ 위치: 정우현 조양향(朝陽鄕) 도수둔(道水屯)

리리앤의 보고자료에 의하면 도수하(道水河)는 도수둔의 북쪽에서 두도강으로 흘러든다. 둔의 남쪽에는 남북으로 이어진 좁고 긴 대지가 있는데 그 서쪽 가장자리는 높은 산과 접해 있다. 동쪽으로 하천이 흘렀으나 현재는 경작지로 이용되고 있으며 강수면보다 30m쯤 높다.

이곳 경작지의 비교적 높은 곳에서 파괴된 돌널 1기가 조사되었다. 덮개돌로 사용된 큰 판자돌은 이미 넘어진 막음돌의 양쪽 끝에 기울어져 있으며, 양쪽의 벽석인 판자돌은 1m 밖으로 흩어져 있다. 덮개돌은 가장자리를 조금 다듬어 긴 네모꼴로 만들었다(그림 21-3). 이 무덤을 왕홍펑은 석붕으로 분류하고 있다.

(2) 초보적 견해

위에서 설명한 좁은 의미의 '석붕'에 대한 자료들을 분석한 결과, 그동안 관련 연구자들 간에 논의된 석붕 특징이 명확하지 않다는 것을 알 수 있었다.

예를 들면 쉬위이린[83]은 석붕은 당연히 지상에 노출된 것으로 인식하였는데, 그가 『요동반도석붕』에서 소개한 석붕들이 모두 지표에 드러난 것은 아니다. 또한 우지야창[84]은 장하 백점자, 와방점 화동광, 북한 은율 관산리 등의 여러 석붕들이 1매의 판자돌을 문돌로 삼은 사실을 간과하고, 단벽(短壁)이 문의 기능을 한다는 점만을 강조하였다.

실제로 앞의 연구자들이 주장한 '석붕'의 특징에는 아래와 같은 공통점이 있다. 즉, 위에는 완전한 하나의 거석을 덮개돌로 삼고 무덤방은 지표보다 높으며, 벽석은 판자돌을 세웠고 현재 확인되는 벽석의 일부분 혹은 전체가 지표에 노출되어 있다. 일부 연구자들은 '석붕'의 벽석이 노출된 이러한 특징을 지나치게 강조하고 있다. 그렇다면 축조 당시에 벽석이 노출되어 있었는가, 아니면 후대에 파괴된 것인가 하는 문제가 먼저 해결되어야 한다.

무덤으로서의 석붕은 그 벽석을 외부에 노출시키는 것이 당연하지 않는 것으로 필자는 판단한다.

그 이유는 먼저 현재까지의 고고학 조사를 통해 볼 때 지표에 완전하게 노출되어 있는 석붕은 동북아시아 전 지역에서 소수에 불과하며, 대부분 흙더미와 돌더미가 있다. 쉬위이린은 연구논문에서 다음과 같이 지적하였다. "일부 석붕은 처음에 흙더미와 돌더미가 있었다. 예를 들면, 수암 당가보자와 오서, 개원 팔과수 조피둔 남산 석붕 등이 있다. 어떤 경우에는 반쯤 땅속에 묻혀 있으며, 수암 조양공사 황지대대 산두 석붕, 개현 양운공사 하북대대 석붕은 안팎으로 돌무지가 있었는데 이것이 돌더미였던 것으로 분석된다"[85]고 하였다. 더구나 현재까지 발굴조사된 석붕무덤에서는 예외없이 돌더미가 확인되고 있는데, 다만 돌더미의 보존 정도가 다를 뿐이다.

필자가 현지조사를 통해 알게 된 사실은 이러한 석붕무덤의 흙더미나 돌더미는 파괴되는 속도가 매우 빠르고 심각하다는 것이다. 예를 들면 쉬위이린이 벽석이 지표에 노출된 것으로 소개한 개주 연운채 석붕은 1980년대 초까지만 해도 흙더미와 돌더미가 많이 남아 있었다. 그러나 『요동반도석붕』에서 소개된 사진을 보면 그 흙더미와 돌더미는 반쯤 남아 있는 것을 확인할 수 있다. 2007년 필자가 현지를 조사할 당시 서석붕의 북벽 바깥에는 흙더미(돌)가 있었지만 동석붕의 흙더미(돌)는 이미 없어진 상태로 막음돌이 파괴된 채 노출된 모습이었다. 지표에 노출된 석붕무덤의 숫자가 점차 증가하는 것은 석붕의 파괴현상이 심화되는 것과 연관이 있다.

다음으로 『압강행부지』에 기록된 내용을 보다 상세하게 살펴보면, 왕적이 언급한 석붕은 거의 반지하식에 가까움을 알 수 있다.

또한 이론적으로 볼 때, 무덤의 축조에 있어 가장 먼저 고려해야 할 사항은 봉호(封護)의 문제이다. 무덤방을 외부에 노출시킨다는 것은 상식적으로 이해하기 어렵다. 그런데 현재 석붕무덤을 보면 대부분 무덤방의 네 벽 중 한쪽이 빈 공간으로 남아 있거나, 또는 문이 있더라도 '측문(側門)' 혹은 '반문(半門)'인 것을 볼 수 있는데, 이러한 경우 무덤으로서의 기능을 위해서는 더군다나 지표에 노출되어서는 안 된다. '돌멘' 형태와 비슷한 경우 역시 주검을 잠시 놓아두는 공간, 혹은 화장이 이루어지는 장소 등으로 활용되었을 뿐이지 매장을 목적으로 마련된 공간은 아니다. 따라서 이러한 형식의 무덤들은 당연히 흙더미가 있었을 가능성을 상정할 수 있으며, 이러한 가정에서만 주검을 보존

한다는 목적을 만족시킬 수 있을 것이다.

리원씬은 일찍이 석붕은 당연히 본래 흙더미가 있으며, 후대에 물 때문에 유실되어 지표에 노출되었다(『고고학통론강의(考古學通論講義)』 중 「중국고고(中國考古)」 17쪽)고 주장하였다. 또한 쉬위이린은 석붕의 형식을 분류할 때 그것이 지표에 노출되었는가에 기준을 두어서는 안 된다고 하였다. 왜냐하면 석붕은 본래 흙더미 혹은 돌더미가 있었기 때문이다(또한 그것이 무덤으로 보는 이유 가운데 하나이다). 석붕의 노출 여부는 그 형식 변화와 관련된 것이 아니다[86]고 하였는데 다만 그의 이러한 견해는 후에 커다란 변화가 생겼다.

2) 대석개묘

'대석개묘'는 쉬위이린, 쉬밍까앙이 요동반도지역의 고고 조사를 통해 제안한 일종의 무덤 유형이다.[87] 그 특징은 무덤방을 지하에 축조하고, 덮개돌은 하나의 커다란 자연 판자돌을 이용한 것으로 당연히 석붕의 연구범위에 포함된다.

(1) 대표 유적
발굴된 '대석개묘'는 아래와 같이 몇 곳이 있다.

① 보란점 쌍방 서산 6호[88]
　□ 위치: 보란점시 안파진 덕승촌
이 무덤은 쌍방 유적의 동남쪽에 위치한다. 덮개돌은 지표에 노출되어 있는데 형태는 둥근꼴이다. 무덤방의 축조 방식을 보면 먼저 긴 네모꼴의 구덩이를 파고 그 안에 커다란 화강암 판자돌을 이용하여 긴 네모꼴의 돌널을 만들었다. 널은 동서 방향이며 남·북 양벽에는 각각 2매의 판자돌을 연결하여 세웠고, 동·서 양벽은 각각 1매의 판자돌을 막았다. 현재 동벽석은 남아 있지 않으며, 바닥은 자연암반을 그대로 이용하였다.

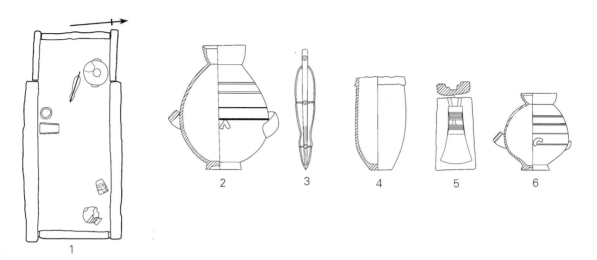

그림 22 보란점 쌍방 6호 구조와 껴묻거리
1: 쌍방 6호 구조, 2·6: 미송리형 토기, 3: 비파형동검, 4: 겹입술 깊은 바리, 5: 도끼 거푸집

무덤방 안에는 노란 모래흙이 가득 차 있었는데 사람뼈가 남아 있지 않아 묻기는 알 수 없다. 껴묻거리는 제자리에 놓여 있는 듯하며, 비파형동검과 활석의 도끼 거푸집, 곧은 입의 깊은 바리, 미송리형토기 등이 출토되었다(그림 22).

발굴자는 이런 유형의 무덤을 석개돌널무덤이라고 명칭하였으며, 중국 학자들은 일반적으로 돌널무덤이나 석판대체묘(石板對砌墓)로 부르기도 한다. 북한에서는 돌상자무덤[石箱墓]이라 부른다.

② 보란점 벽류하 무덤[89]

□ 위치: 보란점시 안파진·쌍탑진(雙塔鎭)

이 무덤군은 벽류하(碧流河)의 저수지 공사 과정에서 11기의 무덤이 발굴되었다. 그 가운데 5기(14~18호)는 안파진 유둔(劉屯)의 서산(西山)과 동산(東山)에 위치하며, 나머지 6기(19~24호)는 쌍탑진 교둔(橋屯)에 위치하는데 두 지점의 거리는 1km쯤 된다.

보고자료에 의하면, 발굴된 11기의 무덤은 적어도 지상과 지하 두 가지 유형으로 나눌 수 있다. 그러나 발표된 5기의 무덤들은 무덤방을 모두 지하에 축조한 것(유둔 2기, 교둔 3기)이기 때문에 유적 전체에 대한 상황을 파악하기는 어렵다. 여기서는 개별 지하무덤에 대한 구조와 장례습속을 살펴보겠다.

교둔 24호는 비교적 완전한 상태로 발굴되었다. 무덤구덩이는 긴 네모꼴이며 그 안에서 항아리 1점이 발견되었다. 항아리 안에서 새뼈와 부식된 사람뼈가 찾아졌다. 무덤구덩이 남벽의 동쪽으로 2층대(二層臺)가 있는데 남북 방향이다. 2층대에는 작은 판자돌로 만든 돌상자가 있다. 현재 돌상자의 3벽만 남아 있다(도면에 의하면 각 판자돌의 너비는 50cm쯤 되며 발굴자는 껴묻거리를 놓아두는 공간으로 보고 있다). 돌상자 안에서 복원이 되지 않는 항아리 조각들이 발견되었다. 그리고 돌상자 바깥의 2층대에서 돌도끼 1점이 출토되었다. 무덤구덩이와 2층대는 모두 커다란 판자돌의 덮개돌 아래에 놓인 상태였다(그림 23).

나머지 무덤들은 모두 구덩이만 확인되었다. 대표적으로 교둔 21·23호가 있다. 21호는 지표에 2매의 큰 판자돌이 겹쳐진 상태로 발견되었다. 무덤구덩이는 큰 판자돌의 오른쪽 아래에 1/4 정도만 덮여 있었는데 판자돌은 인위적으로 옮겨졌다. 구덩이 안에서 활석의 도끼 거푸집, 갈돌, 사람 뼛조각 등이 발견되었다. 23호 역시 지표에 2매의 큰 판자돌만 남아 있었으며 구덩이는 이 돌의 뒷부분에 있었다. 사람뼈는 찾아지지 않았으나 단지 2점이 출토되었고 마을 사람들에 의해 판자돌 아래에서 옥도끼 1점이 수습되었다.

유둔 15호와 16호는 작은 돌상자만 남아 있었다. 15호의 돌상자는 덮개돌 없이 3벽만 확인되었다. 바닥에는 판자돌을 깔았으며 널은 길이 100cm, 너비 80cm, 깊이 100cm이다. 무덤방에 항아리와 단지가 각 1점씩 놓여 있었다. 16호의 돌상자는 덮개돌이 없으나 4벽은 모두 1매의 판자돌을 세웠으며 바닥에도 판자돌을 깔았다. 널은 길이 80cm, 너비 60cm, 깊이 80cm이다. 안에서 단지 1점이 발견되었다(그림 23 참조).

나머지의 개별 무덤들에서는 적은 양의 뼛조각만 확인되었다. 대부분 불에 태운 흔적이 있어 화장된 것으로 보인다.

이러한 내용을 통해 보면, 이 유적에서 확인된 지하 무덤들의 구조는 대체

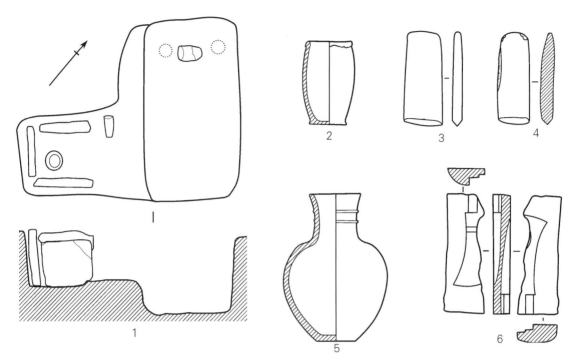

그림 23 보란점 벽류하 대석개묘 구조와 껴묻거리
1: 24호 구조, 2: 깊은 바리(23호-1), 3: 돌도끼(24호-1), 4: 옥도끼(23호-2), 5: 단지(16호-1),
6: 도끼 거푸집(21호-1)

로 비슷한데 모두 구덩이며 그 앞에 작은 돌상자의 딸린널이 있다(이 돌상자는
껴묻거리를 넣어 두는 곳으로 '부상(附箱)'으로 부르기도 한다).

③ 봉성 동산 무덤[90]
□ 위치: 봉성현(鳳城縣) 초하향(草河鄉) 관가촌(管家村) 서혁가보(西赫家堡)
동산(東山)

산꼭대기와 산기슭 및 아래의 대지에서 33기의 무덤을 발굴하였는데 대부
분 파괴되었고 보존 상태가 좋은 것은 반 정도밖에 되지 않는다. 무덤 위에는
모두 형태가 다른 큰 판자돌이 지표에 노출된 채 덮여 있었다.

무덤군은 A군과 B군으로 구분되며, 군집을 이룬 무덤은 질서 있게 배열되
어 있다(그림 24).

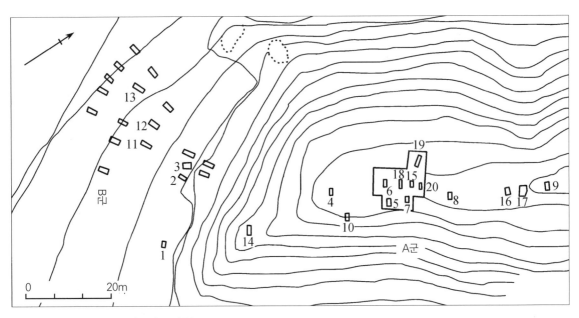
그림 24 봉성 동산 무덤 분포도

각 무덤방의 구조는 비교적 복잡한데 대부분 4벽은 생토이다. 무덤방의 일부 벽은 생토로 하고 그 나머지 벽은 돌을 쌓은 무덤이며, 네 벽 모두 돌을 쌓은 것은 2기가 있다(문헌 B의 서술 내용에 의하면 동산 7호가 이 유형에 속하지만 제시된 평·단면도를 보면 의문이 있다. 3호의 네 벽은 모두 돌을 쌓아 만들었다). 이 밖에도 문헌 A에서는 "무덤방은 모두 가장자리에 돌을 쌓았으며 그 형태가 원형인 무덤을 제외하면 대체로 길이 200cm, 너비 150cm가 된다. 무덤방의 네 모서리는 정밀하게 쌓아 큰 판자돌을 지탱하지만 다른 부분은 조잡하게 쌓았다"(이 보고 글에 남산두 1호[91]의 평·단면도가 발표되었다)라고 설명하고 있다.

이러한 내용으로 보면 이 무덤은 네 벽 모두 돌을 쌓아 만든 것이 확실하지만 엄격한 의미에서 돌널은 아니고 무덤방 벽의 파괴를 방지하기 위한 것으로 덮개돌의 하중을 받쳐 주는 역할을 하였던 것으로 보인다.

대부분 무덤방의 가장자리에 판자돌을 깔아 놓았는데 덮개돌을 지탱하는 중요한 역할을 하며 무덤방 둘레를 평평하게 한다. 문헌 C·D의 자료에 의하면 일부 무덤의 가장자리에는 일정한 범위 내에 돌들을 깔아 놓았는데 18호가

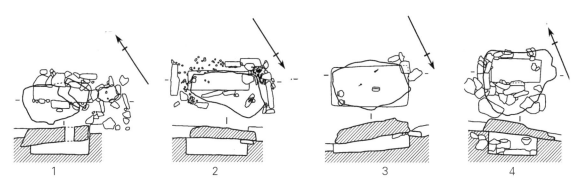

그림 25 봉성 동산 대석개묘 구조
1: 19호, 2: 18호, 3: 5호, 4: 7호

대표적이며, 이런 구조를 묘역(墓域)이라 부를 수 있다.

　대부분 무덤방은 바닥이 생토이지만 일부 무덤은 바닥과 벽의 네 모서리에 강돌이 쌓여 있기도 하였다. 또한 무덤 바깥쪽으로 돌을 쌓아 만든 딸린널이 발견되기도 한다. 위쪽에는 작은 덮개돌을 덮었는데 19호가 대표적이며, 생김새는 타원형이고 주위에는 돌을 깔아 놓았다.

　이 밖에도 문헌 A에 의하면 "무덤들의 크기는 차이가 크지 않지만, 간혹 큰 무덤 사이에 작은 무덤이 한 기씩 자리하고 있다." "큰 무덤의 무덤방 북쪽 벽 바깥에는 대부분 딸린널을 따로 두었는데 평면은 네모꼴이나 긴 네모꼴인데 한 변의 길이는 40~50cm이다. 그 위에 작은 판자돌을 덮었고 안에서 소량의 석기와 토기 등이 출토되었다." 이러한 정황은 드문 예가 아니며, 딸린널이 벽 류하 '대석개묘'의 부상과 비슷한 점을 고려하여 역시 '부상'으로 부를 수 있을 것이다(그림 25).

　동산 1호·8호에서 불에 탄 뼈가 발견되어 화장이 있었음을 알 수 있다. 동산 무덤에서 출토된 유물에 대해서는 뒤에서 보다 자세히 설명하겠다.

　④ 봉성 서산 무덤[92]

　□ 위치: 봉성현 초하향 관가촌 서혁가보 서산(西山)

　모두 5기가 발굴되었으며 산능선을 따라 한 줄로 자리하고 있다. 그 가운데 4기(2~5호)는 남북 방향이며 1호만 동서 방향의 산능선 동쪽 끝 꼭대기에 위치한다. 5기의 무덤에서 모두 숯이 발견되어 화장무덤으로 판단된다. 또한 1호의 딸린방에서 단지 1점이 출토된 것 이외에 나머지 무덤에서는 껴묻거리가 확인되지 않았다.

무덤방의 구조로 볼 때 이 유적의 무덤들은 움무덤이라고 할 수 있다. 그러나 3~5호는 무덤방의 가장자리에 돌을 깔아 놓았다. 1호는 딸린방과 묘역이 있었다. 1호의 무덤 벽은 돌을 쌓아서 만들었고 가장자리 주변에는 한 층의 돌을 깔아서 비교적 넓은 둥근꼴의 묘역을 조성하였다. 무덤방의 서쪽 판자돌 위에서 많은 숯과 함께 불에 탄 흔적이 확인되었다. 무덤방의 동쪽에 '딸린방'이 있는데 그 형태는 동산 19호와 비슷하며 둥근꼴로 돌을 쌓았다. 딸린방의 남쪽에서 미송리형 토기가 1점 발견되었다(그림 26).

⑤ 본계 대편지 무덤

□ 위치: 본계만족자치현(本溪滿族自治縣) 동영방진(東營坊鎮) 신성자촌(新城子村) 성외조(城外組)

대편지(大片地) 무덤은 2006년 가을 요령성 문물고고연구소에서 구제발굴하였다. 무덤의 분포와 자연지리적 조건, 무덤 구조 등을 체계적으로 밝히기 위하여 유적의 일부를 대대적으로 발굴하여 여러 연구 성과를 거두게 되었다. 자세한 내용은 아래와 같다.

유적은 요령성 본계현에서 동남쪽으로 32km 떨어진 동영방진 신성자촌 성외조의 '대편지'라고 부르는 산간 고지대에 자리한다. 주위에는 산들이 둘러싸고 있으며 태자하(太子河)가 유적 남쪽 산 아래로 흐른다. 1982년 문물조사자료에서는 신성자 고구려 돌무지무덤으로 명명되었고 면적은 5,000m²쯤 된다(그림 27).

이번에 발굴이 진행된 지점은 전체 무덤 분포구역의 동남쪽이다. 발굴 구역의 남쪽에는 동·북의 높은 산에서 흘러내려 남쪽의 태자하로 유입되는 작은 하천이 흐른다. 조사 결과 1960년 한 차례의 대홍수에서 무덤의 일부가 파

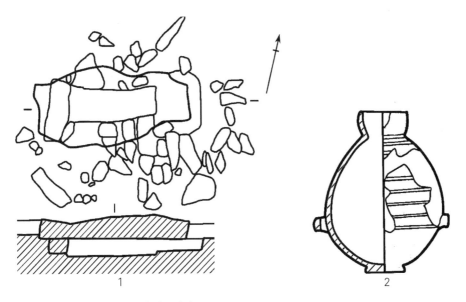

그림 26 봉성 서산 1호 구조와 껴묻거리
1: 1호 구조, 2: 미송리형 토기

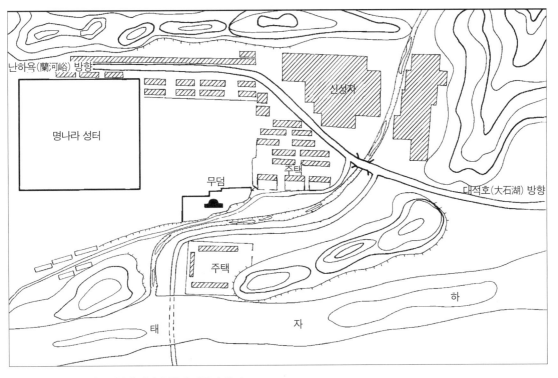

그림 27 본계 신성자 무덤 지형과 위치

괴되었고, 2006년 마을 사람들이 이 하천 북쪽의 마을길을 보수하는 과정에 일부 무덤들이 파괴되었다. 이번의 조사범위는 마을길 주변에 국한되었으며, 5×5m의 조사 구덩이 16기를 설치하였는데 조사 면적은 400m²에 이른다.

발굴조사 결과의 정황으로 보아 무덤은 의도적으로 동남-서북 방향의 강돌과 생토가 혼합된 주변보다 약간 높은 언덕에 축조되었다. 이 언덕의 너비는 10m쯤 되며, 발굴조사 지역의 길이는 40m이고 이 범위 내에서 16기의 무덤이 발굴되었다(그림 28).

이번 발굴구역 내의 지층 퇴적은 4층으로 구분되며, 그 가운데 무덤은 제③층 아래 옛 하천의 원지표에 있다. 제④층에서 탄화 곡물이 확인되는 상황으로 보아 무덤이 축조되는 과정에 원지표의 식물과 부식토층이 태워졌음을 알 수 있다.

무덤의 구조를 살펴보면 먼저 원지표에서 가장자리가 넓고 바닥이 좁은 무덤구덩이를 팠고, 그 다음 강돌과 일정한 크기의 돌을 쌓아 돌널을 만들었으며(일부 돌은 다른 곳에서 왔음) 마지막에 남은 돌과 모래흙으로 돌널 주위 및 표면을 단단하게 하였다.

발굴된 16기의 무덤은 가로 방향의 3줄로 순서 있게 배열되었다(이러한 무덤의 분포 모습은 봉성 동산 무덤 A군의 상황과 비슷하다). 첫 번째 줄은 발굴구역의 북쪽에 위치하며 서에서 동으로 6, 14, 13, 12, 11, 10, 9, 8, 7호 순으로 배치되었으며 각 무덤 사이의 거리는 대체로 같다. 두 번째 줄은 발굴구역의 중간이며, 서에서 동으로 5, 4, 16, 1호 순이다. 각 무덤 사이의 너비는 첫 번째 줄에 비하여 약간 넓으며 4호와 16호 사이에 또 다른 무덤이 있었는데 이미 파손된 것으로 추측된다. 세 번째 줄은 발굴구역의 남쪽에 위치하며 서에서 동쪽으로 3, 2, 15호가 순서대로 자리한다. 세 번째 줄의 무덤들은 모두 보존 상태가 좋지 않다. 세로 방향으로 보면 다른 무덤들과 서로 엇갈리게 배열되었다(그림 28).

첫 번째 줄의 무덤 서쪽 가장자리와 두 번째·세 번째 줄의 무덤방 위쪽에는 모두 1매의 큰 판자돌이 있었는데 원지표에 놓여 있었다. 첫 번째 줄의 대

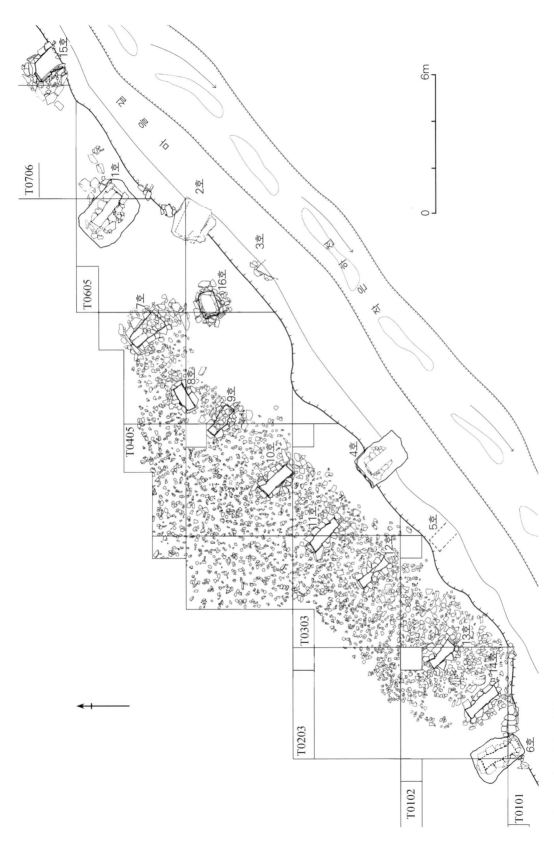

T0706

T0605

T0405

T0303

T0203

T0102

T0101

15호

1호

2호

3호

16호

7호

8호

9호

10호

4호

11호

12호

5호

13호

14호

6호

물흐름

유 적 범 위

6m

0

← N

그림 28 문계 신성지 무덤 분포도

부분 무덤에서는 덮개돌이 발견되지 않았다. 이들 무덤방의 가장자리는 상대 높이가 비교적 높은 것으로 보아 파괴된 것으로 추측된다. 일부 무덤 가운데 에는 덮개돌 위에서 깨어진 돌들이 발견되었는데 축조 당시의 돌더미였을 가 능성이 있다.

조사된 무덤들의 무덤방은 주로 긴 네모꼴 혹은 사다리꼴이다. 사람뼈는 발견되지 않아서 무덤방의 방향은 명확하지 않다. 무덤구덩이와 덮개돌의 너 비 및 방향 등을 참고하면 대부분 긴 방향은 서북-동남이며, 8호만 서남-동북 쪽이다. 무덤방의 크기를 보면 길이는 135~165cm로 모두 비교적 짧으며, 너 비는 39~135cm로 차이가 큰 편이다. 좁은 형태의 무덤방은 첫 번째 줄에서 많이 나타났고 두 번째와 세 번째 줄의 무덤은 상당히 넓다.

8호의 무덤방 양쪽 벽은 모두 막돌이나 강돌을 층이 지게 쌓았고 반듯한 면이 안쪽을 향했다. 양쪽 긴 벽은 외부의 영향을 받아 중간 부분이 안으로 들 여져 있다. 양쪽 짧은 벽의 너비는 다르며, 남쪽이 넓은 편이다. 짧은 벽의 구 조 또한 차이가 있다. 무덤방과 같은 높이와 너비의 판자돌이 세워져 있다. 1 호는 무덤방의 벽을 이루는 판자돌의 높이가 비교적 낮아서 그 위에 다시 판 자돌을 쌓았고, 짧은 벽의 한쪽 모서리에는 돌을 쌓지 않았는데 그 위에서 토 기 조각들이 발견되었다(그림 29).

7호는 무덤의 한쪽 짧은 벽에 2매의 판자돌을 옆으로 세웠는데 문으로 여 겨진다. 16호는 발굴된 무덤 가운데 크기가 비교적 작은 편으로 평면 형태는 타원형이며 무덤방의 가장자리는 넓고 바닥이 좁다(그림 30).

무덤방의 바닥은 거의 생토면을 약간 정리하여 만들었다. 일부의 바닥에는 판자돌 또는 모난돌이 깔려 있다. 대부분의 무덤에서 사람뼈는 발견되지 않았 다. 4호의 바닥 북쪽 가운데에서 치아 2점이 찾아졌다.

껴묻거리는 대부분의 무덤에서 발견되었다(9·4·16호에서는 발견되지 않았 고, 5·3호는 무덤방이 파손되었기에 정황이 명확하지 않다). 많은 것은 3점, 적은 것은 1점이 발견되었고 토기·석기 등이 주류를 이룬다.

토기는 15점이 발견되었다. 그 가운데 단지가 14점, 항아리가 1점이다.

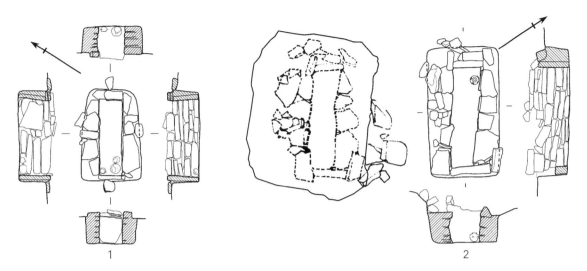

그림 29 본계 신성자 유적 무덤 구조
1: 8호, 2: 1호

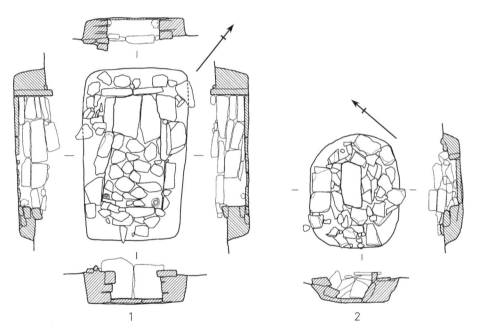

그림 30 본계 신성자 유적 무덤 구조
1: 7호, 2: 16호

단지는 모두 바탕흙이 곱고 홍갈색을 띤다. 손으로 빚어 만들었으며 두께는 비교적 얇고 형태는 서로 다르다. 아가리는 벌어진 것(侈口: 경사진 목, 대부분 손잡이 없는 단지), 곧은 것(碗口: 목 바깥 위쪽은 곧지만 아래쪽은 기울었고, 깊은 사발 모양이며, 손잡이가 달린 민무늬 단지), 약간 벌어진 것(鉢口: 목 바깥은 안쪽으로 기울었는데 얕은 바리와 비슷하며 대부분 손잡이가 달린 줄무늬 단지) 등이다. 몸통은 곡선형, 아래로 처진 형, 둥근형 등이 있다. 대부분 단지의 몸통에는 다양한 형태의 손잡이가 있다. 그 모습은 다리 모양의 가로 손잡이, 반달 모양 손잡이, 띠 손잡이 등으로 나누어진다. 토기 무늬는 묶음 줄무늬가 대표적이며 무늬가 없는 것도 있다. 크기를 보면 크고 작은 것이 같이 출토된다.

위에서 설명한 단지의 여러 특징은 연구자들의 개별적 기준에 따라 서로 다른 유형으로 구분되고 있다. 예를 들면, 무늬가 있고 없음에 따라 민무늬 단지와 줄무늬 단지로 구분되며, 이 가운데 약간 벌어진 아가리와 곧은 아가리, 반달 모양 손잡이와 가로 손잡이 그리고 줄무늬가 묶음을 이루는지의 여부 등을 미송리형 토기(현문호)의 3대 특징으로 삼고 있으나 실제로 절대적이지 않다. 또한 아가리의 형태에 따라 약간 벌어진 아가리, 곧은 아가리, 벌어진 아가리 등 세 가지로 분류하기도 한다. 이러한 분류 기준 역시 비합리적인 측면이 강한 것으로 여겨진다.

필자가 생각하기에 손잡이의 있고 없음 혹은 손잡이의 형태에 따른 형식 분류가 이 무덤의 고고학적 조사 결과로 보면 보다 적절한 것으로 판단된다. 그 이유는 토기 손잡이의 있고 없음과 손잡이 형태가 다른 것은 토기의 크기 및 쓰임새와 밀접한 연관이 있기 때문이다. 그 가운데 토기가 비교적 작은 것은 대부분 손잡이가 없고 큰 것은 대칭되는 가로 손잡이 또는 대칭되게 4개의 반달 모양 손잡이가 있다. 이에 근거하여 이 무덤에서 출토된 단지는 3개 유형으로 나눌 수 있다.

A형: 다리 모양의 가로 손잡이가 1개 있는 단지.

토기의 한쪽에 다리 모양의 가로 손잡이가 있는데 '손잡이가 하나 달린 잔[單把杯]'과 비슷하다. 이것과 대응되는 다른 한쪽에는 꼭지가 있는데 그 개수는 일정하지 않다. 이런 유형의 단지는 크기가 작은 편으로 높이는 12~16cm 이다. 그 가운데 일부는 무늬가 없는 것도 있는데 전부 곧은 아가리이다. 줄무늬가 있는 것은 모두 약간 벌어진 아가리이다. 다리 모양의 가로 손잡이가 달린 위치는 다른 형태의 손잡이보다 몸통의 위쪽에 있는 것이 특징이다(그림 31-1~3).

B형: 1쌍의 다리 모양 가로 손잡이가 달린 단지.

몸통에 다리 모양의 가로 손잡이가 대칭으로 있으며, 그 사용 방식은 '손잡이가 1쌍 달린 잔[雙把杯]'과 비슷하다. 크기는 비교적 큰 편으로 높이는 20cm 이상이며 아가리와 바닥은 작다. 역시 민무늬의 곧은 아가리와 묶음 줄무늬의 약간 벌어진 아가리로 구분된다. 손잡이가 달려 있는 높이는 같으며 두 개씩 서로 대칭된다(그림 31-4~6).

C형: 손잡이가 없는 작은 단지.

크기가 작고 높이는 11~14cm이다. 모두 손잡이가 없으며 '손으로 움켜쥘 수 있는' 크기이다. 아가리와 바닥이 상대적으로 큰 편이며 모두 벌어진 아가리이다. 민무늬와 묶음 줄무늬로 구분되는데 무늬는 눌러 찍었다(그림 31-7~10).

나머지 유물은 비교적 적은 편으로 항아리는 1점뿐이고(그림 31-11), 석기 4점(도끼·삽·가락바퀴 등)이 있다(그림 31-12~14).

이 무덤의 발굴은 우리에게 많은 시사점을 주고 있다.

먼저 이 무덤의 덮개돌 위에는 두께 25~85cm의 퇴적이 있었는데 발굴 결과 덮개돌은 원지표 위에 그대로 놓여 있었다. 따라서 발굴을 통하여 무덤방의 가장자리 층위가 정리되지 않아 덮개돌이 원지표에 놓여 있는지를 알 수 없는 상황에서 지표에서 떨어져 있는 덮개돌의 깊이에 따라 대석개묘에 해당하는지의 여부를 판단해서는 안 되며, 구체적인 자료의 분석으로 판단하여야 한다.

다음으로 이 유적은 강돌이 퇴적되어 형성된 언덕을 의도적으로 선택하여 무덤을 조성하였다. 외관으로 보면 모든 무덤들은 강돌이 쌓여진 하나의 큰

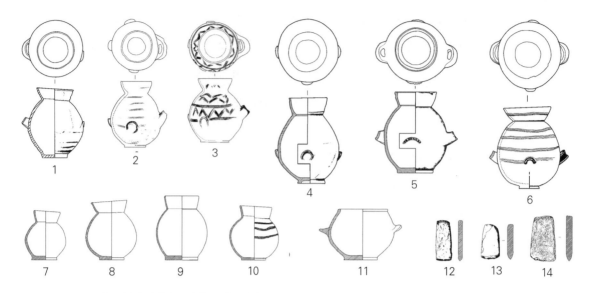

그림 31 본계 신성자 무덤 출토 껴묻거리
1~3: 외손잡이 단지(14호-1, 13호-2, 1호-1), 4~6: 양손잡이 단지(11호-1, 7호-1, 8호-1),
7~10: 손잡이 없는 단지(10호-1, 8호-2, 2호-1, 7호-2), 11: 항아리(8호-3), 12: 돌삽(12호-1),
13·14: 돌도끼(6호-1, 13호-3)

묘역 안에 축조되었다. 이것은 북한지역에서 조사된 이른바 '침촌형' 집체묘
역 단계의 고인돌과 형태적으로 매우 비슷하다. 이러한 지세는 본계·환인 일
대를 포함한 요령 동부 산지지역에서 발견되는 일련의 '돌무지무덤' 입지와
매우 유사하기 때문에 서로 무덤의 입지 선정이라는 측면에서 공통점을 확인
할 수 있다.

무엇보다 중요한 것은, 이 무덤에서 묶음 줄무늬가 있는 미송리형 토기가
민무늬 단지와 함께 집중적으로 발견되었다는 점이다. 이러한 양상은 요동지
구에서 보편적으로 확인되는 같은 유형의 문화 속성 연구에 귀중한 자료가 되
고 있으며 동시에 그 기원을 연구하는 데 중요한 실마리를 제공한다.

⑥ 신빈 동구 무덤[93]

□ 위치: 신빈현 초분향(草盆鄕) 양가촌(楊家村) 동구(東溝)

이 유적은 신빈현 문물관리소가 발굴하였지만 그 자료가 아직까지 발표되지 않았기 때문에 내용, 도면, 사진자료 등을 자세히 알 수 없다. 다만 짱떠위(張德玉)가 발표한 관련 논문에 이 유적과 관련된 내용이 있어 어느 정도 파악할 수 있다. 무덤은 비교적 큰 산의 봉우리 위에 위치하며 태자하 상류의 한 물줄기가 무덤 서쪽으로 흐른다. 이곳의 무덤은 줄을 지어 순서 있게 배열되었으며 아래에서 위로 1·2·3·4호로 번호를 붙였다.

각 무덤은 모두 비교적 커다란 자연 판자돌을 덮었다. 덮개돌의 평면 형태는 불규칙한 네모꼴, 긴 네모꼴 또는 둥근꼴이고 한 변의 길이(혹은 지름)는 2~3m, 두께 30~40cm, 무게 1톤쯤 된다. 덮개돌의 크기는 무덤방의 크기와 정비례한다. 무덤방의 네 벽은 손질하지 않은 비교적 얇은 판자돌을 세워 대부분 불규칙한 긴 네모꼴로 만들었다. 네 벽의 모서리는 정교하게 쌓아 덮개돌의 하중을 지탱하였으며 바닥돌은 없었다.

1호 무덤의 네 벽은 여러 매의 판자돌을 쌓아 만들었고 무덤방의 가운데에 3각형 모습으로 항아리 3점이 놓여 있었다. 항아리의 오른쪽에는 돌도끼, 돌칼, 돌끌이 각 1점씩 순서대로 자리하였다. 이 밖에도 무덤 벽 바깥의 왼쪽에서 항아리 1점이 발견되었는데 그 안에 검은 흙 알맹이와 사람 치아 1점이 있었다. 2호 무덤의 가운데에 항아리 1점이 있었고, 그 오른쪽으로 돌도끼 1점과 돌칼 1점이 놓여 있었다. 3·4호는 무덤의 가운데에 항아리가 1점씩 있었고 오른쪽으로 돌도끼가 1점씩 발견되었다.

각 무덤의 껴묻거리는 아주 규칙적으로 놓여 있었다. 항아리가 무덤의 가운데에 있었고 석기는 모두 무덤방의 오른쪽에 놓였으며 날 부분[刃部]이 아래로 향하고, 서로 거리가 일정하였다. 출토된 토기는 모래가 섞여 있으며 회갈색을 띠었다. 벌어진 아가리이며 입술은 둥글고 어깨가 처졌다. 몸통은 부르고 바닥은 납작하다. 모두 손으로 빚어 만들었고 대부분 민무늬이며 비교적 거칠게 제작되었다. 구운 온도가 낮고 균일하지 않으며 토기 벽이 얇고 표면 색깔이 일정하지 않다. 모든 석기는 회백색 판암을 갈아서 만들었으며 굳기는 연한 편이다. 정밀하게 제작되었으나 사용 흔적이 보이지 않으므로 명기로 추측된다. 무덤방에서 사람뼈가 발견되지 않았고 화장된 흔적도 확인되지 않왔다.

⑦ 환인 광복촌 무덤[94]

□ 위치: 환인현(桓仁縣) 화래진(華來鎭) 광복촌(光復村) 남쪽의 용두산(龍頭山) 서쪽

무덤은 용두산 서쪽에 돌출된 산봉우리의 끝에 위치한다.

덮개돌은 지표에 드러났으며, 평면 형태는 불규칙한 타원형으로 누워 있는 거북의 모습과 비슷하여 왕팔개자(王八蓋子)라 부른다. 또한 '거북'의 머리와 몸통이 연결되는 남쪽과 북쪽의 가장자리에 각 1개씩의 오목한 홈이 파여 있는데 인공적인 것이다. 아마도 큰 덮개돌을 운반할 때 사용된 밧줄과 연관이 있는 것 같다.

무덤방은 기반암을 굴착하여 모줄인 긴 네모꼴로 만들었는데, 북쪽은 좁고 남쪽이 넓다. 무덤방의 가장자리와 바닥은 산세에 맞게 북쪽이 높고 남쪽은 낮게 만들었다. 굴착된 기반암이 견고하지 않아 무덤 벽이 가지런하지 못하다. 무덤방의 바닥 역시 기반암을 그대로 이용하였다. 바닥을 평평하게 하기 위해 잔돌이 섞인 흙을 약 5cm 정도 깔았다. 무덤방의 안에는 돌을 채워 넣었다. 무덤방 안에서 많은 불탄 뼈와 불탄 흙이 발견되었다. 무덤 벽의 동남쪽과 서남쪽 모서리의 돌도 불에 그을린 흔적이 확인되었는데 붉은색이고 매우 푸석푸석한 편이며 무덤방에서 화장을 하였다. 출토 유물은 모래가 섞이고 입술을 말아 올린 항아리, 잔 및 청동 팔찌 등이 있다.

⑧ 신빈 왕청문 용두산 무덤[95]

□ 위치: 신빈현 왕청문진(旺淸門鎭) 용두산(龍頭山)

무덤은 왕청문진의 남쪽에 위치한다. 현지 사람들이 용두산이라 부르는 낮은 산등성이에서 서남-동북 방향으로 배열된 3기의 무덤이 발견되었다. 조사 당시 3기 모두 지표에 드러난 원형의 덮개돌을 확인할 수 있었다. 2002년 5월 무순시 박물관에서 3기의 무덤에 대한 발굴조사를 진행하였다. 요령성 고고학

회 제5차 학술회의에서 샤오징취엔(蕭景全) 등이 무덤 관련 자료를 발표한 이후, 2010년에 정식 보고되었다.

이 무덤들은 축조 방법과 묻기에서 모두 특이한 점이 발견되었다. 그 내용은 아래와 같다.

3기의 무덤은 모두 긴 네모꼴의 무덤구덩이를 팠다. 가장자리의 위쪽이 바닥보다 약간 넓은 것도 있고 그 반대인 경우도 있다. 바닥은 자갈과 모래를 섞어 1층을 깔아 평평하다. 무덤방 안에 시설은 없고 흙을 평평하게 채웠다. 원지표에는 무덤구덩이 주변으로 일정 범위에 돌을 쌓아서 원형의 돌더미가 형성되었다. 이 원형 돌더미 위쪽의 가운데에 원형으로 다듬어진 큰 판자돌을 놓았다. 큰 판자돌의 크기는 무덤구덩이보다 작기 때문에 무덤구덩이 위를 직접 덮은 것은 아니다(그림 32).

3기 무덤의 장례습속은 기본적으로 같다. 모두 무덤방 안에서 여러 사람을 화장하였지만 각 무덤의 묻힌 사람 수와 층 수는 같지 않다. 1호는 이미 파괴되어 자세한 상황을 알 수 없으며, 2호는 2층, 3호는 1층으로 묻었다. 그 가운데 2호 바닥층에서 많은 불탄 흙과 숯조각 및 여기저기 흩어진 불에 탄 뼛조각과 뼛가루 등이 발견되었으며, 머리뼈로 보면 7개체로 구분된다. 각 부위의 사람뼈는 무질서하게 무덤방 바닥의 여러 곳에 흩어져 있었다. 다만 무덤 가운데의 북쪽에서 바로펴묻기한 1구의 주검이 확인되었다. 갈비뼈는 불에 태운 다음 인위적으로 한 곳에 모아 놓았다. 상층은 하층 바로 위에 겹쳐져 있으며, 불에 탄 뼛조각, 불탄 재 및 숯 등이 섞여 있어 사람뼈의 개체 수를 구분하기 힘들다.

껴묻기된 토기는 대부분 무덤의 남쪽에 있으며 한 곳에 많은 양이 쌓여 있어 층위를 구분하기 어렵다. 3호 무덤의 바닥에서 불에 타 형상을 구분하기 어려운 2구의 사람뼈가 발견되었다.

3기의 무덤에서는 모두 108점(복원될 수 있는 토기 포함)의 완전한 형태의 껴묻거리가 출토되었다. 완전한 토기 91점, 청동기 11점, 철기 3점, 석기 3점 그리고 복원할 수 없는 몇 점의 토기 조각들이 있다(표 2).

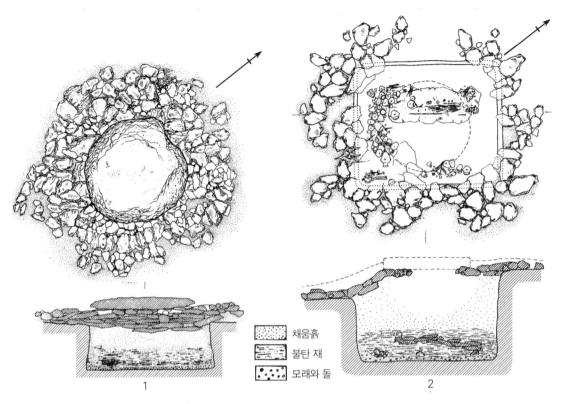

그림 32 신빈 왕청문 무덤 구조
1: 3호, 2: 2호

채움흙
불탄 재
모래와 돌

청동기는 11점이 출토되었고, 작은 꾸미개다.

청동 방울 5점은 모두 정면 3각형으로 전체 형태에 따라 2가지로 구분된다 (그림 33-2~5).

A형: 울림통의 밑을 밖에서 보면 '凸' 모양이며, 앞에서 보면 마름모형이다. 꼭지 아래에 구멍이 없고, 방울추도 없다.

B형: 울림통의 밑을 밖에서 보면 평평하고, 앞에서 보면 타원형이다. 꼭지 아래에 구멍이 있다.

청동고리 3점, 모두 2호에서 출토되었다. 형태는 둥근꼴이며 크기는 서로 다르다(그림 33-10~12).

청동 귀걸이 1점이 2호에서 출토되었다. 지름 약 0.2cm 정도의 거친 청동

표 2 신빈 왕청문 무덤 껴묻거리(단위: 점)

무덤	토기 단지 A형	토기 단지 B형	갑(甲)류 A형(배부른 몸통) Aa 각진 입술 손잡이 4개	Aa 각진 입술 손잡이 2개	Ab 둥근 입술 손잡이 4개	Ab 둥근 입술 손잡이 2개	B형(굽은 몸통) Ba 각진 입술 손잡이 4개	Bb 둥근 입술 손잡이 4개	을(乙)류 손잡이 없는 입술 잔이 2개	을(乙)류 손잡이 없는 항아리	바리	솔	흙구슬	청동 방울	청동 고리	청동 거멀이	구멍 뚫린 청동 고리	청동 손잡이	쇠꺾창/쇠도끼	철점	구멍 뚫린 돌구슬	돌대롱 구슬	합계
1호	1																						1
2호	1		9	2	3	1	20	9	9	1	1	1	3	2	3	1	2	1	1	1	1	2	83
3호	1		3				9	2	5		1		3		3				1	1	1		24
합계	3									82				2	3	1	2	1	1	1	1	2	108

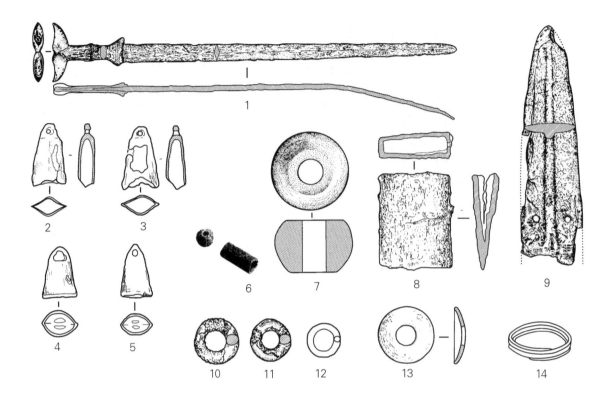

그림 33 신빈 왕청문 무덤 출토 껴묻거리
1: 청동 손잡이 철검(2호-62), 2~5: 청동 방울(3호-23, 2호-52, 3호-24, 2호-67),
6: 돌대롱구슬(2호), 7: 돌구슬(2호-68), 8: 쇠도끼(2호-74), 9: 쇠꺾창(2호-75),
10~12: 청동고리(2호-70·71·72), 13: 구멍 뚫린 청동고리(2호-69), 14: 청동 귀걸이(2호-73)

실을 타래무늬 모습으로 감아 올려 3겹이 되게 하였고, 평면은 원형이다(그림 33-14).

　구멍 뚫린 청동고리 2점이 2호에서 출토되었다(그림 33-13)

　철기는 3점이고 모두 2호에서 발견되었다. 청동 손잡이 철검 1점(그림 33-1), 쇠꺾창 1점(그림 33-9), 쇠도끼 1점(그림 33-8) 등이다.

　석기는 2호에서 3점이 출토되었다. 그 가운데 구멍 뚫린 돌구슬이 1점(그림 33-7), 돌대롱구슬이 2점이다(그림 33-6).

　토기는 모두 손으로 빚어 만들었는데 거의 대부분 모래가 섞인 바탕흙을 이용하였다. 색깔은 대체로 고르지 못한데 홍갈색과 회갈색 위주이다. 모두 민무늬이고 표면에 광택이 난다. 또한 대부분 손잡이가 달렸는데 꼭지형이 많고, 그 외에 다리 모양의 가로형과 띠 모양 손잡이가 있다. 다리 모양의 세로 손잡이 1점도 확인되었다. 토기 바닥은 주로 납작밑이며 안쪽에는 미세하게 '凹'형으로 되어 있다.

토기의 종류는 항아리, 단지, 높은 굽접시, 바리 등[96]이 있다. 껴묻기된 토기는 일정한 조합이 있는 듯하다. 예를 들면 각 무덤에는 1~2점의 단지와 1점의 높은 굽접시(청동 솥을 모방한 흔적)가 껴묻기되었다.

항아리는 82점이 출토되었는데 그 종류가 매우 많다. 손잡이의 유무에 따라 2종류로 나누어진다.

갑(甲)류: 손잡이가 있는 항아리, 아가리와 몸통 및 손잡이의 차이에 따라 다시 2가지로 나뉜다.

A형: 벌어진 아가리의 배부른 항아리[侈口鼓腹有耳罐]. 손잡이는 몸통의 가운데에 위치하며, 입술 형태에 따라 다시 2종류로 나눌 수 있다(그림 34).

Aa형: 벌어진 아가리의 각진 입술. 손잡이가 4개인 것과 2개인 것으로 나뉜다.

Ab형: 벌어진 아가리의 둥근 입술(바깥의 겹입술). 손잡이가 4개인 것과 2개인 것으로 나뉜다.

B형: 오므라든 아가리의 굽은 항아리[敏口弧腹有耳罐]. 손잡이는 몸통 위쪽에 위치하며, 입술 형태에 따라 다시 두 종류로 나뉘어진다(그림 35).

Ba형: 오므라든 아가리의 각진 입술이며, 손잡이가 4개인 것과 2개인 것으로 나뉜다.

Bb형: 오므라든 아가리의 둥근 입술(바깥의 겹입술)로 손잡이가 4개인 것만 있다.

을(乙)류: 손잡이가 없는 항아리로 모두 14점이다. 아가리, 몸통과 손잡이의 차이에 따라 2종류로 구분된다(그림 36).

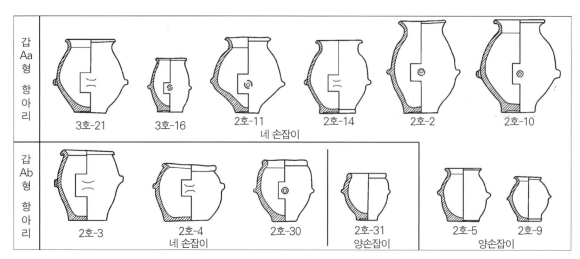

그림 34 신빈 왕청문 무덤 출토 토기

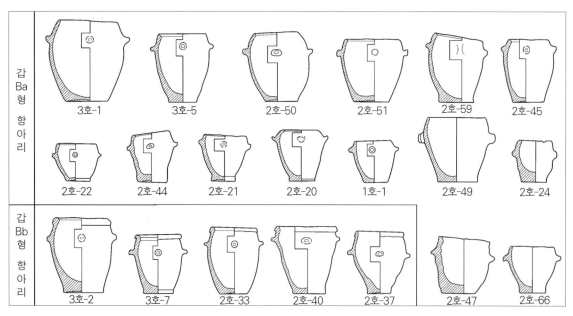

그림 35 신빈 왕청문 무덤 출토 토기

A형: 배부른 몸통, 3점이다.

B형: 굽은 몸통, 11점이다.

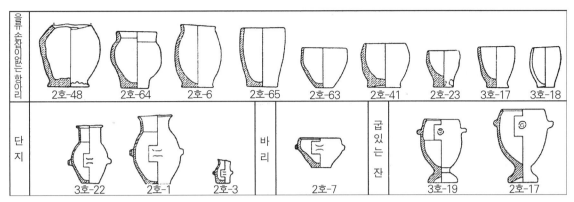

그림 36 신빈 왕청문 무덤 출토 토기

단지는 3점이 출토되었으며 2종류로 구분된다(그림 36).

A형: 긴 목 단지, 2점이다. 모두 벌어진 아가리이며, 각진 입술과 넓은 가장 자리, 곧은 긴 목, 처진 어깨를 하고 있으며, 배가 부르고, 약간 오목한 납작밑 등의 특징을 가진다. 몸통의 가운데에는 대칭되는 4개의 다리 모양 가로 손잡 이가 있다.

B형: 손으로 빚은 작은 단지, 1점이 있다.

바리: 1점이 출토되었다(그림 36).

높은 굽접시: 2호와 3호에서 각 1점씩 출토되었다(그림 36).

이 밖에도 2호에서 3점의 흙구슬이 발견되었다. 마치 콩과 같은 크기로 가 운데에 작은 구멍이 있다.

(2) 초보적 견해

요령성 지역에서 이미 발표된 '대석개묘'의 자료를 보면, 그 구조와 장례습 속, 껴묻거리는 공통점이 있다. 이와 동시에 일정한 차이도 있다. 이런 무덤의 연대와 지역성에서 차이를 보여 준다고 할 수 있다. 따라서 무덤의 형식 분류 및 상호관계에 대한 보다 심화된 연구가 필요하다.

3) 대개석묘

'대개석묘'는 찐쉬뚱(金旭東),[97] 왕홍펑[98] 등이 길림 중남부지역의 고고 조사를 통해 제안한 하나의 무덤 유형이다. 이 유형의 무덤은 무덤방이 지하에 위치하며, 덮개돌의 규모는 비교적 큰 편이다. 그러나 일부는 그 구조가 특수하여 좀 더 많은 비교와 연구가 필요하다.

(1) 대표 유적
발굴된 '대개석묘' 유적은 아래와 같다.

① 동풍 조추구 무덤[99]
□ 위치: 동풍현(東豊縣) 대양진(大陽鎭) 보산촌(宝山村)

유적은 조추구(趙秋溝) 북쪽 산의 능선에 위치한다. 모두 3기가 발굴되었으며, 서로 나란히 배치되었다. 서쪽에서 동쪽으로 가면서 1~3호로 명명하였고, 각 무덤 사이의 거리는 약 20m이다.

1호의 덮개돌은 잘 손질한 판자돌이며 지표에 노출되었다. 3호의 덮개돌은 이미 없어졌다. 2호의 덮개돌은 산비탈 아래에 옮겨졌는데 복원 도면에 의하면 3조각으로 깨어져 있다.

각 무덤의 방향은 서로 다르지만 무덤방의 구조는 기본적으로 같다. 평면은 모두 긴 네모꼴로 풍화 암반을 이용하여 무덤방을 만들었고, 시설은 발견되지 않았다. 바닥은 황색의 모래흙으로 평평하며 바닥돌은 없다. 지세를 고려하여 북쪽은 깊고, 남쪽이 얕다. 각 무덤은 세부적으로 조금씩 구조적 차이가 있다. 그 가운데 1호는 무덤방의 가장자리에 돌을 쌓아서 덮개돌을 지탱하는 역할을 하며, 2호의 남쪽에는 2매의 큰 돌이 곧게 세워져 있다. 두 돌 사이의 거리는 116cm이고, 서쪽의 돌은 비교적 두터운 판자돌로 높이가 100cm이며 현재 지표에 25cm쯤 노출되었다. 동쪽 돌의 높이는 130cm이며, 지표에 53cm 정도 노출되었다.

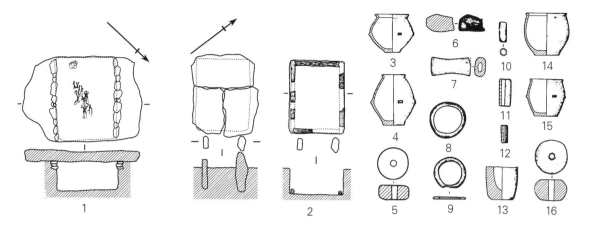

그림 37 동풍 조추구 무덤 구조와 껴묻거리
1: 1호 구조, 2: 2호 구조, 3·4·14·15: 항아리(2호-3·2, 3호-2·1), 5·16: 흙가락바퀴 (2호-6, 3호-4),
6: 검자루 맞춤돌(2호-1), 7: 뼈대롱(2호-7), 8·9: 청동고리(2호-12·13), 10~12: 대롱(2호),
13: 돌잔(2호-9)

각 무덤 간의 장례습속은 완전히 일치한다. 모두 여러 사람 묻기이며, 사람 뼈는 부위별로 놓았다. 아래위로 땔나무를 놓고 무덤방 안에서 화장을 했다. 2호의 바닥 가장자리에 지름 15cm쯤 되는 길쭉한 불탄 숯이 있었다. 아마도 무덤방의 가장자리에 있었던 소나무로 만든 긴 네모꼴의 나무테[木框]로 추정된다(그림 37).

껴묻거리는 토기와 청동기, 석기 등이 있다. 그중에서 항아리는 2가지로 나누어지는데, 아가리가 큰 것과 작은 것이 있다. 또 아가리가 큰 항아리는 손잡이의 유무에 따라 2가지로 나뉜다. 2호에서 출토된 2점의 손잡이 달린 항아리에는 각각 3개의 장식용 작은 손잡이가 달려 있다. 하지만 3호 출토 1번 토기에는 3개의 띠 손잡이가 달려 있다(그림 37).

② 동풍 보산 동산 무덤[100]

□ 위치: 동풍현 대양진 보산촌 동산(東山)

무덤은 동산 꼭대기의 평탄한 대지에 위치한다.

무덤구덩이는 기반암을 파서 긴 네모꼴의 움을 만들었고, 가장자리와 바

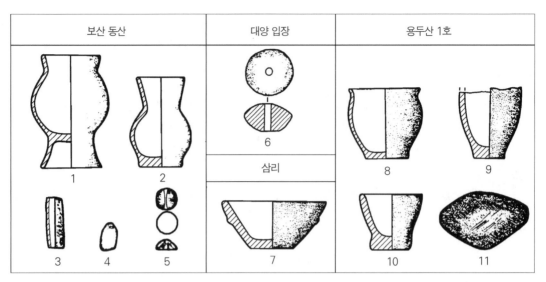

보산 동산	대양 입장	용두산 1호

그림 38 동풍 보산 동산 등지의 대개석묘 출토 껴묻거리
1: 항아리 같은 제기(1호-8), 2: 단지(1호-1), 3·4: 옥 꾸미개, 5: 청동단추, 6: 흙가락바퀴, 7: 사발,
8: 항아리(1호-2), 9: 항아리, 10: 잔(1호-1), 11: 검자루 맞춤돌(1호-3)

닥에 황색의 자갈돌이 있다. 널이나 덧널의 흔적은 확인되지 않으며 덮개돌은
남아 있다. 무덤방 안에서 불에 탄 사람뼈 1구가 발견되었다. 묻기는 알 수 없
다. 껴묻거리는 사람뼈의 머리와 목 쪽에 청동단추와 돌대롱이 놓여 있었으
며, 돌도끼와 토기는 묻힌 사람의 허리 부분에서 발견되었다(그림 38-1~5).

③ 동풍 대양 입장 무덤[101]

□ 위치: 동풍현 대양진 입장(林場) 뒷산

무덤은 산꼭대기의 평지에 위치한다. 현재 덮개돌은 없다.

무덤구덩이는 기반암을 파서 만든 긴 네모꼴의 움이며, 바닥 및 가장자리
에는 황색의 자갈돌을 깔았다. 무덤방 안에는 크기가 다른 돌들이 쌓여 있었
다. 무덤방 바닥의 자갈돌은 불탄 흔적이 뚜렷하다. 불에 탄 사람뼈를 쌓아 놓
았다. 무덤의 북쪽에는 7개체의 머리뼈가, 가운데는 많은 양의 갈비뼈와 사지
뼈가 겹쳐 있었다. 무덤의 왼쪽에서 흙가락바퀴 1점이 발견되었다(그림 38-6).

④ 동풍 삼리 무덤[102]

　□ 위치: 동풍현 대양진 삼리촌 (三里村) 서북 산기슭

지금까지 모두 7기의 무덤이 발견되었으며, 산능선을 따라서 약 300m 범위 내에 분포하고 있다. 1983년 여름에 1·2호 2기가 조사되었다. 형식은 서로 같으며 기반암을 파서 구덩이를 만들었다. 무덤 가장자리와 바닥은 모두 황색 자갈돌을 깔았다. 무덤방은 판자돌을 네 벽에 세워 만들었고, 위에는 큰 판자돌을 덮었으며, 방향은 동북-서남쪽이다. 서쪽의 무덤은 바닥돌을 깔았고, 안에서 부식된 사람 뼛조각과 청동도끼 1점이 발견되었다.

1987년 조사된 3호는 잘 손질된 판자돌을 네 벽에 쌓아서 돌방을 만들었다. 돌방 안쪽 벽 가장자리에는 둥근 나무가 탄화된 장방형의 나무테가 있었다. 돌방의 바닥에서 많은 양의 타다 남은 목재 흔적이 발견되었다. 사람뼈는 부위별로 1곳에 쌓아 놓고 불에 탄 정도가 심하다. 몇 점의 갈비뼈와 팔다리뼈를 확인할 수 있으며, 이것은 간골화장무덤[揀骨火葬墓]이다. 무덤방 안에서 1점의 사발이 확인되었다(그림 38-7).

⑤ 동풍 용두산 1호 무덤[103]

　□ 위치: 동풍현 대양진 보산촌 용두산(龍頭山) 유적 서쪽 산꼭대기의 평지

무덤 위쪽은 2매의 판자돌을 덮었고, 사이에 3매의 작은 돌을 끼워 넣었다. 무덤방은 긴 네모꼴의 구덩이를 판 다음 크기가 다른 돌을 쌓아서 만들었다. 무덤방은 긴 네모꼴이며, 위쪽은 이미 무너졌고, 남은 높이는 20cm쯤 된다. 무덤방 서쪽 내벽 가까운 곳에 길이 210cm, 지름 17cm 되는 불탄 재띠가 1줄 있고, 나머지 3벽에는 둥근 나무 흔적이 있다. 바닥에도 둥근 나무로 에워싼 긴 네모꼴의 나무테 흔적이 있다.

무덤방 북쪽에서 한 곳에 놓은 2점의 머리뼈가 발견되었고 갈비뼈와 팔다리뼈는 무덤방의 가운데에 흩어져 있었다. 모두 불에 탄 흔적이 있고, 2차 화장무덤에 속한다. 껴묻기된 토기는 무덤방 서북쪽의 머리뼈 옆에 있었고 검자루 맞춤돌은 머리뼈의 오른쪽에 있었다(그림 38-8~11).

⑥ 동풍 대양 유적 무덤[104]

□ 위치: 동풍현 대양진 양식소(糧食所) 뒷산, 대양 유적 남쪽 끝

무덤방은 긴 네모꼴 구덩이이며, 무덤 위에는 커다란 덮개돌이 있었다. 바닥에는 불에 탄 두께 15cm 정도의 붉은색 모래층이 있다. 이 층 바로 위에 사람뼈를 쌓아 놓았다. 사람뼈 위에 잘 손질된 판자돌을 한 층 덮었다. 판자돌의 크기는 서로 다르다. 긴 것은 50cm쯤 되고, 짧은 것은 20cm이며, 두께는 20cm 정도이다. 판자돌부터 무덤 위쪽까지는 크기가 다른 잔돌을 채웠다. 불에 타고 판자돌에 눌려진 무덤방 안의 사람뼈는 이미 심하게 부서졌으며 7~10cm 두께의 사람 뼛조각층이 한 층 형성되었다.

무덤 바닥 가장자리에 지름 20cm 되는 소나무로 만들어진 긴 네모꼴의 불 탄 나무테가 있다. 무덤방의 바닥에 놓인 사람뼈 밑에서 나무 부스러기가 발견되었다. 내부에서 껴묻거리는 발견되지 않았다(그림 39).

⑦ 동풍 두가구 1호 무덤[105]

□ 위치: 동풍현 횡도하진(橫道河鎭) 타요촌(駝腰村) 두가구(杜家溝) 뒷산 꼭대기

덮개돌은 산기슭 아래로 옮겨졌다. 무덤구덩이는 긴 네모꼴이며 그 가장자리에는 크기가 다른 돌을 쌓았는데 현재 2~3층 남아 있다. 무덤방 북쪽의 동벽과 서벽 안에서 단면 3각형의 진흙띠 1줄이 확인되었다. 진흙띠의 바닥 너비는 8cm, 높이는 10cm쯤 되며, 불에 그을려서 붉은색을 띤다.

무덤 바닥은 황색 모래흙이며, 그 위에 자갈돌을 한 층 깔았다. 자갈돌은 불에 탄 흔적이 뚜렷하게 확인된다. 자갈돌 위에서 불에 탄 갈비뼈와 팔다리뼈를 모아 둔 것이 발견되었다. 이 무덤은 간골화장무덤이다. 화장을 할 때 사람뼈 아래에는 많은 나무를 쌓았고, 위에도 나뭇가지나 나무껍질을 한 층 덮어 놓아 충분히 태울 수 있게 하였다. 진흙띠는 사람뼈 위의 나뭇가지나 나무껍질을 지탱하는 데 이용하였다. 껴묻거리는 발견되지 않았다(그림 39).

⑧ 동풍 타요촌 1호 무덤[106]

□ 위치: 동풍현 횡도하진 타요촌 뒷산 꼭대기

덮개돌은 이동되었다. 무덤방은 긴 네모꼴의 구덩이며, 구덩이 벽을 따라 판자돌을 세웠다. 현재는 동·서 양벽만 남아 있다. 동벽의 길이는 200cm, 너비 115cm, 두께는 30cm 이다. 서벽의 남은 길이는 170cm, 너비 150cm, 두께 19cm이다.

무덤 부근의 산기슭에서 2매의 판자돌이 발견되었는데 이 무덤의 남·북 벽석으로 추정된다. 무덤 안

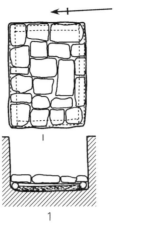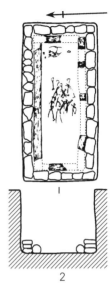

그림 39 동풍 대양 등지의 대개석묘 구조
1: 대양 유적 무덤, 2: 두가구 1호

의 사람뼈는 이미 흩어져 있었으며, 불에 탄 흔적이 뚜렷한 갈비뼈 몇 점이 발견되었다. 무덤 안에서 녹송 대롱구슬 1점과 갈돌 1점이 출토되었다.

⑨ 동풍 오대산(五臺山) 무덤[107]

□ 위치: 동풍현 횡도하진 백호촌(白蒿村) 남산

2기가 조사되었다. 동서 방향으로 배열되었는데 서로의 거리는 6m 정도이다. 동쪽에 위치한 1호의 보존 상태는 비교적 양호하며 덮개돌이 지표에 노출되었고, 서쪽의 2호는 파괴된 상태였던 것을 정리하였다.

2호의 무덤방 위에는 두께 20~30cm 되는 타원형의 판자돌이 1매 있었으나 현재는 파손된 상태다. 무덤방의 방향은 남북쪽이며 4벽은 청색의 판자돌을 세우거나 쌓아서 만들었다. 바닥 역시 얇은 청색 판자돌을 깔았다.

무덤구덩이의 위쪽에서 아래로 1m 떨어진 곳에 7구의 사람뼈가 흩어져 있었다. 머리뼈는 북쪽에 집중되었으며 그 주변으로 불에 탄 비교적 많은 사람뼛조각이 있었다. 사람뼈와 바닥돌 사이에는 20cm가량의 흑갈색 모래와 돌이

한 층 있었다. 불에 탄 흔적이 명확하며 모래와 돌 사이로 불에 탄 많은 사람 뼈와 숯이 확인된다. 무덤방 남쪽, 즉 묻힌 사람의 다리 쪽에 토기 1점이 있었다. 이 토기는 홍갈색의 모래 섞인 잔으로, 몸통이 깊고 납작밑이며 양손잡이가 달렸다.

이 밖에도 『중국문물지도집·길림분책』에는 이 무덤에서 모래 섞인 항아리와 제기 조각, 흙가락바퀴 등이 출토되었다고 한다.

⑩ 요원 고고 무덤[108]

□ 위치: 요원시(遼源市) 서안구(西安區) 등탑향(灯塔鄉) 고고촌(高古村)

무덤은 고고촌 동쪽의 '덕경화(德慶和)' 뒷산에 위치한다. 모두 7기가 발굴되었으며 동·서 2줄로 배치되어 있다. 서쪽에는 1, 2, 4, 5, 6호 등 5기가 거의 일직선으로 분포한다. 동쪽은 3호와 7호 2기이다. 그 가운데 1~3호는 산꼭대기에 있고, 다른 4기는 남쪽 기슭에 분포한다. 4호부터 지세가 점차 낮아진다.

무덤의 방향은 대체로 같으며, 무덤방의 위쪽에는 비교적 큰 판자돌 3매를 덮었다. 덮개돌은 무덤 위에 평평하게 놓았고 지표에 노출된 상태이다. 무덤방은 납작한 돌과 넓은 판자돌을 손질하여 쌓은 2가지가 있다. 무덤방을 축조한 방식의 차이에 따라 발굴자는 3종류로 나누었다. 즉, 돌을 쌓은 돌널무덤[块石垒砌的石棺墓], 판자돌을 둘러 쌓은 돌방무덤[石板圍砌的石壙墓], 널길이 있는 돌널무덤[帶墓道的石棺墓]이다.

필자가 보기에 이런 종류의 무덤은 규모와 형태를 고려할 때 석광묘(石框墓)로 부르는 것이 적합하다. 널길의 존재 여부에 따라 2종류로 구분할 수 있다.

갑류: 널길이 없는 석광묘로서 돌을 쌓거나(1호, 4호, 6호, 7호) 판자돌을 둘러 쌓아 무덤방을 만든(2호, 3호) 두 종류가 있다. 그 가운데 3호의 동·남·북 3면에는 모두 돌을 쌓았고 서쪽 벽만 판자돌 위에 높이 50cm쯤 돌을 쌓지 않고 빈 공간을 마련하였다. 3호에 사람이 묻혀 있지 않아 발굴자는 의도적으로 무덤 문을 남겨 놓은 것이라 추정하였다.

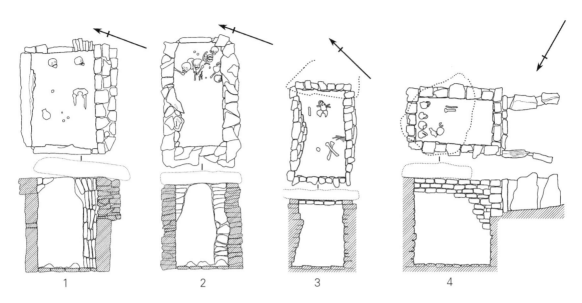

그림 40 요원 고고 무덤 구조
1: 2호, 2: 1호, 3: 7호, 4: 5호

을류: 널길이 있는 석광묘로 단 1기(5호)만 조사되었다. 네 벽은 비교적 정연하게 돌을 쌓았지만, 서쪽 벽은 가운데 부분에 너비 100cm 정도의 공간을 두었다. 이 부분은 쌓은 돌이 덮개돌에 닿지 않게 하였다. 바깥으로 판자돌 4매를 곧게 세워 막았는데 무덤 문으로 추정된다. 무덤 문 밖에는 길이 120cm, 너비 100cm, 깊이 80cm 되는 긴 널길이 있다. 양쪽에는 모두 크고 얇은 판자돌을 대어 견고하게 하였다(그림 40).

각 무덤의 묻기는 다른데, 화장무덤과 비화장무덤으로 구분된다. 화장무덤에는 홀무덤(6호) 및 어울무덤(5호)이 있다. 비화장무덤에는 홀무덤의 두벌묻기(4호, 7호) 및 여러 차례 묻은 어울무덤(1호, 2호)이 있으며, 머리뼈는 대부분 무덤방의 동쪽에 위치한다.

169점의 껴묻거리가 1호, 2호, 7호에서 출토되었고, 그중 1호가 가장 많다. 청동기, 석기, 토기, 뼈 유물 등이 모두 발굴되었다. 청동기는 칼, 고리, 용수철 모양 귀걸이 등이 출토되었다. 석기는 구슬, 숫돌, 검자루 맞춤돌, 꾸미개 등이 있으며, 뼈 유물은 대롱 1점이 발굴되었다. 토기는 2호에서 단지 1점이 출토되

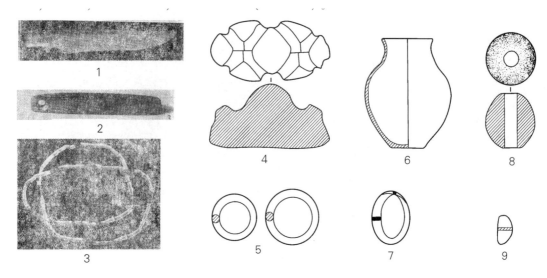

그림 41 요원 고고 무덤 출토 껴묻거리
1: 청동칼(1호-2), 2: 숫돌(1호-1), 3: 대롱 꾸미개(1호), 4: 검자루 맞춤돌(1호-3),
5: 청동고리(1호), 6: 단지(2호), 7: 청동 귀걸이(1호), 8: 돌공(7호-1), 9: 돌치레걸이(1호)

었는데 손으로 만들었고 모래가 섞인 갈색이며, 재질이 투박하다(그림 41).

⑪ 공주령 후석(猴石) 무덤[109]

□ 위치: 공주령시(公主岭市) 이십가자진(二十家子鎭) 팔사둔(八社屯) 서산

큰 판자돌 1매를 이용하여 무덤방의 가장자리 대부분을 덮었다. 이 무덤은 긴 네모꼴의 구덩이를 판 다음, 벽에 불규칙한 모양의 돌을 쌓아서 무덤방을 만들었다. 바닥에는 판자돌을 깔았으며 껴묻거리는 층을 나누어 배치하였다.

무덤방 바닥의 서쪽 가운데에서 사람 치아 3점이 출토되었다. 아래층에서는 각종 토기(단지, 양손잡이 달린 잔, 손잡이 있는 잔, 높은 굽쟁반, 쟁반, 흙가락바퀴)와 석기(구슬, 화살촉, 숫돌) 및 청동기(팔찌, 끌), 꾸미개(치레걸이, 마노 구슬) 등이 발견되었다. 무덤 벽 가장자리에 숯띠가 1줄 있다. 무덤방 가장자리에서 80cm가량 떨어진 곳(무덤 바닥과 1m 거리?)에서 제2층의 껴묻거리가 출토되었다. 종류를 보면 토기(오리 모양 단지, 네 손잡이 달린 잔, 작은 잔)와 청동기(칼, 도끼, 화살촉, 단추) 등이다. 또한 무덤 벽의 가장자리에 숯띠가 1줄 돌아간다.

무덤방 가장자리에서 28cm 정도 떨어진 곳에서 숯이 포함된 두께 1.5~2cm 되는 층이 찾아졌다.

발굴자는 층을 나누어 묻기를 한 것으로 보아 이 무덤을 어울무덤으로 보고 있다. 무덤 벽의 가장자리에 있는 숯은 널 시설을 한 흔적이며, 묻기할 때 불에 태운 것으로 보고 있다. 무덤 안의 제일 위층에도 숯이 쌓여 있었는데 장례습속과 연관된 것으로 추정된다.

출토된 토기는 모래가 섞여 있고, 바탕흙이 단단하며, 짙은 회색과 귤색을 띤다. 모두 손으로 만들었으며 진흙띠를 말아 평평하게 문질러 표면은 대부분 광택이 난다. 거의 민무늬이지만 몇몇은 찌른 무늬[戳點紋]가 있다. 크기는 작은 편이며 그 일부는 명기에 속한다. 깨진 유물들이 많이 있다. 예를 들면, 청동칼 6점은 모두 3개 혹은 4개로 깨진 상태이며 청동고리는 5개로 끊어졌고, 돌치레걸이도 깨어졌으며, 청동단추는 반으로 쪼개졌다. 아마도 인위적으로 파손 행위를 했던 장례습속이 있었던 것으로 해석된다(그림 42).

⑫ 구태 석립산 무덤[110]

□ 위치: 구태시(九台市) 서영성진(西營城鎭) 유수과촌(榆樹棵村) 석립산(石砬山) 동쪽

이 유적의 무덤들은 유수(流水) 작용과 인위적인 요인으로 인해 여러 기가 파괴되었다. 1989년 2기의 파괴된 무덤(1호, 2호)이 조사되었는데, 약 40m 정도의 거리를 두고 위치한다.

무덤구덩이는 모두 긴 네모꼴이고, 불규칙한 모양의 돌을 쌓아서 무덤 벽을 만들었고 바닥에는 크고 작은 돌을 고르게 깔았으며, 위에는 판자돌을 덮었다. 교란된 무덤 안의 퇴적층에서 많은 숯과 불에 탄 사람 뼛조각이 발견되었다. 2호의 북벽과 서벽에서 가로 방향으로 놓인 불에 탄 목재가 발견되었다. 껴묻거리는 토기의 명기, 석기, 청동기 등이 있다(그림 43).

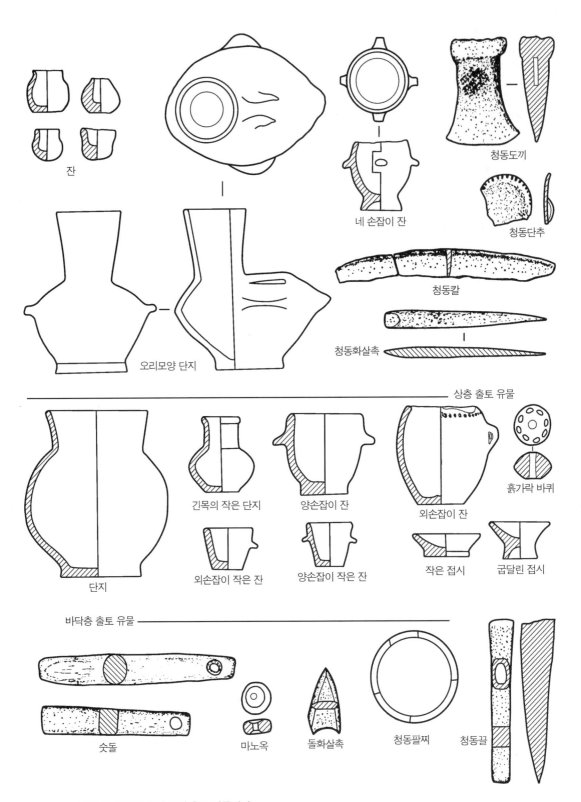

잔

네 손잡이 잔

청동도끼

청동단추

청동칼

오리모양 단지

청동화살촉

상층 출토 유물

단지

긴목의 작은 단지

양손잡이 잔

외손잡이 잔

흙가락 바퀴

외손잡이 작은 잔

양손잡이 작은 잔

작은 접시

굽달린 접시

바닥층 출토 유물

숫돌

마노옥

돌화살촉

청동팔찌

청동끌

그림 42 공주령 후석 무덤 출토 껴묻거리

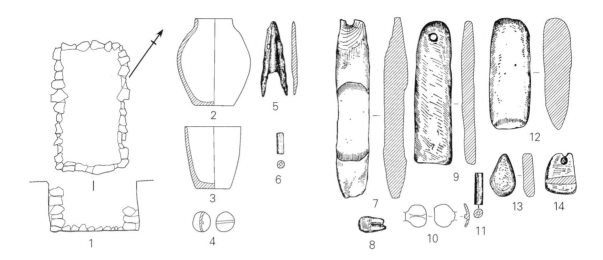

그림 43 구태 석립산 무덤 구조와 껴묻거리
1: 1호 무덤 구조, 2: 항아리(1호-3), 3: 잔(1호-5), 4·10: 청동단추(1호-2, 2호-3), 5: 청동화살촉
(1호-4), 6·11: 돌대롱구슬(1호-1, 2호-1), 7: 돌화살촉(2호-7), 8: 청동 핀(2호-4), 9: 숫돌(2호-6),
12: 돌도끼(2호-5), 13·14: 돌꾸미개(2호-8·2)

⑬ 구태 관마산 무덤[111]

   □ 위치: 구태시 서영성진 관마산촌(關馬山村) 왕팔산(王八山) 꼭대기

   1기의 무덤(1호)이 발굴되었다. 길이 240cm, 너비 200cm, 두께 40cm의
판자돌 2매를 덮었다. 무덤구덩이는 긴 네모꼴이며, 불규칙한 모양의 돌을 쌓
아서 무덤방을 만들었으며 비교적 크다.

   여러 차례 묻기가 이루어졌으며, 층을 나눠서 뼈를 놓았다. 교란되지 않은
부분에서 5개 층이 조사되었는데 각 층의 사람뼈 사이에는 5~10cm가량의 흑
갈색 흙이 채워져 있었다. 바닥층은 화장이 있었는데 여기서 조사된 머리뼈만
약 50여 점 된다. 화장하지 않은 사람뼈까지 합하면 60여 개체로 발굴자는 추
정하고 있다. 껴묻거리는 청동기, 뼈 유물, 석기, 토기 등이 있다(그림 44).

⑭ 화전 서황산 무덤[112]

   □ 위치: 화전시(樺甸市) 횡도하자향(橫道河子鄕) 중우촌(中友村)

   3개 지점에서 8기의 무덤과 2기의 무덤구덩이가 조사되었다. 제1지점은

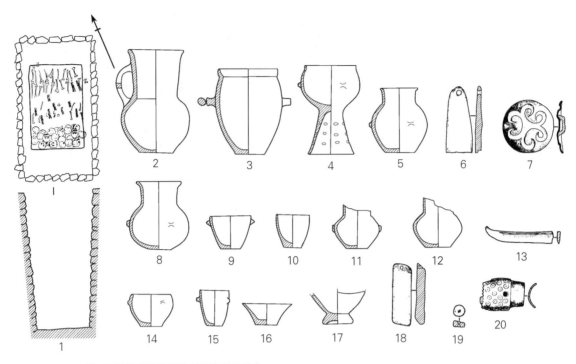

그림 44 구태 관마산 무덤 구조와 껴묻거리
1: 1호 무덤 구조, 2·5·8·11·12: 단지(1호-10·6·7·8·9), 3·9·10·14·15: 항아리(1호-12·3·2·4·1),
4: 제기(1호-5), 6·18: 숫돌(1호-17·16), 7: 청동 꾸미개(1호-21), 13: 청동칼(1호-20),
16·17: 사발(1호-13·11), 19: 옥기(1호-18), 20: 골판(1호-19)

서황산둔(西荒山屯) 동산이며, 6기(1~6호)의 무덤이 산꼭대기에 자리하고 있다. 제2지점은 서황산둔 뒷산에 있으며, 황산으로 부르기도 한다. 여기서는 1기가 조사되어 7호로 명명되었다. 제3지점은 태평둔 동산 꼭대기의 중간으로, 1기(8호)가 조사되었으나 주검은 매장되지 않았다.

1~7호는 형식, 묻기 등이 대체로 같다. 모두 상대높이가 50~100m 되는 산꼭대기에 축조되었고, 자연암반을 손질해서 만들었다. 무덤방의 평면은 긴 네모꼴이며, 한쪽 모서리에 널길이 있다. 널길은 평면이 긴 네모꼴이며 무덤방보다 좁고 얕다. 경사는 24°쯤 되며, 자연암반을 파고 널길의 양쪽에 화강암 판자돌을 세웠거나, 돌을 쌓아서 벽을 만들었다. 널길의 방향은 산능선과 일치한다. 무덤 위쪽은 1매의 큰 화강암으로 덮거나, 혹은 3매의 판자돌을 얹은

다음 다시 흙과 돌로 판자돌 위를 덮었다.

7기의 무덤 모두 널이나 덧널이 없었다. 바닥에는 두께 10~20cm 정도로 사람뼈가 쌓여 있었다. 사람뼈는 일정한 규칙에 따라 매장되었다. 머리뼈, 아래턱, 치아는 무덤방 안의 끝부분에, 팔뼈, 척추와 엉덩뼈는 무덤방의 가운데에 놓았으며, 다리뼈는 대부분 널길 입구의 아래에 놓았다. 사람뼈는 모두 화장되었다. 무덤방 가운데의 사람뼈는 대부분 타서 회백색이 되었으나 가장자리의 사람뼈는 완전히 타지 않았다. 무덤 바닥과 벽 주위에서 타다 남은 자작나무 껍질이 찾아졌는데 비교적 잘 남아 있는 부분은 약 5~6층 정도 발견되었다. 어떤 곳에는 무덤의 바닥에 자작나무 껍질이 네 벽 쪽으로 꺾인 채 놓여 있었다. 6호, 3호, 7호와 2호에서는 나무껍질을 고정하기 위한 목재가 확인되기도 하였다. 6호의 무덤방 바닥에는 불에 그을리거나 불에 탄 화강암 조각이 있었다. 덮개돌에도 검은색으로 그을린 흔적이 있는데 중간 부분이 가장 선명하다.

이러한 내용을 종합해 보면 이 무덤은 여러 사람을 수차례 화장한 무덤으로서, 화장은 무덤이 축조된 다음 진행된 것으로 보인다(그림 45).

이 밖에 1~4호 및 6호의 널길 입구 바닥과 가운데에서 깨진 잔이 발견되었는데, 완형으로 복원되었다. 이것은 묻기를 할 때 의도적으로 깨뜨린 것이며, 당시의 장례습속과 관련된 것으로 추정된다.

각 무덤에서 출토된 껴묻거리는 다소간 차이가 있다. 3호에서는 240점으로 많이 출토되었고, 5호는 5점, 7호는 단지 1점만 발견되었다. 종류에는 청동기, 석기, 철기, 토기와 꾸미개 등이 있다(그림 46).

무덤구덩이는 2곳이 발견되었는데, 1호(H1)·2호(H2)로 명명되었다. 그 가운데 1호의 평면은 불규칙한 평행사변형이고, 안에서 성글게 쌓여 있는 소나무가 불에 탄 회갈색 흙, 풀과 나무의 부스러기도 확인되었다. 바닥에서는 여러 점의 사람 머리뼈 조각과 함께 돌낫 1점이 출토되었다. 2호의 안에서는 사람뼈가 없었지만 자작나무 껍질 조각과 항아리 1점이 발견되었다. 구덩이 안의 쌓임층에서 불에 탄 흔적이 관찰된다. 발굴자는 이러한 무덤구덩이를 위의

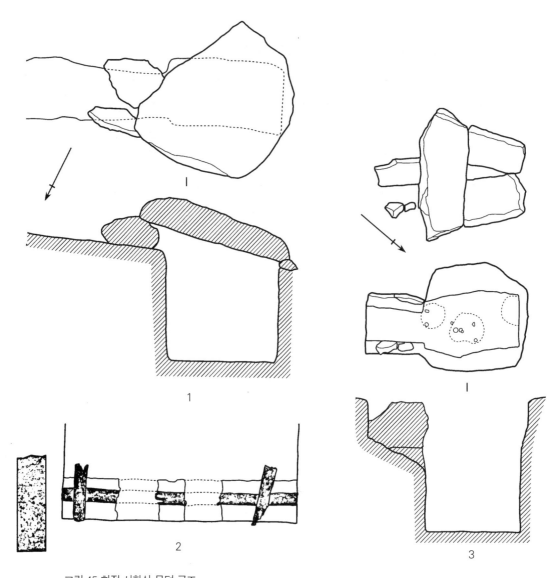

그림 45 화전 서황산 무덤 구조
1: 3호 무덤 평·단면도, 2: 6호 무덤 동벽 아래의 자작나무 껍질 묶은 모습, 3: 2호 무덤 평·단면도

무덤에 묻힌 사람들보다 지위가 낮은 사람의 무덤으로 추정하였다.

⑮ 반석 상둔 서산 무덤[113]

　□ 위치: 반석현(磐石縣) 명성진(明城鎭) 이수상둔(梨樹上屯) 서산(西山)

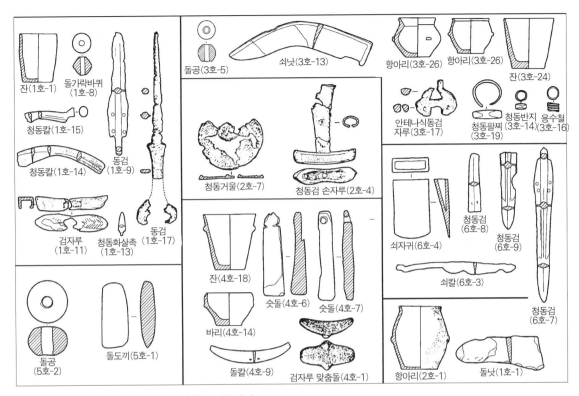

그림 46 화전 서황산 무덤 출토 껴묻거리

무덤은 산꼭대기에 위치한다. 풍화암반을 판 긴 네모꼴의 구덩이식 무덤으로 무덤 위에 1매의 큰 판자돌(이미 파괴되었음)을 덮었다. 묻기는 여러 사람이 여러 차례 묻힌 화장무덤이며, 무덤 안에서 화장이 이루어졌다. 무덤 바닥에는 불에 탄 사람뼈와 뼛가루가 약 40cm 정도 쌓여 있었다. 사람뼈 사이에는 홍갈색과 흑갈색의 토기 조각이 포함되어 있다. 무덤 벽은 불에 타서 홍갈색이다.

무덤의 가운데에서 석기, 토기, 청동기 등 12점의 껴묻거리가 발견되었다. 그 가운데 석기는 6점으로 숫돌, 반원형 꾸미개, 쌍꼭지 달린 검자루 맞춤돌 등이 있다. 토기는 5점으로 모두 모래가 섞인 황갈색과 검은색이고, 손으로 만들었으며 크기는 작다. 종류는 손잡이가 넷 달린 잔, 손잡이 달린 항아리와 단지, 가락바퀴, 쌍꼭지 달린 검자루 맞춤개(석제품과 동일) 등이 있다. 이 밖에도

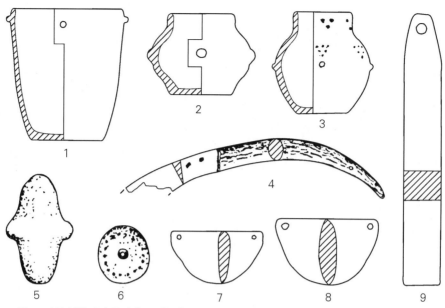

그림 47 반석 상둔 서산 무덤 출토 껴묻거리
1: 잔, 2: 항아리, 3: 단지, 4: 청동칼, 5: 쌍꼭지 달린 검자루 맞춤돌, 6: 흙가락바퀴, 7·8: 돌 꾸미개,
9: 숫돌

1점의 청동칼 조각이 찾아졌다(그림 47).

(2) 초보적 견해

이미 발표된 자료를 보면, 찐쉬뚱, 왕훙펑 등이 명명한 대개석묘들의 장례
습속에는 여러 공통점이 있다. 예를 들면 무덤방은 넓고 깊은 편이며, 여러 사
람을 두벌묻기한 간골화장이 유행하였고, 주검을 무덤방 안에서 화장하는 것
이 보편적이다. 이 밖에도 2차 간골장이 이뤄진 몇몇 무덤 가운데에는 각각
묻기를 달리하여 사람뼈를 층을 나누어 매장한 경우도 있다(예를 들면 관마산
등). 또한 보다 특수한 경우도 있다. 대양 유적의 무덤들은 사람뼈 위에 판자돌
을 1층 정도 덮었으며, 서황산에서는 2기의 화장 구덩이가 발견되기도 했다.

이러한 특징은 요령 남부지역의 '대석개묘'와 차이가 있으며, 요동 북부지
역의 왕청문 무덤을 대표로 하는 '대석개묘'의 장례습속과 비슷하다. 이러한
내용을 통해 볼 때 명칭에서 조금 차이가 있는 두 종류의 무덤들은 사실상 지

역적인 구분이 가능하다고 본다.

설명이 필요한 부분은, 대개석묘의 구조를 보면 일부는 덮개돌이 1매가 아닌 경우가 있다. 그 예는 용두산 유적 1호, 요원 고고 무덤, 화전 서황산 무덤, 구태 관마산 무덤 등이 있다. 또한 널길이 있는 것도 조사되었는데, 고고 무덤, 서황산 무덤 등이다. 이러한 구조의 특징은 현재까지 알려진 '고인돌'과 차이가 있다. 그래서 외국 학자들은 일반적으로 이러한 무덤들을 고인돌의 연구범위에 포함시키지 않는 경향이 있다. 하지만 하문식은 동풍 대양 일대의 이러한 종류의 무덤들을 고인돌의 개석식에 포함된다는 견해를 제시하였다. 또한 오누키 시즈오(大貫靜夫)가 이런 무덤들을 대석개묘로 명칭했기 때문에,[114] 미야모토 카즈오(宮本一夫) 역시 이 종류의 무덤을 중국 동북지구 고인돌의 목록[115]에 넣었으나 심도 깊은 연구는 진행하지 못했다.

이 종류의 무덤들은 지상에 축조된 '석붕무덤'과 교차하여 분포하는 것을 고려할 때 이 책에서 정의한 '석붕'의 특징에 부합할 뿐만 아니라 장례습속도 유사하다. 그러므로 이 책에서는 위에서 언급한 학자들의 의견을 받아들여 대개석묘를 석붕 연구의 범주에 포함시키고자 한다. 그 가운데 덮개돌이 1매가 아니고 얕고 짧은 널길의 특징을 지닌 무덤의 출현은 일부 무덤의 형태 변화에 기인한다. 이는 바로 석붕무덤의 소멸기 특징으로 이해하고자 한다.

4) 돌널무덤

이미 발표된 '돌널무덤' 가운데 일부 무덤들은 1매의 판자돌을 덮개돌로 삼고 있다. 이들은 석붕무덤의 분포지역 안에 위치하며, 대부분 석붕과 연관성이 많은 것으로 보인다. 연구의 편의를 위해 먼저 관련 자료를 제시하겠다.

(1) 보란점 왕둔 1호 무덤[116]
□ 위치: 보란점시 동익향(同益鄕) 왕둔(王屯)
왕둔의 서남쪽 산기슭에 위치하며, 보고글에서는 돌널무덤군으로 표기하였는데 모두 3기를 조사하였다.

　그 가운데 1호의 무덤방은 14매의 크기가 다른 판자돌로 축조되었다. 무덤방은 긴 네모꼴로, 동·서 두 벽은 각 3매의 판자돌을 이어서 세운 후 벽 바깥쪽으로 다시 3매의 판자돌(견고하게 하는 역할)을 더 세웠다. 남·북 양벽에는 각 1매의 판자돌을 세운 다음 그 위쪽에 1매의 큰 판자돌을 덮었다. 사람뼈는 확인되지 않았으나 꺼묻거리는 배가 부르고 목이 긴 단지 2점과 겹입술 항아리 1점이 출토되었다(그림 48).

　1호 무덤의 덮개돌은 조사 당시 묻힌 상태로 확인되었지만, 대편지 무덤의 발굴 정황으로 볼 때 본래 지표에 노출되었을 가능성이 있다. 또한 무덤방의 규모를 고려한다면 쌍방과 대편지의 무덤들과 비슷하여 이들은 모두 같은 유형의 무덤으로 여겨진다.

　그러나 주의해야 할 점은 1호와 약 40m 떨어진 곳에서 조사된 2호 무덤이다. 2호는 지표로부터 약 50cm 깊이에서 덮개돌이 확인되었고 무덤 방향은 45°로 1호와 다르다. 그런데 무덤방의 구조는 1호와 비슷하다. 동·서 양벽은 각각 3매와 4매의 판자돌을 세운 다음 서벽의 북쪽 모서리에 1매의 판자돌을 더 세워서 견고하게 하였다. 남·북 두 벽은 각 1매의 판자돌을 세웠다. 사용된 판자돌의 크기는 기본적으로 비슷하며 무덤방은 긴 네모꼴이고, 위에는 크기가 비슷한 7매의 판자돌을 덮었다. 무덤방 안에서 사람뼈가 확인되지 않았으며 꺼묻거리는 단지와 항아리 각 1점씩 출토되었다(그림 49).

　구조적으로 볼 때, 2호 무덤은 석붕무덤의 범주에 속하지 않는다. 출토된 항아리는 복원이 불가능하며, 단지를 보면 생김새는 1호에서 출토된 것과 구분되고 서로 제작 시기에서 차이가 있다. 이러한 점은 대석개묘와 돌널무덤 사이의 연관성 연구에 실마리를 제공할 수 있다.

　보고글에 의하면 이 유적의 무덤에 꺼묻기된 유물들은 매우 적으며 토기와 석기만 발견되었다. 출토된 석기인 큰 돌도끼[石鉞]와 납작한 도끼의 경우 비실용적인 면이 강하여 벽류하 저수지 수몰지구의 무덤 출토 석기와 비슷한 명기로 여겨진다.

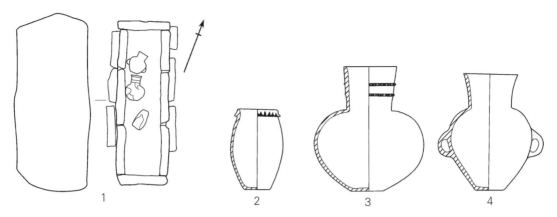

그림 48 보란점 왕둔 1호 구조와 껴묻거리
1: 1호 무덤 구조, 2: 겹입술 항아리(1호-3), 3·4: 단지(1호-2·1)

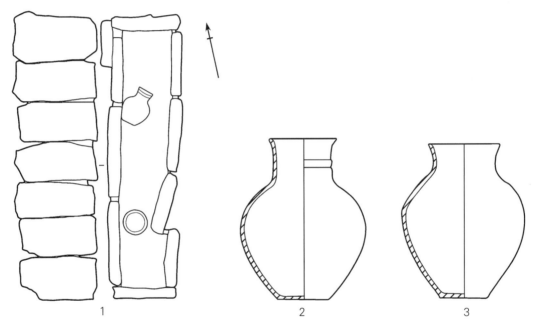

그림 49 보란점 왕둔 2호 구조와 2·3호 껴묻거리
1: 2호 무덤 구조, 2·3: 단지(2호-1, 3호-1)

(2) 본계 양가촌 2호 무덤[117]

□ 위치: 본계 명산구(明山區) 고대자진(高台子鎭) 양가촌(梁家村) 서쪽

본계 명산구 양가촌에서 1974년과 1975년을 전후하여 2기의 무덤이 조사

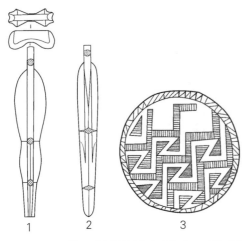

그림 50 본계 양가촌 1·2호 출토 껴묻거리
1: 비파형동검(1호-1), 2: 동검(2호-1),
3: 쌍꼭지 달린 청동 거울(1호-2)

되었다. 이곳에서는 형태가 다른 비파형동검 2점과 꼭지가 2개 달린 청동거울 1점이 출토되었다.

1호 무덤은 산아래의 비탈에 위치하는데 정확한 구조는 알 수 없다. 조사자에 의하면 지표 약 1m 깊이에서 2매의 판자돌이 발견되었다. 그 사이에서 동검 1점, 검자루 맞춤돌 1점, 청동 거울 1점이 확인되었다고 한다.

2호는 1호의 서쪽 200m 지점 산 아래 비탈에 축조되었다. 조사자에 의하면 흙을 제거하는 과정에 길이 260cm, 너비 150cm, 두께 12cm 정도의 큰 판자돌이 발견되었다고 한다. 이 판자돌은 비교적 잘 손질되었고 양쪽 가장자리의 가운데에 인공으로 손질한 너비 20cm, 깊이 11cm인 아치형의 홈이 있다. 또한 청동 단검 1점과 소량의 사람뼈도 발견되었다. 이러한 내용으로 보아 2호 역시 석붕의 연구 범위에 해당한다(그림 50).

(3) 청원 문검 무덤[118]
□ 위치: 청원현 토구자향(土口子鄕) 문검촌(門臉村)
무덤은 산비탈에 위치하며 2기가 조사되었다. 두 무덤 사이의 거리는 20m 정도이고 구조는 같다. 무덤구덩이는 황색의 점토층을 파서 긴 네모꼴로 만들었다. 네 벽은 완전한 판자돌을 세워 조성하였고 덮개돌과 바닥도 모두 판자돌을 이용하였다. 석재는 단단하며 손질을 하여 두께가 얇으면서 고른 편이다. 사람뼈는 대부분 부식된 상태로 몇 조각만 남아 있었다.

두 무덤 모두 이미 파손되었으나 비파형동검, 청동도끼, 돌화살촉, 뼈송곳, 단지가 1점씩 발견되었다. 그 가운데 단지는 홍갈색을 띠었고 모래가 섞였으며 물레를 사용하였다. 아가리가 작고 배가 볼록하며 낮은 굽을 가졌다. 다리

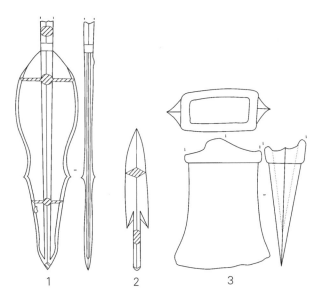

그림 51 청원 문검 무덤 출토 껴묻거리
1: 비파형동검, 2: 돌화살촉, 3: 청동도끼

모양 양손잡이 사이에 반달 모양 손잡이가 1개씩 있고 몸통에는 묶음 줄무늬
가 있다(그림 51).

(4) 개원 건재촌 무덤[119]
□ 위치: 개원시 팔과수진(八棵樹鎭) 건재장촌(建材場村) 북산
이 무덤은 1981년 문물조사 때 발견된 것으로 당시에는 고구려 돌무지무
덤군으로 알려졌다. 1997년 5월 철령시 박물관에서 그 가운데 3기의 '돌널무
덤'을 발굴한 이후 청동기시대 돌널무덤군으로 바뀌었다.
발굴 보고에 따르면, 무덤은 건재장촌 북쪽으로 약 800m 떨어진 대배산(大
背山) 남쪽 기슭에 줄을 지어 분포해 있다. 각 무덤의 위에는 크기가 다른 돌더
미가 있고 무덤은 35기로 밝혀졌다. 대부분 파괴된 상태이지만 무덤구덩이 지
표에 노출된 것도 있다. 어떤 것은 큰 판자돌을 세워 무덤 벽을 만들었는데 아
직도 완전하게 보존된 것이 있다. 조사에 의하면 오래전 이 지역에는 지표에
몇 매의 큰 판자돌이 덮개돌을 지탱하고 있는 대석무덤이 있었다고 한다(발굴

자는 이 무덤을 석붕으로 보고 있다).

발굴된 3기의 돌널무덤은 모두 판자돌과 모난돌을 섞어서 네 벽을 만들었다. 바닥에는 불규칙한 막돌과 황토를 함께 깔았다. 7점의 석기가 출토되었는데 모두 유적 주변의 석재를 갈아서 만들었으며 큰 편이다. 위에서 살펴본 무덤의 구조와 껴묻거리는 매우 특징적인데 이 지역에서 조사된 돌널무덤과는 차이가 있다. 주의해야 할 점은 이 유적에서 출토된 3점의 유물이 매우 독특하고 무덤의 유형이 비교적 복잡한 양상임을 알 수 있다.

그 가운데 단지 1점이 유적의 북쪽에 위치한 '돌널무덤'에서 출토되었다. 모래가 섞여 있으며 흑회색을 띤다. 약간 벌어진 아가리에 어깨는 처지고, 몸통은 계란처럼 둥근 편이며 굽이 있다. 몸통에는 다리 모양 가로 손잡이가 대칭으로 있고 반달 모양 손잡이가 각 1개씩 붙어 있다. 또한 어깨 및 몸통 위쪽에는 3줄로 띠를 이룬 묶음 줄무늬가 있다. 만든 방법은 정연하지 못하고 입술은 조금 파손되었다. 청동칼 1점이 묘역의 서쪽에서 출토되었다. 짝을 이룬 거푸집으로 주조되었고, 등과 날 모두 호형(弧形)이다. 손잡이는 납작한 장방형이고, 끝부분은 둥글게 만들었다. 머리 부분의 가장자리를 날카롭게 갈아서 칼날을 만들었고, 칼끝은 부러졌다. 날은 한쪽에 있고 칼등 부분에 부호(符號)가 음각되어 있다(그림 52).

이러한 유물은 신성자 대편지에서 출토된 것과 같은 종류이거나 비슷한 것이다. 조사에 의하면 본래 이 유적의 무덤에는 비교적 큰 판자돌의 덮개돌이 있었으나 1962년 이후 몇 차례에 걸친 대규모의 파괴로 인해 덮개돌이 없어진 것으로 보인다.

(5) 서풍 부풍둔 무덤[120]

□ 위치: 서풍현(西豊縣) 화륭향(和隆鄕) 부풍둔(阜豊屯) 서남쪽

유적은 작은 산 위에 자리한다. 무덤방은 긴 네모꼴이고 방향은 동서쪽이다. 네 벽은 두께 약 10cm의 판자돌 여러 매를 이어서 만들었고, 판자돌의 위쪽 끝은 안쪽으로 조금 기울었다. 벽의 높이는 40~50cm이고 바닥에는 판자

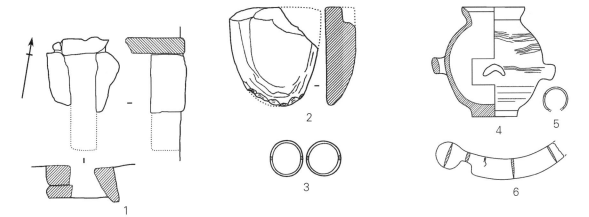

그림 52 개원 건재촌 무덤 구조와 껴묻거리
1: 24호 무덤 평·단면도, 2: 돌괭이(24호-1), 3: 청동고리(24호-2), 4: 단지(채집), 5: 청동고리(채집),
6: 청동칼(채집)

돌을 깔지 않았으며, 위에는 1매의 큰 판자돌을 덮었다.

보고글에 의하면 예전에 청동투겁창, 청동화살촉, 비파형동검이 각 1점씩 그리고 토기 4점이 출토되었다. 무덤의 조사 과정에서는 청동도끼와 청동화살촉 각 1점씩과 훼기시킨 토기 바닥 4점 및 다리 모양 손잡이의 조각이 출토되었다. 이외에 소량의 사람 머리뼈 조각과 치아가 발견되었다(그림 53).

(6) 서풍 성신촌 무덤[121]

□ 위치: 서풍현 진흥진(振興鎭) 성신촌(誠信村) 서쪽

이곳에서 여러 차례 돌널무덤이 발견되었으므로 무덤떼인 것으로 판단된다.

그 가운데 92년 조사된 1호의 덮개돌은 1매의 자연 판자돌이다. 으뜸널[主棺]과 딸린널[副棺] 2곳의 무덤방으로 구분되며 방향은 30°이다. 으뜸널의 바닥에는 평평한 2매의 판자돌을 깔았으며, 딸린널은 묻힌 사람의 발끝에 있다. 으뜸널의 판자돌을 연장하거나 작은 판자돌을 나란히 쌓아서 딸린널로 이용하였다. 으뜸널의 길이는 170cm, 너비 76cm이며, 딸린널의 길이는 65cm, 끝부분의 너비는 40cm이다. 사람뼈는 부식이 심하여 다리뼈와 머리뼈 조각이

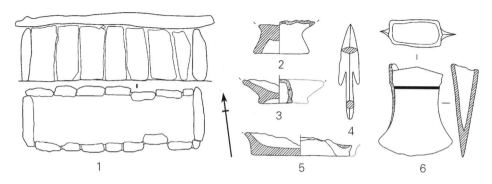

그림 53 서풍 부풍둔 무덤 구조와 껴묻거리
1: 서풍 부풍둔 무덤 구조, 2·3·5: 토기 바닥, 4: 청동화살촉, 6: 청동도끼

조금 확인될 뿐이다. 묻힌 사람은 어른 남자로 추정되며, 옆으로 굽혀묻기를 하였다. 출토 유물은 토기, 석기, 청동기 등 모두 32점이 있다.

토기는 4점으로 딸린널 안에서 출토되었다. 그 가운데 단지가 2점인데 모두 약간 벌어진 아가리이고 4개의 손잡이가 달렸으며, 몸통에 묶음 줄무늬가 있는 것으로 큰 것과 작은 것이 각 1점씩이다. 큰 것은 모래 섞인 황갈색 토기로 높은 온도에서 구웠으며, 뾰족 입술이다. 몸통은 둥글며, 대칭되는 세로와 가로 방향의 다리 모양 손잡이가 각 1쌍씩 있다. 바닥의 굽은 낮으며 평평하고 굽에는 눌러 찍은 무늬가 1줄 있다. 몸통에는 묶음 줄무늬가 있는데 토기의 위쪽에만 있다. 작은 토기는 다리 모양과 반달 모양의 손잡이가 각 1쌍씩 달려 있다. 반달 모양 손잡이 위쪽에는 찍은 무늬[戳印紋]가 있다. 이외에 낮은 목 항아리는 몸통에 대칭으로 띠 손잡이가 붙어 있다. 그리고 굽이 있는 바닥 부분이 1점 출토되었다.

석기는 모두 23점이 출토되었다. 그 가운데 돌칼 1점, 거푸집 1쌍, 숫돌 3점이 딸린널 안에서 발견되었다. 돌화살촉 16점이 묻힌 사람의 상반신 부근에 흩어져 있었고, 옥도끼 1점이 무릎 옆에서 출토되었다.

청동기는 모두 5점이 출토되었다. 청동화살촉 3점은 묻힌 사람의 상반신 부분에 흩어져 있었다. 머리쪽에서 청동투겁창 1점, 다리 아래 부분에서 비파형동검 1점이 발견되었는데 투겁창과 동검의 끝부분은 모두 서쪽을 향하고

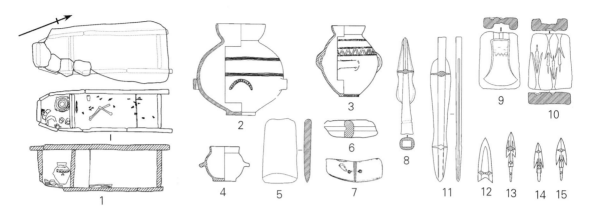

그림 54 서풍 성신 92-1호 구조와 껴묻거리
1: 92-1호 무덤 구조, 2·3: 단지, 4: 항아리, 5: 돌도끼, 6: 숫돌, 7: 돌칼, 8: 청동투겁창,
9: 도끼 거푸집, 10: 화살촉 거푸집, 11: 동검, 12~15: 청동화살촉

있었다(그림 54).

(7) 동풍 낭동산 무덤[122]

□ 위치: 동풍현 대양진 보산촌사조(寶山村四組) 낭동산(狼洞山)

대부분의 무덤들은 험준한 산 남쪽 비탈의 가운데와 위쪽에 밀집하여 분포하는데 위에서 아래로 1~4호가 배치되어 있다.

각 무덤의 위쪽에는 모두 큰 돌이 여러 매씩 덮여 있었고 지표에 노출되어 있다. 산꼭대기에 위치한 1, 2호는 대체로 남북 방향이고, 산비탈의 아래쪽에 위치한 3호는 동북-서남 방향, 4호는 동남-서북 방향이다. 무덤방은 모두 긴 네모꼴이며, 네 벽의 아래쪽은 대부분 판자돌과 큰 돌을 쌓아서 만들었다. 위쪽과 모서리에는 불규칙한 작은 돌을 쌓아 보강하였다. 바닥에는 여러 매의 얇은 판자돌을 깔았다.

각 무덤의 파괴 정도는 조금씩 차이가 있다. 발굴자는 남아 있는 상태로 보아, 1호는 2차 화장무덤이고, 3호는 무덤방이 좁고 작아 1인 1차장으로 추정하였다. 나머지 2기의 무덤은 2인 어울무덤 혹은 다인 화장무덤으로 판단하였다(그림 55).

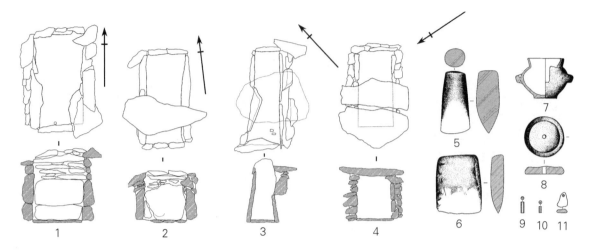

그림 55 동풍 낭동산 무덤 구조와 껴묻거리
1: 1호 무덤 평·단면도, 2: 2호 무덤 평·단면도, 3: 3호 무덤 평·단면도, 4: 4호 무덤 평·단면도,
5·6: 돌도끼(3호), 7: 단지(2호), 8: 흙가락바퀴, 9·10: 돌대롱구슬, 11: 귀걸이(4호)

무덤의 구조와 장례습속으로 보아 '대개석묘'와 비슷하다.

(8) 서풍 금산둔 무덤[123]

□ 위치: 서풍현 평강진(平崗鎭) 하험장촌(下礆場村) 금산둔(金山屯) 뒷산

유적은 산꼭대기에 위치하며 파괴되었다. 덮개돌은 약 20cm 두께의 자연 판자돌이며 이미 파괴되었다. 돌널은 모난돌을 쌓아 만들었으며, 바닥에는 돌을 깔지 않았다. 돌널 안에서 불에 탄 재와 숯 등이 발견되었다.

무덤방 안에서 단지, 짧은 목 항아리, 깊은 바리가 각 1점씩 출토되었다. 그 가운데 짧은 목 항아리는 둥근 몸통에 젖꼭지 모양 손잡이 3개가 달렸으며 바닥은 평평하다. 깊은 바리의 몸통에는 대칭되는 4개의 띠 모양 손잡이가 붙어 있다(그림 56).

(9) 동요 여명 무덤[124]

□ 위치: 동요현(東遼縣) 천태진(泉太鎭) 여명촌(黎明村) 뒷산

이 유적은 동요하(東遼河) 상류 북안에 위치하며 1986년 3기의 무덤이 조

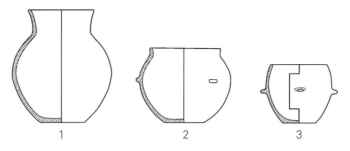

그림 56 서풍 금산둔 무덤 출토 껴묻거리
1: 단지, 2: 항아리, 3: 바리

사되었다.

1호의 네 벽은 돌을 쌓아서 만들었는데 이미 파괴되었다. 사람뼈는 교란되어 묻기를 알 수 없다. 단지와 항아리가 각 1점씩 출토되었다. 모두 모래가 섞인 흑갈색이고 손으로 만들었으며 무늬가 없다. 단지의 몸통 가운데에는 3개의 닭벼슬 모양 손잡이가 같은 간격으로 달려 있다. 항아리의 몸통에도 같은 간격으로 3개의 작은 손잡이가 달렸으며, 손잡이 위쪽에는 누른 무늬[壓凹紋]가 있다(그림 57).

2호는 이미 심하게 파괴되었으며, 기존에 부채꼴 청동도끼 1점과 옥석 꾸미개가 여러 점 발견되었지만 없어졌다. 유구 정리 시 토기와 석기 등이 출토되었다(그림 57 참고).

3호는 2호의 서남쪽에 위치하며 무덤방의 대부분이 드러난 상태였다. 덮개돌은 1매의 판자돌을 다듬어서 사용하였다. 무덤방의 네 벽은 돌을 쌓았으며 바닥에는 1매의 판자돌을 깔았다. 사람뼈는 교란되었지만 불에 탄 흔적이 있으며, 사람뼈 위에서 약 10cm 두께의 숯이 확인되었다. 2인 이상의 2차 어울무덤으로 추정된다.

껴묻거리는 무덤방의 가운데와 끝부분에서 토기와 석기가 발견되었다. 석기는 모두 꾸미개이다. 토기는 모래가 섞였고 손으로 빚어 만들었는데 단지, 항아리, 가락바퀴 등이 있다. 2점의 단지는 형태가 기본적으로 같은데, 몸통의 가운데에 대칭되는 다리 모양 가로 손잡이가 있고 무늬는 없다. 항아리의

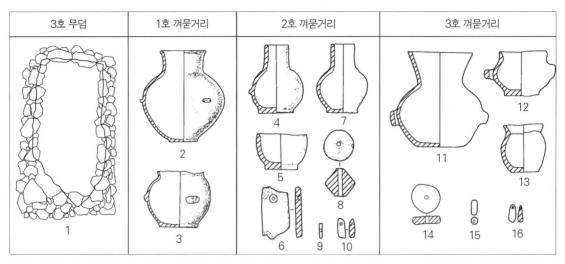

3호 무덤	1호 껴묻거리	2호 껴묻거리	3호 껴묻거리

그림 57 동요 여명 무덤 구조와 껴묻거리

1: 3호 무덤 모습, 2·4·7·11: 단지, 3·5·12·13: 항아리, 6: 돌도끼, 8·14: 가락바퀴,
9·10·15·16: 돌 꾸미개

몸통에도 대칭되는 손잡이가 있으며, 하나는 다리 모양 가로 손잡이이고 다른
하나는 꼭지형 손잡이인데 아주 독특하다(그림 57).

(10) 요원 고려영 무덤[125]

□ 위치: 요원시 등탑향 승리촌(胜利村) 고려영(高麗營) 동쪽 기슭

유적은 비교적 지세가 높은 곳에 위치하며, 동·서·북쪽은 높은 산이다. 무
덤방은 긴 네모꼴이며, 동서 방향이고, 남·북 양벽에는 모두 두께가 8cm 되는
청색의 판자돌을 세웠다. 서벽은 평평한 자연석을 그대로 이용하였고, 동벽과
바닥은 노란 모래의 생토이다. 무덤방의 위쪽은 두께 8cm 되는 80~95cm 정
도의 넓은 판자돌을 덮었다. 무덤방의 바닥 가운데에서 몸통에 바둑판무늬를
그어서 새긴 작은 항아리 1점이 출토되었다(그림 58-1·2).

(11) 동요·고려분 무덤[126]

□ 위치: 동요현 평강진(平崗鎮) 공안촌(共安村) 고려분(高麗墳) 산꼭대기

무덤은 지세가 비교적 높은 곳에 위치하며, 서·남·북쪽은 산으로 둘러싸

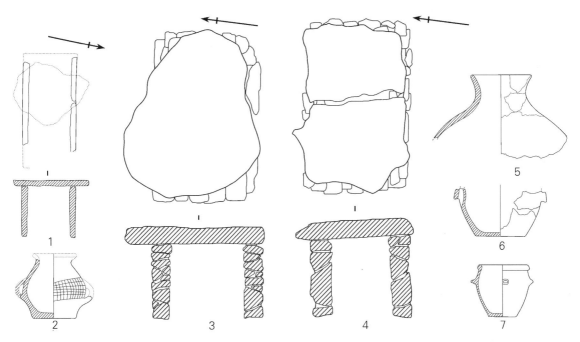

그림 58 요원 고려영·고려분 무덤 구조와 껴묻거리
1·2: 고려영 무덤과 껴묻거리, 3: 고려분 1호 무덤 구조, 4: 고려분 2호 무덤 구조, 5~7: 고려분 무덤
출토 껴묻거리

여 있다. 1988년 마을 사람들에 의해 2기의 무덤이 파괴되었다. 무덤방은 모
두 긴 네모꼴로 동서 방향이며, 서로 10m가량 떨어져 있다.

1호의 덮개돌은 타원형의 큰 판자돌 1매이고, 2호는 2매의 판자돌을 덮었
는데 두께는 25cm 정도이다. 무덤방의 네 벽은 모난 화강암을 쌓아서 만들었
다. 껴묻거리 가운데 토기 1점은 네 손잡이가 달린 비교적 완전한 항아리이고,
나머지 2점의 단지는 파괴되어 복원할 수 없다(그림 58-3~7).

5) 기타

지금까지 발표된 발굴자료 중에는 일부 그 형태와 축조 연대로 무덤의 명
칭을 정한 것이 있다. 이를 석붕 연구의 범주에 포함시켜 정리하면 다음과
같다.

(1) 무순 산용 무덤[127]

4호, 5호는 각각 '돌무지무덤', '압석묘(壓石墓)'로, 6호는 '돌무지 돌방무덤'
으로 명명되었다.

4호는 유적의 가운데에 자리하며, 무덤의 위쪽 중심에 큰 판자돌이 있었고
북쪽에는 3매의 큰 돌이 있다. 덮개돌은 불규칙한 긴 네모꼴이며 길이 240cm,
너비 190cm, 두께 19~35cm이다. 덮개돌과 그 북쪽 주위, 그리고 아래 부분
에 많은 자갈과 모난 돌들이 쌓여 돌더미가 형성되어 있다. 이 돌더미의 동쪽
과 남쪽은 비교적 규칙적이며 줄을 이루어 촘촘히 쌓여 있다. 양쪽으로 나란
히 돌더미가 확인되는데 가장자리와 뚜렷하게 구분된다. 덮개돌 아래에는 돌
벽이 있다. 이는 무덤방에 해당되며, 길이 150cm, 너비 70cm, 깊이 50cm이
다. 무덤방의 바닥은 노란 모래흙이고, 그 위에서 홍갈색의 토기 조각, 숯 등이
발견되었다(그림 59-1).

5호는 덮개돌이 지표에 노출되어 있었는데 길쭉한 모양이고, 길이 270cm,
너비 90cm, 두께 20~30cm이다. 덮개돌 아래와 주변으로 자갈과 막돌들
을 쌓은 돌더미가 있다. 이 돌더미의 평면 형태는 사다리꼴이고, 네 모서리에
는 모두 돌을 세워 놓았다. 무덤방은 긴 네모꼴이며, 길이 160cm, 동쪽 너비
40cm이다. 바닥에는 1매의 긴 판자돌이 놓여 있다. 바닥돌의 아래는 노란 모
래흙이고, 부분적으로 작은 돌을 깔았다. 바닥돌의 둘레에 돌을 쌓아 무덤 벽
을 만들었는데 서벽은 없다. 그리고 무덤방 안팎으로 돌더미가 있었다. 덮개
돌과 무덤방의 상대적인 위치로 볼 때 덮개돌은 무덤방 위에 비스듬히 놓여
있었으며, 무덤방의 서쪽 바닥돌은 이미 노출된 모습이다. 무덤방의 동남쪽
모서리에서 홍갈색의 토기 조각이 발견되었는데 단지의 아가리, 바닥, 대롱
등이며 돌가락바퀴도 1점이 있다. 무덤방 안에서 불에 탄 사람 뼛조각들을 대
량으로 찾았다(그림 59-2).

위의 무덤 2기는 서로 이웃에 위치하며 무덤방의 방향도 같다. 화장을 하
였으며, 뼈는 무덤방 안에서 불에 탔다.

6호는 덮개돌이 없고 무덤방의 바닥 부분만 남았다. 긴 네모꼴이며 네 벽

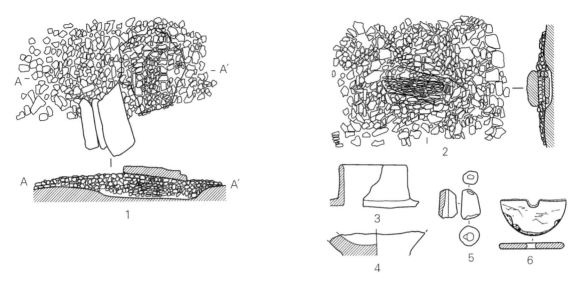

그림 59 무순 산용 '돌무지 무덤' 구조와 껴묻거리
1: 4호 무덤 평·단면도, 2: 5호 무덤 평·단면도, 3: 단지 아가리(5호), 4: 토기 바닥(5호), 5: 토기 대롱(5호), 6: 돌가락바퀴(5호)

은 큰 돌을 쌓아 만들었다. 무덤방 문은 남벽 쪽에 있었는데 2매의 길쭉한 돌을 놓았고 가운데에는 가로 방향으로 작고 긴 돌을 깔았으며 너비는 약 60cm이다. 무덤방 문에 가로로 놓인 길쭉한 돌은 남쪽을 향하며, 약 140cm 길이의 길쭉한 돌이 가로로 널길에 깔려 있다. 이 통로 아래에는 깨진 작은 돌과 검은 흙이 있으며, 검은 흙 아래에는 노란 모래흙층이 있다. 무덤방 바닥에 크기가 다른 많은 판자돌을 깔았다. 무덤방 바깥에는 돌더미가 있는데 5호의 돌더미와 겹쳐진다. 무덤방 안에서는 사람뼈와 껴묻거리가 발견되지 않았다.

　4·5호에 대해 발굴자는 그 구조로 볼 때 돌무지무덤(이후의 연구에서는 '압석묘'라 부른다)에 가깝고, '대석개묘'와는 서로 다른 유형의 무덤으로 보고 있다. 이러한 '돌무지무덤'은 '석붕'과 연관이 있는데, 석붕무덤에서 발전된 가장 마지막 단계의 무덤이다.

　발굴자는 이 유적의 '석붕무덤'은 그 연대가 춘추 후기 혹은 전국 초기이며, '돌무지무덤'은 전국 후기에서 한 초, '돌무지 돌방무덤'은 고구려 시기로 추론하고 있다.

필자의 견해로는 이미 널길이 출현한 6호는 석붕의 연구 범위에 해당하지 않는다. 그런데 하문식은 이를 고인돌의 범위에 귀속시키기도 한다.[128]

(2) 환인 풍가보자 무덤[129]
□ 위치: 환인현 화래진(華來鎭) 풍가보자촌(馮家堡子村)

이 유적의 분포 범위는 비교적 넓다. 지금까지 40여 기의 무덤이 조사되었다. 발굴자는 이곳을 총체적으로 풍가보자 묘군이라고 부른다. 2006년 9기의 무덤을 발굴하여 서로 다른 몇 가지 유형의 무덤으로 분류하고 있다. 리씬최엔 선생이 제공한 자료에 근거하여 이 무덤떼에서 석붕의 연구범위에 속하는 무덤들을 소개하겠다.

① '석개무덤[石蓋墓]': 무덤방은 지하에 만들었으며, 2기가 조사되었고 2구역의 7호와 8호이다.

7호는 2구역의 서쪽 밭에 위치하며 이미 도굴된 상태였다. 덮개돌의 평면은 타원형으로 가장자리를 돌아가며 다듬었다. 무덤방은 긴 네모꼴이며 네 벽은 비교적 큰 강돌을 쌓았는데 현재는 1~2층만 남아 있다. 무덤방 바닥의 남북 양쪽 끝에는 1층의 판자돌을 놓았고 가운데에는 작은 강돌을 깔았다. 달도끼, 돌검 조각, 토기 조각이 발견되었다.

8호는 7호에서 북쪽으로 10m 떨어진 곳에 위치한다. 덮개돌의 평면 형태는 모줄인 네모꼴이며 가장자리를 다듬은 흔적이 뚜렷하게 남아 있다. 무덤방은 긴 네모꼴이며 네 벽에는 판자돌을 세웠다. 북벽과 서벽은 모두 얇은 판자돌 1매를 세웠는데 각각 2조각과 3조각으로 나뉘어졌다. 남벽의 서쪽에는 비교적 큰 강돌을 쌓았다. 1층만 남았고 동쪽 끝에는 작은 판자돌 1매가 세워졌으며 안쪽을 향해 약간 기울었다. 동벽에는 강돌과 판자돌을 쌓았다. 바닥에는 작은 자갈돌이 비교적 평평하게 깔려 있었다. 항아리·원추 모양과 만두 모양 흙가락바퀴 조각, 돌대롱구슬 등이 출토되었다.

② ‘돌무지 석개무덤〔積石石蓋墓〕’: 4기이고 1구역에 위치하며, 그 가운데 5호가 비교적 전형이다.

5호의 덮개돌은 매우 두텁고 무거우며 평면은 마름모꼴이다. 길이 250cm, 너비 180cm, 두께 70cm 정도 된다. 덮개돌 아래에는 강돌이 쌓여 있었는데 이미 파괴되어 현재 길이 600cm, 너비 500cm, 높이 50cm 되는 긴 네모꼴 형태의 일부만 남아 있다.

무덤방은 덮개돌 아래의 강돌이 쌓인 가운데에 있었고 평면은 긴 네모꼴이다. 길이 220cm, 너비 110cm이며, 네 벽은 강돌로 쌓았으나 정연하지 못했다. 무덤방 안의 채움돌은 불에 탄 흔적이 명확하며 많이 깨어졌다. 무덤방 안의 사람뼈는 두 차례에 걸쳐 매장되었다. 위층의 바닥은 무덤 가장자리에서 20~40cm 아래에 있었고 바닥에는 강돌과 소량의 깨어진 돌이 울퉁불퉁하게 깔려 있었다. 무덤방 가운데에서 척추뼈가, 서쪽에서는 머리뼈 조각이 발견되었고 불의 온도는 높지 않다. 위층에서는 3점의 토기가 발견되었다. 아래층 바닥은 무덤 가장자리에서 30~40cm 밑이고 약간 평평하게 강돌이 1층 깔려 있었다. 여기서 발견된 사람뼈는 불에 탄 정도가 비교적 심하고 흩어져 있었다. 유물은 돌검의 끝부분이 1점 발견되었다(그림 60-1).

③ ‘돌무지 돌덧널무덤〔積石石壙墓〕’: 4호 1기가 조사되었다.

덮개돌이 없을 뿐, 그 형태는 ‘돌무지 석개무덤’과 비슷하다. 무덤방 평면은 긴 네모꼴이며 동서 길이 200cm, 남북 너비 90cm, 깊이 10~30cm이었다. 네 벽은 얇은 판자돌과 납작한 강돌을 쌓아서 만들었다. 북벽 서쪽에 1층의 얇은 판자돌이 깔려 있었고 가운데에는 1매의 납작한 강돌이 세워져 있었다. 동쪽에는 약간 큰 강돌과 얇은 판자돌을 깔거나 세워 놓았다. 남벽은 얇은 판자돌을 비교적 정연하게 1~2층 쌓았다. 동벽의 일부분은 강모래벽을 그대로 사용하였고 그 위에 1층의 작은 판자돌 혹은 납작한 강돌 조각을 깔아 놓았다. 서쪽벽도 강모래벽을 이용하였다. 바닥에는 1층의 얇은 판자돌이 깔려 있었고 부분적으로 강돌을 깔았으나 고르지 못하다. 얇은 판자돌 위에 두께 약 5cm

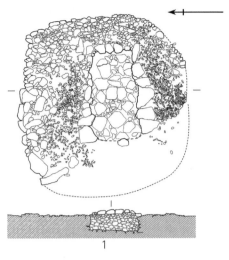

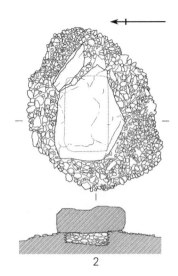

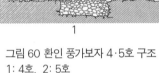

그림 60 환인 풍가보자 4·5호 구조
1: 4호, 2: 5호

정도로 작은 자갈돌 1층을 깔았고 그 위에서 불탄 사람뼈와 꺼묻거리가 확인
되었다. 무덤방에는 많은 수의 얇은 판자돌과 강돌이 있었다.

　무덤방 바깥은 보다 큰 강돌을 쌓아 놓았다. 평면이 네모꼴에 가깝고 길이
450cm, 너비 440cm, 높이 30cm이다. 무덤 안에서는 불탄 사람뼈가 많이 발
견되었고 머리뼈는 대부분 서쪽에 있었다. 북벽 부근의 가운데에서 불탄 팔뼈
조각이, 동쪽에서는 넓적다리뼈 조각이 찾아졌다. 이에 따라 묻힌 사람은 머
리가 서쪽을 향하고 다리는 동쪽에 둔 것으로 추정된다. 출토 유물은 단지, 항
아리, 돌대롱구슬, 구멍 뚫린 타원형 치레걸이 등이 있다(그림 60-2).

　이 밖에도 '방단 석실적석묘(方壇石室積石墓)', '방단 석광적석묘(方壇石壙積
石墓)' 등이 조사되었으나 이들은 석붕의 범위에 속하지 않는다.

　위에서 설명한 각 무덤의 축조 연대와 관련하여 발굴자는 '석개무덤'과 '돌
무지 석개무덤'은 서한 시기에 속하고, '방단 석광적석묘'와 '방단 석실적석묘'
는 고구려 중기에 해당되는 것으로 추정하였다.

(3) 통화 만발발자(萬發撥子) 무덤[130]

□ 위치: 통화시(通化市) 금창진(金廠鎮) 약진촌(躍進村)

이 유적은 장백산맥의 서쪽 줄기에 위치한다. 유적 남쪽으로는 금창하(金廠河)가 흘러 압록강의 샛강인 혼강(渾江)에 유입된다. 유적의 서쪽은 낮은 구릉들이 솟아 있고 동쪽 역시 구릉들이 이어진다. 서쪽에서는 집터를 비롯한 생활유적이 다수 조사되었으며 동쪽에서는 여러 무덤 유적이 발굴되었다. 여기서 확인된 무덤은 몇 개의 유형으로 구분되며, 그 가운데 석붕의 연구범위에 속하는 것은 다음과 같다.

① 대석개묘(大石蓋墓): 상대적으로 지세가 가파른 산능선에 주로 분포한다. 무덤방 안에서 화장을 한 것이 많았고 사람뼈는 불에 탄 정도가 낮았다. 그 가운데 34호의 평면은 긴 네모꼴이고, 무덤구덩이는 남북 길이 200cm, 동서 너비 80cm이다. 덮개돌은 무덤구덩이보다 조금 크기 때문에 무덤방의 가장자리를 덮는 역할을 한 것으로 보인다. 축조 연대는 전국 후기부터 한 초로 여겨진다.

② 대석개 돌무지무덤[大石蓋積石墓]: '대개석묘'와 고구려 초기의 돌무지무덤 사이에 유행된 것으로 보이는 과도적 형태로 추정된다. 장례습속은 '대개석묘'와 비슷하지만 덮개돌 위로 다시 깬 돌을 쌓은 점이 조금 다르다.

(4) 환인 대전자 무덤[131]

□ 위치: 환인현 사도하자향(四道河子鄕) 대전자촌(大甸子村) 만구자(灣溝子)

문헌B에 의하면 무덤방은 긴 네모꼴이며, 길이 234cm, 너비 180cm(문헌A: 길이 400cm, 너비 300cm)이다. 무덤의 네 벽은 판자돌을 세웠는데, 두께는 54~66cm(문헌A: 판자돌 두께 30cm)이며, 위에는 큰 판자돌을 덮었다(문헌A: 판자돌이 매우 무겁고 두터워서 폭약을 사용하여 쪼갬). 바닥에는 강돌을 한 층 깔았고(문헌A: 자갈과 황색 진흙을 섞어 깔았음), 강돌 위에서 불탄 사람뼈 한 층이 확인되었으며 무덤 벽에는 검게 그을린 흔적이 있다.

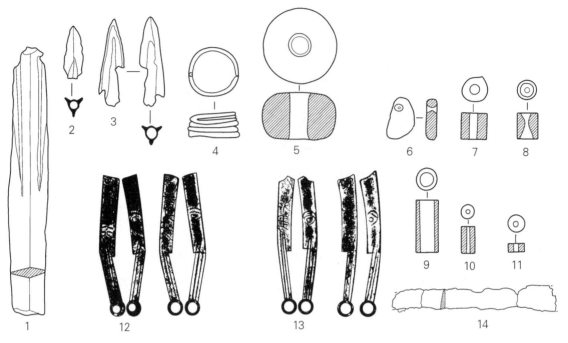

그림 61 환인 대전자 무덤 출토 껴묻거리
1: 동검, 2·3: 청동화살촉, 4: 청동 귀걸이, 5: 달도끼, 6~11: 돌 꾸미개, 12·13: 명도전, 14: 쇠칼

껴묻거리 역시 불에 타서 대부분 형태의 변형을 가져왔다. 여러 흔적으로
보아 화장무덤으로써 주검을 무덤방 안에서 화장한 것으로 판단된다. 유물은
동검 1점, 명도전 약 200점, 쇠칼 1점, 청동화살촉 2점, 돌잔 1점, 구슬 210점,
구멍이 뚫린 옥석(玉石) 1점, 마노 대롱구슬 2점 등이 출토되었다(그림 61).

6) 소결

위에서 살펴본 자료들을 분석한 결과, 중국 동북지구에서 현재까지 발견된
석붕(이 책의 석붕 개념) 자료는 매우 풍부하다. 또한 형태가 다양한 편이고 껴
묻거리, 분포 범위는 반드시 일치하지 않는다. 따라서 보다 심층적인 연구를
진행하기 위해서는 먼저 형식을 구분하는 것이 필요하다.
석붕(고인돌)과 관련된 형식 분류의 연구 성과는 비교적 많은 편이다. 그러

나 여전히 많은 검토가 필요한 여러 문제가 있는데 이것을 좀 더 구체적으로 살펴보기 위하여 아래에서는 현재까지 진행된 형식 분류의 연구 성과를 간단히 설명한 다음 동북지구 석붕 분류에 대한 필자의 견해를 제시하고자 한다.

2. 기존의 유형 연구 성과

서술의 편의를 위해 아래에서는 지역에 따라 석붕의 형식 연구 성과를 소개하겠다.

1) 중국 동북지구 석붕 유형 연구

중국 동북지구의 석붕 유형과 관련해서는 연구자들 사이에 다양한 견해가 있다.

중국 학자들은 대부분 좁은 의미의 석붕 개념에서 출발하여 이 지구의 석붕 연구 범위에 해당하는 무덤 명칭을 통일하지 않았다. 예를 들면 '석붕', '대석개묘', '대개석묘', '돌무지무덤', '압석묘', '돌널무덤' 등으로 구분해 왔다. 엄격하게 말하면 이러한 분류 방식은 석붕만을 대상으로 하지 않았다는 점에 여러 문제가 있다.

먼저 각 유형의 무덤에 대한 개념 정의가 명확하지 못하며 통일된 기준이 없다. 이것 때문에 같은 형식의 무덤에 대하여 서로 다른 형식으로 분류하거나, 다른 유형의 무덤에 대해 같은 형식으로 명칭을 붙이는 등, 각 유형별 무덤의 특징을 정확히 파악하는 데 어려움이 있었다.

다음으로 전통적인 고인돌(석붕)의 분류 방식에 분명하게 반대한다. 이는 각 무덤 유형의 구조적 차이를 단편적으로 강조한 나머지[132] 그 내재된 상호 관계를 분리시키고 있기 때문이다. 실제로 쉬위이린 역시 이러한 관점을 받아들여 위에서 설명한 대석개묘와 '석붕' 간의 일정한 연관성을 찾고 있다.[133] 우지야창은 양자가 공존한다는 사실을 강조하였다.[134] 왕쓰쪼우는 두 유형의 무덤 차이는 신분과 지위가 다르다는 것을 나타낸다고 주장한다.[135] 이러한 연구 성과를 보면, 석붕과 대석개묘가 아무런 관련이 없다고 할 수는 없다.

일본과 한국의 학자들은 동북지구 석붕과 한반도 고인돌의 형식 분류를 완전히 같은 맥락에서 이해하여 왔다. 그뿐만 아니라 고인돌의 형식에 대한 연구가 심화될수록 이를 보다 체계화시키고 있다. 예를 들면 코우모토 마사유키는 침촌형 고인돌과 대석개묘는 밀접한 관계를 가진다고 하였다.[136] 하문식은 대석개묘를 한반도의 개석형 고인돌로 파악하고 있다.[137]

사실이 어떻든 간에, 선행된 고인돌 관련 분류연구 성과는 보다 자세히 살펴볼 필요가 있다.

2) 한반도 고인돌 유형 연구

초창기의 고인돌 형식 분류에는 '굄돌[支石]'의 형태 및 무덤방이 위치한 곳 등 여러 가지 기준이 있었다. 벽석이 지표에 노출된 것을 '탁자형'(또는 북방식), 여러 매의 돌이 덮개돌을 지탱하고 무덤방이 지하에 만들어진 것을 '바둑판형'(또는 남방식)이라 부른다. 양자의 관계에 대해서 초기에 일부 학자들은 후자가 발전하여 전자가 되는 것으로 인식하기도 하였으나, 대부분의 학자들은 탁자식이 발전하여 바둑판식이 되는 것으로 인식하였다. 실제로 고인돌의 형태와 변화 관계는 결코 이처럼 간단하지 않다. 고고 조사와 발굴작업이 지속적으로 이루어짐에 따라 굄돌이 없는 고인돌이 한반도에서 많이 찾아지고 있다.

1957~1958년, 북한 학자들은 황해북도 침촌리 일대에서 약간 높게 돋은 지대에 축조된 고인돌을 발굴조사하였다. 네 매의 판자돌로 돌널을 만들고 그 위에 덮개돌을 덮은 형식이다. 돌널 주위에는 무너지는 것을 방지하기 위한 돌무지 묘역이 있었다. 이것이 무덤의 중요한 특징이며, 황해북도 황주군 침촌리 긴동, 천진동 고인돌 등이 대표적이다[138](그림 62).

한반도 남부(한강 이남)에서도 일찍부터 새로운 형식의 고인돌이 알려져 있

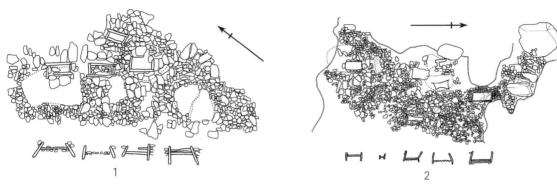

그림 62 침촌형 집체 묘역 고인돌 구조
1: 침촌리 긴동 고인돌, 2: 천진동 고인돌

었다.[139]

1960년대 이후 굄돌이 없는 고인돌이 확인되었는데 충청북도 제천군 황석리 C호 고인돌이 대표적이다. 이 밖에도 침촌형의 집체묘역과 유사한 고인돌이 한반도 남부에서도 발견되었다. 대구 대봉동, 춘천 천전리 2호 고인돌을 대표로 한다(그림 63).

한반도 북부의 새로운 고인돌 발견을 통해 도유호는 '변형'(대체로 긴동 유형의 고인돌)과 '전형'(탁자형 고인돌)의 2종류로 나누고, 전자는 후자에 돌널무덤과 돌무지무덤이 결합된 것으로 보았다.[140] 이러한 분류 및 그 개념 정의에 대하여 황기덕은 보다 명확하게 밝혔다.[141]

또한 한반도 남부의 새로운 발견을 통해, 김재원·윤무병 등은 남방식 고인돌을 2종류로 구분하였다. 하나는 덮개돌 아래에 여러 매의 돌로 지탱하는 즉, '굄돌이 있는[有支石]' 남방식 고인돌, 다른 하나는 지탱돌이 없는 '굄돌 없는[無支石]' 남방식 고인돌로서 연대는 비교적 이르다.[142]

한반도 지역의 고고 유적 조사 성과에 따라 많은 학자들이 고인돌의 새로운 분류 방안을 제시하였고, 그 가운데 대표적인 몇 예를 소개하겠다.

(1) 아리미쯔 교이치(有光敎一)의 고인돌 분류

일본 학자 아리미쯔 교이치는 북한과 한국 학자들의 연구 성과를 종합적

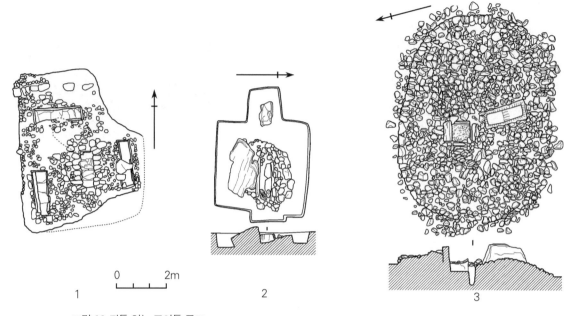

그림 63 굄돌 없는 고인돌 구조
1: 대구 대봉동 고인돌, 2: 제천 황석리 C호 고인돌, 3: 춘천 천전리 2호 고인돌

으로 정리하여 한반도 고인돌의 유형을 3종류로 구분하였다.[143] 즉 '변형', '탁
자형', '바둑판형'이다. 탁자형과 바둑판형 고인돌은 남·북한지역 고인돌 축조
기술의 최고 수준을 대표하고, 변형 고인돌은 탁자형과 바둑판형의 초기 형태
라고 보았다. 이러한 견해는 탁자형과 바둑판형 고인돌의 변화 관계를 부정한
최초의 설명이었다. 코우모토 마사유키는 이것에 기초하여 고인돌 변화과정
의 궤적을 보다 명확하게 설명하였다[144](그림 64).

위에서 설명한 두 사람의 고인돌 분류 연구는 많은 일본 학자들이 받아들
였다.

(2) 최몽룡의 고인돌 분류

한국 학자 최몽룡은 전라남도 지역의 고인돌 조사 결과를 바탕으로 '북방
유형', '남방 유형', '개석 유형' 등 3가지로 분류하였다.[145] 남·북방 유형 고인
돌의 기본적 구분은 무덤방의 위치와 관련이 있다. 북방 유형은 무덤방이 지

고인돌 계보(甲元眞之 1980)

● 한반도 서부지역

침촌리A형
(돌널 위에
덮개돌)

{ 침촌리B형
(내부에 적석)

침촌리C형
(판자돌로 조성.
무덤방 옆에 적석)

... 침촌리D형
(두터운
긴벽이 굄돌
역할)

... 석천선형
(탁자형)

... A계열
(덮개돌 하중을
벽석이 받음)

... 묵방리형
(무덤방
지상·지하)

... B계열
(벽석 바깥에
적석보강)

● 한반도 남부지역

침촌리B형 ... 침촌리C형 { 대봉동 A형 (판자돌로 무덤방)
대봉동 B형 (4벽을 쌓은 무덤방)   묵인리형 (바둑판형)

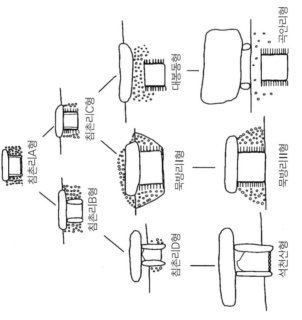

그림 64 코우모토 마사유키의 고인돌 계통도

상에 위치하며 네 매의 판자돌을 곧게 세우고 그 위를 덮는 1매의 판자돌로 구성된다. 남방 유형은 무덤방이 지하에 조성되며, 판자돌 혹은 막돌로 축조한다. 대체로 원형 혹은 일부 다듬어진 돌이 큰 덮개돌을 받치고 있다. 개석 유형과 남방 유형은 무덤방이 매우 비슷한데 덮개돌과 무덤방 사이의 굄돌의 유무로 구별한다. 개석 유형 고인돌의 또 다른 특징은 무덤방을 에워싸도록 지면에 돌을 깔아 놓은 것이다. 북방 유형은 주로 한반도의 한강 이북지역에 분포한다. 남방 유형은 한강 이남지역에 분포하고, 개석 유형은 한반도 전역에서 발견된다.

비록 최몽룡의 견해는 분류 기준이 적합하지 않고 명칭이 같은 범주에 속하지 않아 받아들일 수 없지만 분류의 내용으로 볼 때 상당히 좋은 견해로 간주할 수 있으며, 현재 많은 한국 학자들이 이에 동의하고 있다.

(3) 석광준의 고인돌 분류

북한 학자 석광준은 침촌리 긴동이나 대구 대봉동 등 과거 이른바 남방식이나 변형 고인돌로 인식되어 왔던 고인돌의 돌무지 시설이 지상에 위치하였을 가능성을 제기하였다. 따라서 학계에서 관습적으로 사용해 오던 탁자형과 바둑판형 등의 고인돌 분류 명칭 대신 발굴된 유적의 지명을 사용하였다.

그는 「조선 서북지방 고인돌의 변화」[146]에서 구조적 특징의 차이에 따라 먼저 북한지역 고인돌을 '침촌형'과 '오덕형'으로 분류하였다(전자는 돌널을 보호하는 묘역이 있고, 후자는 없음). 그리고 묘역과 무덤의 결합 방식에 따라 침촌형을 '집장형'(한 묘역에 여러 기의 고인돌이 있는 것)과 '단장형'(한 묘역에 1기의 고인돌이 있는 것)으로 다시 구분하였는데 후자가 전자에 비해 늦다. 돌널의 결합 방식의 변화에 따라 집장묘역 고인돌의 발전 단계를 다시 3종류로 구분하고, 단장묘역 단계는 2종류로 나누었다.[147] 오덕형 고인돌의 구조 변화는 침촌형과 동일하며 서로 다른 발전 단계를 반영하여 3유형으로 구분하였다.[148]

이러한 고인돌의 분류와 발전 연구는 대다수의 북한 학자들이 따르고 있다.

(4) 다무라 코이치의 고인돌 분류

일본 학자 다무라 코이치는 선행 연구 성과를 전면적으로 정리한 후 새로운 고인돌의 형식을 '돌널형', '탁자형', '바둑판형' 등 세 가지로 분류하였다. 그는 전통적으로 사용되던 분류 명칭에 새로운 내용을 포함시켜 아래와 같이 정리하였다.

제1유형: 매장의 주체인 돌널이 덮개돌을 받치고 돌널 주위의 일정한 범위에 강돌과 막돌을 가득 깔아 놓았는데, '돌널형' 고인돌이라 부른다. 덮개돌의 위치는 축조 당시의 지표보다 수십 cm가량 높지만, 반드시 지표에 위치한 것은 아니다. 그 매장 주체 역시 지하에 있는 것은 아니며, 지표에서 아래로 조금 판 다음 돌널을 설치하였다. 돌을 깐 부분을 보면, 돌널에 가까운 곳은 비교적 두텁게 하였고 바깥으로 갈수록 얇아지는데 이것을 돌무지 시설이라 한다.

제2유형: '탁자형' 고인돌. 2매의 큰 판자돌이 덮개돌을 지탱한다. 2매의 넓은 판자꼴 굄돌 사이를 막음돌로 막아 상자 모양 무덤방을 만든 후 주검을 안치한다. 대규모의 돌무지 시설이 없는 것이 특징이다.

제3유형: 여러 매의 큰 돌(굄돌)이 덮개돌을 받치는 이른바 바둑판 고인돌이다. 덮개돌 밑으로 강돌이나 막돌 등을 사용하여 돌무지 시설을 한 경우가 많다. 굄돌은 돌무지 시설의 윗부분에 위치한 경우를 흔히 볼 수 있지만, 돌무지 범위가 비교적 작은 것들도 있기 때문에 굄돌이 돌무지의 위쪽에만 있지 않고 돌무지 바깥으로 벗어나기도 한다. 매장 시설은 돌무지 가운데에 만드는데 판자돌을 이용하여 돌널을 만들거나 모난 돌을 쌓아 무덤방을 조성한다. 간혹 땅을 파서 하나의 구덩이를 만들기도 한다. 일본에서는 그 내부에 독을 둔 것도 있다.

이 3가지 유형의 관계에 대해서 기본적으로 코우모토 마사유키의 설명을 그대로 받아들이고 있다. 제1유형 돌널의 굄돌이 점차 두터워지고 커지면서 보강 역할을 하던 돌무지 시설이 점차 사라지고 제2유형으로 변하게 된다. 돌널이 덮개돌을 지탱하지 않고 돌무지 시설의 돌이 커져 덮개돌의 하중을 받치게 되면서 제3유형으로 변하게 된다. 제1유형은 제2유형과 제3유형보다 이른 시기에 해당한다. 그러나 제2유형과 제3유형 간의 선후 관계는 명확하지 않다. 이러한 3가지 유형의 연대는 상호 교차되며, 소멸 연대 역시 서로 비슷하다.

위에서 설명한 고인돌의 유형 연구 성과를 보면 한국 학자들은 그 형태의 차이에 주목하여 분류한 점에서 비교적 합리성을 보인다. 그러나 중국 동북지구의 현황으로 보면 반드시 부합되는 것은 아니다. 동시에 일본과 북한 학자들의 분류는 각 유형 고인돌의 논리적인 발전, 변화 관계에 보다 주목하고 있다. 이러한 방법은 계통성을 찾는 데 보다 강화된 접근법이긴 하지만 실제의 변화상이 잘 반영되지 못한 한계가 있다.

3) 중국 절강 남부 연해지역 석붕 유형 연구

동북지구 이외에 중국의 산동반도, 절강 남부 연해 일대에도 석붕이 분포한다. 그 가운데 산동반도 석붕에 대해서는 소개된 자료가 매우 적은 것에 비해 절강 남부 연해지역의 석붕에 대한 조사와 유형 연구는 비교적 많은 편이다.

절강 남부지역의 석붕은 주로 창남(蒼南)·서안(瑞安)·평양(平陽)·삼문현(三門縣) 등에서 발견된다. 찐바이뚱(金柏東), 마오짜오씨(毛昭晰) 등의 조사에 따르면 절강성 전역에 54기의 석붕과 3기의 대석개묘가 분포한다.[149] 1993년 절강성 문물고고연구소는 서안 대석산(岱石山)에서 24기의 석붕과 3기의 대석개묘를 조사하였다.[150]

이 지역의 석붕에 대해 위티엔수(兪天舒)는 탁자식(북방식 고인돌)과 바둑판식(남방식 고인돌)의 2종류로 구분하였다.[151] 찐바이뚱은 4종류로 구분하였으나[152] 유형의 명칭은 정하지 않았다. 마오짜오씨는 5가지 유형으로 구분하였는데,[153] 지역명으로 유형 명칭을 삼았다. 천위엔부(陳元甫)는 처음에 2종류로 구분하였다. 즉, 3면의 긴 돌이 굄돌이 되는 석붕무덤과 벽석이 지하에 있고,

상부를 큰 돌로 덮은 대석개묘 등이다. 이후 다시 4유형으로 조정하였는데,[154] 이른바 큰 돌을 덮개돌로 사용한 무덤을 모두 형식 분류하였다.

지금까지의 조사를 보면, 절강 남부지역의 석붕과 동북·한반도 지역의 석붕(고인돌)은 그 내부 구조 및 문화 내용에서 확실히 차이가 있다. 그러므로 양난(楊楠),[155] 마오짜오씨,[156] 천위엔부[157] 등은 이들이 고고문화적으로는 그 연관 관계가 없는 것으로 인식하고 있다. 그러나 절강 남부지역의 석붕은 복잡하지 않은데도 현재 그 형식 분류를 보면 지나치게 세분화된 경향이 있는 듯하다.

3. 중국 동북지구 석붕 유형

국내외 연구자들이 각 지역 석붕(고인돌)을 유형 분류한 연구 성과를 종합해 보면 대체로 그 전체적인 형태 차이에 근거한 분류 방식이 보편적임을 알 수 있다. 동시에 너무 지나칠 정도의 세분화된 분류를 피하고자 하는 공통된 인식도 형성되어 있다. 석붕의 형식을 분류하는데 그 발전 관계를 규명하는 문제는 좀 더 신중할 필요가 있다. 현재의 분류 성과를 보면 석붕(고인돌) 유형의 개념이 포괄적인지, 혹은 특징에 대한 명확한 분석이 파악되었는지 하는 것이 최대 문제이다. 이에 대한 분석은 아래와 같다.

1) 석붕의 특징 분석

(1) 북방 유형 고인돌(석붕)에 관하여

전통적인 개념에서의 북방 유형 석붕은 네 벽이 지표에 노출되어 있고, 판자돌이 덮개돌을 받치고 있으며 형태가 탁자를 닮았기에 탁자형 석붕(석광준의 '오덕형')으로 불러 왔다. 예를 들면 개주 석붕산과 해성 석목성 석붕이 대표적이다.

실제로 이러한 석붕은 굄돌이 지표에 노출되어 있으면서 아래에는 돌무지가 있으며, 개주 화가와보 및 관문 석붕 등이 있다. 또한 굄돌 주변으로 돌무지가 있지만 외부로 노출되지 않은 경우도 있는데 무순 산용 석붕이 있다. 이러한 유형들은 석광준이 분류한 '침촌형' 고인돌에 해당되며, 아울러 도유호의 '변형', 다무라 코이치의 '돌널형' 고인돌에 속한다. 중국 학자들은 이러한 석붕들이 발굴되기 전까지 대부분 '돌무지무덤'에 속하는 것으로 인식하였다.

위에서 살펴본 석붕 중에 내부구조는 기본적으로 같으나 외부 형태만 차이가 있는 것들이 있다. 여러 연구자들이 이들 사이의 변화 및 발전관계를 언급하였다. 석광준은 침촌형이 발전하여 오덕형으로 변화하였고, 다무라 코이치는 돌널형을 탁자형보다 이른 형식으로, 도유호는 '전형'에서 '변형'으로 변화된 것으로 설명하였다.

필자의 견해로는 이러한 석붕의 외부 형태가 다른 것은 보존상태와 연관이 있는 것 같다. 보존상태가 좋은 석붕은 외부 돌무지가 완전하거나 기본적으로 완벽하게 남아 있다. 하지만 보존상태가 좋지 않을 경우 벽석이 외부에 그대로 노출되어 있다. 그러나 무덤으로 사용된 석붕은 네 벽석이 외부에 노출되지 않았을 것으로 여겨진다(네 벽석이 모두 외부로 노출된 석붕들은 그 기능과 성격에 대해 살펴볼 필요가 있다. 아마도 제사 기능을 가진 석붕으로 여겨진다. 자세한 내용은 부록을 참조하기 바란다. 현재 동북지구에서 발견되는 이런 유형의 석붕들이 무덤으로 사용되지 않았다는 증거는 없다). 따라서 현존 상태를 통해 한 유형에 속하는 석붕을 2가지로 분류하는 방식은 문제가 있다.

주의해야 될 사항은 무덤방이 지상에 위치한 이런 석붕들에 대해 가끔 연구자들이 그 주요 속성을 무시하면서 분류해 온 경우가 있다. 그 주요 특징은 모난돌 혹은 강돌을 쌓아 무덤방을 만들었고, 그 외부에 돌무지가 있기 때문에 표면상으로는 무덤방이 지하에 위치한 것으로 보이는 경우가 있다. 따라서 일본·한국 학자들은 대부분 이들을 바둑판형(남방 유형과 개석 유형을 포함)으로 부르고 있는데 사실상 잘못된 것이다(바둑판형의 무덤방이 지하에 위치한다는 기준에 부합하지 않는다). 북한 학자들이 '묵방형'으로 부르는 것은 단일 유형으로 기존에 중국 학자들이 '돌무지무덤', '압석묘'(무순 산용 4호, 5호), '돌무지 석개무덤'(환인 풍가보자 5호), '대석개 돌무지무덤'(통화 만발발자) 등으로 불러 왔기 때문에 명칭의 혼란이 있었다. 이러한 유형의 석붕은 중국 학자들이 석 붕의 연구범위에 포함시키지 않는다. 외국 학자들 역시 '북방 유형' 고인돌에 포함시키지 않고 있다.

이 밖에도 보란점 안파진과 쌍탑진 일대에서 조사된 구덩이를 파지 않고 지면에 모난돌 몇 개를 쌓은 후 그 위에 1매의 큰 판자돌을 덮어 놓은 이른바 대석개묘[158](아직까지 사진과 도면은 발표되지 않아 자세한 사항은 알 수 없음)가 있다. 한반도 남부에서도 이와 비슷한 유형이 발견되고 있는데(지하에서 무덤 방이 발견되지 않음), 아직까지 명확한 명칭이 없다.

(2) 남방 유형 고인돌(석붕)에 관하여

연구의 초창기에는 남방 유형 고인돌을 분류하는 기준으로 무덤방이 지표 아래에 위치하는 것이 주요한 요소가 되었다. 이런 유형의 석붕은 덮개돌과 무덤방 사이의 관계를 보면 2종류로 구분된다.

① 첫 번째 유형: 덮개돌이 곧 무덤방의 뚜껑돌인 것.

이런 종류의 무덤은 기존에 중국 학자들 대부분이 '대석개묘', '대개석묘' 라고 불렀다. 대체로 한국 학자들의 '개석 유형' 고인돌에 해당한다.

동북지구의 이런 무덤방 구조는 아래와 같이 2종류로 다시 구분할 수 있다.

ㄱ. 덮개돌 아래에 돌널 혹은 돌방이 있는 것.

무덤방이 대체로 좁거나 얕은 편으로 돌널과 비슷하나 구조에는 차이가 있 다. 하나는 판자돌을 세워 무덤방을 만든 것으로 보란점 쌍방 6호가 대표적 이다.

또 다른 하나는 모난돌을 쌓은 것으로 본계 대편지 유적의 무덤들이 여기 에 해당된다. 이 무덤들 중에는 무덤방이 비교적 넓고 깊어서 돌방과 비슷한 것이 있는데 요원 고고무덤에서 발견되었다.

ㄴ. 덮개돌 아래에 구덩이가 있거나 혹은 기반암을 굴착하여 벽으로 삼았고 그 내부에는 널, 덧널의 시설이 없는 것.

이런 유형의 무덤방은 비교적 좁고 얕아 널무덤이라 부를 수 있으며, 보란점 교둔 24호가 대표적이다. 그 가운데에는 무덤 벽을 보강하고 덮개돌을 지탱하기 위하여 흙벽 주위에 돌을 쌓거나 그 상부에 돌을 깔아 놓은 것도 있다. 봉성 동산 유적의 일부 무덤들이 해당된다.

무덤방이 넓고 깊은 것은 토혈무덤[土穴墓]이라 부를 수 있다. 그 가운데에는 기반암을 굴착하여 무덤 벽으로 삼은 것이 있는데 환인 용두산 무덤이 있다. 이외에 동풍 조추구 1호는 흙벽의 상부에 돌을 쌓아 무덤 벽을 보강하기도 하였다.

한반도 남부지역에서 이런 유형의 무덤은 대부분 무덤방 주변으로 지면에 돌을 깔아 놓아 덮개돌의 하중을 지탱하는 역할을 하였다.

② 두 번째 유형: 덮개돌이 뚜껑돌의 역할을 하지 않는 것.

주요 특징은 무덤방 안에 흙과 돌을 채워 막음하고 그 위에 큰 판자돌을 덮는다. 여기서 판자돌은 뚜껑돌의 역할을 하지 않고, 단지 무덤의 표지일 뿐이다.

현재 동북의 동남지역에서는 왕청문 유적의 각 무덤들이 해당된다.

실제로 한반도 남부지역에서 발견되는 남방형 고인돌의 덮개돌 역시 반드시 무덤의 뚜껑돌 기능을 가지는 것은 아니다.

이러한 내용을 분석해 볼 때 기존의 분류 방식은 석붕의 특징을 완전하게 반영하지 못하였으며, 분류 기준에도 차이가 있다. 어떠한 분류 방식을 선택하든 석붕 자체의 특징을 완전하게 구분할 수 있는 기준의 마련이 중요하다. 이러한 문제는 보다 구체적으로 살펴볼 필요가 있다.

2) 석붕 유형을 분류하는 기준 검토

(1) 석붕의 유형을 분류할 때에는 먼저 그 기능에 따른 구분이 필요하다.

위에서 설명한 대부분의 석붕과 고인돌의 형식 분류는 기본적으로 무덤이라는 전제가 깔려 있다. 그러나 같은 시기, 같은 지역에서 그 형태가 석붕무덤과 유사하든 아니든 간에 무덤의 성격을 갖지 않은 '석붕'이 존재할 가능성이 있다(자세한 내용은 부록 참조).

(2) 석붕무덤의 유형 분류를 함에 있어 1차로 무덤방의 내, 외부 형태를 기준으로 삼아서는 안 된다.

위에서 이미 언급했듯이, 석붕무덤은 대부분 흙더미나 돌무지를 가지고 있어 외부에 노출되지 않았다. 그러므로 탁자형과 같은 무덤 유형의 명칭은 분명히 적절하지 않다. 이와 관련하여 무덤의 돌더미 형태 및 무덤방의 내부 구조 등으로 석붕무덤을 1차로 분류하는 기준은 바람직하지 않다.

(3) 지금까지의 분류 연구 성과를 종합하면 무덤방의 위치를 분류의 기준으로 하는 것이 가장 합리적인 것 같다.

여기서 말하는 무덤방의 위치는 지표 위에 있는가 혹은 지표 아래에 있는가를 말한다.

도리이 류조가 분류한 탁자형·바둑판형 고인돌, 후지타 료사쿠의 북방식·남방식 고인돌, 최몽룡의 북방 유형·남방 유형·개석 유형 고인돌, 쉬위이린의 석붕·대석개묘 등은 모두 이러한 조건을 분류 기준으로 삼았다.

석광준[159]은 침촌리 긴동 및 대구 대봉동 등은 과거에 일반적으로 말하던 남방식 고인돌과 변형 고인돌의 돌무지 시설이 지상에 조성된 것으로 판단하였다. 이와 관련하여 다무라 코이치는 그동안 통용되어 오던 남방식과 북방식 고인돌의 구분 기준에 있어 무덤방의 위치를 통해, 즉 지하 혹은 지상식으로 구분하는 것은 의미가 없다고 주장하였다. 실제로, 석광준은 '남방식' 고인돌이 모두 지상에 축조된다고 말하지는 않았다. 지상과 지하의 분류 기준에 의미가 없다는 관점에 대해서는 또 다른 견해가 있는데, 즉 석붕무덤이 지상 혹은 지하에 축조되는 것은 지리적인 정황과 연관이 있다는 것이다. 사실, 지리적인 조건 또한 무덤이 지상식인가 지하식인가를 결정하는 요인이 되지는 못한다. 무덤방을 지하 혹은 지상에 축조하는 정황은 분명히 존재하며, 지하에 조성하는 상황이 보다 복잡하게 전개된다.

3) 석붕 유형의 구분 및 그 내용

위의 내용을 종합하면 석붕은 그 기능에 따라 먼저 2종류로 나눌 수 있다. 즉, 제사 석붕과 무덤 석붕이다. 전자는 '석붕'으로, 후자는 '석붕무덤'으로 부를 수 있다.

(1) 제사 석붕에 관하여

주된 특징을 보면 석붕무덤과 축조된 지역 및 축조 연대는 같으나 무덤의 기능이 없는 석조 건축이며, 제사와 관련이 있는 것으로 추정된다. 현재까지 알려진 제사 석붕의 모습은 '人'자형, '品'자형, 기둥 모양[柱狀] 등 여러 구조가 있다. 비록 현재까지 제사 석붕의 문제를 명확하게 설명할 수는 없지만 또 다른 하나의 실마리를 쫓아 앞으로의 조사와 연구에 검증이 더해지길 기대해 본다.

그러나 석붕 연구의 기틀을 세운다는 측면에서, 기능상의 석붕에 대한 형식 분류는 필요하다(이 종류 석붕에 대해 이 책에서는 따로 장을 마련하여 설명을 하지는 않고 학계에서 논의되고 있는 문제에 대해서만 간단하게 분석한 견해를 제시하도록 하겠다. 부록 참고).

(2) 석붕무덤에 관하여

무덤방이 지표 위에 드러난 것과 지표 아래에 축조된 것에 따라 분류 기준이 되며, 석붕무덤은 2종류로 구분된다. 이미 정해진 개념을 이용하여 전자는 석붕무덤, 후자를 개석무덤이라 부른다.

석붕무덤은 구조 방식의 차이에 따라 2종류로 나눌 수 있다.

갑류: 판자돌을 세워 무덤방을 구성한 것으로 입지형(立支型) 석붕무덤으로 부른다.

을류: 돌을 쌓아 무덤방을 만든 것으로 위체형(圍砌型) 석붕무덤이라 부른다.

개석무덤은 덮개돌과 무덤방 사이의 상호 관계에 따라 2종류로 구분된다.

갑류: 덮개돌이 곧 무덤방의 뚜껑돌이 되는 것으로 개석형(蓋石型)이라 부른다.

을류: 덮개돌이 무덤방을 덮는 뚜껑돌의 역할을 하지 못하고 단지 무덤을 표시하는 기능만 하는 것으로 정석형(頂石型)이라 부른다.

이 책의 석붕 형식 분류와 그 기준을 정리하면 표 3과 같다.

표 3 석붕 유형과 특징

유형			특징
석붕	제사 석붕		석붕무덤과 유행 지역·연대 같음, 무덤의 기능이 없는 제사 건축
	무덤 석붕	석붕무덤 입지형	무덤방을 지상에 축조, 판자돌을 세워서 만듦
		석붕무덤 위체형	무덤방을 지상에 축조, 모난 돌이나 판자돌을 쌓음
		개석무덤 개석형	무덤방이 지하에 위치, 덮개돌은 무덤방의 뚜껑돌이 됨
		개석무덤 정석형	무덤방이 지하에 위치, 덮개돌은 무덤방을 덮지 못하며, 표지적 기능만 함

이 책에서의 석붕 형식 분류와 기존의 연구 성과를 비교하면 표 4와 같다

표 4 필자의 석붕 분류와 기존의 분류 비교

필자의 분류			중국 학계의 분류	일본과 한국 학계의 분류		
석붕	제사 석붕			제단 고인돌		
	석붕무덤	입지형	석붕	북방형, 탁자형, 오덕형, 전형	무덤 고인돌	고인돌
		위체형	돌무지무덤, 압석묘	묵방형		
	개석무덤	개석형	대석개묘, 대개석묘	개석형, 돌널형, 변형		
		정석형		남방형, 바둑판형		

아래에서는 2개의 장으로 나누어 위에서 설명한 2종류의 석붕무덤에 관하여 검토하겠다.

제3장

석붕무덤 연구

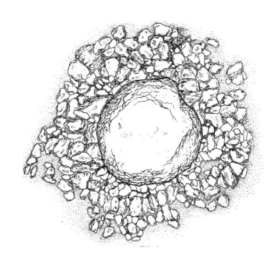

제2장에서는 무덤방의 위치에 따라 석붕무덤을 2종류로 구분하였고, 무덤방이 지상에 있는 것을 석붕무덤이라고 하였다. 또한 무덤방 구조의 차이에 따라 다시 2형식으로 나누었다. 판자돌을 세운 것을 입지형, 돌을 쌓아 만든 것을 위체형이라 하였다. 아래에서는 이를 구별하여 살펴보겠다.

I. 입지형(立支型) 석붕무덤

입지형 석붕무덤은 대체로 기존의 많은 중국 학자들이 말하는 협의 개념의 석붕에 해당한다. 이미 보고된 자료를 바탕으로 관련 연구자들이 전문적인 연구를 진행해 왔다. 그 가운데 쉬밍까앙, 츄웨이더원, 쉬이쨔궈(徐家國)[160] 등은 특정지역을 중심으로 심도 깊은 연구를 진행하였다. 쉬위이린, 왕홍펑 등은 보다 넓은 지역에 걸쳐 종합적인 연구를 하였다. 이러한 연구자들의 연구 성과는 입지형 석붕무덤의 수량 및 분포상태를 파악하는 기초가 되고 있다.

쉬위이린은 요령지역에서 발견한 입지형 석붕무덤을 모두 122기로 파악하여 소개하였는데,[161] 실제는 124기이다(그 가운데 장하시는 실제 10기를 소개하였으나 9기로 집계하였고, 청원현도 3기를 소개하고 2기만 통계 처리하였다). 이 밖에도 관련 문헌을 검토해 보면 쉬위이린의 자료 소개는 누락된 것이 많다. 예컨대 대련시의 입지형 석붕무덤을 보면 쉬위이린은 43기로 파악하였지만, 쉬밍까앙[162]은 53기로 보고하여 서로 10기의 차이가 있다(더군다나 쉬위이린이 소개한 이런 석붕무덤의 위치가 쉬밍까앙의 소개에서는 확인되지 않는 것들도 있다). 또한 영구 지역의 경우 츄웨이더원[163]은 100여 기 정도로 파악하였으나, 쉬위이린은 겨우 35기만 소개하였다. 왕홍펑의 통계에 따르면, 길림지역에서 발견되

는 입지형 석붕무덤은 모두 70여 기가량 된다.[164]

이러한 통계자료에는 새로 발견된 것이 포함되지 않았으며, 이미 발굴된 것도 있다.

현재까지 이런 유형의 석붕무덤은 고고 조사와 연구 현황으로 볼 때 그 수량 및 분포 지점을 완전히 파악하는 것은 현실적으로 불가능하다. 그 주요 원인은 유적의 조사과정과 관련이 있으며, 흙더미나 돌무지가 있는 경우 석붕무덤으로 인정하기 어렵기 때문이다. 또한 무덤방의 위치 파악이 곤란하기 때문에 대체로 지하에 만들어진 것으로 생각하는 경향이 있다(각 지역의 문물조사 자료, 『문물지』, 『지도집』 등의 문헌에서 '대석개묘', '돌무지무덤', '돌널무덤' 등 무덤으로 불려지는 것 중에 일부는 입지형 석붕무덤에 해당하지만 흙더미나 돌무지가 완전하게 남아 있기 때문에 아직 석붕이라 정의하지 못하는 것도 있다). 또한 무덤방이 명확하게 지상에 위치한 경우에도 그 내부구조를 완전히 파악할 수 있는 것이 아니기 때문에 '입지형'에 속하는지는 보다 자세한 분석이 요구된다.

현재까지 중국 동북지구에서 명확한 입지형 석붕무덤이 있다고 알려진 곳은 적어도 약 100여 곳에 이르며, 무덤의 숫자는 300기를 넘는다(석붕무덤의 정확한 숫자가 보고되지 않은 경우 1기로 계산하였다).

1. 분포와 분구

현재까지의 고고 조사를 보면 중국 동북의 동남부지구 입지형 석붕무덤의 집중 분포지역은 벽류하 유역을 중심으로 한 요동반도의 연해에 있는 여러 강 유역과 혼하, 혼강, 휘발하 상류를 중심으로 한 요북·길남지역이다. 두 지역은 대체로 원요하(原遼河)의 최대 지류인 태자하를 경계로 구분할 수 있다. 위에서 설명한 두 지역에서 확인되는 입지형 석붕무덤의 분포 정도는 차이가 있으며 자연지리적으로 구획하면 5개 소구역으로 분류할 수 있다(그림 65).

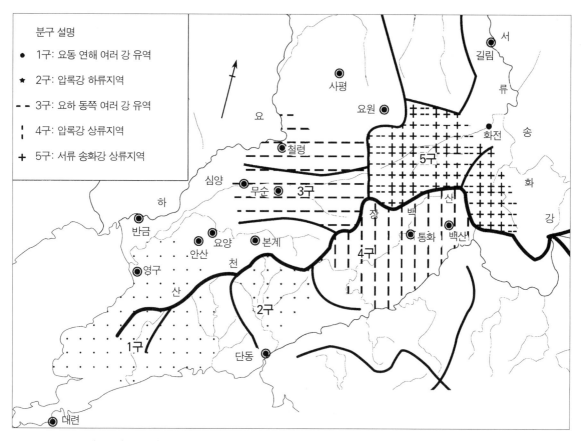

그림 65 입지형 석붕 무덤 분포 구역

1) 요동 연해의 여러 강 유역(제1구)

주로 천산산맥을 중심으로 요동반도 일대를 가리키며 대체로 낮은 산지와 구릉지대에 속한다. 전체적으로 천산산맥은 북쪽이 넓고 남쪽은 좁은 형상으로 산지는 서로 대칭되지 않는 두 개의 사면을 가진다.

동남 사면은 길고 완만하며 대양하(大洋河)와 벽류하 등 비교적 긴 하천이 발달하여 황해로 흘러 들어간다. 서북 사면은 짧고 가파르며 비교적 큰 하천인 대청하(大淸河), 복주하(復州河) 등이 발해로 유입된다. 이 지역 내에서 입지형 석붕무덤이 주로 분포하는 곳은 요동반도[165]의 중·북부지역이다. 즉, 동쪽은 대체로 대양하 유역(그 지류인 초자하(哨子河) 포함)을 경계로 하여 서쪽으로

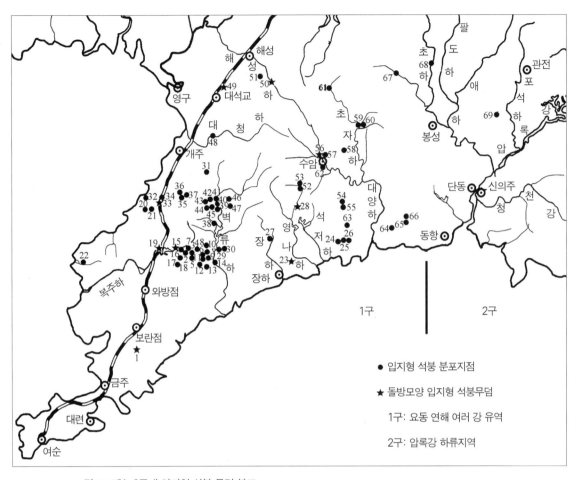

그림 66 제1·2구내 입지형 석붕 무덤 분포

요동만까지 이른다. 남·북쪽은 북위 39° 16′~40° 42′ 사이이다. 행정구역으로
는 요령성 대련시(大連市), 영구시(營口市), 안산시(鞍山市) 및 단동시(丹東市) 직
할의 일부 지역이다.

현재까지 이 지역에서 입지형 석붕무덤의 분포 밀집도가 가장 높으면서 제
일 많은 수가 발견된 곳은 벽류하 서쪽, 웅악하(熊岳河) 남쪽, 복주하 하류의
북쪽 지역 등이다. 그동안 학계에서 그 기능과 성격에 대한 논란이 있어 왔던
대형 입지형 석붕무덤들은 모두 이 지역에 분포한다. 가장 남쪽에 있는 것은
소관둔 석붕(대련시 금주구 향응진)이며, 금주(金州) 남쪽 지역에서는 현재까지

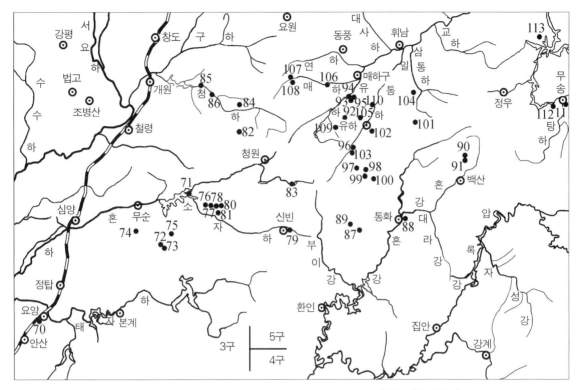

• : 입지형 석붕 분포지점

3구: 요하 동쪽 여러 강 유역
4구: 압록강 상류지역
5구: 서류 송화강 상류지역

그림 67 제3·4·5구내 입지형 석붕 무덤 분포

이 유형의 석붕이 발견되지 않았다. 북쪽 지역은 해성 패루(海城 牌樓)와 석목성 석붕이 경계가 되고 있다. 현재 이 지역에서 발견된 입지형 석붕무덤 유적은 모두 66곳이다(표 5-1·2의 1~66; 그림 66의 1~66).

2) 압록강 하류지역(제2구)

주로 압록강 하류(중국쪽)지역을 가리키며, 지류인 애하(靉河)를 중심으로 한 지역이다. 행정구역으로는 요령성 단동시 직할의 봉성시가 포함된다. 이 지역에는 낮고 완만한 구릉이 많고 골짜기가 넓다.

이 지역에서 현재까지 발견된 입지형 석붕무덤은 모두 3개 지점이다(표 5-1·2의 67~69; 그림 66의 67~69).

3) 요하 동쪽 여러 강 유역(제3구)

서요하와 동요하가 합쳐지는 곳부터 요하라 부른다. 이 지역은 요하의 동쪽으로써 큰 지류인 태자하, 혼하, 청하(淸河) 등의 여러 강 유역이다. 요동 중·북부지역에 해당되며, 행정구역으로는 요령성 요양시, 본계시 본계현, 심양시, 무순시, 철령시 등이 속한다. 이 지역에서 입지형 석붕무덤이 주로 분포하는 곳은 합대철로(哈大鉄路) 동쪽, 용강산맥, 천산산맥 서쪽의 혼하와 청하 유역이다.

현재 이 지역에서 발견된 입지형 석붕무덤 유적은 모두 17곳이다(표 5-1·2의 70~86; 그림 67의 70~86).

4) 압록강 상류지역(제4구)

압록강은 길림과 요령성 동쪽에 위치하며, 중국과 북한의 경계가 되는 물줄기다. 그 상류의 주요 지류는 혼강이다. 현재 이 지역에서 발견된 입지형 석붕무덤은 주로 혼강 유역에 분포한다. 행정구역으로는 길림성 백산시, 통화시에 속한다. 입지형 석붕무덤은 모두 5곳에서 발견되었다(표 5-1·2의 87~91; 그림 67의 87~91).

5) 서류 송화강 상류지역(제5구)

동-서방향으로 흘러 길림지역을 지나가는 송화강을 서류 송화강이라 부른다(본래 제2송화강으로 불려 왔으나 현재는 사용하지 않고 있다). 이 상류 남부의 주요 지류는 두도강(頭道江)과 이도강(二道江), 휘발하 등이 있다. 이 지역에서

표 5-1 중국 동북지구 입지형 석붕무덤 일람표

번호	유적	위치	수량[166]	현황[167]	참고문헌[168] 및 비고[169]
1	금주 소관둔	요령 대련시 금주구 향응진 소관둔 동산 (遼寧 大連市 金州區 向應鎭 小關屯 東山)	2	본래 대형과 소형 1기씩 있었으나 현재 소형만 있음.	A, C, 金[170], 옛명칭: 보란점, 양갑점 석붕
2	보란점 유둔 동산	요령 보란점시 안파진 유둔촌 동산 기슭 (遼寧 普蘭店市 安波鎭 劉屯村 東山坡)	1	자연 화강암, 남북 방향, 굄돌 무너짐, 덮개돌 파괴	A, C, ●[171]
3	보란점 유둔 누석강	요령 보란점시 안파진 유둔촌 누석강 (遼寧 普蘭店市 安波鎭 劉屯村 壘石崗)	2	많이 파괴	C, ●
4	보란점 대전 서산	요령 보란점시 안파진 덕승촌 대전 서산 (遼寧 普蘭店市 安波鎭 德胜村 台前 西山)	2	2기의 석붕이 30m 간격으로 배치, 모두 무너진 상태, 굄돌만 있음	A, C, ●
5	보란점 북대자 서산	요령 보란점시 안파진 북대자둔 서산 (遼寧 普蘭店市 安波鎭 北台子屯 西山)	1	많이 파괴	C, ●
6	보란점 하팔가	요령 보란점시 안파진 하팔가자둔 서산 (遼寧 普蘭店市 安波鎭 下八家子屯 西山)	1	많이 파괴	C, ●
7	보란점 사도하자	요령 보란점시 안파진 사도하자촌 (遼寧 普蘭店市 安波鎭 四道河子村)	1	많이 파괴	C
8	보란점 쌍방	요령 보란점시 안파진 덕승촌 쌍방 서산 (遼寧 普蘭店市 安波鎭 德胜村 雙房 西山)	6?	유적 설명 참조	許[172], 발굴, ●
9	보란점 삼대자	요령 보란점시 쌍탑진 양둔촌 삼대자 동산 (遼寧 普蘭店市 雙塔鎭 揚屯村 三台子 東山)	1	화강암질, 동서 방향. 북벽석과 원형의 덮개돌 잔존	A, C
10	보란점 왕영	요령 보란점시 쌍탑진 양둔촌 왕영 서북쪽 (遼寧 普蘭店市 雙塔鎭 揚屯村 王營)	3	1기만 벽석 잔존, 동서 방향, 화강암, 항아리 1점 출토	A, C
11	보란점 소둔[173]	요령 보란점시 안파진 소둔촌 서산 (遼寧 普蘭店市 安波鎭 邵屯村 西山)	5	유적 설명 참조	A, C, ●
12	보란점 안평채	요령 보란점시 쌍탑진 홍기촌 안평채 동산 (遼寧 普蘭店市 雙塔鎭 紅旗村 安平寨 東山)	2	1호: 동서향, 서·북벽 직립, 2호: 남북향, 북벽 직립	A, C, 2기의 무덤 벽석 바깥에 깨진 돌더미
13	보란점 교둔	요령 보란점시 쌍탑진 교둔촌 고형구 (遼寧 普蘭店市 雙塔鎭 橋屯村 古瑩溝)	1	많이 파괴	C, ●
14	보란점 상둔	요령 보란점시 쌍탑진 상둔촌 대상둔 뒷산 (遼寧 普蘭店市 雙塔鎭 相屯村 大相屯 後山)	3	보존 현황 불명	D, ●

번호	유적	위치	수량	현황	참고문헌 및 비고
15	보란점 석붕구	요령 보란점시 검탕향 대가촌 석붕자둔 석붕산 (遼寧 普蘭店市 儉湯鄉 戴家村 石棚子屯 石棚山)	4	대형 1기 소형 3기	A, C
16	보란점 묘령 남산	요령 보란점시 낙갑향 묘령 남산 (遼寧 普蘭店市 樂甲鄉 廟嶺 南山)	1	많이 파괴	C
17	보란점 묘령 지당	요령 보란점시 낙갑향 묘령 지당 동남쪽 (遼寧 普蘭店市 樂甲鄉 廟嶺 池塘 東南)	1	많이 파괴	C
18	보란점 이하둔	요령 보란점시 낙갑향 장발촌 이하둔 (遼寧 普蘭店市 樂甲鄉 長發村 李下屯)	1	많이 파괴	C
19	와방점 대자	요령 와방점시 송수진 대자촌 하북둔 북산 (遼寧 瓦房店市 松樹鎮 台子村 河北屯 北山)	1	유적 설명 참조	A, C, 鳥[174]; 옛명칭: 만가령 석붕
20	와방점 화동광	요령 와방점시 이관진 화동광 (遼寧 瓦房店市 李官鎮 鏵銅礦)	4	현재 없음	A, C, 일본인 발굴, 자료 미발표
21	와방점 유수방	요령 와방점시 이관진 유수방 서산 (遼寧 瓦房店市 李官鎮 榆樹房 西山)	2	남석붕은 무너져 덮개돌이 바닥돌 위에 겹쳐짐. 북석붕은 대부분 땅속에 묻힘.	A, C, 두 기의 남북 거리 300m
22	와방점 묘령	요령 와방점시 동강향 달자영촌 봉추석둔 서북쪽 묘령 (遼寧 瓦房店市 東崗鄉 達子營村 棒槌石屯 西北 廟嶺)	1	많이 파괴	D
23	장하 백점자	요령 장하시 오로향 소방신촌 백점자둔 북쪽 (遼寧 莊河市 吳爐鄉 小房身村 白店子屯 北坡)	2	현존 1기	A, C, 옛명칭: 석산자 석붕
24	장하 주둔	요령 장하시 율자방진 주둔 북산 기슭 (遼寧 莊河市 栗子房鎮 朱屯 北山坡)	1	많이 파괴	A, C
25	장하 분방전	요령 장하시 율자방진 분방전둔 후산 북쪽 기슭 (遼寧 莊河市 栗子房鎮 粉房前屯 後山 北坡)	2	유적 설명 참조	A, C
26	장하 대영산	요령 장하시 율자방진 온둔 대영산 동쪽 비탈 (遼寧 莊河市 栗子房鎮 溫屯 大營山 東坡)	1	유적 설명 참조	A, C, 옛명칭: 왕가구 석붕
27	장하 양둔	요령 장하시 태평령향 모회촌 양둔 고수석산 (遼寧 莊河市 太平嶺鄉 帽盔村 揚屯 姑嫂石山)	3	1호: 없음, 토기 조각, 돌화살촉, 사람 뼈 발견. 나머지 2기 파괴, 사람 뼈에서 청동부식흔 확인	A, C
28	장하 대황지	요령 장하시 탑령진 대황지촌 남고수석산 (遼寧 莊河市 塔嶺鎮 大荒地村 南姑嫂石山)	1	유적 설명 참조	A, C

번호	유적	위치	수량	현황	참고문헌 및 비고
29	장하 하동	요령 장하시 하화산향 하동촌 덕명당 남산 동쪽 기슭 (遼寧 莊河市 荷花山鄉 河東村 德明堂 南山 東波)	1	문헌D: 덮개돌과 벽석이 모두 잔존하지만 무너짐. 숫돌과 사람 뼈 출토. 현재 없음	C, D
30	장하 조둔 서강	요령 장하시 하화산향 조둔 서강 위 (遼寧 莊河市 荷花山鄉 趙屯 西崗上)	1	문헌D: 이미 파괴, 자갈돌 뗀석기와 항아리, 사람 뼈 출토	D, E , 문헌 E에서는 대석개묘로 명칭, ●
31	개주 소석붕	요령 개주시 소석붕향 소석붕촌 (遼寧 蓋州市 小石棚鄉 小石棚村)	2	많이 파괴	D
32	개주 앙산	요령 개주시 귀주향 앙산촌 북쪽 평지 위 (遼寧 蓋州市 歸州鄉 仰山村 北平地上)	1	현재 파괴, 남서20°, 화강암을 잘 다듬어 사용	A, B
33	개주 석붕산	요령 개주시 이대자농장 석붕촌 남쪽 (遼寧 蓋州市 二台子農場 石棚村 南)	1	유적 설명 참조	A, B, 옛명칭: 허가둔, 구채 석붕
34	개주 화가와보	요령 개주시 구채진 삼도하자촌 화가와보둔 노우대산 (遼寧 蓋州市 九寨鎮 三道河子村 伙家窩堡屯 老牛台山)	20	유적 설명 참조	許[175], B, 발굴됨
35	개주 하북[176]	요령 개주시 양운향 (遼寧 蓋州市 楊運鄉)			A, B
	용조산	하북촌 용조산 (河北村 龍爪山)	5	현존 3기, 파괴된 무덤에서 항아리 출토	대부분 흙더미와 돌더미가 존재
	차구	하북촌 차구 (河北村 岔溝)	2	모두 파괴	본래 흙더미와 돌더미가 존재
36	개주 소발구둔	요령 개주시 양운향 하북촌 소발구둔 (遼寧 蓋州市 楊運鄉 河北村 小脖溝屯)	5	대부분 파괴, 조사 당시 한 쪽 벽석만 잔존	본래 흙더미와 돌더미가 존재
37	개주 임장[177]	요령 개주시 양운향 (遼寧 蓋州市 楊運鄉)			B
	묘상	임장촌 묘상둔 (林場村 廟上屯)	1	이미 파괴, 손질 안된 덮개돌은 원형	
	남영지	임장촌 남영지 (林場村 南營地)	3	모두 파괴	

번호	유적	위치	수량	현황	참고문헌 및 비고
38	개주 소욕	요령 개주시 양둔향 소욕촌 가련덕방 동쪽 (遼寧 蓋州市 楊屯鄉 蘇峪村 賈連德房 東)	1	작은 산 서쪽 비탈의 평탄지에 위치, 1958년 북, 서, 남 세 벽이 잔존	B
39	개주 추둔[178]	요령 개주시 십자가진 (遼寧 蓋州市 什字街鎮)			A, B
	사니량	추둔촌 사니량 (鄒屯村 沙泥梁)	2	대부분 파괴	
	후대립자	추둔촌 후대립자 (鄒屯村 候大砬子)	1	파괴	
	과원	추둔촌 과원 (鄒屯村 果園)	1	파괴	
	하심지	추둔촌 하심지 (鄒屯村 河心地)	2	파괴	
	곽지	추둔촌 곽지 (鄒屯村 霍地)	5	대부분 파괴	
40	개주 연운채	요령 개주시 십자가진 연운채촌 서쪽 (遼寧 蓋州市 什字街鎮 連雲寨村 西)	2	유적 설명 참고	A, B
41	개주 이백롱지	요령 개주시 십자가진 패방촌 이백롱지 (遼寧 蓋州市 什字街鎮 牌坊村 二百壟地)	1	덮개돌과 벽석 대부분이 흙 속에 묻힘, 북벽과 서벽만 조금 노출	A, B
42	개주 단산	요령 개주시 십자가진 패방촌 남단산 위 (遼寧 蓋州市 什字街鎮 牌坊村 南團山上)	4?	1호에서 사람 뼛조각, 동검, 가락바퀴, 그물추, 뼈바늘과 송곳, 청동꾸미개, 구슬, 토기 등 출토	A, B, 산줄기를 따라 석붕무덤과 개석무덤(?) 20여 기가 분포,
43	개주 모가구	요령 개주시 십자가진 패방촌 모가구둔 (遼寧 蓋州市 什字街鎮 牌坊村 牟家溝屯)	16?	4호에서 홍색의 그은 무늬 토기 조각 출토	B
44	개주 용왕묘강	요령 개주시 십자가진 패방촌 용왕묘강 (遼寧 蓋州市 什字街鎮 牌坊村 龍王廟崗)	3	보존상태가 좋지 않음, 판자돌만 확인	B
45	개주 패방[179]	요령 개주시 십자가진 (遼寧 蓋州市 什字街鎮)			A, B
	장발강	패방촌 장발강 (牌坊村 長脖崗)	3	모두 파괴	
	고려성산	패방촌 후가보둔 고려성산 (牌坊村 侯家堡屯 高麗城山)	5	모두 파괴	

번호	유적	위치	수량	현황	참고문헌 및 비고
46	개주 위당	요령 개주시 나둔향 위당촌 남룡발산 (遼寧 蓋州市 羅屯鄉 葦塘村 南龍脖山)	1	긴 방향 동서, 남벽, 북벽과 덮개돌 확인	B
47	개주 홍둔	요령 개주시 나둔향 홍둔촌 강가방 서쪽 (遼寧 蓋州市 羅屯鄉 洪屯村 姜家房 西口)	1	본래 남벽과 북벽, 서벽 및 덮개돌이 있었으나 현재 파괴	B
48	개주 석불	요령 개주시 단전향 석불촌 석붕산 (遼寧 蓋州市 團甸鄉 石佛村 石棚山)	1	산꼭대기에 위치, 덮개돌만 잔존, 길이, 너비 모두 150cm, 두께 25cm	B
49	대석교 석붕욕	요령 대석교시 관둔진 석붕욕촌 석붕산 (遼寧 大石橋市 官屯鎮 石棚峪村 石棚山)	1	유적 설명 참조	A, 옛명칭: 해성, 영구 분수 석붕
50	해성 석목성	요령 해성시 석목진 달도욕촌 고수석산 (遼寧 海城市 析木鎮 達道峪村 姑嫂石山)	2	유적 설명 참조	A, 陳[180]
51	해성 패루	요령 해성시 패루진 동패루촌 동남쪽 구릉 (遼寧 海城市 牌樓鎮 東牌樓村 東南台地)	2	모두 파괴, 대형석붕의 덮개돌은 타원형, 소형은 방형	A, 1大 1小, 두 석붕 거리 6m
52	수암 난가로	요령 수암현 용담향 홍석촌 난가로 뒷산 (遼寧 岫岩縣 龍潭鄉 紅石村 欒家爐 後山)	1	많이 파괴	A
53	수암 홍석	요령 수암현 용담향 홍석촌 하북둔 남쪽 (遼寧 岫岩縣 龍潭鄉 紅石村 河北屯 南)	2	모두 무너짐, 모두 화강암을 약간 다듬어 사용, 1호는 벽석 3매 잔존	A, 무덤 간격 12m, 바깥쪽에 잔돌더미
54	수암 석관지	요령 수암현 양하향 양자구촌 산취둔 석관지 (遼寧 岫岩縣 洋河鄉 樣子溝村 山嘴屯 石棺地)	1	구릉 위에 위치, 양쪽 굄돌의 위쪽 끝이 맞닿음, 바닥돌 확인	A
55	수암 당가보자	요령 수암현 양하향 당가보자둔 북쪽 (遼寧 岫岩縣 洋河鄉 唐家堡子屯 北)	2	마을 북쪽 400m 되는 평지에 위치, 남북향	A
56	수암 흥륭	요령 수암현 흥륭향 설가보자촌 하분방둔 (遼寧 岫岩縣 興隆鄉 薛家堡子村 下粉房屯)	2	유적 설명 참조	A, 鳥[181]
57	수암 백가보자	요령 수암현 흥륭향 백가보자촌 (遼寧 岫岩縣 興隆鄉 白家堡子村)	13?	유적 설명 참조	A, 許[182], 옛명칭: 태노분 석붕, ●
58	수암 소황기	요령 수암현 홍기향 광산촌 소황기 포대산 (遼寧 岫岩縣 紅旗鄉 礦山村 小黃旗 炮台山)	1	많이 파괴	A
59	수암 산두	요령 수암현 조양향 황지촌 산두둔 동쪽 (遼寧 岫岩縣 朝陽鄉 荒地村 山頭屯 東)	3	보존상태 나쁨	A, D, 文[183]
60	수암 오서	요령 수암현 조양향 조양촌 오서둔 동쪽 (遼寧 岫岩縣 朝陽鄉 朝陽村 吳西屯 東)	1	동서 방향, 덮개돌과 남,북벽석, 바닥돌 있음, 사람 뼈와 불탄 재 발견.	A

번호	유적	위치	수량	현황	참고문헌 및 비고
61	수암 고가보자	요령 수암현 삼가자향 고가보자촌 (遼寧 岫岩縣 三家子鄉 高家堡子村)	2	1기 파괴, 나머지 1기는 벽석과 바닥돌 있음, 대부분 흙속에 묻힘	A, 두 무덤 거리 51m
62	수암 석성상	요령 수암현 석성상촌 (遼寧 岫岩縣 石城相村)	3	불명확	甲[184]
63	동항 송가분방	요령 동항시 신농향 신농촌 송가분방 서산 (遼寧 東港市 新農鄉 新農村 宋家粉房 西山)	2	마을 서쪽 구릉에 위치, 남·북 벽석 있음, 홍갈색 토기 조각 출토	A
64	동항 마강	요령 동항시 마강향 마강촌 (遼寧 東港市 馬崗鄉 馬崗村)	2	보존상태 나쁨	D, 東[185]
65	동항 서첨산	요령 동항시 마가점향 서첨산촌 소어산 후둔 (遼寧 東港市 馬家店鄉 西尖山村 小於山 後屯)	4	보존상태 나쁨	D, 屯[186]
66	동항 이가보	요령 동항시 마가점향 쌍산서촌 이가보둔 서쪽 (遼寧 東港市 馬家店鄉 雙山西村 李家堡屯 西)	1	보존상태 나쁨	D, 李[187]
67	봉성 조가보	요령 봉성시 사문자향 인민촌 조가보둔 동쪽 (遼寧 鳳城市 四門子鄉 人民村 趙家堡屯 東)	1	보존상태 나쁨	D, 根[188]
68	봉성 소남구	요령 봉성시 제형산진 서거촌 소남구 (遼寧 鳳城市 弟兄山鎮 西車村 小南溝)	1	보존상태 나쁨	D, 小[189]
69	봉성 대이가보자	요령 봉성시 양목향 건설촌 대이가보자 남쪽 (遼寧 鳳城市 楊木鄉 建設村 大李家堡子 南)	1	보존상태 나쁨	D, 擄[190]
70	양연리	요령 요양시 (遼寧 遼陽市)	1	불명확	甲[191]
71	무순 하협심	요령 무순현 장당향 고려영자촌 원수림철배산 서쪽 (遼寧 撫順縣 章黨鄉 高麗營子村 元帥林鐵背山 西)	4	유적 설명 참조	熊[192]; 발굴
72	무순 산용	요령 무순현 구병향 산용욕촌 북쪽 (遼寧 撫順縣 救兵鄉 山龍峪村 北)	5	유적 설명 참조	武[193]; 발굴
73	무순 관문	요령 무순현 구병향 관문촌 조가분 산기슭 (遼寧 撫順縣 救兵鄉 關門村 趙家墳 山坡上)	1	유적 설명 참조	遼[194], 발굴, 옛명칭: 조가분 석붕
74	무순 대석두구	요령 무순현 석문진 대석두구촌 (遼寧 撫順縣 石文鎮 大石頭溝村)	1	파괴, 방향:남서30°	A

번호	유적	위치	수량	현황	참고문헌 및 비고
75	무순 하마고	요령 무순현 상마향 하마고촌 서쪽 (遼寧 撫順縣 上馬鄉 下馬古村 西)	1	파괴, 덮개돌과 동벽석 있음, 화강암 석재를 다듬어 사용, 남북향	A
76	신빈 선인당	요령 신빈현 상협하진 승리촌 북쪽 평지 (遼寧 新賓縣 上夾河鎭 勝利村 北平地)	1	유적 설명 참조	A
77	신빈 남가화	요령 신빈현 상협하진 남가화촌 왕가둔 (遼寧 新賓縣 上夾河鎭 南嘉禾村 王家屯)	1	마을의 서남쪽 편평한 구릉에 위치, 남·북·서벽석 있음, 동서향	A
78	신빈 남구	요령 신빈현 상협하진 남구촌 하북둔 (遼寧 新賓縣 上夾河鎭 南溝村 河北屯)	1	산기슭에 위치, 동·서·북벽석 있음, 바닥에 자갈을 깜, 방향150°	A
79	신빈 홍산	요령 신빈현 신빈진 진북 홍산 산중턱 (遼寧 新賓縣 新賓鎭 鎭北 紅山)	1	무너짐, 벽석 파괴, "성성석(星星石)"이라 함, 주변에 돌덩이 있음	A
80	신빈 부가분	요령 신빈현 상협하진 하서촌 남쪽 (遼寧 新賓縣 上夾河鎭 河西村 南)	1	파괴, 동서향, 항아리, 단지·솥 등의 조각 출토	A, 文[195], 1981년 조사
81	신빈 조가분	요령 신빈현 상협하진 하서촌 조가분 (遼寧 新賓縣 上夾河鎭 河西村 趙家墳)	1	파괴, 덮개돌은 없고, 3벽석만 있음, 화강암질이며 동서향	A
82	청원 낭두구	요령 청원현 창석향 낭두구촌 증가구둔 남쪽 (遼寧 清原縣 蒼石鄉 榔頭溝村 曾家溝屯 南)	2	유적 설명 참조	A, 옛명칭: 남잡목 석붕, 주변에 돌무지무덤
83	청원 대변구	요령 청원현 만전자진 대변구촌 동산 남쪽 기슭 (遼寧 清原縣 灣甸子鎭 大邊溝村 東山 南坡)	1	홍갈색 토기 조각(얇고 갈았음, 빗금무늬), 겹입술 토기 조각, 불에 탄 사람 뼈 발견	A
84	개원 위당구	요령 개원시 임풍향 영원촌 위당구둔 뒷산 (遼寧 開原市 林豊鄉 寧遠村 葦塘溝屯 後山)	1	덮개돌 지표에 노출, 삼각형이며, 화강암질	A, ●
85	개원 조피둔	요령 개원시 팔과수진 조피둔 서쪽 남산 (遼寧 開原市 八棵樹鎭 刁皮屯 西南山)	2	유적 설명 참조	A, 2기의 거리는 약 1.5km, ●
86	개원 건재촌	요령 개원시 팔과수진 건재장촌 북쪽 대배산 남쪽 기슭 (遼寧 開原市 八棵樹鎭 建材場村 北大背山 南坡)	?	지표에서 여러 매의 큰 판자돌이 덮개돌을 받치고 있는 무덤이 확인되었으며 석붕무덤으로 추정	許[196], 발굴, ●?
87	통화 입봉	길림 통화시 금두향 입봉촌 서북 2.5km (吉林 通化市 金斗鄉 砬縫村)	2	1960년 조사시 보존상태 양호, 그 중 1기는 덮개돌이 장방형, 동서향이며, 잘 다듬어짐, 현재 파괴	F, I

번호	유적	위치	수량	현황	참고문헌 및 비고
88	통화 대묘	길림 통화시 대묘 (吉林 通化市 大廟)	1	붉은색 토기 조각(활석이 섞이고, 그은 무늬), 흙가락바퀴, 사람 뼈 출토. 이미 파괴됨	三197
89	통화 영액포	길림 통화시 영액포진 뒷산 대지 위 (吉林 通化市 英額布鎮 鎮後山 台地上)	1	화강암, 잘 다듬어짐, 문은 남쪽, 보존상태가 좋지 못함	沓198
90	혼강 애민	길림 혼강시 손가보자진 애민촌 (吉林 渾江市 孫家堡子鎮 愛民村)	2	1960년 2기 발견, 1984년 조사시 1기만 있었음, 도굴됨	I, 벽석의 반이 묻힘
91	혼강 이민둔	길림 혼강시 손가보자진 이민둔 (吉林 渾江市 孫家堡子鎮 利民屯)	1	남북향, 양쪽 굄돌과 막음돌이 정교하게 맞물림, 무덤방 안에 흙과 깨진 돌이 퇴적	F
92	매하구 용두보	길림 매하구시 수도진 홍위촌 산기슭 (吉林 梅河口市 水道鎮 紅衛村)	2?	2km 범위에 분포, 1호와 5호는 벽석이 노출. 나머지는 덮개돌만 확인	G, I, ●
93	매하구 백석구 동산	길림 매하구시 사팔석향 백석구촌 동산 (吉林 梅河口市 四八石鄉 白石溝村 東山)	1	일찍 파괴, 덮개돌과 두 벽석만 있음, 동남향	G, 東199, I
94	매하구 양와방200	길림 매하구시 사팔석향 (吉林 梅河口市 四八石鄉)			G, I
	서산	양와방촌 서산 (楊瓦房村 西山)	1	4벽과 바닥돌만 있음, 서남향	G, I
	동산	양와방촌 동산 (楊瓦房村 東山)	1	덮개돌과 벽석 있음	G, 대부분 흙에 묻힘
95	매하구 상립자	길림 매하구시 사팔석향 백석구촌 상립자 남쪽 기슭 (吉林 梅河口市 四八石鄉 白石溝村 上砬子 南岭)	1	덮개돌과 양쪽 굄돌 있음, 남서20°	G, I
96	유하 장안	길림 유하현 안구진 장안촌 (吉林 柳河縣 安口鎮 長安村)	1	A: 방향 240°, 남북 벽석 있음, 바닥은 잔돌	A, I, 장안 무덤, ●
97	유하 야저구	길림 유하현 난산향 야저구촌 (吉林 柳河縣 蘭山鄉 野豬溝村)	3?	1960년 11기 조사, 1985년 2기의 석붕과 개석무덤 1기 확인	F, I, 야저구 무덤떼, ●
98	유하 대화사	길림 유하현 화평향 대화사둔 북산 기슭 (吉林 柳河縣 和平鄉 大花斜屯 北山)	3?	F: 본래 수십기가 있었지만 7기만 현존, 그 가운데 3기가 석붕으로 많이 파괴	F, I, 대화사 무덤떼, ●

번호	유적	위치	수량	현황	참고문헌 및 비고
99	유하 홍석촌	길림 유하현 화평향 홍석촌 (吉林 柳河縣 和平鄉 紅石村)	1	1985년 조사시 석붕무덤과 대형 돌널무덤 1기씩 확인	I, 홍석촌 무덤, ●
100	유하 통구	길림 유하현 유남향 통구촌 서쪽 북산 기슭 (吉林 柳河縣 柳南鄉 通溝村 西北 山)	2?	1983년 5기 조사, 1기 발굴. 접시, 항아리, 낮은 굽 바닥, 불탄 사람 뼈 출토, 석붕 2기 현존. 보존 상태 나쁨.	F, I, 통구 무덤떼, 석붕1기, ●
101	유하 삼괴석	길림 유하현 강가점향 삼괴석둔 산 위 (吉林 柳河縣 姜家店鄉 三塊石屯山)	4[201]	보존 상태가 좋지 못함	F, I, ●
102	유하 태평구[202]	길림 유하현 동남쪽 (吉林 柳河縣 東南)			F, I
	북산	태평구 북산 (太平溝 北山)	2	모두 파괴	F, ●
	남산	태평구 남산 (太平溝 南山)	14	대부분 파괴	F, ●
103	유하 대사탄	길림 유하현 안구진 대사탄촌 서산 (吉林 柳河縣 安口鎮 大沙灘村 西山)	2	유적 설명 참조	F, I
104	유하 집안둔	길림 유하현 태평천향 집안둔 서쪽 남산 (吉林 柳河縣 太平川鄉 集安屯 西南山)	1	유적 설명 참조	F, I
105	유하 송가유방	길림 유하현 입문향 송가유방촌 북구 서산 (吉林 柳河縣 砬門鄉 宋家油坊村 北溝 西山)	1	I: 동남향, 덮개돌과 북벽 있음, 덮개돌 잘 손질된 장방형	F, I
106	동풍 와방정자	길림 동풍현 태양진 와우산촌 와방정자산 (吉林 東豊縣 太陽鎮 臥牛山村 瓦房頂子山)	8	대부분 파괴, 12호 석붕무덤에서 불에 탄 사람 뼈 확인	H, I, ●
107	동풍 소사평 고년	길림 동풍현 소사평향 정부 소재지 서쪽 남산 (吉林 東豊縣 小四平鄉 政府所在地 西南山)	2	1호는 4벽만 있음, 2호는 덮개돌 이동	A, I, 소사평 석붕
108	동풍 소사평소학 후산	길림 동풍현 소사평향 향소학 뒷산 (吉林 東豊縣 小四平鄉 鄉小學 後山)	2	안에서 붉은색과 검은색 토기 조각 출토	文[203], ●
109	매하구 도산구	길림 매하구시 길락향 도산구촌 북산 (吉林 梅河口市 吉樂鄉 跳山溝村 北山)	1?	G: 석붕 노출, 바닥돌의 틈새로 사람 뼛조각 확인	G, I, 文[204], ●
110	매하구 험수	길림 매하구시 진화진 (吉林 梅河口市 進化鎮)			F, I, 文[205]

번호	유적	위치	수량	현황	참고문헌 및 비고
110	북구	험수촌 북구 서산 (鹼水村 北溝 西山)	7	보존상태 나쁨, 2호와 6호에서 사람 뼛조각 확인	F
	이수구	험수촌 이수구 북산 (鹼水村 梨樹溝 北山)	6	보존상태 나쁨	F, ●
	우권구	험수촌 우권구 서산 (鹼水村 牛圈溝 西山)	2	보존상태 나쁨	F, ●
	대가산	험수촌 대가산 (鹼水村 大架山)	1	덮개돌과 양쪽 벽석 및 바닥돌 있음	F
111	무송 무생둔	길림 무송현 신안향 무생촌 동북쪽 산꼭대기 (吉林 撫松縣 新安鄉 撫生村 東北 山頂上)	1	유적 설명 참조	F, 李[206]
112	정우 망우강	길림 정우현 유수천향 쌍합촌 망우강 (吉林 靖宇縣 楡樹川鄉 雙合村 牤牛崗)	1	유적 설명 참조	李[207], F
113	정우 도수둔	길림 정우현 조양향 도수둔 (吉林 靖宇縣 朝陽鄉 道水屯)	1	유적 설명 참조	李[208], F
114	서란 송수정자	길림 서란현 개원향 송수정자 남산 (吉林 舒蘭縣 開原鄉 松樹頂子 南山)	1	산능선에 묻힘, 무덤방은 화강암 판자돌을 세워 만듦, 규모가 큰 편	I, 松[209]

표 5-2 중국 동북지구 입지형 석붕무덤의 크기(단위: cm)

유적 및 호수		덮개돌 길이×너비×두께	동벽길이×높이×두께 서벽길이×높이×두께	남벽길이×높이×두께 북벽길이×높이×두께	바닥돌길이×너비×두께 무덤방길이×너비×높이
1 소관둔	대	600×400×?[210]			
	소	430×250×(15~45)	240×135×(15~20) 215×20×17	? C276×110×25	방 280×185×150[211]
2 유둔 동산			154×120×29 154×C77×37	? 146×94×20	방 154×110×120
4 대전	1		서 160×120×20	북 C130×80×16	
	2			북 C130×65×20	

유적 및 호수		덮개돌 길이×너비×두께	동벽길이×높이×두께 서벽길이×높이×두께	남벽길이×높이×두께 북벽길이×높이×두께	바닥돌길이×너비×두께 무덤방길이×너비×높이
8 쌍방	1			북 135×40×15	
	2		C140×33×30 120×60×25	C130×190×(24~36) 185×190×(24~42)	바닥 175×100×25
	5			남 140×104×20	바닥 145×70×10
	7	160×130×(10~20)		북 150×55×13	
	8				바닥 120×74×20
	9	270×150×25			
9 삼대자	1	220×200×(30~40)		북 150×55×13	
10 왕영	1		C50×50×22 120×50×(20~30)	남 C70×40×16	
11 소둔		260×200×(34~48)	동 50×60×10	220×60×17 220×60×20	
12 안평채	1	190×170×30	C50×90×20 195×120×(20~30)	156×C100×20 156×100×18	방 180×120×120
	2		130×C100×25 C140×70×17	110×120×22 150×120×20	방 180×150×120
15 석붕구	대	590×430×(33~63)	225×120×25 220×120×(10~20)	북 260×120×35	방 220×160×140[212]
	1	C140×230×84	동 115×50×11	남 C132×65×12	방 235×100×65
	2			북 157×84×20	방 157×130×84
	3		서 145×25×10		방 145×100×?
19 대자		490×(270~400)×50	(215~235)×232×28 (215~235)×232×28	북(213~240) ×232×37	바닥 240×170×22 방 235×170×230
20 화동광	1	238×237×25			방 120×120×137
21 유수방	1	500×400×30			
23 백점자	1	435×400×(14~50)	260×136×(16~23) 250×140×(18~35)	210×135×(15~20) 200×150×(15~18)	방 240×175×150
24 주둔	1		190×140×25 100×90×25	남 70×60×25	

유적 및 호수		덮개돌 길이×너비×두께	동벽길이×높이×두께 서벽길이×높이×두께	남벽길이×높이×두께 북벽길이×높이×두께	바닥돌길이×너비×두께 무덤방길이×너비×높이
25 분방전	1	175×120×(10~35)	165×45×(30~35) 200×45×(10~35)	북 50×40×25	
	2	200×(140~180) ×(33~60)	165×50×(24~45) 190×55×(34~40)	북 60×38×24	
26 대영산	1	180×130×(34~45)	(180~215)×75×30 (70~180)×16×30	C70×75×30 80×65×(10~12)	
27 양둔	1	300×210×(20~30)	230×210×30 230×210×30		
28 대황지	1	750×500×(30~50)	(240~253)×205×30 (235~253)×205×30	C250×220×(15~20) (290~345)×210×33	바닥 C150×C100
32 앙산	1	460×450×43	210×163×25 210×?×25	215×165×26 ?×160×30	
33 석붕산	1	860×(510~570)×50	(240~243)×233×20 (241~276)×233×20	남?(260~290) ×233×25	방 275×210×230
34 화가와보	1	176×165×25	65×95×12 67×(20~25)×9	197×130×(16~20) 217×117×(15~8)	바닥 150×70×60 방 160×72×106
	2		동 35×45×11	남200×76×(15~30)	
	3		동 57×57×(5~15)	남 200×85×20	바닥 193×54×(30~40)
	4	215×135×38		220×88×19 182×89×(12~20)	
	5	190×110×19	동 80×62×19	185×62×10 140×78×23	바닥 163×77×18
35 하북	용조산 1		서 150×100×20		
	용조산 2		150×70×20 150×75×20	북 170×90×20	
	용조산 3		서 150×110×15		
	용조산 4	300×200×20	200×150×20 200×150×20	북 200×150×20	
	차구 1	300×150×30	210×150×20 210×150×20	북 210×150×20	
	차구 2	200×150×15	110×100×10 110×100×10	북 110×100×10	

유적 및 호수		덮개돌 길이×너비×두께	동벽길이×높이×두께 서벽길이×높이×두께	남벽길이×높이×두께 북벽길이×높이×두께	바닥돌길이×너비×두께 무덤방길이×너비×높이
37 묘상	1	지름 250×24	서 110×60×20	북 72×93×19	
39 추둔	후대 립자	280×150×30			
	과원	300×50×60	200×100×30 200×100×30	북 200×100×30	
40 연운채	1	330×230×(15~33)	140×120×20 (162~190)×150× (23~40)	190×170×(25~30) (154~165)×100×23	바닥 180×120×25
	2	275×(145~210)×40	(80~100)×93× (12~16)	(160~210)×140×25 (190~230)×116×40	
41 이백롱지		250×115×?		130×45×20 노출	
42 단산	1		서 200×75×25	북 230×C20×20	방 230×170×75
	8				방 170×98×130
	13	230×210×40	서 115×B50	남 125×B50 북 125×B50	방 125×100×B50
	19		서 103×B60×20	남 180×B60×20 북 180×B60×20	방 180×103×B60
43 모가구	1		동 174×150×40 서 140×109×30	남 152×62×29 북 160×90×22	방 162×?×?
	2			북 240×B60×18	
	3			남 80×77×31	바닥 200×110×16
	4		90×100×20	150×80×14 150×80×12	
	5				바닥 200×106×15
	8				바닥 120×60×20
	9			남 170×96×18 북 140×44×13	바닥 140×62×?
	10		서 134×105×11	북 210×102×14	바닥 212×118×20
	11			남 102×68×13	바닥 210×108×20
	12		서 144×84×8	남 C106×84×10	

유적 및 호수		덮개돌 길이×너비×두께	동벽길이×높이×두께 서벽길이×높이×두께	남벽길이×높이×두께 북벽길이×높이×두께	바닥돌길이×너비×두께 무덤방길이×너비×높이
	13		서 186×64×18	북 130×84×14	바닥 132×128×14 방 144×128×?
	15		서 176×69×20		방? 235×140×?
45 장발강	1	노출 250×150×15			
	3	노출 220×100×20			
46 위당					방 180×?×200
48 석불		150×150×25			
49 석붕옥	1	435×450×(35~50)	C80×C15×10 (197~233)×205×20	(245~270)×200×38 (255~288)×205×41	바닥 229×185×30 방 240×185×185
50 석목성		580×520×(20~50)	245×224×(20~40) 245×224×(20~40)	165×115×20 271×224×(30~40)	바닥 220×160×25 방 220×160×224
51 패루	1	355×250×(20~50)	230×140×33 180×120×45		
	2	140×115×20	서 80×50×18		
53 홍석	1		C155×C103×45	C118×90×(17~18) C184×C91×24	
54 석관지	1	C150×120×27	300×200×? 300×200×?	300×200×? 300×200×?	바닥 200×150×?
55 당가보자			200×60×30 200×160×30	200×160×30 200×160×30	
56 흥륭	1	510×(300~400) ×(20~30)	227×170×(17~33) 227×170×(17~33)	200×170×18	방 220×150×170
	2	220×(160~180)×25	110×75×15	220×75×20 180×95×(15~40)	방 220×100?×75
57 백가보자	1	360×360×52			
	3	C150×120×30			
	6		서 160×(35~40)×10		
	태노분		240×방 높이90× (15~21) 205×방 높이70× (22~25)	75×방 높이95×17 210×130×27	바닥200× (85~120)×35 방 220×130×90

유적 및 호수		덮개돌 길이×너비×두께	동벽길이×높이×두께 서벽길이×높이×두께	남벽길이×높이×두께 북벽길이×높이×두께	바닥돌길이×너비×두께 무덤방길이×너비×높이
58 소황기	1	300×200×30			
59 산두	1			북 165×125×15	바닥 165×140×20
	2		200×150×15 200×150×15		
60 오서	1	230×150×(25~35)		190×100×(25~35) 190×100×(25~35)	바닥230×150× (25~35)
63 송가분방				165×85×25 150×85×26	
71 하협심	1	254×222×40	서 210×184?×?		방 324×150×105
	2				방 260×140×112
	3	210×136×40			방 240×130×84
	4	284×144×40			방 230×140×120
72 산용	1	(C170~230)×180×40	84×60×? 120×110×12	190×110?×32 210×130?×30	방 150×85?×120?
	2	350×170×?	95×52×18 85×130×25	180×85×15 175×95×25	방 163×85×130?
73 관문	1	파괴	70×140×30 76×150×(30~46)	172×160×(20~40) 170×190×(30~80)	방 170×96×140
74 석두구	1	C180×175×(30~50)	동160×C85×(30~55)		
75 하마고	1	310×130×67	210×165×40		
76 선인당	1	350×190×(20~100)	80×30×20 C85×80×15	225×80×(10~50) 230×60×25	
77 남가화	1	210×135×45	서 100×90×37	180×70×25 160×40×23	
79 홍산	1	C180×140×50	C240×C140×(50~60) C150×140×50		바닥 C100×C120×20
80 부가분	1	C168×80×20	C96×65×25 C60×50×20	180×80×(20~31) 180×80×(20~31)	바닥170×130×(10~30) 방 170×100×?
81 조가분	1		140×50×40 130×45×C40	북 100×60×30	

유적 및 호수		덮개돌 길이×너비×두께	동벽길이×높이×두께 서벽길이×높이×두께	남벽길이×높이×두께 북벽길이×높이×두께	바닥돌길이×너비×두께 무덤방길이×너비×높이
82 낭두구	1		320×190×(25~50) 310×(110~150)×?	북 C120×180×20	바닥 170×150×20
83 대변구	1	C120×175×30	C90×C35×15 C75×50×(15~20)		
84 위당구	1	350×290×35			
85 조피둔	1	180×150×(30~50)	서 60×95×13	C108×100×(13~20) 190×95×(13~25)	
	2	210×180×60	서 150×70×20		
87 입봉					방 200×80×150
89 영액포					방 200×100×150
91 이민둔		210×130×40	측벽 180×100×24	막음돌 70×?×?	
92 용두보	1	272×190×25			방 200×130×90
	5	260×230×40			방 220×110×95
93 백석구	1	240×210×?			
95 상립자		300×190×20			
96 장안				164×117×19 234×117×30	
97 야저구	1		막음돌 150×?×14	측벽 240×50×12	
	2			측벽 160×50×12	
98 대화사	2			C140×115×23 260×115×22	방 ?×142×?
100 통구			255×47×15 260×47×15		
101 삼괴석	1			C240×146×20 270×130×35	바닥 200×80×15
	4			북 235×145×35	
	6	200×140×20		북 C160×125×22	
	7	270×240×50		북 C170×?×30	

유적 및 호수		덮개돌 길이×너비×두께	동벽길이×높이×두께 서벽길이×높이×두께	남벽길이×높이×두께 북벽길이×높이×두께	바닥돌길이×너비×두께 무덤방길이×너비×높이
102 태평구 남산	1		180×?×? 220×?×?		방 ?×72×B30
	2	380×?×?	동 250×?×40		
	3		동 280×95×(20~60)	북 ?×85×?	바닥 180×95×12
	4		서 C180×30×?		
	5			북 75×80×?	
	6	235×180×(30~45)			
	7	380×190×?	서 220×140×?	북 95×115×20	
	11	240×200×26	280×50×25 290×100×17	북 85×70×?	방 185×85×90
	12		서 170×70×?		
	13	240×180×55	동 220×90×?		
	14	380×100×30	동 190×100×20		
103 대사탄	1	330×264×40	290×152×15 285×152×20		방 220×154×150
	2	377×265×44	265×152×15 264×154×21	152×76×18 154×152×21	바닥 ?×?×21 방 192×154×152
104 집안둔		315×285×35	측벽 350×115×25		방 240×90×120
105 송가유방		305×220×25		북 263×114×30	
106 와방정자	3		90×45×? 150×30×?		방 ?×90×?
	7	190×150×?			
	10		90×?×? 115×?×?		방 ?×130×?
	11			120×30×? 70×45×?	방 ?×150×?
	14	230×125×30			
107 소사평		285×190×18			방 200×150×100

유적 및 호수		덮개돌 길이×너비×두께	동벽길이×높이×두께 서벽길이×높이×두께	남벽길이×높이×두께 북벽길이×높이×두께	바닥돌길이×너비×두께 무덤방길이×너비×높이
108 소사평학교 뒷산	1	200×100×?	동 170×70×20		방 ?×55×?
	2	200×110×?			
109 도산구	1	300×200×50			방 220×120×100
110 험수	2	310×230×25	동, 서 260×90×?		측벽간 거리 130
	5	270×230×50		측벽 280×85×24	측벽간 거리 90
	6			측벽 250×80×40	측벽간 거리 80
	7			측벽 250×80	
	8			측벽 260×80	측벽간 거리 130
	9	220×170×20		측벽 170×70	
	10	360×205		측벽 220×70	
	15	220×210×40		측벽 190×(40~60)	측벽간 거리 120
	17	300×180×50		측벽 240×100×30	측벽간 거리 100
	19				방 180×120×30?
	21	220×150×20			방 200×120×80
	22	280×200×30		측벽 220×150×30	방 너비 80
111 무생둔			250×?×(23~30)		방 232×64×86
112 망우강			248×?×?		방 ?×62×82
113 도수둔		182×108×(28~36)			

현재까지 알려진 입지형 석붕무덤의 주요 분포지역은 두도강 및 휘발하 유역
이고 행정구역은 길림성 백산시 무송현, 정우현 및 통화시 직할의 매하구시,
유하현 등이 속한다.

　　현재까지 입지형 석붕무덤은 모두 23곳에서 발견되었다(표 5-1·2의 93~114;
그림 67의 92~114).

2. 유형

기존의 연구에서 입지형 석붕무덤의 외부 형태, 내부구조, 규모 등과 관련된 여러 특징들이 서로 다르게 인식되었다. 연구자마다 각자의 입장에서 개별적인 방식으로 분류를 진행하여 왔다. 현재 대부분의 연구자들이 석붕의 유형 분류와 발전 관계를 함께 다루고 있기 때문에 다소 세분화된 분류 방식에 대한 문제가 제기되고 있다.

1) 기존 분류와 그 기준

(1) 외부 형태에 따른 분류 기준

북한 학자 석광준[213]은 지금까지 발견된 입지형 석붕무덤의 외부 형태의 차이에 따라 침촌형과 오덕형으로 구분하였다(앞장 참고). 중국 학자 우지야창 역시 유사한 관점에서 견해를 제시하였는데 그 주요 내용을 정리하면 표 6과 같다.

표 6 입지형 석붕무덤의 분류와 변화 연구(武家昌)[214]

<table>
<tr><th colspan="2">특징　　　　　　　　유형</th><th colspan="3">석붕: 벽석의 한 쪽이 단벽이거나 반벽이며, 무덤방이 지상에 축조되거나 일부는 지하에 묻힘</th></tr>
<tr><th colspan="2"></th><th>대석붕</th><th colspan="2">소석붕</th></tr>
<tr><td colspan="2">외형</td><td>지표에 드러남</td><td>지표에 반쯤 노출</td><td>돌무지나 돌테가 있음</td></tr>
<tr><td colspan="2">쓰임새</td><td>제사 장소, 무덤이 아님</td><td colspan="2">지위가 높거나 장자(長子)의 무덤</td></tr>
<tr><td colspan="2">입지</td><td>구릉의 조망이 좋은 곳, 작은 하천이 흐름</td><td></td><td>구릉 또는 평지</td></tr>
<tr><td colspan="2">규모</td><td>대형 석재</td><td colspan="2">작음</td></tr>
<tr><td colspan="2">축조기술</td><td>전체를 정교하게 손질</td><td>약간의 손질</td><td>손질하지 않음</td></tr>
<tr><td rowspan="2">덮개돌</td><td>형태</td><td>넓고 큼</td><td colspan="2"></td></tr>
<tr><td>처마</td><td>사면에 넓은 처마</td><td colspan="2">처마가 작음</td></tr>
<tr><td colspan="2">무덤방</td><td>네모꼴</td><td colspan="2">긴 네모꼴</td></tr>
</table>

굄돌			벽석 위에 돌을 쌓음
바닥돌	지표와 평평하거나 위로 올라옴		두 매 혹은 여러 매
조합 특징			2기씩
연대	청동기시대	서주~춘추	전국~한 초
대표 유적	석목성, 석붕산, 백점자	쌍방 2호	산용, 조피둔, 대전자

(2) 규모 및 축조 기술에 따른 분류 기준

쉬위이린의 분류가 가장 대표적이다. 처음에는 규모에 따라 입지형 석붕무덤을 대·중·소의 3종류로 나누고 이것을 유형의 명칭으로 삼았다. 그 다음에 전형무덤 또는 석붕무덤의 전체적인 형태에 따라 다시 석붕산 유형(관면식), 소관둔 유형(방탁식), 흥릉 소석붕 유형(널·덧널식) 등으로 분류하였다. 그 주된 내용은 표 7과 같다.

표 7 입지형 석붕무덤의 분류와 변화 연구(許玉林)[215]

특징	유형	대석붕 (석붕산 유형, 관면식)	중석붕 (소관둔 유형, 방탁식)	소석붕 (흥릉 소석붕 유형, 널·덧널식)
전체특징	높이	2m 안팎	1.3m 안팎	1m 안팎
	손질	많은 손질, 잘 맞물림	조금 손질, 틈이 있음	거의 손질하지 않음
덮개돌	크기	4~5m	2~3m	2m 안팎
	형태	모줄인 네모꼴, 경사짐	네모꼴	긴 네모꼴 또는 부정형
	처마	길게 나옴	사면의 처마가 같음	처마 없음
굄돌	형태	사다리꼴	네모꼴, 아래 두텁고 위 얇음	긴 네모꼴
	기울기	안기울임	약간 안기울임, 돌방 네모꼴	직립
막음돌		굄돌에 기대어 바깥으로 나옴	굄돌에 기대어 나란함	굄돌 사이에 끼임
문돌		간혹 있음		
바닥돌		대부분 평평		거의 없음
방향		대부분 남쪽		

입지	완만한 대지나 산 위	대지	낮은 대지 또는 평지
연대	3,500여년 전	3,100~3,500년 전	2,500~3,000년 전
대표 유적	석붕산, 석붕구, 석붕욕, 대자, 대황지, 석목성	소관둔, 쌍방 2호, 백점자	흥릉 소석붕, 대영산, 분방전, 연운채, 화가와보, 소둔, 선인당

천따웨이는 무덤의 규모, 내·외부 결합의 형태 차이 등을 석붕무덤의 분류 기준으로 정하여 크게 석붕과 대석무덤의 2종류로 구분하였다. 기능은 서로 다르며, 변화 및 발전관계와 관련 있다고 지적하였다. 그 주요 관점을 종합하면 표 8과 같다.

표 8 입지형 석붕무덤의 분류와 변화 연구(陳大爲)[216]

특징 \ 유형		석붕			대석무덤
		초기 석붕	변형 석붕	변형 소석붕	
외형		지표 노출			돌무더기
쓰임새		제사와 안장(安葬): 거석기념건축		돌방무덤	무덤
입지		구릉의 조망이 좋은 곳: 주변의 넓은 범위에 석붕이 없음	작은 산 꼭대기	구릉이나 평지	
방향		모두 남쪽	동남쪽	동서	
규모		대형 석재	돌방 낮아짐	돌방이 낮음	작아짐
축조기술		잘 맞물림			
덮개돌	형태	길이와 너비 3:2	네모꼴	네모꼴	
	처마	4면에 처마	처마가 짧음	처마가 짧거나 없음	
돌방		길이와 너비 5:4	네모꼴	네모꼴	긴 네모꼴
문돌		한 면이 없거나 얇은 판자돌		막힘	
바닥돌		지표보다 높거나 같음			간혹 자갈 깜
연대		청동기시대 초기	청동기시대 중기	청동기시대 후기	
대표 유적		석목성, 석붕산, 대자, 석붕구, 대황지, 흥릉구, 낭두구	석붕욕	백점자, 흥릉	선인당, 쌍방, 화동광, 소둔

(3) 내부 구조에 따른 분류 기준

왕홍펑은 입지형 석붕무덤의 내부구조에 따라 모두 4가지 유형으로 분류
하였다. 주요 내용은 표 9와 같다.

표 9 입지형 석붕무덤의 분류와 변화 연구(王洪峰)[217]

유형	분류: 굄돌을 세운 형태와 손질 정도(전형 석붕)		분포지역	유행연대
A형[218]	1식: 곧음(화동광, 태평구14호)		주로 요남지역	상 후기쯤
	2식: 기움(낭두구, 석붕산)			서주 중기 안팎
	3식: 홈줄(석목성)			서주 후기~춘추 초
B형	1식: 곧음		요동, 길남, 한반도에 널리 분포	상 후기쯤
	2식: 기움(석붕욕)			서주 중기 안팎
	3식: 홈줄(대사탄 2호)			서주 후기~춘추 초
C형	(송신동 10호)		서북한에서만 확인	서주 중기
D형	1식: 돌덧널식(죽림리 2327호)		한반도 남부에 유행	전국 중기
	2식: 위석식(죽림리 2513호)			한대

미야모토 카즈오 역시 이러한 기준에 따라 동남부지역의 입지형 석붕무덤
을 4종류로 구분하였다. 그중 A형은 왕홍펑의 B형에, B형은 A형에 해당한다.
백점자, 석붕욕 석붕무덤을 C형, 산용 석붕무덤을 D형이라 하였다.[219]

(4) 소결

이러한 연구 성과를 보면, 여러 분류 방안들은 나름대로 합리성이 있어 보
인다. 그러나 입지형 석붕무덤의 외부형태(특히 묘역의 유무)에 따라 분류하는
방식은 매우 주관적인 것으로 여겨진다. 왜냐하면 석붕무덤은 원래 흙더미나
돌무지가 있었을 가능성이 크기 때문에 본래의 상태에 따라 분류를 하는 것이
합리적인 것으로 판단된다.

현재까지 발견된 입지형 석붕무덤의 돌무지와 흙더미의 형태는 다른데, 험

수 5호 석붕무덤처럼 둥글게 쌓아 올린 것이 가장 많으며, 무순 산용·하협심 석붕무덤과 같이 둥글게 모가 난 네모꼴도 있다. 또한 네모꼴의 단이 있을 가능성도 배제할 수 없는데, 현재 일부 석붕무덤의 하부에서 확인되는 단이 방형 혹은 장방형에 가깝기 때문이다. 서북한지역의 입지형 석붕무덤에서는 방형 혹은 장방형으로 흙을 다져 쌓은 예가 많이 발견된다. 이외에 돌더미 위에 기타 제사 시설이 있을 가능성도 있는데, 산용 1·2호 석붕무덤의 문 바깥쪽의 작은 네모꼴 단이 대표적이다. 그러나 대부분 석붕 주위에 남아 있는 흙더미나 돌무지 시설의 파괴된 정도가 심각하여 보다 구체적인 형태 분류를 진행하는 것은 어렵다.

규모 차이에 따른 분류는 비록 입지형 석붕무덤의 전체적인 형태가 서로 다르기 때문에 외형적으로 구별하기는 수월하지만 그 기준을 선정하기가 어렵고, 대·중·소의 개념 역시 모호함이 있다. 이와 상대적으로 필자가 보기에 내부구조를 통한 분류 방식은 비록 외형적으로 판별이 쉽지 않은 문제가 있지만 기준이 비교적 명확하고 보다 합리적일 것으로 생각된다(그 이유는 아래에서 상세히 밝힌다).

2) 유형 구분

입지형 석붕무덤의 유형 구분에 있어 먼저 그 주된 특징들을 비교할 필요가 있다.

(1) 특징 비교

중국 동북지구는 입지형 석붕무덤의 발견 지점과 수량이 비교적 많음에도 불구하고 현재 보존 상태가 완전한 것은 드물다. 이러한 실제적인 정황을 감안하여 이 책의 2장과 본 장에서는 보존상태가 양호한 '입지형' 석붕무덤의 관련 자료를 비교적 상세하게 분석하여 소개하였다. 이들의 특징을 종합하여 정리하면 표 10과 같다.

표 10 중국 동북지구의 구조가 명확한 입지형 석붕무덤 특징

유적	내부구조[220]	단[221]	문돌구조[222]	주변지세[223]	방향[224]	손질정도[225]	크기(cm) 덮개돌 길이	너비	무덤방[226] 너비	너비·길이비율(%)	높이	구역[227]	유형[228]
소둔1호	갑		Ab	B	X	C	260	200	50	29?	60	1구	갑류
분방전 동	갑			C	X	C	175	120	50	31	45?		
분방전 서	갑			C	X	C	200	180	60	36	50?		
화가와보 1호	갑		Ab	B	E	B	C176	165	72	45	106		
화가와보 3호	갑		Ab	B	E	C			D54	37	91?		
화가와보 5호	갑		Ab	B	E	C	190	135	D77	47	78?		
대영산	갑		Aa	C	N	B	180	130	80	59	75?		
흥륭 소	갑			C	E	C	220	180	100	50?	75?		
연운채 동	갑		Aa	C	E	B	275	210	100	55	116?		
산용2호	갑		Bb	C	E	B	350	170	70	43	95?	3구	
관문	갑		Aa	B	E	C			76	45	140		
선인당	갑		Ab	C	E	C	350	190	85?	47	80		
하협심1호	갑		A	B	N	C			150	49	105		
하협심2호	갑		A	B	X	C			140	54	112		
하협심3호	갑		A	B	N	C			130	54	84		
하협심4호	갑		A	A	N	C			140	60	120		
조피둔1호	갑			B	E	B	180	150	80?	55	95		
낭두구	갑			A	X	B	C168	80	150	83	180		
망우강	갑			B	N	B			62	25	82	5구	
무생둔	갑			C	N	C			64	30	86		
집안둔	갑			B	N	C	315	285	90	38	120		
험수5호	갑		Ab	B	X	B			90	45	85		
태평구11호	갑		A	A	N	B	240	200	85	46	90		
용두보5호	갑			B		B	260	230	110	50	95		

유적	내부 구조	단	문돌 구조	주변 지세	방향	손질 정도	크기(cm)					구역	유형
							덮개돌		무덤방				
							길이	너비	너비	너비· 길이 비율(%)	높이		
용두보1호	갑			B		B	272	190	130	65	90	5구	갑류
도산구1호	갑			B		B	300	200	120	55	100		
대사탄1호	갑		Ac	A	N	B	330	264	154	70	150		
대사탄2호	갑		Ac	A	N	B	370	265	154	80	152		
화동광1호	을		Ba?	A	?	B	238	237	120	100	137	1구	을류
태노분	을		Ac	C	N	B			130	59	90		
산용1호	을		Ab	C	E	B	C230	180	84	56	112	3구	
석붕구 소1호	병A			A	E	B			100	58?	C65	1구	병류
쌍방2호	병A		Ab	B	E	B			120	68	130		
연운채 서	병A		Aa	C	X	B	330	220	120	68	130?		
소관둔 소	병A	J	B	A	E	B	C430	250	185	66	150		
흥륭 대	병A			A	N	A	510	400	150	68	170		
석붕구 대	병B			A	N	A	590	430	160	73	140		
백점자 남	병B	J	Ba	C	E	B	435	400	175	73	150		
석붕욕	병B	J		A	N	A	450	435	185	73	185		
대황지	병B			A	N	A	750	500	185?	74	205		
대자	병B		Ab	A	N	A	490	400	170	72	230		
석목성	병B		Ab	A	N	A	580	520	160	73	224		
석붕산	병B			A	N	A	860	570	210	76	230		

위의 표와 앞 글을 통해 알 수 있듯이 석붕무덤 내부의 구조 차이를 통해 유형을 구분하는 방법은 입지형 석붕무덤의 지역적 특징을 총체적으로 보여 주기에 아주 적합하다. 더불어 그 외부형태의 차이와 규모를 명확하게 알 수 있다. 동시에 각 지역별 입지형 석붕무덤의 내부 구조에 대한 차이를 살필 수 있어 유형 분류의 기준으로 삼고자 한다.

(2) 유형 및 그 분포

위의 내용을 종합하여 중국 동북지구 입지형 석붕무덤의 유형을 구분하면 다음과 같이 3종류로 나눌 수 있다.

갑류: '감입(嵌入)'형 입지형 석붕무덤

내부구조의 특징은 막음돌이 양쪽의 굄돌 사이에 끼어 있고 무덤방은 대부분 긴 네모꼴이다.

현재까지 발견된 이 유형 석붕무덤의 문돌은 거의가 양쪽 굄돌보다 낮지만 높은 것도 일부 있다. 어떤 것은 미리 한쪽을 막은 후 나머지 한쪽을 막기도 하였다. 이것은 돌더미나 흙더미 높이가 문의 높이를 초과하기 때문이다. 낮은 문돌의 위쪽은 또 다른 석재로 막아 놓기도 하였다. 이 유형 석붕무덤의 문돌 바깥에서는 특수한 구조가 발견되기도 하는데 산용 2호 석붕무덤의 문 앞에는 작은 단이 있다. 이러한 시설은 험수 5호에서도 발견되었다.

이 유형의 석붕무덤은 발견되는 숫자가 가장 많고 분포지역 또한 광범위한데 각 지구별로 무덤의 자체적인 특징을 가지고 있다.

1구(요동 연해의 여러 강 유역)에서 확인되는 이런 유형의 석붕무덤은 양쪽 굄돌의 규모가 대체로 비슷한데 두터우면서 무겁고 잘 맞춰져 있다. 막음돌은 대부분 얇고 양쪽 굄돌보다 낮기 때문에 막는 기능만 가진다. 문돌 역시 대부분 양쪽 굄돌 사이에 끼어 있고 비교적 낮은 편이다. 잘 보존되어 있는 이런 석붕무덤의 돌더미 형태를 보면 외부 테두리는 둥근꼴이며 가운데는 비교적 두텁고 주변으로 갈수록 점차 얇아진다. 개주 화가와보 석붕무덤, 단산 19호, 모가구 4호와 11호 등이 대표적이다.

화가와보 석붕무덤 안에서는 불에 탄 사람뼈가 확인되었으나 무덤방 안에서 화장 흔적은 발견되지 않았다. 이 지역에서 발견되는 이런 유형의 석붕무덤은 산능선이나 산비탈, 평지 위에 축조되었으며 대부분 군집을 이루어 분포한다. 무덤의 긴 방향은 서로 다른데 거의 산능선이나 산비탈의 방향과 관련이 있다. 축조에 사용된 돌은 거칠게 손질하였으며, 규모도 작아 평균 너비가

1m 이하이다.

2구(압록강 하류지역)에서는 아직까지 이 유형의 석붕무덤에 대한 자세한 자료가 확인되지 않아서 구체적인 상황은 알 수 없다.

3구(요하 동쪽 여러 강 유역)에서 발굴조사가 이루어진 이런 유형의 석붕무덤은 대부분 일정한 높이의 돌무지 시설이 남아 있다. 그 가운데 청하 유역의 것들은 조사 당시 돌무지 시설이 상대적으로 잘 보존되어 있어 처음에는 '돌무지무덤'으로 분류되었다. 같은 유형의 1구 무덤과 비교해 보면 3구의 이런 석붕무덤에 사용된 석재는 대부분 두텁고 무거운 편이며(막음돌과 문돌을 포함하여), 다듬어진 흔적은 매우 적고, 규모는 일반적으로 큰 편이다.

자리한 곳의 지세를 보면 이런 석붕무덤은 의도적으로 옛 물길[古河道] 옆에 축조된 것으로 밝혀져 다른 지역과의 차이를 엿볼 수 있다. 그 가운데 산용 2호 석붕무덤의 서북쪽 바닥 모서리에서는 불에 탄 머리뼈 조각이 발견되었다. 무덤방 안에서 숯이 찾아졌으며 무덤방의 바닥, 막음돌과 남쪽 굄돌의 위에서는 불에 탄 흔적이 확인되었다. 이러한 사실로 보아 무덤방 안에서 주검의 화장이 이루어졌음을 알 수 있다. 주의해야 할 점은 이 지역에서는 일부 입지형과 위체형 석붕무덤이 공존한다는 점이다.

4구(압록강 상류지역)에서 조사된 이런 유형의 석붕무덤 자료는 많은 편이며 개별적으로 발굴이 되었지만 그 자료는 발표되지 않았다. 전체적으로 볼 때 3구의 이런 유형의 무덤 특징과 비슷하다. 이 지구에도 일부 입지형과 위체형 석붕무덤이 같이 있다.

5구(서류 송화강 상류지역)에서는 이런 유형의 석붕무덤이 주로 휘발하와 두도강 유역에서 발견되며, 양 유역의 석붕무덤 특징은 약간 차이가 있다. 먼저 휘발하 상류지역(길림 합달령 남쪽과 대흑산 지역)의 입지형 석붕무덤은 모두 체계적인 고고 조사가 이루어졌으나 발표된 도면은 매우 적은 편이며 발굴자료는 정식으로 보고된 것이 없다. 왕홍펑과 쩐쉬뚱 등의 보고자료를 종합하면 이 지역의 석붕무덤 특징은 다음과 같다.

덮개돌은 모두 두텁고 무거우며 4면에는 처마가 나와 있고, 석재를 다듬은 정도가 조잡하다. 무덤방은 모두 긴 네모꼴이며, 막음돌은 양쪽 굄돌 사이에 끼어 있으며 굄돌은 뒤쪽으로 길게 나와 있다. 굄돌의 위쪽에 홈을 파 막음돌을 끼워 넣어 잘 맞물리게 한 것이 있다. 대부분 한쪽 면에 공간이 있어 마치 무덤의 문과 같다. 개별적으로 무덤의 문이 반쯤 비어 있는 것은 유하 대사탄 1호가 있다. 대부분 바닥돌을 깔았지만 생토를 바닥으로 한 것도 있는데, 유하 집안둔 석붕이 대표적이다. 일반적으로 낮은 산의 구릉 꼭대기와 산능선에 축조하였고 높은 봉우리에 있는 것은 많지 않다. 평지에 있는 것도 일부 확인된다. 두도강 중하류지역에서 발견되는 입지형 석붕무덤은 비교적 적은 편이며, 모두 갑류에 포함되고 규모가 작다. 현재 인접한 지역에서 발견되는 같은 유형의 석붕무덤의 관계에 대하여는 명확하게 연구된 바가 없다.

을류: '탑접(搭接)'형 입지형 석붕무덤

내부구조의 특징을 보면 네 벽 혹은 세 벽이 덮개돌을 받치고 있으며, 세부적인 차이에 따라 다시 2종류로 나눌 수 있다.

을A형: 4벽이 모두 덮개돌을 받치고 있으며, 문 시설은 명확하지 않다.

현재 발굴조사된 자료는 화동광 석붕무덤 1기뿐이다. 굄돌의 길이, 높이, 두께는 똑같으며 곧게 서 있고 무덤방은 정방형이다. 벽 바깥에는 돌무지가 확인된다. 모두 막아 놓아 문은 명확하지 않다. 무덤에서는 사람뼈와 껴묻거리가 발견되었다. 현재 조사된 정황을 보면 이 유형의 무덤은 1구에서 특별한 예가 아니다.

1구의 이 유형 석붕무덤 관련자료를 살펴보면 4벽의 크기가 같은 예는 많이 있는데, 석관지와 당가보자 등지의 입지형 석붕무덤이 여기에 속한다. 이 밖에 용조산, 차구, 추둔 과원 등지의 입지형 석붕무덤도 현재 남아 있는 세 벽의 규모가 거의 같아 역시 이 유형에 속할 것으로 추정된다. 1구를 제외한 다른 구역에서 이 유형의 입지형 석붕무덤이 발견되었다는 보고는 아직까지 없다.

을B형: 3벽이 서로 덮개돌을 받치고 있으며, 단독으로 문돌이 있다.

이 유형의 무덤은 1, 2구와 3구에서 발견되며, 대표적으로 태로분, 산용 1호 등이 있다.

이 유형의 석붕무덤은 산능선과 산비탈 그리고 평지 위에 위치하며, 대부분 떼를 이루어 분포한다. 그 가운데 을A형 무덤의 벽석과 덮개돌 등은 대체로 잘 다듬어져 반듯한 것들이 많다. 그러나 을B형의 무덤 축조에 사용된 돌들은 손질이 조금 되었을 뿐이다. 각 벽석의 크기는 조금씩 차이가 있으며, 전체적인 규모에서도 소형의 것들이 많다.

병류: '의고(倚靠)'형 입지형 석붕무덤

내부구조의 특징은 막음돌이 양쪽 굄돌의 바깥쪽에 위치한다.

이 유형의 석붕무덤은 1구에서만 확인되었다. 막음돌의 형태에 따라 다시 몇 개 유형으로 나눌 수 있다. 각각의 석붕무덤이 자리한 지세와 석재를 다듬은 기술, 규모 등은 조금씩 차이가 있다. 뒤에서 상세히 설명하겠다.

위에서 언급한 입지형 석붕무덤의 분류와 분포 등에 대한 주요 내용은 표 11과 같다.

표 11 입지형 석붕무덤의 분류 비교

유형 명칭		구조 특징	분포구역
갑류(감입형)		막음돌이 양 굄돌 사이에 위치	각 구역 모두 확인, 형태차이 있음
을류(탑접형)	A형	4벽 모두 덮개돌 받침	1구
	B형	3벽이 덮개돌 받침	1구, 2구, 3구
병류(의고형)		막음돌이 양 굄돌 뒤에 위치	1구에서만 확인

3. 각 유형별 입지형 석붕무덤의 시·공간적 관계

각 유형별 입지형 석붕무덤의 유행 연대 및 각 지역별 같은 유형 석붕무덤과의 관계에 대해서는 국내외 연구자들 사이에 의견 차이가 있다. 대부분의 중국 학자들은 대형 석붕무덤(대체로 이 책의 병류에 해당)의 연대가 가장 오래되었으며, 소형의 것(이 책의 갑류에 해당)이 늦다는 것이다. 그 기원은 요동반도이며, 점차 북부지역으로 전파되어, 3·4·5구의 이런 유형 석붕무덤의 연대를 비교적 늦은 시기로 보고 있다. 이러한 관점의 대표적인 학자로는 쉬위이린, 천따웨이, 우지야창 등이 있다(표 6~8 참조).

그러나 왕홍펑은 조금 다른 견해를 제시하였다. 중국 동북지구의 석붕무덤은 거의 같은 시기에 축조되어 동일한 변천 과정을 거치는데 총체적으로 볼 때 소형에서 대형으로 발전하였다는 것이다(표 9 참조). 일본과 한국의 학자들은 일반적으로 요동반도에서 요동 산지까지의 고인돌(석붕과 개석무덤 포함)은 모두 서주 말부터 춘추시대 사이에 출현하였으며, 기원전 8~7세기에 한반도 서북지역으로 전파되었다는 견해를 가지고 있다.[229]

위에서 살펴본 시공 관계에 대한 연구 성과는 모두 유형별 축조와 그 변천 연구를 기초로 하였으나 모두 실증적인 증거는 부족하다. 상대적으로 무덤의 발전에 따른 총체적인 경향으로 볼 때 왕홍펑의 견해가 그나마 설득력이 있어 보인다. 단 각 유형의 무덤 벽석이 서 있는 상태에 따라 축조 시기를 판단하는 것은 논의할 필요가 있다. 그러나 실제의 정황으로 보아 벽석이 곧게 서 있는 상태는 무덤의 규모와 관계가 있으나 축조의 시간성을 반영하기에 부족한 면이 많다.

일반적으로 무덤방이 좁은 것은 대부분 벽석이 직립해 있고 비교적 넓은 것은 비스듬히 기울어져 있다. 또한 일부는 무덤방이 넓은 것일지라도 벽석이 두텁고 무거울 경우 직립한 것도 있다. 이처럼 벽석을 똑바로 세우는 방식은 축조기술과 연관이 있다. 더군다나 왕홍펑이 제시한 연대는 요동지역 석붕무덤이 출현한 연대(돌무지무덤을 참고)를 상한으로 보고, 하한 연대는 개석무덤의 출현을 표지로 추정한 것이다. 그리고 기타 구역 석붕무덤의 연대에 대해서는 다시 요동지역 석붕무덤의 연대를 기준으로 하고 있기에 여러 부분에서 재검토할 필요성이 제기된다.

필자가 보기에 일반적으로 무덤 구조의 변화라는 측면에서 널→덧널→방으로의 변화과정을 상정할 수 있으며, 무덤방의 규모가 좁고 작은 것에서 점차 넓고 큰 것으로 발전한 것을 충분히 예측할 수 있다. 석붕무덤 역시 이러한 변화의 과정을 적용할 수 있다. 물론 필자도 신분 등의 원인으로 인하여 늦은 시기일지라도 규모가 비교적 작은 석붕무덤이 포함될 수 있다는 점을 부정하는 것은 아니다. 그러나 쪽문이 생기고 규모가 커지면서 축조기술이 고도로 발달된 무덤을 이른 시기에 출현한 것으로 보는 것은 합당하지 않다.

종합하면 이 책에서는 먼저 각 유형별 입지형 석붕무덤의 구조적인 특징을 파악하여 논리적으로 배열(조를 나눔)한 다음 껴묻거리에 근거하여 해당 조(組)별 석붕무덤의 연대를 살펴보고자 한다. 동시에 출토 유물이 없는 무덤의 경우도 연대를 추정하여 마지막으로 각 유형별 입지형 석붕무덤의 시공 관계를 종합적으로 추론하고자 한다.

1) 감입형(감류) 입지형 석붕무덤

(1) 무덤의 분류와 그 연대

각 유형별 입지형 석붕무덤의 세부적인 구조 특징에 따라 4개 조(組)로 나눌 수 있다.

제1조: 무덤방의 너비가 좁은 편으로 70cm가 되지 않는다. 높이 역시 낮아 100cm가 안 되며, 각 벽석은 곧게 서 있어 전체 형태가 돌널무덤과 비슷하다. 여기에 해당되는 석붕은 다시 2조로 구분할 수 있다(표 12).

A조: 분방전 동, 화가와보 3호 석붕무덤을 대표로 한다. 막음돌은 양쪽 굄돌의 끝에 위치하며, 너비와 높이는 모두 60cm쯤 된다. 무덤방 안의 너비는 길이의 1/3 정도이고 형태는 돌널무덤과 차이가 없다.

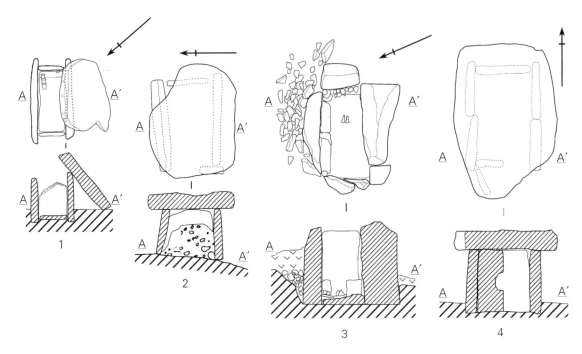

그림 68 갑류 입지형 석붕 무덤 구조 변화
1: 화가와보 1호 석붕무덤, 2: 연운채 동석붕 무덤, 3: 관문 석붕무덤, 4: 대사탄 2호 석붕무덤

B조: 화가와보 1호, 망우강(牤牛崗) 석붕무덤을 대표로 한다. 막음돌과 문돌은 분명하게 들여져 있으며 A조에 비해 조금 넓고 높다(그림 68).

제1조의 석붕무덤 가운데 화가와보 1호와 3호는 껴묻거리가 있었다(그림 2, 3 참조). 발굴보고에서[230] 쉬위이린은 이 무덤의 출토 유물과 화동광 석붕 안에서 출토된 유물은 같은 것으로 인식하였다. 이 유물은 상마석 상층문화에서도 발견되는 것으로, 그 연대는 지금으로부터 약 3,000년 정도가 된다. 이후의 연구논문에서는 그 연대를 약 3,000~2,700년 정도로 추정하였다.[231] 또한 이 것을 소석붕의 출현 연대가 늦은 시기라는 증거로 삼았다.

필자의 견해로는 화가와보 3호 석붕과 왕둔 1호 개석돌널무덤[232]은 형태를 보면 축조 방법에서 약간 차이가 있지만 기본적인 크기 차이가 없다. 출토 유물을 보면 서로 연대가 비슷하여 대체로 쌍타자 2기 문화에 속할 수 있다. 그 상한 연대는 상대(商代) 초기보다 늦지 않을 것이다. 또한 B조의 화가와보

1호 석붕의 형태는 돌널과 비슷하지만 양쪽 벽석이 밖으로 돌출된 정도가 길기 때문에 이미 입지형 석붕무덤의 구조에 근접해 있다. 그 연대는 조금 늦은 것으로 여겨지며 대체로 상대 중·후기에서 주대 초로 보고자 한다(제3장 II 참조).

제2조: 제1조 석붕무덤과 비교하면 무덤방이 조금 넓은 편인데, 평균 너비는 약 70cm 이상이다. 높이 역시 높아져서 대부분 60cm 이상이다(표 12 참조). 양쪽 굄돌을 옆에서 보면 사다리꼴이고 약간 비스듬하게 서 있다. 전체적인 형태는 이미 돌널무덤과 큰 차이가 있다. 대영산, 연운채 동, 선인당, 태평구 11호 석붕무덤이 대표적이다(그림 68 참조).

이 조의 석붕무덤에서는 아직까지 껴묻거리가 발견되지 않았다. 형태로 볼 때 그 연대는 제1조와 제3조 사이로 추정된다.

제3조: 무덤방의 너비와 높이가 점차 확대되는데 다시 2조로 구분된다(표 12, 그림 68 참조).

A조: 관문과 산용 2호 석붕무덤을 대표로 한다. 너비는 제2조와 큰 차이가 없지만 높이는 눈에 띄게 높아져 '고착형(高窄型)'이라 부를 수 있다.

B조: 험수 5호, 하협심 석붕무덤떼를 대표로 한다. 높이는 제2조와 큰 차이가 없으나 너비에서 큰 차이가 난다. '왜관형(矮寬型)'이라 부르겠다.

제3조의 석붕 가운데 산용 2호, 관문, 하협심 2호 석붕무덤에서는 껴묻거리가 확인되었다. 3기 모두 평평한 돌가락바퀴가 출토되었고, 관문과 하협심 2호에서는 작은 치레걸이가 발견되었다. 비록 형태에서는 차이가 분명하지만 장례습속에서는 차이가 없다. 또한 관문 석붕무덤에서 출토된 홍갈색, 민무늬, 긴 목, 배부른 몸통의 특징을 가진 1쌍의 가로 손잡이 달린 단지는 신성자문화의 특징(3장 참조)이 남아 있는 동시에 서단산문화 토기의 영향을 받았다. 따라서 연대는 하협심 무덤보다 이르며, 신성자문화가 이 구역에서 유행하던 연대 즉 춘추 후기부터 전국 초기로 고려해 볼 수 있다.

하협심 2호에서 출토된 항아리는 그 형태가 법고(法庫) 장조산(長條山)[233] 유적, 철령(鐵嶺) 수아둔(樹芽屯)[234] 유적에서 출토된 것과 비슷하다. 그 가운데 장조산 무덤은 신성자문화 후기의 유적으로 연대는 대체로 춘추 후기에서 전국 초에 해당된다. 그리고 철령 수아둔 무덤에서 출토된 굽접시는 연대가 전국 초·중기(제3장 II 참조)이다. 이에 근거하여 이 무덤의 연대는 전국 중기 전후로 볼 수 있으며, 무덤에서 출토된 작은 청동방울과 무덤 밖의 돌더미 위에서 발견된 쇠꽹이 등은 모두 이러한 연대를 증명해 준다(그림 69).

제4조: 무덤방의 너비와 높이가 보다 확장되는데, 양쪽 굄돌은 사다리꼴로 비스듬하게 세워졌다. 낭두구, 대사탄 1·2호 석붕무덤이 대표적이며 대사탄 2호 석붕무덤에는 옆문이 있다.

이 조의 무덤에서는 유물이 확인되지 않았지만 그 형태로 볼 때 석붕무덤의 연대는 가장 늦은 시기에 해당될 것으로 여겨진다. 또한 대사탄 2호의 옆문과 무덤방 형태가 '돌방[石室]'화되는 정황으로 볼 때 연대는 전국 중·후기 이후로 추론된다(표 12, 그림 68 참조).

위에서 설명한 각 조별 무덤의 출토유물을 볼 때, 규모가 커질수록 연대는 늦어짐을 알 수 있다. 비록 자료의 부족으로 단정할 수는 없으나 전체적인 상황을 종합하면 무덤의 변화발전에 대한 규칙을 추론해 볼 수는 있다.

(2) 각 조 석붕무덤의 공간적 분포

위에서 언급한 각 조의 분석을 통해 다음과 같은 몇 가지 초보적인 견해를 제시할 수 있다. 갑류 입지형 석붕무덤은 대체로 4단계의 발전과정을 거친다. 제1단계의 연대는 상대 초기에서 서주 초기까지로 추정할 수 있고, 제2단계는 서주 중기부터 춘추 중기, 제3단계는 춘추 후기에서 전국 초까지, 제4단계는 전국 중·후기로 볼 수 있다.

그렇다면 각 단계별로 유행한 이런 유형의 무덤들이 서로 다른 지역에서 동시에 출현한 것은 아닌가 하는 의문이 제기된다. 이러한 문제를 설명하기 위하여 여기서는 먼저 각 조별 석붕무덤의 특징에 따라 동북지구에서 발굴조사가 이루어진 것들 중 명확하게 갑류 입지형 석붕무덤에 속하는 것들의 관련 수치를 아래의 표 12에 분류하였다.

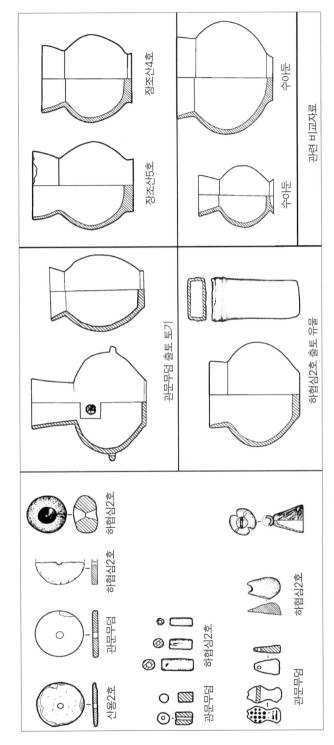

그림 69 감부 제3조 입지형 석붕무덤 출토 개문거리

표 12 각 구역 갑류 입지형 석붕무덤의 조별 크기

입지형 석붕무덤 유적	크기(cm)[235]															너비·길이 비율(%)	구역[237]	조별
	덮개돌			굄돌			막음돌			문돌			무덤방[236]					
	길이	너비	두께	길이	높이	두께	너비	높이	두께	너비	높이	두께	길이	너비	높이			
분방전 동	175	120	35	200	45	35	50	40	25					50	45?	31	1	1A
화가와보3호				200	85	20	57	57	15				D193	D54	50?	37		
분방전 서	200	180	60	190	55	40	60	38	24					60	50?	36		
소둔1호	260	200	48	220	60	20	50	60	10					50	60	29		
화가와보1호	176	165	25	217	117	18	65	95	12	67	25	9	160	72	106	45	1	1B
화가와보5호	190	110	19	185	62	10	80	62	19				D163	D77	78?	47		
망우강				248										62	82		5B	
무생둔				250		30							232	64	86			
대영산	180	130	45	180	75	30	C70	75	30	80	65	12	180	80	75?	59		2
흥룡 소	220	180	25	220	75	20	110	75	15				220	100	75?	50	1	
연운채 동	275	210	40	230	116	40	100	93	16				190	100	116	55		
조피둔1호	180	150	50	190	95	25	65	95	13					85?	95?			
선인당	350	190	100	230	60	25	C85	80	15	80	30	20		85?	60?	47	3	
조가분				140	50	40	100	60	30					100	60?			
이민둔	210	130	40	180	100	24	70							70?	100?		4	
태평구11호	240	200	26	290	100	17	85	70					185	85	90	46	5A	
산용2호	350	170		180	85	15	85	130	25	95	95	18	163	85?	130	53	3	3A
관문				170	160	40	76	150	46	70	140	30	170	96?	140	56		
입봉				200										80	150		4	
영액포				200										100	150			
태평구7호				220	140		95	115	20					95?	140			
집안둔	315	285	35	350	115	25							240?	90	120		5A	

입지형 석붕무덤 유적	크기(cm)															너비·길이 비율(%)	구역	조별
	덮개돌			굄돌			막음돌			문돌			무덤방					
	길이	너비	두께	길이	높이	두께	너비	높이	두께	너비	높이	두께	길이	너비	높이	(%)		
부가분	C168	80	20	180	80	31	C96	65	25	C60	50	20	170	130	80?			
하협심3호				240			130							130	84			
하협심2호				260			140							140	112		3	
하협심4호				230			140							140	120			
하협심1호				324			150							150	105			
험수5호	270	230	50	280	85	24								90	85			
험수17호	300	180	50	240	100	30								100	90			3B
용두보5호	260	230	40										220	110	95	50		
험수21호	220	150	20										200	120	80			
도산구1호	300	200	50										220	120	100	55	5A	
험수8호				260	80									130	80?			
험수2호	310	230	25	260	90									130	90?			
용두보1호	272	190	25										200	130	90	65		
낭두구				320	190	50	C120	180	20				D170	D150	180?	83	3	
대사탄1호	330	264	40	290	152	15							220	154	150	70	5A	4
대사탄2호	370	265	44	264	154	21	154	152	21	76	152	18	192	154	152	80		

표 12를 살펴볼 때 다음과 같은 사실을 알 수 있다.

① 갑류 1조에 속하는 입지형 석붕무덤은 오직 1구(요동 연해의 여러 강 유역)와 5B구(두도강 유역)에서만 확인된다.

그 가운데 1A조는 1구에만 있으며 기타 구역에서는 현재까지 확인되지 않고 있기 때문에, 이 지역은 갑류의 입지형 석붕무덤이 가장 먼저 유행된 지역임을 추측할 수 있다. 그 출현 연대는 대략 상대 초기까지 올려 볼 수 있다.

5B구에서는 적은 수량의 1B조 석붕무덤만 확인되었다. 또한 3구와 4구 및

5A구에서는 같은 시기에 해당되는 관련 유적이 발견되지 않는 정황으로 보아 이 지구는 이런 유형의 석붕 기원지로 볼 근거가 없다.

지금까지의 조사결과로 볼 때, 이 지구의 이런 무덤은 5A구 혹은 4구의 이른 시기 석붕무덤이 전파된 후 돌널무덤과 결합하는 과정을 통해 파생되었을 가능성이 크며, 그 연대는 서주 초기를 넘을 수 없다.

2구(압록강 하류지역)에서는 아직까지 이른 시기의 갑류 입지형 석붕무덤이 발견되지 않았다. 1구역 및 서북한 지역과 인접해 있고 이 구역 개석무덤의 정황과 주변지역의 유적 발견 등을 고려할 때, 이 구역에서 갑류의 입지형 석붕무덤이 출현한 연대는 상대 중기보다 이르지 않을 것으로 추론된다.

기타 다른 구역에서는 아직까지 갑류 1조의 입지형 석붕무덤이 발견되지 않았다.

② 갑류 2조의 입지형 석붕무덤은 거의 모든 지역에서 확인되며, 이들의 고고문화 성격은 서로 다르다.

설명이 필요한 것은, 1구는 갑류 2조의 석붕무덤이 가장 많이 분포한 곳으로 이 구역에서 유행한 무덤 형식은 시간적인 연속선상에서 춘추 중기보다 늦지 않을 가능성이 있으며 쌍방문화에 해당한다(뒤에서 자세히 설명)는 점이다.

3구(요하 동쪽 여러 강 유역)는 보존이 비교적 잘된 갑류 2조 석붕무덤이 많음에도 불구하고 전체적인 수량은 상대적으로 적다. 이 구역의 주요 무덤 형식은 아니고 신성자문화의 유형에 해당되며, 연대는 서주에서 춘추까지이다(뒤에서 자세히 설명).

2구의 현황은 구체적으로 알 수 없다. 다만 개석무덤의 출토유물을 볼 때, 1구와 3구의 고고문화 영향을 동시에 받았으며, 그 가운데 3구의 영향이 보다 강한 것으로 보인다.

4구(압록강 상류지역)와 5A구(휘발하 상류지역)에서 확인되는 갑류 2조 석붕무덤의 수량은 매우 적은 편으로 그 문화 내용 또한 아직까지 분명하지 않다. 5B구에서는 이런 석붕무덤이 확인되지 않았다.

③ 갑류 3조와 4조 입지형 석붕무덤은 3구와 4구, 5A구에서 확인되며, 문

화 내용은 비교적 비슷하다. 출현 연대는 춘추 후기 이후로 보이며 전국 이후까지 연속된 것으로 추정된다.

1구에서는 아직까지 위에서 설명한 2개 조의 석붕무덤이 보고되지 않았는데 2가지의 가능성이 있다. 하나는 아직까지 발견되지 않은 것이며, 다음은 점점 을형(탑접형), 병형(의고형) 입지형 석붕무덤으로의 대체를 예상할 수 있다. 2구의 구체적인 정황은 알 수 없다.

2) 탑접형(을류) 입지형 석붕무덤

이 유형의 석붕무덤은 현재까지 3기의 구조 도면만 발표되었으며, 그 가운데 껴묻거리 관련 자료는 화동광 석붕무덤이 유일하다.

지금까지의 발굴조사에 의하면 화동광 유적을 대표로 하는 을A형 석붕무덤은 오직 요동 연해의 여러 강 유역(1구)에서만 확인되며, 을B형 석붕무덤은 요동 연해의 여러 강 유역 및 요하 동쪽 여러 강 유역(3구) 등에서 모두 발견된다(표 13).

구조를 보면, 을B형 석붕무덤은 문이 없는 것만 을A형과 다를 뿐 대체로 유사하다. 이미 '돌널'의 형태에서 벗어났기 때문에 갑류 석붕무덤보다는 늦은 시기에 출현한 것으로 판단된다. 화동광 석붕무덤의 껴묻거리 형태와 갖춤새는 화가와보 1호와 비슷하여 같은 시기이거나 혹은 화동광 유적이 조금 늦을 것으로 추정한다. 그 연대는 상대 중·후기에서 서주 초에 해당한다. 산용 1호 석붕무덤에서는 껴묻거리가 확인되지 않았지만 산용 2호와 공존하는 정황으로 보아 서로 같은 시기의 무덤으로 볼 수 있다.

이러한 분석 내용을 종합하면 다음과 같은 해석이 가능하다.

(1) 을A형 석붕무덤은 오직 1구에서만 확인된다. 그 가운데 화동광 석붕무덤은 형태와 크기로 보아 이런 유형의 무덤에서는 비교적 이른 형식에 속하는데 그 출현 연대는 상대 중·후기에서 서주 초로 추정할 수 있다. 표 13을 보면, 이 유형 석붕무덤의 규모 차이는 제법 큰 편이어서 비교적 긴 시간동안 연속

표 13 각 구역 을류 입지형 석붕무덤의 크기

입지형 석붕무덤유적	크기(cm)															분구	유형
	덮개돌			굄돌			막음돌			문돌			무덤방				
	길이	너비	두께	길이	높이	두께	너비	높이	두께	너비	높이	두께	길이	너비	높이		
화동광1호	238	237	25	140	137?		140	137?		140	137?		120	120	137	1	A
옹조산4호	300	200	20	200	150	20	200	150	20								
차구1호	300	150	30	210	150	20	210	150	20								
차구2호	200	150	15	110	100	10	110	100	10								
추둔 과원	300	50?	60	200	100	30	200	100	30								
석관지		120	27	300	200		300	200		300	200						
당가보자				200	160	30	200	160	30	200	160	30					
모가구1호				174 140	150 109	40 30	160	90	22	152	62	29					B
태로분				240 205	90 70	21 25	210	130	27	75	95	17	220	130	90		
산용1호	C 230	180	40	210 190	130 110	30 32	120	110	12	84	60		150	84	112	3	

적으로 축조되었을 가능성이 있다.

(2) 1구에서 확인된 을B형 석붕무덤은 태로분 유적을 대표로 한다. 최초 발굴자는 이 유적의 연대를 신석기 후기에서 청동기시대 초기[238]로 추정하였다. 『요동반도석붕』에서는 대석개묘로 명칭을 변경하였으며 그 연대를 1989년 가을에 조사된 백가보자촌 서쪽 대석개묘와 같은 시기로 추정하였다.

백가보자촌 출토 비파형동검의 형태와 네 손잡이 달린 곧은 목의 검은 간토기에 대한 서술 내용으로 보아, 그 연대는 춘추와 전국시대 사이까지 내려갈 수 있을 것으로 판단된다. 을B형과 을A형 무덤은 구조적 차이가 없는 것으로 보아 두 유형은 동시기이거나 을B형이 조금 늦은 단계일 것으로 이해되며, 전국 시기까지 계속 축조된 것으로 보인다. 3구에서 현재 발견된 이 유형 석붕무덤의 연대는 춘추 후기에서 전국 초기로 비교적 늦다. 소멸 연대는 갑류 석붕무덤과 대체로 비슷한 것으로 추정한다.

3) 의고형(병류) 입지형 석붕무덤

이 유형의 입지형 석붕무덤은 현재 요동 연해의 여러 강 유역에서만 발견되며, 형태와 규모 등에서 차이가 많다.

(1) 무덤의 분류

무덤의 형태를 보면 막음돌이 양쪽 굄돌의 바깥으로 나와 있거나 정확하게 맞추어진 것, 또는 조금 들어간 경우 등 여러 가지가 있으며, 이 유형의 석붕무덤은 3조로 구분할 수 있다(그림 70, 표 14).

제1조: 막음돌의 좌우 양끝이 양쪽 굄돌의 바깥을 벗어나지 않는 것.

막음돌의 두께가 굄돌보다 얇고, 문돌은 양 벽석 사이에 끼어 있거나 양 벽석 바깥쪽에 위치한다. 양벽과 막음돌 모두 덮개돌의 하중을 견디는 역할을 한다. 현재 이 유형 석붕무덤은 대부분 벽 바깥에 흙더미나 돌더미가 있다. 연운채 서쪽 석붕무덤의 돌더미 잔존 상태와 흩어진 돌더미로 볼 때 돌더미 기초부는 방형에 가깝다.

대부분 산능선과 기슭에 입지하며, 긴 방향은 서로 다르다. 사용된 석재는 모두 약간의 손질을 하였고 거의 떼를 이루면서 분포한다. 간혹 갑류 입지형 석붕무덤과 같은 묘지에 함께 있기도 한다. 그 가운데 쌍방 2호와 단산 1호에서는 모두 불에 탄 사람뼈와 껴묻거리가 발견되었고 주검으로 보아 무덤방 안에서 화장을 하였다.

제2조: 막음돌의 좌우 양끝과 양쪽 굄돌의 바깥면이 가지런하게 맞닿아 있는 것.

막음돌은 굄돌보다 얇으며, 문돌이 굄돌 바깥에 서 있는 예는 소관둔 소석붕이 있다. 현재 굄돌 바깥으로 흙더미나 돌더미가 있는 경우는 흥륭 소석붕,

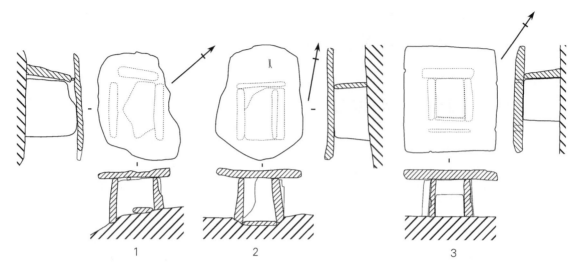

그림 70 병류 석붕 무덤 구조 변화
1: I식(연운채 서석붕), 2: II식(흥륭 대석붕), 3: III식(석목성 석붕)

단 위에 축조된 경우는 소관둔 소석붕이 대표적이다. 대부분 높은 구릉 위에 입지하며 사용된 석재는 거칠게 가공하였고 2기씩 짝을 지어 분포한 경우가 많다.

　제3조: 막음돌의 좌우 양끝이 굄돌 바깥으로 벗어나 있는 것.

　굄돌은 대부분 많이 손질하여 사다리꼴이며, 위쪽이 좁고 아래가 넓은 편이다. 이것은 구조적인 기능뿐만 아니라 전체의 조형미를 돋보이는 효과도 있다. 또한 3벽 혹은 4벽과 바닥돌이 맞닿은 부분에는 먼저 홈을 파서 서로 잘 맞추어지도록 시설한 점이 특징이다. 막음돌은 양쪽 굄돌보다 두텁고 무거운 편이여서 덮개돌을 지탱하는 역할을 한다. 4면 모두가 막혀 있거나 낮은 문을 세운 경우도 있고 아예 한쪽이 개방된 것도 확인된다. 대부분 조망이 좋은 구릉 가운데에 입지하며, 간혹 단 위에 축조하기도 한다.

　대부분 단독으로 입지하는데 대자, 석붕욕, 대황지, 석붕산 석붕 등이 대표적으로 긴 방향은 모두 남북쪽이다. 2기가 한 쌍을 이룬 사례도 있으며, 1기는 크고 나머지 1기는 작다. 백점자와 석목성 석붕이 대표적이다. 그 가운데 높은 곳에 위치한 것들은 규모가 크고 방향 역시 남북쪽이다. 낮은 곳에 위치한 것들은 규모가 작은 편이고 동서나 약간 벗어난 방향이라는 공통점이 있다.

이 밖에도 여러 기가 떼를 이루는 예는 석붕구 석붕이 대표적이다. 그 가운데 규모가 큰 것은 역시 남북쪽이며, 나머지 4기의 소석붕은 모두 동서향이다. 이 유형의 무덤 가운데 백점자 석붕무덤에서 돌가락바퀴와 불에 탄 사람뼈가 발견되었다. 마을 사람들에 따르면 과거 돌그릇(石碗) 등이 출토되었다고 한다.[239]

위에서 살펴본 각 조 석붕무덤들의 규모는 개별적으로 차이가 있다. 그 가운데 1조 석붕무덤의 무덤방 너비는 대부분 100cm 이상이며, 높이 역시 100cm를 넘는다. 무덤방 안의 너비와 길이의 비율은 58~68% 정도로서 무덤방의 너비가 길이의 2/3 정도이다. 그리고 2조 석붕무덤의 무덤방 너비는 150cm 이상이며, 높이 역시 150cm를 초과하여 규모는 제3조와 비슷하다. 무덤방의 너비와 길이의 비율은 66~68% 정도로, 무덤방 너비가 길이의 2/3 정도로 1조와 대체로 같다. 3조 석붕무덤의 덮개돌은 비교적 큰 편인데 길이가 435~860cm, 너비는 250~570cm 정도이다. 무덤방도 상당히 큰데 길이는 220~275cm, 너비는 160~210cm이고, 높이도 제법 높아 140~230cm이다. 너비와 길이의 비율은 약 72~76% 정도로 무덤방의 너비가 길이의 3/4 정도이다(표 14).

위에서 설명한 3조의 석붕무덤은 막음돌의 두께가 두터워지면서 하중에 대한 응력이 증대되고 너비 또한 넓어져 양쪽 굄돌보다 좁다가 굄돌 바깥으로 벗어나면서 규모가 점차 커져가는 변화의 발전 규칙을 보인다.

(2) 각 조 무덤의 연대

1조에 속하는 쌍방 2호 무덤에서 단지 1점이 발견되었다. 바탕흙은 모래질로 붉은색 토기이며, 긴 목으로 몸통이 부르고 밑은 굽이 있다. 목 부분에 띠가 1줄 돌아가며, 몸통에는 몇 줄로 구획된 그물무늬가 있고 그 가운데에 꼭지형 손잡이가 있다. 이 밖에도 돌가락바퀴 1점이 출토되었다. 토기의 긴 목과 높은 굽으로 보아 쌍타자 3기 문화의 토기와 비슷하다. 그러나 몸통에 있는 꼭지

표 14 병류 입지형 석붕무덤의 크기

입지형 석붕무덤	크기(cm)															문돌	너비·길이 비율(%)	막음돌 형태[240]	분조
	덮개돌			굄돌			막음돌			문돌			무덤방						
	길이	너비	두께	길이	높이	두께	너비	높이	두께	너비	높이	두께	길이	너비	높이				
석붕구 소1호	C140	230	34	C132	65	12	115	50	11				235	100	65		58?		
유둔 동산				154	120	29	146	94	20				154	110	120				
안평채1호	190	170	30	195 C50	120 90	30 20	156	C100	20	156	100	18	180	120	120	Ba		I	1
쌍방2호				185	190	42	C140	C33	30	120	60	25	185	120	130	Ab	68		
연운채 서	330	220	33	190	170	30	190	150	40	140	120	20	190	140	130	Aa	68		
소관둔 소	430	250	45	240	135	20	276	110	25				280	185	150		66	II	2
흥륭 대	510	400	30	227	170	33	200	170	18				220	150	170		68		
석목성	580	520	50	245	224	40	271	224	40	165	115	20	220	160	224		73		
석붕구 대	590	430	63	225	140	25	260	140	35				220	160	140		73		
대자	490	400	50	235	232	28	240	232	37				235	170	230		72		
백점자	435	400	50	210	150	18	260	136	23	250	140	35	240	175	150		73	III	3
석붕욕	435	450	50	233	205	20	288	205	41	270	200	38	240	185	185		73		
대황지	750	500	50	253	205	30	345	210	33	250	220	20	235	185	205		74		
석붕산	860	570	50	243	233	20	290	233	25				275	210	230		76		

형 손잡이는 강상 출토 항아리(12호-4)와 비슷하다. 토기의 형태적 변화로 볼 때 쌍방 2호의 연대는 우가촌 타두 3호와 강상 12호 무덤 사이에 해당된다. 주목되는 것은 강상 12호는 여러 무덤 가운데 많지 않은 비화장묘로 5명이 함께 묻혔다는 것이다. 이런 장례습속은 타두 무덤의 묻기와 같은 것으로 연대는 비교적 이르다.

앞에서 설명한 여러 사실을 고려하면 쌍방 2호의 연대는 상대 후기에서 주대 초에 해당하는 것으로 판단되며(이 밖에도 1조 석붕무덤의 벽석 구조를 을류 A

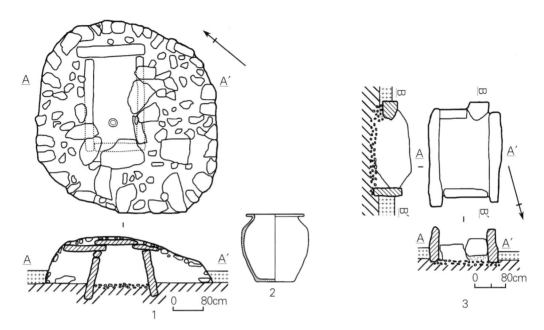

그림 71 맹가 등지의 돌무지 무덤 구조
1: 봉성 호가보자 2호 돌무지무덤 평·단면도, 2: 항아리(2호), 3: 봉성 맹가 1호 돌무지무덤 평·단면도

형 석붕무덤과 비교하면 여러 방면에서 공통점이 관찰되어 이들의 출현 연대는 대체로 비슷하다), 이는 이런 종류의 무덤이 발생하는 시기라고 볼 수도 있다.

2조와 3조 석붕무덤에서는 껴묻거리가 확인되지 않았다.

3조 석붕무덤은 현재까지 발표된 관련 발굴자료를 비교해 보면 상당히 늦은 시기에 해당되는 봉성 호가보(胡家堡)[241] 2호 무덤의 내부 구조와 비슷함을 알 수 있다(그림 71). 주의해야 할 점은 갑류 석붕무덤의 후기 형식은 맹가(孟家) 돌무지무덤 1호와 형태가 매우 비슷하다는 점이다(그림 71 참조). 위의 두 무덤의 발굴자는 그 연대를 기원후 4세기경으로 보고 있다.

이 밖에도 제3조 석붕무덤 가운데 네 벽을 모두 판자돌로 막아 놓은 것이 있는데, 흙과 돌을 섞어 만든 단 위에 축조하였다. 장하 백점자 석붕이 대표적이다. 주목해야 할 점은 대석교 석붕욕 석붕무덤은 한쪽을 빈 공간으로 만들어 놓아 묘문일 것으로 추정되지만, 일본 학자 야마모토 타다시 등은 "북쪽 벽석에 남아 있는 흔적으로 볼 때, 축조 당시에는 4매의 석재로 4면을 모두 막았

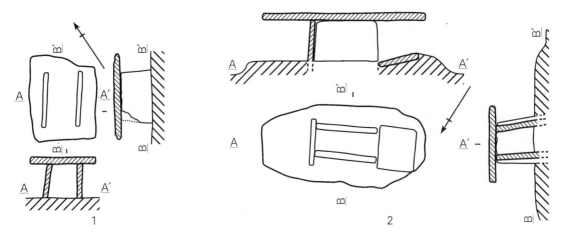

그림 72 한반도의 단(壇) 위에 축조된 고인돌 구조
1: 문흥리 2호 고인돌, 2: 관산리 1호 고인돌

표 15 단(壇)위에 축조된 석붕의 크기(단위: cm)

석붕명	형식	덮개돌 길이×너비×두께	단 길이×너비	단 높이	돌방 높이
소관둔 대	탁자식	600×400	?		?
소관둔 소	탁자식	430×250×(15~45)	1200×1200	90	150
석붕욕	탁자식	435×450×(35~50)	800×600	40~50	185
백점자	탁자식	435×400×(14~50)	?	?	150
관산리1호	탁자식	875×450×31	900?×900?	65	215
문흥리2호	탁자식	410×300×30		40	

다"고 주장하였다. 이런 예는 북한지역에서도 발견되고 있다. 은율 관산리 1호 고인돌 역시 단 위에 축조하였으며, 문돌의 가능성이 있는 서쪽 벽석이 지표 위에 쓰러져 있다. 문돌의 크기를 보면 막음돌의 너비·높이와 같아 공간을 막을 수 있을 것으로 판단된다.

단 위에 축조된 석붕무덤(고인돌)은 중국과 북한지역에서 현재까지 모두 6 곳이 조사되었다. 그 가운데 문흥리 2호는 막은 상태를 알 수 없으며 이미 파괴된 소관둔 대석붕을 제외한 나머지는 모두 4면이 막혀 있었을 가능성이 있다(표 15, 그림 72). 이러한 유형의 석붕무덤들은 그 외형적 형태로 볼 때 집안 장군분의 배총을 연상하게 한다. 이 무덤은 높은 단 위에 축조되었고 무덤방은 현재 밖으로 드러난 상태이다. 잘 알고 있듯이 본래의 구조는 석재를 쌓아서 전체를 막은 모습이다.

이런 점에 의하면, 병류 3조의 석붕은 본래 무덤이었고 연대는 비교적 늦은 편으로 아마 갑류 석붕무덤의 후기와 비슷할 것으로 여겨진다.

(3) 소결

위의 내용을 종합하면 다음과 같은 사실을 분석할 수 있다.

첫째, 병류 입지형 석붕무덤은 1구에서 유행된 무덤 형식이며, 출현 연대는 을A형 석붕무덤과 대체로 같아 상대 후기에서 서주 초보다 늦지 않을 것이다.

둘째, 이 유형의 석붕무덤이 유행된 시기는 비교적 긴 편인데 일반적으로 학자들은 당시의 역사적 배경에 근거하여 입지형 석붕무덤의 연대를 전국 초기보다 늦지는 않을 것으로 추정하고 있다. 그러나 이 유형 석붕무덤의 형태를 볼 때 반드시 그렇게 단정할 필요는 없다.

4) 종합

이런 분석 내용을 통하여 각 유형 입지형 석붕무덤의 시공 관계를 종합하면 다음과 같다.

1. 갑류(감입형) 입지형 석붕무덤의 출현 연대는 적어도 상대 초기까지 올라갈 수 있으며, 1구에서 축조되기 시작하였다. 서주 이후에는 주변지역으로 확산된다. 춘추 후기 이후에는 1구에서 이 유형 석붕무덤의 소멸 현상이 나타나는 반면, 다른 구역에서는 점차 보편화되어 적어도 전국 이후까지 지속적으로 축조되었다.

2. 을류(탑접형) 입지형 석붕무덤은 1구에서 상대 후기에서 서주 초기에 출현한 것으로 추정되며, 다른 구역에서는 조금 늦게 시작된다. 하지만 그 지속

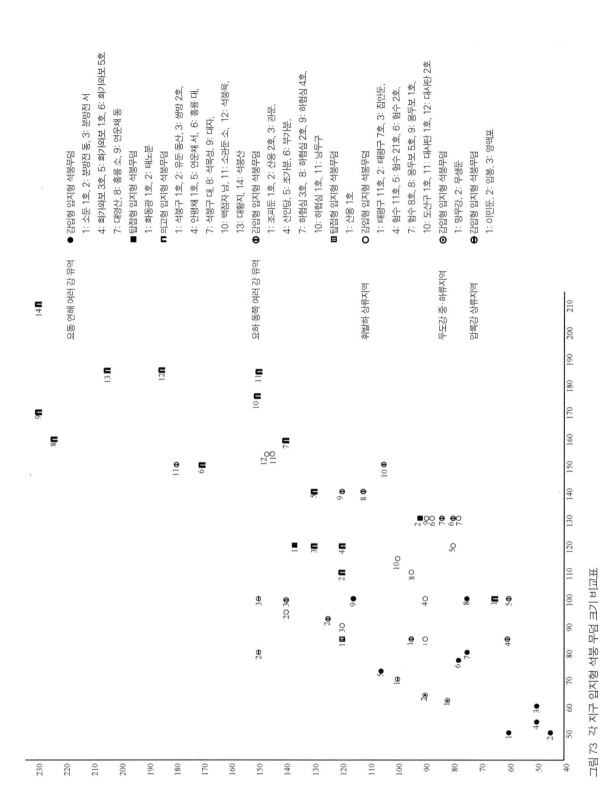

요동 연해 여러 강 유역

● 갑입형 입지형 석붕무덤
1: 소둔 1호, 2: 분방정 동, 3: 분방정 서
4: 화가와보 3호, 5: 화가와보 1호, 6: 화가와보 5호
7: 대영산, 8: 흥륭 소, 9: 연운제 동

■ 탑형 입지형 석붕무덤
1: 좌동광 1호, 2: 태노둔

∏ 의고형 입지형 석붕무덤
1: 석구 1호, 2: 유둔 둥산, 3: 쌍방 2호,
4: 연펑체 1호, 5: 연운체 서, 6: 흥륭 대,
7: 석붕구 대, 8: 석목성, 9: 대자,
10: 백점자 남, 11: 소관둔 소, 12: 석붕욕,
13: 대황지, 14: 석붕산

요하 동쪽 여러 강 유역

● 갑입형 입지형 석붕무덤
1: 조피둔 1호, 2: 산용 2호, 3: 권문,
4: 선인당, 5: 조가둔, 6: 부가둔,
7: 하협심 3호, 8: 하협심 2호, 9: 하협심 4호,
10: 하협심 1호, 11: 낭두구

Ⅲ 탑형 입지형 석붕무덤
1: 산용 1호

휘발하 상류지역

○ 갑입형 입지형 석붕무덤
1: 태평구 11호, 2: 태평구 7호, 3: 집인둔,
4: 향수 11호, 5: 향수 21호, 6: 향수 2호,
7: 향수 8호, 8: 용두보 5호, 9: 용두보 1호,
10: 도산구 1호, 11: 대사탄 1호, 12: 대사탄 2호

두도강 중·하류지역

◉ 갑입형 입지형 석붕무덤
1: 망우강, 2: 무성진

압록강 상류지역

◐ 갑입형 입지형 석붕무덤
1: 이민둔, 2: 임봉, 3: 영애포

그림 73 각 지구 입지형 석붕 무덤 크기 비교표

시기는 갑류 석붕무덤과 같은 것으로 보인다.

　3. 병류(의고형) 입지형 석붕무덤은 오직 1구에서만 유행하였다. 출현 연대는 상대 후기나 주대 초보다 늦지 않으며, 지속된 시기는 매우 길어서 이 유형의 무덤 형태로 볼 때 전국 후기 혹은 좀 더 늦은 시기까지 축조된 것으로 보인다.

　각 구역 입지형 석붕무덤의 전체적인 변화 추세는 그림 73을 참고할 수 있다.

II. '위체형(圍砌型)' 석붕무덤

위체형 석붕무덤은 무덤방이 지표 위로 드러나 있으며 돌을 쌓아 무덤방을 만든 것이다. 현재 북한 학계에서는 일반적으로 이 유형의 무덤을 묵방형 고인돌로 부르고 있으며, 일부 일본과 한국 학자들은 '바둑판형'·'남방 유형'·'개석 유형' 고인돌의 하나로 분류하고 있다. 중국 학자들은 일반적으로 '돌무지무덤'·'대석개묘'·'압석묘' 등으로 부른다.

1. 유적의 발견

이 유형의 석붕무덤은 외형상 요동반도 남부의 청동기시대 이전의 '돌무지무덤' 및 요동지역 고구려 '돌무지무덤'의 형태와 비슷하다. 이 때문에 문물조사 당시 일반적으로 '돌무지무덤'으로 불렸다. 또한 다른 지역에서는 별개의 '돌무지무덤' 유형으로 구분하였다.

이런 까닭에 현재 중국 동북지구에서 분명한 위체형 석붕무덤이 확인된 곳은 단 3곳밖에 되지 않는다. 모두 발굴조사가 되었으며, 이 유형에 속하는 석

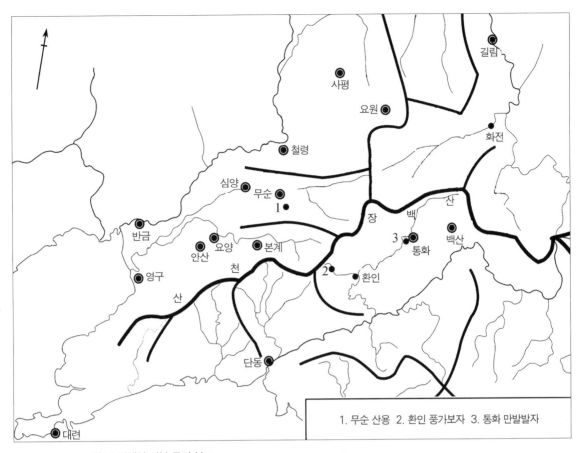

그림 74 위체형 석붕 무덤 분포

표 16 '위체형' 석붕무덤의 현황

번호	유적명	위치	수량[242]	참고문헌
1	산용 유적	무순현 구병향 산용욕촌 북쪽 1km	2	武[243]
2	만발발자 유적	통화시 금창진 약진촌 만발발자	?	俗[244]
3	풍가보자 유적	환인현 화래진 풍가보자촌	4?	2[245]

붕무덤은 현재 혼하 상류 및 혼강 상류에서 발견된다. 이곳은 입지형 석붕의
분포구역인 제3구(요하 동쪽 여러 강 유역)와 제4구(압록강 상류지역)의 교차지
대에 해당된다(그림 74, 표 16).

2. 특징과 연대

1) 형태적 특징

지금까지 발굴된 위체형 석붕무덤은 산용 유적의 4호, 5호 및 풍가보자 4호, 5호(발굴 보고자는 '돌무지 석개무덤'이라 함), 만발발자 유적의 일부 '대석개묘'(예를 들면 사진이 발표된 29호?) 등이다. 이 가운데 앞의 두 유적은 형태가 완전히 같다. 무덤방이 좁고 돌을 쌓아 무덤 벽을 만들었다. 무덤방의 아래쪽은 원지표의 아래에 위치하며 위쪽은 원지표 위에 드러나 있고, 무덤방 안팎에는 돌더미가 있다. 그러나 만발발자에서 확인된 이 유형의 무덤 안에는 돌더미가 거의 없었다.

산용 유적의 경우 무덤방 안에서 화장을 한 다음 돌을 채웠고, 그 위에는 큰 덮개돌을 놓았다. 덮개돌은 무덤방의 가장자리를 완전히 덮고 있지 않기 때문에 개석의 기능은 없는 것으로 보인다. 아마도 무덤임을 나타내는 상징적인 의미만 가진 것으로 보여 발굴자는 '압석묘(壓石墓)'라 하였다. 풍가보자 역시 대체로 비슷한 양상을 보인다.

2) 연대 문제

이 유형의 무덤 가운데 발굴조사되어 자료가 발표된 사례는 산용 유적이 유일하다. 따라서 다른 유적에 관해서는 발굴자가 발표한 몇 편의 연구 성과를 인용할 수 밖에 없다.

산용 5호에서 출토된 작은 토기 조각으로 그 연대를 추정하는 것은 어렵다. 이 유적에는 입지형 석붕무덤, 위체형 석붕무덤, 돌무지 돌방무덤 등이 줄을 지어 같이 있다. 그 가운데 5호 무덤의 돌무지는 6호인 돌무지 돌방무덤 아래에 중복되어 있다. 6호는 형태로 볼 때 고구려 시기의 무덤으로 여겨진다. 이에 따라 발굴자는 4·5호 무덤의 시기를 전국 후기 또는 한대 초로 추정하였다.

풍가보자 4호에서는 단지, 항아리 및 돌대롱구슬과 치레걸이 등이 출토되었다. 발굴자는 그 연대를 서한 시기로 보았다.

발굴자의 설명에 의하면, 만발발자 유적은 모두 7기로 구분할 수 있다. 그 가운데 '대석개 돌무지무덤'이 출현한 제4기는 서한 시기에 해당된다. 발굴자는 그 형태에 대해 '대개석묘'와 고구려 초기 돌무지무덤 사이의 과도기적 형태에 속하는 것으로 인식하였다. 그리고 장례습속은 '대개석묘'와 비슷한데 단지 덮개돌 위에 깨진 돌을 쌓아 놓았다.

이러한 연구 성과를 보면 이 유형의 석붕무덤은 대부분 전국 후기에서 서한 시기에 유행한 것으로 판단된다.

3. 관련 문제의 토론

위에서 언급한 '위체형' 석붕무덤의 자료 소개와 분석을 통해 몇 가지 기본적인 사실을 얻을 수 있었으며, 동시에 검토되어야 할 일부 문제가 있다.

1) 고구려 '돌무지무덤'과의 관계

석붕무덤의 내부 구조와 외부 형태를 보면 고구려 시기 어떤 한 유형(모든 유형의 고구려 돌무지무덤이 석붕무덤과 형태가 비슷하다는 것은 아니다. 예를 들어 장백 간구자[長白 干溝子] 돌무지무덤[246]은 고구려의 어떤 돌무지무덤의 원형일 가능성이 있다)의 '돌무지무덤'과 매우 비슷한 구조이다. 이러한 의미에서 본다면 서로 간에는 직접적인 상관관계가 있을 가능성이 있다. 그렇다면 위에서 설명한 두 종류의 무덤은 과연 어떻게 구분할 것인가? 이러한 의문과 관련하여 먼저 앞에서 소개한 3곳의 유적과 돌무지무덤의 비교 분석이 진행되어야 할 것이다.

산용, 만발발자, 풍가보자 무덤에서는 모두 고구려 시기의 돌무지무덤이 확인되었다. 그 가운데 위체형 석붕무덤의 축조 방식과 장례습속은 고구려 무덤과 매우 유사하여 이를 '돌무지 돌방무덤(산용)', '돌무지무덤', '방단 적석묘(만발발자)', '방단 석실적석묘(풍가보자)' 등으로 분류할 수 있다. 이들은 예외 없이 모두 커다란 덮개돌이 확인되지 않는다. 풍가보자 유적에서 확인되는 입지형 석붕무덤의 축조 형태는 돌무지무덤과 비슷하여 '방단 석실적석묘'라 하였다. 그 위쪽에는 덮개돌이 있으며 널길이 나타나고 여러 개의 돌을 덮은 형태이다. 이러한 무덤은 환인 대전자 유적에서도 조사되었으며, 입지형 석붕과는 구별된다.

이러한 점에서 위체형 석붕무덤은 거대한 1매의 덮개돌이 무덤의 뚜껑돌 역할을 하지만 무덤이라는 상징적 표지로 활용될 뿐 실제로 덮는 기능은 없었다. 또 무덤의 문은 있지만 널길이 없는 것도 있고, 4면이 모두 밀폐된 것도 있다.

2) 분포, 유형 및 변화

위에서 설명한 3곳의 위체형 석붕무덤 이외에 『요동반도석붕』에 의하면, 청원현 창석향 낭두구촌 증가구둔 남쪽에서 입지형 석붕무덤이 발견되었다. 이 석붕무덤의 서쪽으로 약 200m쯤 떨어진 곳에서 파괴된 2기의 '돌무지무덤'이 발견되었다. 산용 유적의 발굴 상황으로 보아 이들 역시 위체형 석붕무덤에 속할 가능성이 있다. 이 밖에도 문물조사 자료에 의하면 이와 유사한 형태의 무덤이 있다. 본계현 초하성진(草河城鎭) 사과수촌(四棵樹村) 동북쪽의 '돌무지무덤'(지표에 큰 덮개돌이 노출), 본계현 평산구(平山區) 교두진(橋頭鎭) 상가촌(尙家村) 동산 '돌무지무덤'(지표에 둥근 형태의 큰 덮개돌 노출), 환인현 아하향(雅河鄕) 연합촌(聯合村) '돌무지무덤', 환인현 이붕전자진(二棚甸子鎭) 사도령자(四道岭子) '돌무지무덤'(위쪽에 큰 덮개돌이 있음) 등이며, 이들 무덤에 대한 조사가 이루어지지 않아 구체적인 내용은 알 수 없다.

그렇다면, 위체형 석붕무덤은 오직 3구와 4구에만 분포하고 입지형 석붕무덤의 영향을 받아 발생하였으며, 연대는 비교적 늦은 석붕무덤의 한 유형으로 생각하는 것이 가능한 것일까? 아직까지는 이러한 결론을 내리기가 어려워 보인다.

요동 연해 여러 강 유역(1구)에서 발견되는 자료를 보면 다음과 같은 일부 사실에 주의할 필요가 있다.

『요령 대련 신금현 벽류하 대석개묘(遼寧大連新金縣碧流河大石盖墓)』[247]에 의하면, 보란점시 안파진 유둔의 동산과 서산, 쌍탑진 교둔에서 발견된 일련의 무덤들은 다음과 같은 특징을 가진다. 지면 위에 여러 매의 돌을 놓고, 그 위에 1매의 큰 판자돌을 덮어 덮개돌로 삼았으며 '대석개묘'라 한다. 이런 유형의 무덤 주변에서는 입지형 석붕무덤과 함께 무덤방을 지하에 축조한 '대석개묘'가 발견되었다. 간단히 보고된 내용을 보면, 전통적인 의미의 '바둑판형'(이 책의 '정석형' 석붕무덤) 혹은 '남방 유형' 석붕무덤과 유사하다. 그러나 그 아래쪽에서는 따로 무덤방이 발견되지 않는 정황으로 보아 위에서 설명한 유형의 무덤과는 차이가 있다.

혹은 다음과 같은 추론도 가능하다. 이러한 유형의 무덤은 무덤방의 구조가 비교적 간단하다. 단지 몇 매의 돌을 둘러 간단하게 무덤방을 만들었는데 마성자 동굴에서 발견된 일부의 '돌널'과 비슷하다. 이러한 의미에서 볼 때 이런 유형의 무덤들은 위체형 석붕무덤으로 분류될 수 있다. 쉬위이린과 쉬밍까앙이 보고한 내용을 종합하면, 이 지역 내에서 확인되는 일부 '입지형 석붕무덤' 주변에는 '돌무지무덤'이 함께 있는데 보란점시 소둔 유적이 대표적이다.[248] 어떠한 경우에는 '돌무지무덤'과 '대석개묘', '입지형 석붕무덤'이 한 유적 안에 함께 있는데, 보란점시 쌍탑진 양둔 서산이 있다. 이른바 '대석개묘'의 무덤방 구조가 '돌무지무덤'과 같은 경우도 있다. 보란점시 낙갑향(樂甲鄉) 영무촌(永茂村) 이수저(梨樹底)[249] 무덤이 대표적이다. 이러한 무덤들은 위체형 석붕무덤과 관련이 있는 것 같다.

1구에서 확인된 '돌무지무덤'은 그 구조가 비교적 복잡한 무덤 유형으로 인식되어 왔다. 쉬밍까앙의 연구에 의하면, 대련지역의 돌무지무덤은 적어도 4종류로 구분된다.[250] 그러나 실제로 쉬밍까앙은 단지 '여러 방 무덤'을 기본 특징으로 하는 돌무지무덤 유형만을 대상으로 하였을 뿐, 왕보산(王寶山) 무덤[251]과 같은 '외방 무덤' 유형은 포함시키지 않았다. 그런데 이러한 외방 '돌무지무덤'의 내·외부 구조는 위체형 석붕무덤과 거의 비슷하기 때문에 위에서 설명한 무덤은 위체형 석붕무덤에 해당될 가능성이 있다. 이 밖에도 문물조사 자료에 의하면, 와방점시 동강향(東崗鄉) 대취자촌(大嘴子村) 이도방둔(二道房屯) 동남쪽 약 2,000m가량 떨어진 곳에서 2기의 비파형동검 무덤이 발견되었다. 조사 당시 지표에서 돌더미가 확인되었고, 마을 사람들이 '돌 탁자'라고 부르는 큰 덮개돌이 있었다고 전한다. 이러한 내용에 근거하여 이 유형 석붕무덤의 형태와 연대를 추정할 수 있다.

현재 1구에서 발견되는 위에서 설명한 위체형 석붕무덤 관련자료를 보면, 그 형태는 3구와 4구의 이런 유형 석붕무덤들과는 어느 정도 차이가 있다. 그러나 그동안 진행된 발굴과 조사자료가 매우 빈약하기 때문에 전체적인 양상을 알기 어렵고 따라서 이를 통해 위체형 석붕무덤의 유형 분류를 하는 것은 불가능하다.

그러나 설명되어야 할 것은 1구의 남부지역, 즉 대련시를 중심으로 하는 지역은 위체형 석붕무덤이 발생할 수 있는 최적의 조건을 가지고 있다. 그 이유는 이 지역에서 신석기시대부터 유행된 무덤들은 전체 형태가 어떠하든지 그 개별적인 무덤들은 모두 돌을 쌓아 무덤방을 만들었으며, 그 위에는 큰 돌을 덮는 기본적인 특징이 있다(적어도 쌍타자 3기 문화부터는 화장의 습속이 보편적으로 유행되었는데, 예를 들면 앞에서 설명한 왕보산과 토룡자 돌무지무덤[252]이 있다). 이러한 장례습속과 무덤 형식은 전국 후기까지 지속된다(잘 알려진 전형적인 무덤은 '강상'과 '누상', '와룡천'[253] 등이 있다). 주의해야 할 점은 이 지역은 '돌무지무덤'이 비교적 발달된 곳이지만 판자돌을 세워서 돌널 형태의 무덤방을 만든 것은 찾아보기 힘들다.

지금까지의 조사 성과를 종합하면, 1구의 '위체형' 석붕무덤이 발생한 시기는 비교적 이른 편이다. 3구와 4구에서 위체형 석붕무덤의 유행 연대는 상대적으로 늦은 편이다. 두 지역 간 위체형 석붕무덤의 관계에 대해서는 앞으로의 연구를 기대해 본다.

제4장

개석무덤 연구

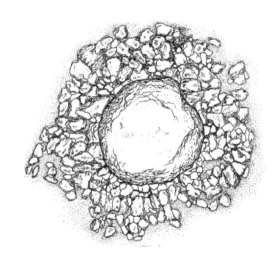

개석무덤은 무덤방이 지하에 위치하고, 1매의 큰 돌로 된 덮개돌이 원지표 위에 놓여 있는 것을 말한다. 지금까지의 조사에 의하면 주로 요령과 길림성 두 지역 내에서 발견되며, 요하 동쪽과 송화강 남쪽, 압록강 서쪽 지역에서 찾아지고 있다.

개석무덤만을 대상으로 한 유적 조사는 진행되지 않았으며, 대부분 입지형 석붕무덤을 조사하는 과정에 발견되었다. 그렇지만 현재 중국 동북지구에서 발견된 개석무덤은 적어도 129곳에서 390기 이상이다. 그러나 조사의 한계로 인해 대다수 개석무덤의 측량자료와 구조에 대한 설명 등 관련 정보가 매우 부족한 상황이다.

I. 유형과 그 분포

현재 개석무덤에 대한 발굴조사 성과에 따라 무덤방 구조, 장례습속, 껴묻거리 등이 각 지역별로 큰 차이가 있어 몇 개의 유형으로 구분이 가능하다. 이렇게 구분된 각 유형별 개석무덤은 연대와 분포지역에서도 차이가 있다. 이런 유형의 무덤을 보다 더 체계적으로 연구하기 위하여 아래에서는 먼저 개석무덤의 유형 분류를 진행하고자 한다.

1. 유형 구분

앞에서 개석무덤의 덮개돌과 무덤방의 관계에 따라 초보적으로 개석형과 정석형의 두 유형으로 구분하였다.

개석형 개석무덤은 덮개돌이 곧 무덤을 덮는 돌이다.

정석형 개석무덤은 덮개돌이 단지 무덤의 표시만 할 뿐 덮는 기능은 하지 않는다.

1) 개석형 개석무덤

이 유형의 무덤에 대하여 많은 중국 학자들이 끊임없는 발굴조사와 심화된 연구를 진행하여 왔다.

가장 먼저 쉬위이린과 쉬밍까앙은 '대석개묘'[254]의 무덤방 구조와 외부 형태의 차이에 따라 '개석 널', '개석 돌널', '개석 돌무지'[255]의 3종류로 분류하였다(이 가운데 '개석 돌무지무덤'의 무덤방은 지상에 위치한다). 이후 짱쯔리, 천구워칭은 '대석개묘'[256]를 2종류로 구분하였다. I형은 길림 화전 서황산둔 3호를 대표로 하고, II형은 길림 소달구 18호[257]를 대표로 한다. 찐쉬뚱은 동풍현 지역에서 10기의 '대개석묘'[258]를 발굴한 다음 무덤방 구조에 따라 2종류로 구분하였다. 하나는 '토갱개석무덤'이고 다른 하나는 '석관개석무덤'으로 두 무덤의 장례습속은 서로 같다. 또한 껴묻거리의 차이에 따라 다시 두 유형으로 분류하였다. 하나는 조추구 유적을 대표로 하고, 다른 하나는 보산 동산 1호를 대표로 한다. 두 무덤의 연대는 서로 다르지만 무덤의 형식 변화는 뚜렷하지 않다.[259]

쉬꽝훼이는 '대석개묘'[260]를 5개 유형으로 분류하였다. A형은 쌍방 6호, B형은 벽류하 저수지 수몰지역의 24호, C형은 봉성 동산 1호, D형은 봉성 남산 두 무덤을 대표로 한다.[261] E형은 서풍 부풍둔에서 발견되었다. 그는 각 형식의 분포지역, 연대 및 상호 관계 등[262]을 분석하였는데 그 가운데에는 좋은 의견이 많다.

왕쓰쪼우는 '대석개묘'[263]를 두 지역으로 구분하였는데, A구(요령성 동남부 지역)와 B구(길림 중남부 및 요령·길림 경계 지역)이다. 두 지역에서 확인되는 대석개묘를 5개 유형으로 분류하였다.

AI형: 토광수혈(벽과 바닥은 생토 혹은 약간의 자갈을 깔았음)

AII형: 토광석곽(무덤구덩이의 네 벽에 돌을 쌓아 덧널을 만듦)

AIII형: 토광석관(네 벽 모두 큰 판자돌을 세움, 바닥에 판자돌을 깔기도 함)

AIV형: 토광수혈 내 딸린널 설치(무덤 내부의 한쪽에 판자돌을 세워 하나의
　　　 '작은 돌널'을 둠. 껴묻거리를 놓는 곳)

AV형: 지면에 돌을 놓고 그 위에 판자돌을 덮음(구덩이가 없음. 지표에 돌을
　　　 쌓아 무덤방을 만들고 큰 덮개돌을 덮음)

BI형: 토광수혈

BII형: 토광석곽

BIII형: 토광석관

BIV형: 널길이 있는 돌덧널

BV형: 널길이 있는 풍화암반 구덩이

　　각 형식의 대석개묘는 유행한 연대가 다른데 AI-AV부터, BI-BV까지의 유행 연대가 연속되는 것으로 인식하였다. 동시에 A, B 두 구역 대석개묘의 묻기와 장례습속은 같은 양상으로 변화 추세를 보이지만 여전히 분명한 차이가 있는 것으로 인식하였다. A구는 대부분 2인 1차 간골장(揀骨葬)이 보편적이며 무덤 밖에서 화장하였고, 씨족의 공동묘지로 생각하였다. B구는 두 사람 이상을 여러 차례 묻은 어울무덤이며 무덤방 안에서 화장하였고, 이것을 가족 단위의 어울무덤으로 인식하였다. 그는 각 구역의 문화, 사회풍속, 의식 형태 등 여러 방면에서의 차이와 변화 및 시간차 등을 설명하였다.[264]

　　위에서 설명한 학자들의 분류 연구는 모두 무덤방의 구조적 차이에 의한 것이다. 지금까지의 조사 성과를 보면, 지역에 따라 개석무덤의 구조와 장례습속, 껴묻거리 등 여러 차이점이 있다. 그 가운데 현재 무덤방 구조의 차이는 개별 무덤들에서 확인되는 벽 감실과 널길을 제외하곤 같은 유형의 무덤들 간에도 크기 차이가 있다. 이것은 장례습속과 밀접한 연관성이 있다. 또한 장례습속과 껴묻거리의 차이는 바로 지역과 관련이 있으며 연대 차이와도 연관이 있다.

　　무덤의 구조적 차이에 따라 유형 분류를 하는 것이 가장 합리적인 것으로 판단된다. 그러나 주의해야 할 점은 같은 지역, 같은 시기의 구조가 다른 무덤

들과 장례습속 및 껴묻거리가 기본적으로 같다는 것이다. 그러나 다른 지역에서 같은 구조를 가진 무덤들의 장례습속과 껴묻거리에서는 차이가 발견된다. 또한 서로 다른 지역에서 같은 구조를 가진 무덤들의 규격 역시 차이가 있기 때문에 기준을 파악하는 것이 쉽지는 않다. 따라서 이 책에서는 먼저 무덤의 장례습속을 가지고 개석형 개석무덤의 유형을 아래와 같이 2종류로 구분하겠다.

갑류: 홑묻기[單葬類]

을류: 어울묻기[集葬類]

각 유형별 개념을 간단히 설명하면 아래와 같다.

(1) 홑묻기 개석무덤(갑류)

여기서 말하는 '홑묻기[單葬]'의 개념에는 두 가지의 뜻이 담겨 있다. 하나는 무덤방 안에서 적은 양의 사람뼈만 확인되거나 사람뼈가 조사되지 않은 예로 무덤방의 크기가 홑묻기에 적합한 경우이다. 다음은 단 한 번의 묻기만 이루어진 사례로서 단독무덤[單體墓葬]의 성격을 가진다.

무덤방 구조의 차이에 따라 2개 유형으로 구분된다.

갑A형: 홑묻기 석관형 개석무덤[單葬石棺型蓋石墓]으로 무덤방이 매우 좁고, 돌을 사용하여 무덤방의 테두리를 만든 것을 말한다. 즉, 일반적인 개념의 돌널무덤이며, 조성 방식에 따라 돌을 세운 것과 막돌을 쌓은 두 가지가 있다.

갑B형: 홑묻기 토갱형 개석무덤[單葬土坑型蓋石墓]이다. 여기서 말하는 '토갱'은 통칭 널무덤에서 말하는 구덩이와 같은 개념으로, 무덤방은 구덩이며 좁고 얕게 조성되었다.

(2) 어울묻기 개석무덤(을류)

'어울묻기'의 개념에는 두 가지 의미가 있다. 하나는 무덤방 안에서 여러 개체의 사람뼈가 확인되는 여러 사람 묻기이다. 다음은 여러 번에 걸친 묻기로 일종의 어울무덤 '묘지'의 성격을 가진다.

무덤방의 구조에 따라 두 가지로 구분된다.

을A형: 어울묻기 석광형 개석무덤[集葬石壙型蓋石墓]으로 무덤구덩이 안에 돌을 쌓아 가장자리를 만든 것으로 넓고 깊은 무덤방을 형성한다. 돌널무덤과 구별하기 위하여 석광(石壙)이라 부른다.

을B형: 어울묻기 토광형 개석무덤[集葬土壙型蓋石墓]으로 무덤구덩이가 비교적 넓고 깊으며 네 벽에 돌을 쌓지 않았다. 이러한 종류의 무덤은 토갱묘라 부를 수 없다. 석광과 상대적인 개념에서 토광이라 명칭하였다.

2) 정석형 개석무덤

이 유형의 무덤은 현재 발굴조사가 이루어진 곳이 왕청문 유적밖에 없어 유형 분류가 힘들다.

위에서 설명한 각 유형의 개석무덤은 다음에 보다 자세하게 검토하고자 하며, 아래에서는 각 유형별 개석무덤의 분포 현황을 지역별로 살펴보겠다.

2. 분포

개석무덤은 대부분 석붕무덤과 같은 유적 안에 있거나 서로 교차 분포한다. 그러나 일부 지역에서는 오직 개석무덤만 확인되며, 주변에서 석붕무덤이 조사되지 않는 사례도 있다. 따라서 앞에서 살펴본 석붕무덤의 분구(5개 구역의 설정)를 기초로 아래와 같이 6개 소지역으로 나누어 설명하겠다(그림 75).

1) 요동 연해의 여러 강 유역(제1구)

이 구역 안에서 개석무덤의 분포 범위는 석붕무덤과 비교해서 좁은 편이다. 상대적으로 요동반도 중·북부지역에 집중된 경향을 보이며, 복주하 북부,

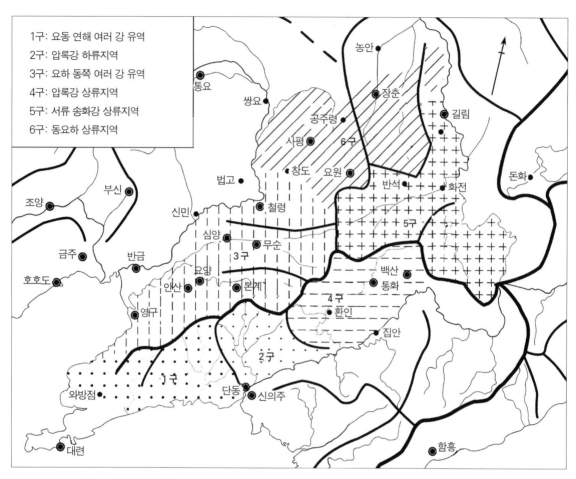

그림 75 개석무덤 분구

벽류하, 영나하(英那河) 유역에 가장 밀집 분포한다. 즉 지금의 와방점시, 보란
점시, 장하현의 북부 및 수암현의 일부 지역을 말하며, 요동반도 남부지역에
서는 관련 자료가 보고되지 않았다. 현재 알려져 있는 이 지역의 개석무덤은
모두 55곳에서 적어도 168기이다(대부분의 유적에서 무덤이 1기만 발견되는 것은
아니지만 통계 수치가 정확하지 않아서 1기로 계산하였는데, 다른 유적의 경우도 같
다)(그림 76의 1~55, 표 17의 1~55).

지금까지의 조사에 따르면 이 구역에서 구조가 비교적 명확하게 밝혀진 개
석무덤은 모두 개석형에 속한다. 발굴된 유적은 보란점시 안파진 유둔, 쌍방,

표 17 중국 동북지구 개석무덤 일람표

번호	유적명	위치	수량[265]	현황[266]	참고문헌[267] 및 비고[268]	무덤 유형[269]
1	보란점 유둔	요령 보란점시 안파진 유둔촌 동산, 서산 (遼寧 普蘭店市 安波鎭 劉屯村 東山, 西山)	5?	유적 설명 참조	발굴[270], □, 옛명칭: 벽류하 대석개묘	갑 B
2	보란점 유둔 누석강	요령 보란점시 안파진 유둔촌 누석강 (遼寧 普蘭店市 安波鎭 劉屯村 壘石崗)	?	많이 파괴	B, □	
3	보란점 송둔 남과원	요령 보란점시 안파진 송둔 남과원 (遼寧 普蘭店市 安波鎭 宋屯 南果園)	?	많이 파괴	B, □	
4	보란점 대전 서산	요령 보란점시 안파진 덕승촌 대전 서산 (遼寧 普蘭店市 安波鎭 德胜村 台前 西山)	3	많이 파괴	A, B, □	
5	보란점 쌍방	요령 보란점시 안파진 덕승촌 쌍방 서산 (遼寧 普蘭店市 安波鎭 德胜村 雙房 西山)	3?	유적설명 참조	발굴[271], □	갑 A
6	보란점 북대자 서산	요령 보란점시 안파진 북대자둔 서산 (遼寧 普蘭店市 安波鎭 北台子屯 西山)	?	많이 파괴	B, □	
7	보란점 하팔가 서산	요령 보란점시 안파진 하팔가자둔 서산 (遼寧 普蘭店市 安波鎭 下八家子屯 西山)	?	많이 파괴	B, □	
8	보란점 소둔	요령 보란점시 안파진 소둔촌 서산 (遼寧 普蘭店市 安波鎭 邵屯村 西山)	12	미상	A[272], □	
9	보란점 소둔 북	요령 보란점시 안파진 소둔촌 북쪽 (遼寧 普蘭店市 安波鎭 邵屯村 北部)	6	미상	A[273], □	
10	보란점 삼대자	요령 보란점시 쌍탑진 양둔촌 삼대자 동산 (遼寧 普蘭店市 雙塔鎭 揚屯村 三台子 東山)	19	미상	A, B, □	
11	보란점 양둔 서산	요령 보란점시 쌍탑진 양둔촌 서산 (遼寧 普蘭店市 雙塔鎭 揚屯村 西山)	?	미상	D, □	
12	보란점 안평채	요령 보란점시 쌍탑진 홍기촌 안평채 서북 (遼寧 普蘭店市 雙塔鎭 紅旗村 安平寨 西北)	6	서북쪽 1200m 지점의 무덤 일부에 봉토가 잔존	C, □	
13	보란점 상둔	요령 보란점시 쌍탑진 상둔촌 대상둔 뒷산 (遼寧 普蘭店市 雙塔鎭 相屯村 大相屯 後山)	4	모름	C, □	
14	보란점 교둔	요령 보란점시 쌍탑진 교둔촌 (遼寧 普蘭店市 雙塔鎭 喬屯村 地中)	6?	유적 설명 참조	발굴[274], □, 옛 명칭: 벽류하 대석개묘	갑 B

번호	유적명	위치	수량	현황	참고문헌 및 비고	무덤 유형
15	보란점 와방	요령 보란점시 동익향 와방학교 남산 기슭 (遼寧 普蘭店市 同益鄉 瓦房學校 南山坡)	?	학교 건설시 석개무덤 발견, 토기 출토	C	
16	보란점 왕둔	요령 보란점시 동익향 왕둔 서남쪽 산기슭 (遼寧 普蘭店市 同益鄉 王屯 西南山坡上)	1?	유적 설명 참조	劉[275]	갑 A
17	보란점 장가둔	요령 보란점시 동익향 장가둔 동북쪽 (遼寧 普蘭店市 同益鄉 張家屯 東北)	?	개석무덤 확인, 하부는 돌널, 일부 파괴, 토기 출토	C	갑 A
18	보란점 전둔	요령 보란점시 동익향 전둔 동북 산기슭 아래 (遼寧 普蘭店市 同益鄉 田屯 東北 山脚下)	6?	지표에 큰 덮개돌, 그 아래에 돌널	C	갑 A
19	보란점 핵도구	요령 보란점시 동익향 동지촌 핵도구 (遼寧 普蘭店市 同益鄉 東地村 核桃溝)	2	지표에 덮개돌이 드러남, 길의 동·서쪽에 각 1기, 예전에 항아리 출토	C	
20	보란점 경양 서산	요령 보란점시 동익향 경양촌 서산 기슭 (遼寧 普蘭店市 同益鄉 慶陽村 西山坡)	?	석개무덤떼, 훼손	C	
21	보란점 신생	요령 보란점시 사평진 신생 무덤떼 (遼寧 普蘭店市 四平鎮 新生墓群)	10?	마을 서쪽에 위치, 일부 덮개돌이 지표에 드러남, 그 아래에 돌널	C	갑 A
22	보란점 양구 후산	요령 보란점시 사평진 양구 뒷산 (遼寧 普蘭店市 四平鎮 楊溝 後山)	?	미상	D	
23	보란점 요령한자	요령 보란점시 사평진 고가촌 요령한자 (遼寧 普蘭店市 四平鎮 顧家村 腰嶺限子)	?	미상	D	
24	보란점 선강	요령 보란점시 사평진 비둔향 선강 남쪽 기슭 (遼寧 普蘭店市 四平鎮 賁屯鄉 仙崗 南坡)	?	미상	D	
25	보란점 대가동산	요령 보란점시 검탕향 대가 동산 (遼寧 普蘭店市 儉湯鄉 戴家 東山)	?	미상	D	
26	보란점 하서동방신	요령 보란점시 검탕향 하서동방신 (遼寧 普蘭店市 儉湯鄉 河西東房身)	?	미상	D	
27	보란점 묘령강둔	요령 보란점시 낙갑향 묘령강둔 (遼寧 普蘭店市 樂甲鄉 廟嶺姜屯)	?	미상	D	

번호	유적명	위치	수량	현황	참고문헌 및 비고	무덤유형
28	보란점 흑석뢰자	요령 보란점시 낙갑향 소흑석뢰자 (遼寧 普蘭店市 樂甲鄉 小黑石磊子)	?	미상	D	
29	보란점 주둔	요령 보란점시 낙갑향 영무촌 주둔 (遼寧 普蘭店市 樂甲鄉 永茂村 周屯)	?	미상	C, D	
30	보란점 이수저	요령 보란점시 낙갑향 영무촌 이수저 (遼寧 普蘭店市 樂甲鄉 永茂村 梨樹底)	?	미상	C, D	
31	보란점 양영강	요령 보란점시 낙갑향 이하촌 양영강 (遼寧 普蘭店市 樂甲鄉 李下村 楊營崗)	14	덮개돌은 부분적으로 파괴, 지하에 돌널 있음	C	갑 A
32	와방점 북와과원	요령 와방점시 타산향 포애 북와촌 과원 (遼寧 瓦房店市 駝山鄉 泡崖 北窪村 果園)	?	미상	D	
33	와방점 평산	요령 와방점시 타산향 평산촌 (遼寧 瓦房店市 駝山鄉 平山村)	1?	덮개돌 파괴되어 옮겨짐, 무덤방은 돌 쌓았음	C	갑 A
34	와방점 포애	요령 와방점시 타산향 포애촌 (遼寧 瓦房店市 駝山鄉 泡崖村)	?	무덤떼. 덮개돌 길이 210~230cm, 너비 130~170cm, 지하에 돌널. 마을사람들이 일부 파괴, 청동도끼, 항아리 등 출토	C	갑 A
35	와방점 위둔	요령 와방점시 타산향 부묘위둔 뒷산 (遼寧 瓦房店市 駝山鄉 付廟魏屯 後山)	?	미상	D	
36	와방점 대위가	요령 와방점시 타산향 대위가촌 (遼寧 瓦房店市 駝山鄉 大魏家村)	4	마을 북쪽 1.2km 지점 1기, 부근에 3기의 작은 석개무덤 있음	C	
37	와방점 북천안	요령 와방점시 타산향 대위가 북천안촌 (遼寧 瓦房店市 駝山鄉 大魏家 北泉眼村)	?	미상	D	
38	와방점 쌍산	요령 와방점시 타산향 쌍산촌 (遼寧 瓦房店市 駝山鄉 雙山村)	1	덮개돌 : 165×142×47cm. 구멍 뚫린 회색토기와 돌칼 조각 출토	C	
39	와방점 한묘	요령 와방점시 동강향 한묘촌 서남둔 북산 (遼寧 瓦房店市 東崗鄉 韓廟村 西南屯 北山)	1	노출된 덮개돌 : 180×90×33cm, 돌도끼, 달도끼, 꺾창 모양 석기, 항아리 조각 출토	C, 부근에서 널무덤 발견 (돌꺾창, 가락바퀴, 돌도끼, 항아리 조각)	갑 B?
40	와방점 성산	요령 와방점시 동강향 성산둔 북쪽 (遼寧 瓦房店市 東崗鄉 城山屯 北)	1	토갱 석개무덤, 둥근 석기, 가락바퀴, 구멍 뚫린 돌도끼, 항아리 조각 출토	C	갑 B

번호	유적명	위치	수량	현황	참고문헌 및 비고	무덤 유형
41	와방점 이도방	요령 와방점시 동강향 대취자촌 이도방둔 (遼寧 瓦房店市 東崗鄉 大嘴子村 二道房屯)	2	지표에 돌무더기, 본래 그 위쪽에 큰 덮개돌, 마을 사람들이 석탁(石卓)이라 부름	C	
42	와방점 성석지	요령 와방점시 서양향 유둔 성석지 (遼寧 瓦房店市 西楊鄉 劉屯 星石地)	?	1976년 조사, 큰 돌 아래에 구덩이 확인, 내부에서 사람 뼈와 청동검 2점 출토	D, C	갑 B
43	장하 대요구	요령 장하시 하화산향 대요구촌 남쪽 (遼寧 莊河市 荷花山鄉 大姚溝村 南)	1	드러난 덮개돌 : 156×110× 42cm, 윗면에 구멍 있음	C	
44	장하 조둔	요령 장하시 하화산향 조둔 남쪽 구릉 위 (遼寧 莊河市 荷花山鄉 趙屯 南崗上)	1	지표에 덮개돌	C	
45	장하 대포연	요령 장하시 하화산향 대포연촌 동전산 서쪽 기슭 (遼寧 莊河市 荷花山鄉 大泡沿村 東轉山 西坡)	?	지표에 판자돌, 주민이 남쪽의 작은 덮개돌을 파괴, 겹입술 항아리·배부른 항아리 출토, 석개돌널무덤	C	갑 A
46	장하 조둔 서산	요령 장하시 하화산향 하동 조둔 서산 (遼寧 莊河市 荷花山鄉 河東 趙屯 西山)	1	미상	D, □	
47	장하 오관둔	요령 장하시 성산진 오관둔 동쪽 (遼寧 莊河市 城山鎮 五官屯 東)	20	지표에 덮개돌 노출, 현재 벽석 일부만 남음	C	갑 A
48	장하 왕촌	요령 장하시 대영진 남왕촌 강안 (遼寧 莊河市 大營鎮 南王村 河溝兩岸)	?	덮개돌 지표에 노출, 크기는 각각 다름	C	
49	장하 영자가	요령 장하시 대영진 영자가 남북 구릉 위 (遼寧 莊河市 大營鎮 營子街 南北 崗地上)	?	석개무덤은 서쪽의 완만한 비탈에 위치, 돌널무덤은 동쪽 구릉에 위치	C	갑 A?
50	장하 화자구	요령 장하시 대영진 화자구 동산 구릉 (遼寧 莊河市 大營鎮 靴子溝 東山崗)	1	개석돌널무덤, 판자돌을 쌓아 만듦, 이미 지표에 노출	C	갑 A
51	장하 사문후산	요령 장하시 대영진 사문손 뒷산 (遼寧 莊河市 大營鎮 四門孫 後山)	1	개석돌널무덤 1기	C	갑 A
52	장하 남왕둔	요령 장하시 대영진 남왕둔 서남쪽 (遼寧 莊河市 大營鎮 南王屯 西南)	7	개석돌널무덤, 모두 6매의 판자돌로 만듦	C	갑 A
53	장하 초둔	요령 장하시 대영진 초둔 서구 남쪽 기슭 아래 (遼寧 莊河市 大營鎮 初屯 西溝 南坡下)	1	돌널은 청석을 쌓아 만듦, 지면에 노출, 덮개돌 옮겨짐	C	갑 A
54	수암 어가령	요령 수암현 아하향 어가령촌 남쪽 (遼寧 岫岩縣 雅河鄉 於家嶺村 南)	2	지하에 돌널, 회색의 겹입술이고 1쌍의 손잡이 달린 배부른 단지 출토	C	갑 A?

번호	유적명	위치	수량	현황	참고문헌 및 비고	무덤 유형
55	수암 주가보	요령 수암현 용담진 대방신촌 주가보둔 동쪽 (遼寧 岫岩縣 龍潭鎮 大房身村 周家堡屯 東)	1	보존 상태 나쁨	C	
56	수암 흥왕	요령 수암현 석묘자진 흥왕촌 서쪽 (遼寧 岫岩縣 石廟子鎮 興旺村 西)	1	1981년 조사, 무덤방은 타원형, 지름 300, 깊이 150cm, 토기 조각과 청동투겁창 출토	C	을 A?
57	봉성 삼가촌	요령 봉성시 제형산진 삼가촌 북쪽 (遼寧 鳳城市 弟兄山鎮 三家村 北)	1	1964년 마을사람이 판자돌을 정리하던 중 땅속의 긴 네모꼴 돌널을 확인, 그 안에서 청동검 확인(金石柱 기록)	C	갑 A
58	봉성 동산	요령 봉성시 초하향 서혁가보자 동산 남쪽 기슭 (遼寧 鳳城市 草河鄉 西赫家堡子 東山 南坡上)	33	유적 설명 참조	崔[276]	갑 B, A
59	봉성 서산	요령 봉성시 초하향 서혁가보자 서산 (遼寧 鳳城市 草河鄉 西赫家堡子 西山)	5	유적 설명 참조	崔[277]	갑 B, A
60	봉성 팔도하	요령 봉성시 유가하향 팔도하촌 서산둔 (遼寧 鳳城市 劉家河鄉 八道河村 西山屯)	10?	방형과 원형 두 종류, 네 모서리에 돌기둥 지탱하고 주변에 돌 쌓았음, 무덤방 안에서 많은 항아리 확인(崔雙來 기록)	C	을 A?
61	본계 양가촌	요령 본계시 고대자진 양가촌 서쪽 (遼寧 本溪市 高台子鎮 梁家村 西)	1	유적 설명 참조	정리[278]	갑 A?
62	본계 용두산	요령 본계시 동풍향 정가촌 용두산 (遼寧 本溪市 東風鄉 鄭家村 龍頭山)	1	유적 설명 참조	정리[279]	갑 A
63	본계 신성자	요령 본계현 동영방진 신성자촌 대편지 (遼寧 本溪縣 東營坊鎮 新城子村 大片地)	16	유적 설명 참조	발굴[280]	갑 A
64	신빈 소협하	요령 신빈현 하협하향 소협하촌 (遼寧 新賓縣 下夾河鄉 小夾河村)	?	미상	E	
65	신빈 어가촌	요령 신빈현 위자욕진 어가촌 (遼寧 新賓縣 葦子峪鎮 於家村)	?	미상	E	
66	신빈 동구	요령 신빈현 초분향 양가촌 동구 (遼寧 新賓縣 草盆鄉 楊家村 東溝)	4	유적설명 참조	정리[281]	갑 A
67	신빈 대로촌	요령 신빈현 유림향 대로촌 (遼寧 新賓縣 榆林鄉 大路村)	?	미상	E	
68	무순 마군	요령 무순현 구병향 마군촌 (遼寧 撫順縣 救兵鄉 馬郡村)	?	미상	E	

번호	유적명	위치	수량	현황	참고문헌 및 비고	무덤 유형
69	청원 낭두구	요령 청원현 창석향 낭두구촌 증가구둔 남쪽 (遼寧 淸原縣 蒼石鄉 榔頭溝村 曾家溝屯 南)	2	미상	A, □	
70	청원 서보	요령 청원현 토구자향 문검촌 서보둔 동북쪽 (遼寧 淸原縣 土口子鄉 門臉村 西堡屯 東北)	2	훼손	정리[282]	갑 A
71	개원 위당구	요령 개원시 신변향 영원촌 위당구둔 뒷산 (遼寧 開原市 新邊鄉 寧遠村 葦塘溝屯 後山)	1	미상	A, □	
72	개원 조피둔	요령 개원시 팔과수진 조피둔 서남산 (遼寧 開原市 八棵樹鎮 刁皮屯 西南山)	?	미상	A, □	
73	개원 건재촌	요령 개원시 팔과수진 건재장촌 북산 기슭 (遼寧 開原市 八棵樹鎮 建材場村 北山坡)	?	훼손	정리[283], □	갑 A
74	서풍 부풍둔	요령 서풍현 화륭향 부풍둔 남산 양가분 (遼寧 西豊縣 和隆鄉 阜豊屯 南山 梁家墳)	1	유적설명 참조	정리[284]	갑 A
75	서풍 성신촌	요령 서풍현 진흥진 성신촌 서쪽 (遼寧 西豊縣 振興鎮 誠信村 村西)	?	유적설명 참조	정리[285]	갑 A
76	환인 풍가보자	요령 환인현 화래진 풍가보자촌 (遼寧 桓仁縣 華來鎮 馮家堡子村)	2?	유적설명 참조	발굴[286]	을 A?
77	환인 대전자	요령 환인현 사도하자향 대전자촌 만구자 (遼寧 桓仁縣 四道河子鄉 大甸子村 灣溝子)	1	유적 설명 참조	발굴[287]	을 A
78	환인 대파	요령 환인현 향양향 화평촌 서대파 (遼寧 桓仁縣 向陽鄉 和平村 西大把)	1	훼손	C[288]	
79	환인 광복촌	요령 환인현 화래진 광복촌 용두산 서쪽 (遼寧 桓仁縣 華來鎮 光復村 龍頭山 西側)	1	자료 미발표	발굴[289]	을 B?
80	신빈 왕청문	요령 신빈현 왕청문진 용두산 (遼寧 新賓縣 旺淸門鎮 龍頭山)	3	유적 설명 참조	E	정석형 개석무덤
81	신빈 협하북	요령 신빈현 왕청문진 협하북촌 (遼寧 新賓縣 旺淸門鎮 夾河北村)	?	미상	E	
82	통화 만발발자	길림 통화시 금창진 약진촌 만발발자 (吉林 通化市 金廠鎮 躍進村 萬發撥子)	?	미상	발굴[290] 미보고, □	
83	매하구 험수	길림 매하구시 진화진 험수촌 서산 능선 (吉林 梅河口市 進化鎮 礆水村 西山脊上)	6?	유적 설명 참조	G, J, □	을 A?
84	매하구 도산구	길림 매하구시 길락향 도산구촌 북산 (吉林 梅河口市 吉樂鄉 跳山溝村 北山)	5	덮개돌의 일부분 혹은 대부분이 드러남	H, J, □	을 A?

번호	유적명	위치	수량	현황	참고문헌 및 비고	무덤 유형
85	매하구 용두보	길림 매하구시 수도진 홍위촌 산등성이 (吉林 梅河口市 水道鎮 紅衛村 山崗上)	5?[291]	덮개돌만 노출	H, J, □	을 A?
86	유하 태평구	길림 유하현 태평구촌 북산, 남산 (吉林 柳河縣 太平溝村 北山, 南山)	8?	유적 설명 참조	G, J, □	을 A?
87	유하 장안	길림 유하현 안구진 장안촌 산등성이 (吉林 柳河縣 安口鎮 長安村 山崗梁上)	1?	A: 덮개돌 210×158×25cm, 무덤방 장방형, 벽은 돌을 쌓았고 바닥은 잔돌 깔았음	A, J, □	을 A?
88	유하 야저구	길림 유하현 난산향 야저구촌 서북 산줄기 (吉林 柳河縣 蘭山鄉 野豬溝村 西北 山梁)	9?	G: 1976년 마을사람이 몇 기의 대석개묘 발견, 쇠화살촉과 항아리 출토. 1985년 조사한 파괴된 대석개묘에서 제기 손잡이 출토	G, J, □	을 A?
89	유하 대화사	길림 유하현 화평향 대화사둔 북산 줄기 (吉林 柳河縣 和平鄉 大花斜屯 北山梁上)	4?	G: 1호는 네 모서리만 드러남, 3호 덮개돌 타원형, 지름 110cm, 나머지 2기의 덮개돌 반노출	G, J, □	을 A?
90	유하 홍석촌	길림 유하현 화평향 홍석촌 (吉林 柳河縣 和平鄉 紅石村)	1	1985년 조사 시 땅 속에서 돌널무덤 확인	J, □	을 A?
91	유하 통구	길림 유하현 유남향 통구촌 서북 산기슭 (吉林 柳河縣 柳南鄉 通溝村 西北山坡上)	2?	G: 1기는 덮개돌 없음, 구덩이 길이 380cm, 너비 280cm, 제기와 항아리 출토, 모두 낮은 굽, 불에 탄 사람 뼈	G, J, □	을 B?
92	유하 삼괴석	길림 유하현 강가점향 삼괴석둔 삼상린산 (吉林 柳河縣 姜家店鄉 三塊石屯 三相隣山)	6	G: 보존상태 양호, 덮개돌 노출	G, J, □	
93	동풍 낭동산	길림 동풍현 대양진 보산촌 사조 서낭동산 (吉林 東豊縣 大陽鎮 寶山村 四組 西狼洞山)	4	유적 설명 참조	정리[292]	을 A
94	동풍 구가구	길림 동풍현 대양진 보산촌 동남 구가구 동산, 서산 (吉林 東豊縣 大陽鎮 寶山村 東南 邱家溝 東山, 西山)	4	동산 1기, 서산 3기, 모두 덮개돌 노출	F, J	을
95	동풍 조추구	길림 동풍현 대양진 보산촌 조추구 북산 (吉林 東豊縣 大陽鎮 寶山村 趙秋溝 北山)	3	유적 설명 참조	F, 발굴	을 B
96	동풍 보산 동산	길림 동풍현 대양진 보산촌 동산 꼭대기 (吉林 東豊縣 大陽鎮 寶山村 東山 山頂)	1	유적 설명 참조	F, 발굴	을 B
97	동풍 대양 임장	길림 동풍현 대양진 임장 뒷산 꼭대기 (吉林 東豊縣 大陽鎮 林場 後山頂)	1	유적 설명 참조	F, 발굴	을 A

번호	유적명	위치	수량	현황	참고문헌 및 비고	무덤 유형
98	동풍 대양 유적	길림 동풍현 대양진 양식소 뒷산 (吉林 東豊縣 大陽鎮 糧食所 後山)	1	유적 설명 참조	F, 발굴	을 A
99	동풍 와방정자	길림 동풍현 대양진 와우산촌 와방정자산 (吉林 東豊縣 大陽鎮 臥牛山村 瓦房頂子山)	7	미상	F, J, □	을 A
100	동풍 삼리	길림 동풍현 대양진 삼리촌 서북 산 위 (吉林 東豊縣 大陽鎮 三里村 西北山上)	7	유적 설명 참조	F, J	을 A
101	동풍 두가구	길림 동풍현 횡도하자진 타요촌 두가구 (吉林 東豊縣 橫道河子鎮 駝腰村 杜家溝)	1	유적 설명 참조	F, 발굴	을 A
102	동풍 타요촌	길림 동풍현 횡도하자진 타요촌 뒷산 꼭대기 (吉林 東豊縣 橫道河子鎮 駝腰村 後山頂)	1	유적 설명 참조	F, 발굴	을 A
103	동풍 용두산 유적 1호	길림 동풍현 대양진 보산촌 용두산유지 1호 (吉林 東豊縣 大陽鎮 寶山村 龍頭山遺址 1号)	1	유적 설명 참조	F, 발굴	을 A
104	동풍 소사평소학	길림 동풍현 소사평향 향소학 뒷산 (吉林 東豊縣 小四平鄉 鄉小學 後山)	1	미상	G, □	
105	동풍 오대산	길림 동풍현 횡도하자진 백호촌 오대산 (吉林 東豊縣 橫道河子鎮 白蒿村 五台山)	2	1기 조사, 덮개돌 타원형, 4벽과 바닥 모두 판자돌, 무덤방에서 7구의 불탄 사람 뼈 발견, 잔 출토	J, 吉[293]	을 A
106	동풍 대립자구	길림 동풍현 웅대정자산 동북 (吉林 東豊縣 熊大頂子山 東北)	3	모두 남북향, 덮개돌 노출	I	
107	정우 유수천	길림 정우현 유수천향 유수천촌 동쪽 (吉林 靖宇縣 榆樹川鄉 榆樹川村 東)	1	무덤구덩이 안에 판자돌 4매를 세워 널을 만듦, 덮개돌 280×160×30cm, 무덤방 안에 모래 쌓음, 보존상태 좋음	J	을 A
108	화전 서황산	길림 화전시 횡도하자향 서황산둔 동산, 황산, 태평둔 동산 (吉林 樺甸市 橫道河子鄉 西荒山屯 東山, 荒山, 太平屯 東山)	8	유적 설명 참조	발굴[294]	을 B
109	반석 고려갱산	길림 반석현 연통산진 진서북 고려갱산 (吉林 磐石縣 煙筒山鎮 鎮西北 高麗坑山)	2?	대형 암반 무덤, 상부에 덮개돌, 무덤방 200×105×150cm, 무덤방에서 사람 뼈 발견	J	을 B
110	반석 하도산	길림 반석현 명성진 도산촌 하도산 (吉林 磐石縣 明城鎮 桃山村 下桃山)	1	덮개돌이 노출된 대형의 돌널무덤, 1982년 파괴, 무덤방에 60cm 두께의 사람 뼈와 숯이 퇴적	J	을 A
111	반석 상둔서산	길림 반석현 명성진 이수상둔 서산 (吉林 磐石縣 明城鎮 梨樹上屯 西山)	1	유적 설명 참조	張[295]	乙 B

번호	유적명	위치	수량	현황	참고문헌 및 비고	무덤 유형
112	영길 왕기둔 1호	길림 영길현 왕기둔 북서관산 산기슭 (吉林 永吉縣 旺起屯 北西官山 山坡上)	1	유적 설명 참조	발굴[296]	을 A
113	소달구 산정대관	길림 길림시 서교 소달구촌 북동 산꼭대기 (吉林 吉林市 西郊 騷達溝村 北東 山頂)	1	유적 설명 참조	발굴[297]	을 A
114	서란 황어촌 주산 1호	길림 서란현 법특향 황어촌 주산 위 (吉林 舒蘭縣 法特鄉 黃魚村 珠山 上)	1	유적 설명 참조	발굴[298]	을 A
115	구태 석립산	길림 구태시 서영성자진 유수과촌 석립산 (吉林 九台市 西營城子鎮 榆樹棵村 石砬山)	3?	유적 설명 참조	발굴[299], J	을 A
116	구태 관마산	길림 구태시 서영성자진 관마산 꼭대기 (吉林 九台市 西營城子鎮 關馬山 山頂)	2?	유적 설명 참조	발굴[300], J	을 A
117	구태 범가둔	길림 구태시 방우구향 단산자촌 범가둔 북산 (吉林 九台市 放牛溝鄉 團山子村 范家屯 北山)	?	파괴, 1984년 1기 조사, 무덤방 200×100cm, 위쪽에 3매의 큰 돌 덮음, 무덤 벽 돌 쌓았음, 솥 다리 출토	J	을 A?
118	화전 한총지	길림 화전시 이도전자진 혁신촌 한총지 남산 (吉林 樺甸市 二道甸子鎮 革新村 寒蔥地 南山)	1	원형의 돌 쌓은 널무덤, 덮개돌 지름1.5m, 청동칼, 검, 검자루 맞춤돌, 구멍 뚫린 석기 등 출토, 현재 무덤구덩이만 잔존	J	을 A?
119	요원 북산	길림 요원시 산만향 산만촌 북산 (吉林 遼源市 山灣鄉 山灣村 北山)	1	무덤방은 판자돌을 쌓았고 두께 30cm의 큰 판자돌 덮음, 무덤방에서 토기와 숯조각 출토, 현재 무덤구덩이만 잔존	J	을 A
120	요원 고고	길림 요원시 서안구 등탑향 고고 (吉林 遼源市 西安區 燈塔鄉 高古)	7	유적 설명 참조	吉[301]	을 A
121	요원 고려영	길림 요원시 등탑향 승리촌 고려영 동쪽 기슭 (吉林 遼源市 燈塔鄉 胜利村 高麗營 東坡)	1	유적 설명 참조	정리[302]	
122	동요 고려분	길림 동요현 평강진 공안촌 고려분 산꼭대기 (吉林 東遼縣 平崗鎮 共安村 高麗墳 山頂)	2	유적 설명 참조	정리[303]	을 A?
123	동요 여명	길림 동요현 천태진 여명촌 뒷산 기슭 (吉林 東遼縣 泉太鎮 黎明村 後山坡)	3	유적 설명 참조	발굴[304]	을 A?
124	동요 동석립자	길림 동요현 천태진 여명촌 동석립자 (吉林 東遼縣 泉太鎮 黎明村 東石砬子)	?	파괴된 무덤떼, 무덤 4벽 돌을 쌓았음, 대부분 화장, 유물 교란	정리[305]	을 A?

번호	유적명	위치	수량	현황	참고문헌 및 비고	무덤 유형
125	동요 남산모	길림 동요현 안서진 악가촌 남산 꼭대기 (吉林 東遼縣 安恕鎮 岳家村 南山頂)	?	1979년 발견, 파괴된 1기는 돌을 세워 널을 만듦, 4매의 판자돌 덮음, 청동투겁창과 사람 뼈 출토	J	?
126	동요 송가가	길림 동요현 석역향 대도촌 송가가 북산 꼭대기 (吉林 東遼縣 石驛鄉 大道村 宋家街 北山頂)	1	돌을 쌓아 만든 대형 돌널무덤, 무덤방 240×170×80cm, 큰 판자돌 덮음. 도굴됨. 유물 없음	J	을 A?
127	서풍 금산	요령 서풍현 평강진 하험장촌 금산둔 (遼寧 西豊縣 平崗鎮 下碱場村 金山屯)	1	유적 설명 참조	정리[306]	을 A
128	공주령 후석	길림 공주령시 이십가자진 후석산 위 (吉林 公主嶺市 二十家子鎮 猴石山上)	1	유적 설명 참조	발굴 J, 武[307]	을 A?
129	이통 영서둔	길림 이통시 이단진 영서둔 서산 (吉林 伊通市 伊丹鎮 嶺西屯 西山)	1?	돌널 160×80×70cm, 큰 돌을 덮음, 바로펴묻기한 사람 뼈 확인, 돌도끼와 항아리 출토	J	갑 A

쌍탑진 교둔, 동익향 왕둔 등이 있다. 발표된 자료를 보면 이 구역에서는 모두 홑묻기 개석무덤이 분포해 있으며, 그 가운데 갑A형(홑묻기 석관형 개석무덤)의 대표 유적은 쌍방 6호이며, 최소 16곳에서 발견되었다. 갑B형(홑묻기 토갱형 개석무덤)은 보란점 교둔 24호가 대표적이며, 적어도 5곳에서 발견되었다. 이 밖의 유적에서 조사된 무덤 유형은 자세히 알 수 없다. 위에서 설명한 두 종류의 무덤은 본 구역 내에서 교차 분포한다.

2) 압록강 하류 지역(제2구)

이 구역에서 개석무덤의 분포 범위는 입지형 석붕무덤의 '2구'와 대체로 일치한다. 주로 대양하 및 그 샛강인 초자하 동쪽, 포석하(蒲石河) 서쪽에서 발견되며, 애하 상류의 샛강을 중심으로 집중되어 있다. 행정구역으로는 안산시 수암현 및 단동시 직할의 봉성시 일대이다. 현재 이 지역에서 발견된 개석무덤 유적은 모두 5곳으로 적어도 50기이다(그림 76의 56~60, 표 17의 56~60).

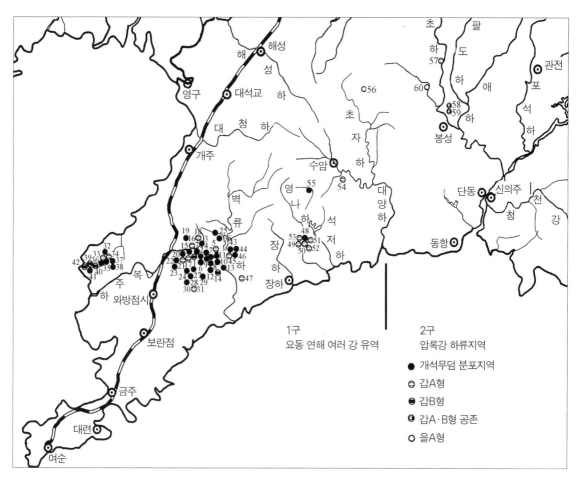

그림 76 제1·2구 개석무덤 분포

이 구역에서 발굴된 유적은 봉성 동산과 서산 등이다. 조사자료를 종합하면 개석무덤은 아래의 3종류로 구분이 가능하다.

갑A형(홀묻기 석관형 개석무덤): 전형적인 형태는 동산 3호, 서산 1호 등이며 3곳에서 발견되었다. 1구의 판자돌을 세워 무덤방을 만든 쌍방 6호와는 다르게 막돌을 쌓아 무덤방을 만들었다.

갑B형(홀묻기 토갱형 개석무덤): 전형적인 형태는 동산 1호, 서산 3호 등이며 모두 2곳에서 발견되었다.

위의 두 형식은 본 구역 내에서 많이 발견되며 같은 유적 내에 함께 있다.

문물조사 자료에 의하면 봉성시 유가하향(劉家河鄉) 팔도하촌(八道河村) 서산둔의 남쪽에서 10여 기의 '석붕'이 발견되었다. 무덤방 형태는 방형이고, 원형인 것도 있으며, 네 모서리에 돌기둥이 서 있고 주위에 돌을 쌓았다. 무덤방의 사방에는 많은 항아리를 놓았다(표 17의 60). 수암현 석묘자진(石墓子鎮) 흥왕촌(興旺村) 서쪽에서 1981년에 1기의 무덤이 조사되었다. 무덤방은 타원형이며, 지름 300cm, 깊이 150cm 정도였다. 여기서 모래 섞인 홍갈색의 토기 조각과 청동투겁창 등이 출토되었다(표 17의 56). 이들 두 곳의 무덤은 형태가 거의 비슷하며, 비교적 특수한 구조이다. 팔도하 무덤의 구조를 보면 을A형(어울묻기 석광형 개석무덤)임을 알 수 있다.

3) 요하 동쪽 여러 강 유역(제3구)

이 지역은 요하 본류의 동쪽으로 요하에 흘러드는 여러 강 유역이 해당된다. 즉 원요하의 샛강인 태자하, 혼하 및 요하 샛강인 청하(淸河), 구하(寇河) 유역이다. 행정구역으로는 요령 본계시, 무순시, 철령시 직할의 일부 지역이 속한다. 이 지역 내에서 개석무덤의 분포는 석붕무덤의 분포범위(3구)보다 비교적 넓다. 현재까지 조사된 개석무덤 유적은 모두 15곳으로 적어도 35기이다(그림 77의 61~75, 표 17의 61~75).

이 지역에서 발견된 개석무덤은 대부분 발굴조사가 이루어졌다. 무덤방의 구조는 모두 갑A형(홑묻기 석관형 개석무덤)에 속하며, 대편지와 성신촌 등을 포함한 8곳이다.

구조를 보면 무덤방은 대부분 판자돌을 세워서 만들었고 막돌을 쌓아서 만든 것도 있으며, 일부는 판자돌을 세우거나 돌을 쌓은 혼축형의 사례도 간혹 확인된다.

4) 압록강 상류지역(제4구)

이 지구 내에서 현재 발견되는 개석무덤은 주로 압록강 상류의 샛강인 혼강 유역에 분포한다. 행정구역으로 요령 본계시 환인현, 무순시 신빈현 및 길림성 통화시에 속하며 대체적으로 석붕무덤의 분포구역(4구)과 일치한다. 현재까지 이 지역에서 발견된 개석무덤은 모두 7곳이며, 10기 이상이다(그림 77의 76~82, 표 17의 76~82).

이 지역에서 발견된 개석무덤은 대부분 발굴조사가 이루어졌으나 자료가 발표된 것은 많지 않다. 보고된 개석무덤의 구조를 보면, 이 지역에는 개석형과 정석형이 모두 분포한다.

그 가운데 개석형은 다음과 같이 2종류로 구분된다.

을A형(어울묻기 석광형 개석무덤): 전형적인 것은 대전자 무덤이다. 개별 무덤의 형식은 비교적 특수한 편으로 예를 들면, 풍가보자 8호의 경우 무덤방의 크기가 비교적 작은 편이나 네 벽을 모두 강돌을 쌓아 만든 점에서 이 유형에 속할 수 있다.

을B형(어울묻기 토광형 개석무덤): 전형적인 것은 환인 광복촌 용두산 무덤이다.

정석형의 무덤은 왕청문 유적을 대표로 한다. 하지만 무덤방의 구조만 놓고 본다면 개석형의 을류 무덤과 큰 차이가 없다. 그러나 무덤방 안을 흙으로 채우고 돌로 밀폐한 것과 덮개돌이 무덤방을 덮는 역할을 하지 못한다는 점에서 개석형 무덤과 차이가 있다.

5) 서류 송화강 상류지역(제5구)

이 구역의 개석무덤(석붕무덤과 교차 분포)은 주로 제2송화강 남부의 두도강(頭道江) 유역 및 그 상류의 주요 샛강인 휘발하 유역에서 발견된다. 행정구역으로는 길림성 혼강시 정우현, 통화시 직할의 매하구시·유하현, 요원시 직

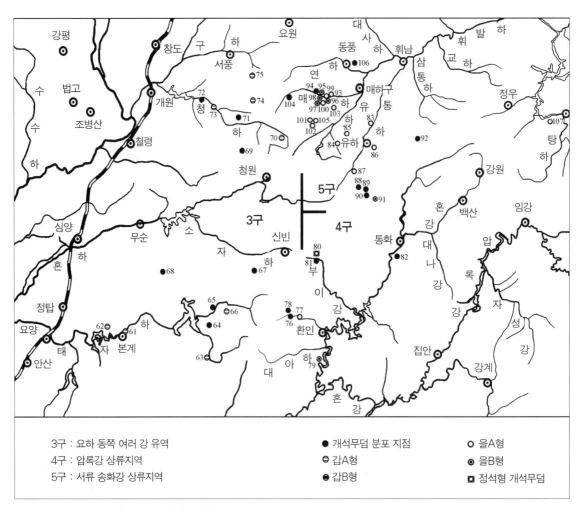

그림 77 제3·4·5구 개석무덤 분포

할의 동풍현, 길림시 직할의 화전현·반석현(磐石縣)·영길현(永吉縣)·서란현 (舒蘭縣) 등이다. 이 지역에서 현재 발견된 개석무덤은 모두 32곳이며, 적어도 100기 이상이다(그림 77의 83~107, 그림 78의 108~114, 표 17의 83~114).

이 지역에서 발굴된 개석무덤은 비교적 많다. 그 구조를 보면 모두 개석형 에 포함되며, 아래의 두 유형으로 구분된다.

을A형(어울묻기 석광형 개석무덤): 모두 17곳에서 발견되었는데 전형적인 것은 삼리 유적, 서황산 유적 등이 있다. 개별 무덤 가운데 크기가 비교적 작은 것들이 있는데, 예를 들면 낭동산 3호는 무덤방의 네 벽을 막돌과 판자돌을 섞어서 만들었으며 여러 사람을 화장하였기에 이 유형에 포함시킬 수 있다.

을B형(어울묻기 토광형 개석무덤): 모두 8개 지점에서 발견되었으며 전형적인 것은 조추구 1호가 있다.

6) 동요하 상류지역(제6구)

요하평원의 동북부, 송눈평원 동남부의 구릉지대에 속한다. 이 구역 내에는 요하 수계의 동요하, 서류 송화강 중류의 이통하(伊通河), 음마하(飮馬河) 등의 주요 하천이 흐르는데 서술의 편의상 동요하 상류지역으로 부르겠다. 행정구역으로는 요령성 서풍현, 길림성 요원시 직할의 동요현(요원시 포함), 사평시 직할의 공주령시, 장춘시 직할의 구태시 등 범위가 비교적 넓다. 이 지역에서 현재 알려진 개석무덤은 모두 15곳이며, 27기 이상이다(그림 78의 115~129, 표 17의 115~129).

이 지역에서는 아직까지 석붕무덤이 보고되지 않아 주변지역과는 차이가 있다. 발견된 개석무덤은 대부분 발굴되었으며, 모두 개석형에 속하며 주로 을A형(어울묻기 석광형 개석무덤)이 많고, 개별적으로 갑A형(홀묻기 석관형 개석무덤)도 있으며 이통(伊通) 영서둔(嶺西屯) 유적이 특별한 경우에 속한다.

7) 소결

위에서 설명한 내용에 근거하여 각 유형별 개석무덤의 분포 현황을 종합하면 아래와 같다.

(1) 개석형 개석무덤

이 유형 개석무덤의 분포범위는 비교적 넓지만 각 지역별 유형들 간에는 차이점이 있어 구분된다.

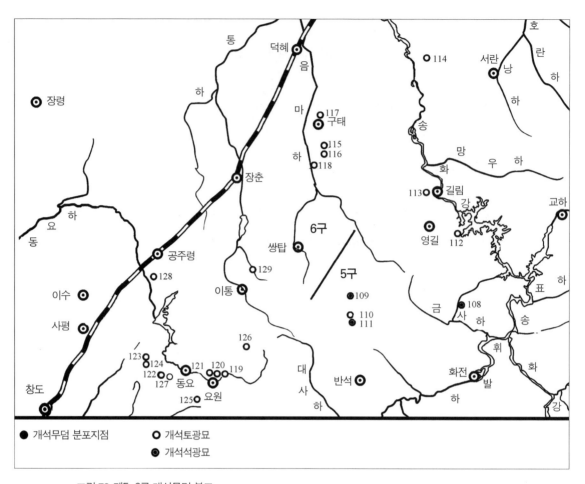

그림 78 제5·6구 개석무덤 분포

갑A형(홑묻기 석관형 개석무덤)은 주로 1구, 2구와 3구, 6구에서 발견된다. 그 가운데 제3구에서는 오직 이 유형만 발견된다. 또한 제6구에서는 3구와 인접한 곳에서만 이 유형의 개석무덤이 확인되고 있다.

갑B형(홑묻기 토갱형 개석무덤)은 1구, 2구에서만 발견된다. 서로 인접한 두 지역에서만 확인되는 특수한 개석무덤 형식으로 볼 수 있다.

을A형(어울묻기 석광형 개석무덤), 을B형(어울묻기 토광형 개석무덤)의 분포 지역은 대체로 동일하며 모두 4구, 5구, 6구에서 발견된다. 제2구에서는 을A형 개석무덤이 가끔 확인되고 있다(표 18).

표 18 각 유형 개석무덤 분포구역

유형 \ 구역		1구: 요동 연해 여러 강 유역	2구: 압록강 하류 지역	3구: 요하 동쪽 여러 강 유역	4구: 압록강 상류 지역	5구: 서류 송화강 상류 지역	6구: 동요하 상류 지역
개석류	갑 A	●	●	●			●?
	갑 B	●	●				
	을 A		●?		●	●	●
	을 B				●	●	●
정석류					●		

(2) 정석형 개석무덤

현재까지 확인된 이 유형의 개석무덤은 제4구에서만 발견되었다(표 18 참고).

위에서는 개석무덤의 유형과 분포에 대하여 간단히 검토해 보았다. 아래에서는 지역별로 개석무덤의 특징, 문화 속성, 유행 연대 및 그 상호 관계 등에 대하여 살펴보겠다.

II. 분구 고찰

개석무덤에 대한 종합적인 연구를 진행하기 위해서는 같은 시기에 있었던 다른 유적들과의 비교연구가 필요하다. 하지만 대부분 관련 유적의 발굴자료가 적으므로 무덤 유적을 중점적으로 검토하고자 한다.

현재까지 개석무덤이 발견된 지역 가운데 제3구의 무덤이 비교적 이른 연대를 보이며, 발견된 숫자가 많고 껴묻거리가 풍부하다. 이러한 사실은 이 지역과 주변지역의 개석무덤 문화 내용 및 그 연대를 확정할 수 있는 중요한 실마리가 된다. 따라서 먼저 이 지역의 개석무덤 및 관련 무덤 자료들의 비교 분석을 실시하고자 한다.

1. 요하 동쪽 여러 강 유역(제3구)

이 지역은 요하 동쪽의 태자하, 혼하, 청하·구하 유역을 포함한다. 연구의 편의를 위해 3개의 소구역으로 나누어 설명하겠다.

1) 태자하 유역

현재까지 이 지역에서 확인된 하(夏)~전국 시기의 무덤 유형에는 동굴무덤, 돌널무덤, 개석 돌널무덤, 널무덤 등이 있다. 그 가운데 동굴무덤은 연대가 가장 이르며, 지속 시기도 비교적 길고 많은 양의 유물들이 출토되었을 뿐만 아니라 연대측정값도 제공되어 참고가 된다. 따라서 서로 다른 시기에 해당되는 껴묻거리들의 특징을 파악하는 것은 태자하 유역을 비롯한 요하 동쪽에 있는 여러 강 유역의 무덤들의 문화 속성 및 그 연대를 분석하는 데 아주 중요한 의의를 가지기 때문에 비교적 자세한 연구를 진행하고자 한다.

(1) 동굴무덤

동굴무덤의 매장 특징은 동굴 안에 무덤을 쓰며 구덩이를 파지 않고 흙으로 덮지도 않으며, 모두 홑무덤이라는 점이다. 또한 간골화장(揀骨火葬), 제자리화장[原地火葬], 비화장(非火葬) 등 3종류의 매장 습속이 있다. 지금까지 동굴무덤으로 발표된 유적은 본계 마성자(馬城子) A·B·C동굴, 산성자(山城子) B·C동굴, 장가보(張家堡) A동굴, 북전(北甸) A동굴,[308] 본계 수동(水洞),[309] 노립배 동굴[老砬背洞], 삼각 동굴[三角洞],[310] 신빈 우심산(牛心山) 동굴·동승(東升) 동굴[311] 등으로 주로 태자하 상류지역에 있다.

이러한 동굴 유적은 처음에 묘후산(廟後山)문화[312]로 불리다가 후에 마성자(馬城子)문화[313]로 개칭되었다.

그동안 발표된 방사성탄소연대 측정값을 보면, 이런 무덤들의 연대 폭은 최소 600년 이상의 차이를 보여, 몇 단계로 나누어 살펴볼 필요가 있다. 그런데 지금까지 진행된 동굴무덤의 분기 연구는 비교적 적은 편으로, 발굴자가 마성자 보고서에서 일부 언급한 내용과 쟈오뼁부(趙賓福)[314]가 발표한 관련 논문 정도가 있을 뿐이다.

여기서는 보고서에 발표된 자료를 위주로 선행 연구 성과를 기초로 하여 필자가 다시 시기 구분을 하려고 한다.

표 19 마성자문화의 분기와 해당 동굴무덤

분기	마성자	장가보	산성자	북전
1	B동굴 무덤		B동굴③층	A동굴 무덤
2	A동굴 무덤	A동굴④층 무덤	B동굴②층과 무덤	
3		A동굴③층 무덤	C동굴③·④층 무덤	
4	C동굴 무덤	A동굴②층 무덤	C동굴②층 무덤	

　　이 글에서는 동굴무덤을 모두 4기로 분류하였다. 발굴에 의한 층위 관계를 분기의 주요 지표로 삼았다(표 19).

　　연대는 방사성탄소연대 측정값을 참고하였다.

　　이미 발표된 8개의 연대값을 보면, 그 연대 사이 간격이 서로 다르기에 4개의 조(組)로 나눌 수 있다.[315]

　　제1조: 장가보 A동굴 제④층 52호(ZK-2167, 기원전 1635±65년)와 산성자 B동굴 5호(PV-266, 기원전 1610±80년) 무덤을 대표로 한다. 연대 차이가 25년 안팎에 불과하여 거의 같은 시기로 볼 수 있는데 중원지역의 하(夏) 후기에서 상(商) 초기에 해당한다.

　　제2조: 산성자 B동굴 7호(PV-265, 기원전 1310±80년) 무덤을 대표로 하며 그 연대는 상대 중기에 해당된다.

　　제3조: 장가보 A동굴 제③층 14호(ZK-2166, 기원전 1165±60년)·11호(ZK-2165, 기원전 1140±55년)·②층 4호(ZK-2163, 기원전 1115±60년) 무덤을 대표로 하고 그 연대는 거의 비슷하며 상대 후기에 해당된다.

　　제4조: 마성자 A동굴 7호(WB84-23, 기원전 1025±70년)와 장가보 A동굴 제②층 7호(ZK-2164, 기원전 1030±55) 무덤을 대표로 하며, 그 연대는 주(周) 초기에 해당된다.

　　한편 같은 동굴이라도 개별 무덤이 조성되는 선후의 시간 차이는 분명히 있을 것이다. 몇 개의 층위로 구분되는 동굴 내에서 각 층위별 무덤들의 조성 연대 또한 그 선후 차이가 존재함은 당연하다. 따라서 개별적인 무덤 1기의 연대 자료가 확보되었다 하더라도 그것이 동굴 전체, 혹은 해당 층위 전체 묘역의 연대를 반영하는 것은 아니다. 이러한 측면에서의 검토는 단지 무덤 내에서 출토되는 유물의 유형학적 분석을 통한 대체적인 상대연대 추정만이 가능할 뿐이며, 더 많은 새로운 자료의 검증을 기대한다.

① 제1기

『마성자(馬城子)』보고서에서 처음 나눈 '조기'에 해당한다. 보고서에 제시된 마성자 B동굴의 14기와 북전 A동굴의 4기 무덤 이외에 토기의 유사성에 근거하여 산성자 B동굴 제③층 출토유물 역시 이 단계에 포함된다.

제1기의 토기는 비교적 단순한데 각 유형의 독과 항아리를 위주로 한다. 단지는 수량이 적으며 오므라든 아가리와 곧은 아가리로 구별된다. 또한 사발과 바리는 모두 손잡이가 없다(그림 79).

이 시기 각 무덤에서는 모두 목 부분에 덧무늬가 있는 배부른 항아리가 있다. 이런 종류의 토기는 석불산(石佛山) 유적에서 그 근원을 찾아볼 수 있다. 쌍타자 2기 문화와 고대산(高臺山)문화에서도 이와 비슷한 유물이 출토되었다. 마성자 B동굴 9호 무덤에서 출토된 겹입술 통항아리는 이 동굴 하층에서 발견된 곧은 통형 항아리와의 연원관계를 반영하고 있다. 또한 이 동굴 4호 무덤에서 발견된 대형의 배부른 항아리는 석불산 유적 출토유물과 거의 비슷하다. 아가리가 오므라든 단지 또한 고대산문화의 무덤유적 껴묻거리와 유사성이 강하다. 이 가운데 석불산 유적의 연대는 대략 B.P. 4000년 전후에 해당하며,[316] 쌍타자 2기 문화의 연대는 일반적으로 하대 중기부터 상대 전기까지, 고대산문화의 중기는 대략 상대 전·중기로 볼 수 있다.[317]

이 동굴무덤에서 출토된 유물들은 전반적으로 장가보 A동굴 제④층 무덤(측정된 연대는 하대 후기나 상대 전기)의 출토유물보다 연대가 이르기에 하한 연대는 대체로 하와 상의 교체기에 해당된다.

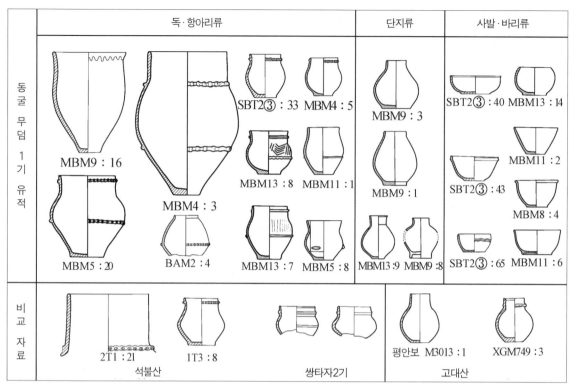

	독·항아리류				단지류	사발·바리류	
동굴 무덤 1기 유적							

그림 79 동굴 무덤 제1기 유적 출토 토기

② 제2기

『마성자』보고서에서는 '중기'로 하였지만, 각 무덤에서 출토된 유물들 사이에 변화가 있어 필자는 두 시기로(제2·제3기) 구분할 수 있다고 판단한다.

제2기는 장가보 A동굴 제④층 무덤·산성자 B동굴 제②층·산성자 B동굴 무덤·마성자 A동굴무덤을 대표로 한다.[318]

위에서 설명한 각 동굴에서 출토된 토기의 일부는 제1기 토기와 명확한 연원관계가 있다. 그러나 형태에서 일련의 변화가 나타나는데 그림 80에 제시된 이른 시기 관련 토기를 참고할 수 있다. 이 시기 토기 기형의 주요 변화를 보면 항아리와 독류는 상대적으로 적어졌고, 단지의 종류와 수량은 분명히 증가하였다. 또 아가리가 큰 접시 모양 항아리와 아가리 벌어진(보고서에서는 '기운 목'이라고 부름) 단지가 새롭게 보이며, 다리 모양 세로 손잡이 달린 단지도 소량 확인된다. 사발과 바리류에도 손잡이가 나타나기 시작하며(대부분 코 모양 손잡이를 부착), 단지와 사발, 바리는 대부분 입술 아래에 1줄의 새김무늬[錐刺紋]가 있다(그림 80).

이 시기에 속하는 장가보 A동굴 52호(기원전 1635±65년)와 산성자 B동굴 5호(기원전 1610±80년) 무덤은 연대 측정값이 서로 비슷하며 대체로 상대 전기에 해당된다. 그러나 산성자 B동굴 7호 무덤의 연대 측정값은 기원전 1310±80년으로 상대 중기에 해당된다.

앞에서 살펴본 연대 측정값은 이 시기 무덤들의 연대를 참고하는 데 도움이 된다. 마성자 A동굴 7호 무덤의 연대 측정값은 비교적 늦은 시기에 해당되므로 측정 오류가 있었을 것으로 여겨진다.

이 시기 연대는 대체로 상대 전기에서 중기까지 설정할 수 있다.

③ 제3기

장가보 A동굴 제③층 무덤과 산성자 C동굴 제④·③층 무덤이 대표적이다.

전체로 보면, 이 시기의 토기는 모래가 섞인 붉은색 토기의 비중이 줄어들며, 갈색 토기의 수가 점차 증가한다. 무늬가 베풀어진 토기는 거의 사라진다. 토기 종류의 변화를 보면 1·2기와 비교하여 항아리의 종류가 뚜렷이 줄어들었다. 2기에 출현한 아가리 큰 접시 모양 항아리가 보다 유행하며, 오므라든 아가리의 배부른 항아리가 새로 나타났다. 단지의 종류에는 벌어진 아가리를 가진 것이 많으며, 약간 벌어진 아가리(마성자 보고서에서는 '볼록한 아가리'라 부름)를 가진 단지가 새롭게 출현한다. 몸통을 보면 처진 단지가 여전히 유행하며, 최대 너비가 가운데 혹은 그 위쪽으로 올라간 계란 모양의 볼록한 몸통도 나타난다. 이 밖에도 새롭게 등장한 다리 모양 세로 손잡이 달린 아가리 벌어진 단지(마성자 보고서에서는 '기운 목단지'로 부름)는 일종의 저장독일 가능성이 있다. 사발과 바리에는 손잡이 달린 것이 보다 증가하며 그 형태도 다양해진다(그림 81).

이 시기에 해당하는 장가보 A동굴 14호(기원전 1165±60년) 무덤의 연대

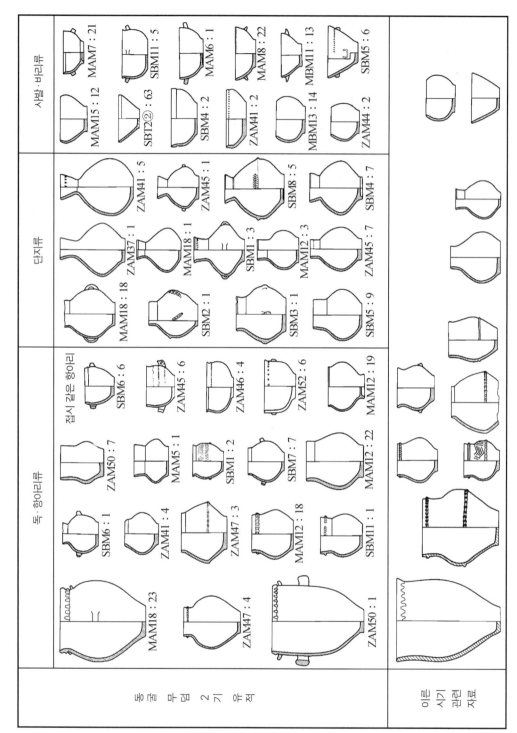

그림 80 동굴 무덤 제2기 유적 출토 토기

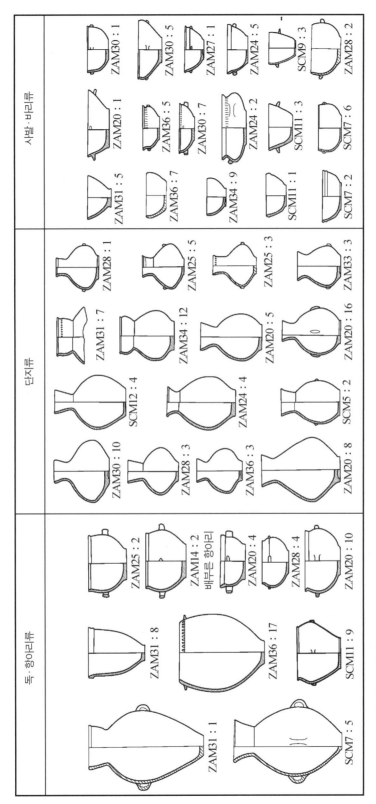

그림 81 돌곽무덤 제3기 유적 출토 토기

측정값에 따르면 그 연대는 대체로 상대 후기에 해당한다.

　④ 제4기

　　장가보 A동굴 제②층 무덤, 마성자 C동굴무덤 및 산성자 C동굴 제②층 무덤이 대표적이다.

　　이 시기의 특징은 아가리 벌어진 단지와 배부른 항아리가 압도적으로 많으며, 바리와 사발류의 토기는 적은 편이다.

　　대다수의 항아리는 한 쌍의 다리 모양 가로 손잡이를 가진 배부른 항아리이며, 몸통은 비교적 깊고 대부분 매우 좁은 형태의 꺾인 입술을 가지고 있다. 단지의 수량 역시 많은데 주로 벌어진 아가리이며, 긴 목을 가진 것이 다수이고 몸통은 처진 것이 많다. 단지의 몸통에 손잡이를 장식하는 기법 또한 증가한다. 이 밖에 장가보 A동굴 2호 무덤에서 출토된 단지를 보면, 가는 목과 넓고 평평한 바닥이 이 시기 단지형 토기의 전형적 특징이다(그림 82).

　　장가보 A동굴 4호 무덤의 연대값은 기원전 1115±60년이고, 7호 무덤의 연대는 기원전 1030±55년이다. 이런 연대값은 대체로 상 후기에서 서주 전기에 해당되어 제3기의 연대와 긴밀히 연결되어 있다.

　　위에서 설명한 7곳의 무덤을 제외한 나머지 동굴무덤의 자료들은 비교적 적은 편이다. 그 가운데 동승 동굴의 자료가 그나마 참고할 만한데 이 또한 유물이 출토된 위치가 명확하지 않다. 따라서 앞에서 언급한 동굴무덤의 시기 구분 연구 결과에 의하여 동승 동굴의 연대를 추정할 수 있다.

　　동승 동굴무덤의 장례습속은 앞의 동굴무덤과 비슷하다. 출토 토기는 단지, 배부른 항아리, 접시 모양 항아리, 잔 등이 있다. 같은 토기의 형태로 보아 동굴무덤의 제4기에 해당한다. 또한 진흙질의 간 단지에서 확인되는 '가지무늬'와 대부분 단지의 바닥이 넓고 평평한 점, 잔이 비교적 많이 발견되는 특징으로 보아, 그 연대는 동굴무덤 제4기보다 늦은 것으로 판단된다. 그러나 토기 형태의 유사성으로 보면 그 연대 차이는 크지 않으며 서주 전기로 추정된다(그림 83).

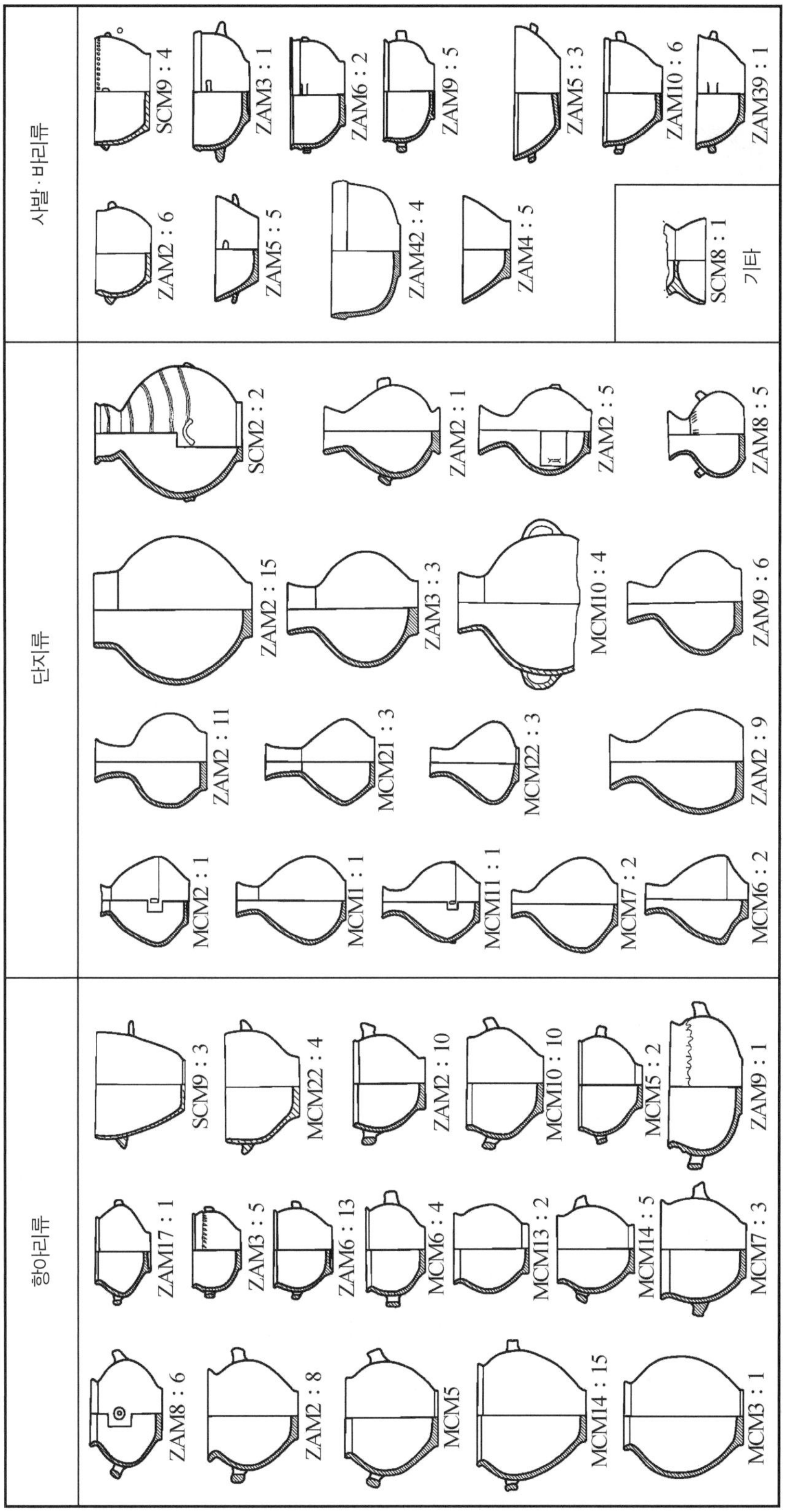

그림 82 동굴 무덤 제4기 유적 출토 토기

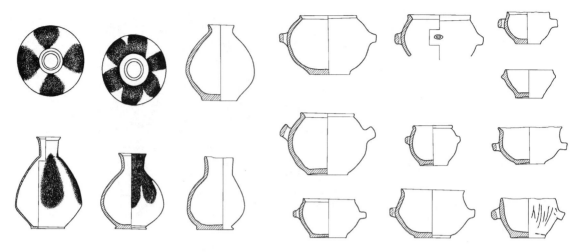

그림 83 신빈 동승 동굴 출토 토기

위에서 동굴무덤의 시기 구분, 토기 특징 및 그 연대에 대해 개괄적으로 설명하였다. 자료의 한계로 인해 정확하고 자세한 분석은 어렵지만 대체로 요동지역의 같은 시기나 조금 늦은 시기 무덤 연구의 기준으로 삼을 수 있다.

(2) 돌널무덤과 널무덤

동굴무덤을 제외하면, 태자하 유역에서 확인되는 또 다른 무덤으로는 돌널무덤과 널무덤이 있다. 그 가운데 돌널무덤이 비교적 많다. 껴묻거리는 동굴무덤과 유사하며, 일부는 개석무덤과 비슷하다. 따라서 이러한 유형의 무덤 문화 내용과 축조 연대 등을 분석하는 것은 개석무덤의 기원 문제를 파악하는 데 중요한 의의를 가진다. 널무덤은 수량이 비교적 적고 대부분 늦은 시기에 해당되지만, 이 지역에서 확인되는 각 유형별 무덤의 연대를 확정하는 데 중요한 참고자료가 된다.

지금까지 이 지역에서 발견된 무덤들은 대부분 긴급 구제발굴을 통해 알려졌다. 또한 유물들도 대부분이 수습된 것이어서 체계적인 발굴을 통한 것은 많지 않다. 따라서 여기서는 먼저 지역별로 각 유형의 무덤이 발견된 지점을 차례로 열거하고, 출토유물이 많거나 구조가 비교적 명확한 무덤들은 표를 통해 일괄적으로 소개한 다음, 다시 문화 내용의 차이에 따라 유형을 구분하고 마지막에는 각 유형별 돌널무덤의 연대를 검토하고자 한다.

현재까지 이 지역에서 자료가 발표된 돌널무덤의 유적은 본계 호구(虎溝)·정가촌(程家村)[319]·통강욕(通江峪)·정가욕(丁家峪)·전보(全堡)·관음각(觀音閣)·맹가보자(孟家堡子)·망성강자(望城崗子)·봉밀립자(蜂蜜砬子)·원보산(元寶山)·대가보자(代家堡子)·북대(北臺)·왕구옥령(王溝玉嶺)·사와(沙窩)·화방구(花房溝)·용두산(龍頭山)·상석(上石)·신립둔(新立屯)·동구(東溝),[320] 유가초(劉家哨),[321] 상보(上堡),[322] 남분 서산(南芬 西山),[323] 요양 이도하자(二道河子)[324]·접관청(接官廳)[325]·행화촌(杏花村)[326] 등이 있다.

이미 발표된 널무덤에 속하는 유적은 본계 남분 화차참(南芬 火車站)[327]·장가보자(張家堡子),[328] 요양 양갑산(亮甲山)[329] 등이 있다.

이 지역에서 무덤의 구조가 분명하고 문화 내용이 비교적 명확한 돌널무덤과 널무덤의 기본 현황은 표 20을 참고할 수 있다.

출토 토기들의 형태 및 유물의 조합 관계에 따라 이 지역 무덤은 4개 군으로 구분되며 아래와 같이 나누어 설명한다.

① 제1군

출토유물은 동굴무덤에서 출토된 것과 비슷하여 같은 문화에 속할 가능성이 있다. 모두 3개 조로 구분된다.

제1조: 본계 대가보자·북대·상석·전보 등의 돌널무덤이 대표적이다. 출토 토기는 단지·통항아리·접시 모양 항아리 등이 있는데 동굴무덤 제3기 유적에서도 유사한 토기가 확인되어 서로 거의 동일한 시기로 보인다(그림 84).

제2조: 본계 호구·정가촌·봉밀립자·맹가보자·정가욕, 요양 행화촌 등의 돌널무덤을 대표로 한다. 출토 토기는 단지·배부른 항아리가 많으며, 토기의 형태는 동굴무덤 제4기의 유물과 같다(그림 84).

제3조: 본계 남분 서산, 요양 접관청 등의 돌널무덤이 대표적이다. 단지·바리·사발 모양 항아리가 주로 출토되었다. 유물 조합을 보면 동굴무덤 제4기의

표 20 태자하 유역 관련 무덤(단위: cm)

유적명	무덤방 구조와 크기			묻기	껴묻거리	유형	분군
	벽[330]	바닥[331]	길이×너비×깊이				
행화촌 5호	B	B	150×34×34	홑무덤 두벌묻기	단지1		
행화촌 3호					단지1		
접관청 7호	B	B	205×35×25	다리 ×자 모양	청동꾸미개10, 단지1		
접관청 5호	B	A	170×40×12	다리 ×자 모양	단지1, 가락바퀴1, 돼지머리1		
접관청 11호	B	A	C?×40×20	홑무덤	항아리1, 바리1		
접관청 13호	B	A	좌C?×40	어울무덤, 왼쪽 여자, 오른쪽 남자	왼쪽에 단지1		
호구	B	흙	190×45×60	홑무덤, 바로펴묻기	단지2, 돌자귀1, 도끼1		
정가욕	B		200×50×100		단지1, 항아리1, 돌도끼2		
용두산	B	B	200×80×70	두벌묻기, 5사람	단지1, 항아리2		제1군
전보	A		200×100×100		단지2, 항아리1, 돌검1	돌널 무덤	
대가보자	B	흙	250×130×120	2사람, 머리 남쪽, 다리 북쪽	단지3, 항아리1, 가락바퀴1		
남분 7호	A	돌	176×50×40	넓적다리뼈, 정강이뼈	단지1		
남분 6호	C	흙	C?×58×50	뼈 교란	단지, 토기 바닥1		
남분 10호	B	흙	184×64×50	목, 엉덩, 정강이뼈			
남분 5호	C	흙	186×60×58	다리 굽혀묻기, 머리 북쪽	단지1		
남분 9호	C		178×60×60	홑무덤, 바로펴묻기	단지1, 사발1		
남분 2호	B	흙	192×66×60	홑무덤, 굽혀묻기	단지1, 사발1		
남분 4호	C		200×158×60	2사람, 엎드려 묻기	단지2, 바리1		
이도하 3호	A		C?×39×42		단지1		
이도하 2호	B	A	C?×50×45	성년1, 유아1	항아리 입술 조각, 1호 출토 단지와 동일		제2군
이도하 1호	B	B	240×58×64	머리뼈, 넓적다리뼈 조각	단지1, 제기2, 동검1, 끌1, 도끼1, 화살촉 거푸집1		
통강욕	B		180×70×100	홑무덤, 바로펴묻기	단지2, 항아리1, 그물추31		

유적명		무덤방 구조와 크기			묻기	껴묻거리	유형	분군
		벽	바닥	길이×너비×깊이				
상보 1호		B	흙	200×100×100	홑무덤, 바로펴묻기	동검2, 꾸미개1, 항아리2, 쇠끌1, 돌대롱구슬3	돌널무덤	제3군
상보 2호		B	흙	200×100×100	홑무덤, 바로펴묻기	항아리3		
상보 3호		B	흙	190×?×45	홑무덤, 바로펴묻기	항아리2		
상보 4호		B			갈비뼈 1	항아리 조각1		
유가초		B	돌	200?×150?	홑무덤, 머리 남쪽, 다리 북쪽	동검3, 검고리1, 검집1, 투겁창1, 청동거울1, 청동고리1, 짐승 모양 꾸미개2, 토기6		
양갑산	5호			157×46×110	홑무덤, 바로펴묻기	단지1, 항아리1	널무덤	
	7호			160×40×130	홑무덤, 굽혀묻기	단지1, 항아리1		
	1호					동검1		
	2호				반듯하게 펴묻기	동검1, 항아리4		
	3호			?×91×140				
	6호				사람 뼈1, 머리 방향 북쪽	항아리2		

것과 비교적 비슷하지만 유물의 형태는 다소 특수하다. 접관청에서 출토된 토기의 특징은 동굴무덤 제4기 장가보 A동굴 2호 무덤에서 출토된 토기군과 비슷하다. 대체로 동굴무덤의 제4기에 해당되는 것으로 여겨진다(그림 84).

② 제2군

본계 용두산·통강욕, 요양 이도하자 등의 돌널무덤을 대표로 한다.

여기의 토기 가운데에는 동굴무덤에서 유행되었던 벌어진 아가리(혹은 곧은 아가리), 배부른 몸통(혹은 처진 몸통)류의 단지는 이미 보이지 않는다. 대신 가로 손잡이가 달린 약간 벌어진 아가리(혹은 곧은 아가리라고 부른다) 단지가 확인된다.

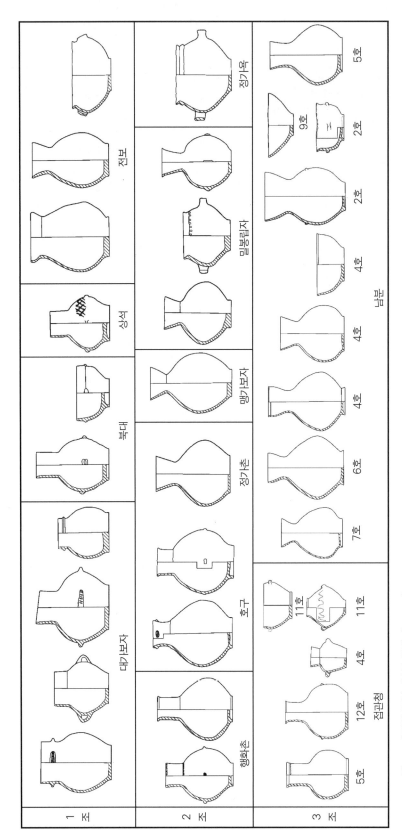

그림 84 태자하 유역 제1군 무덤 출토 토기

이러한 단지의 형태는 동굴무덤에서 보편적으로 유행되었던 것과는 차이가 있지만 본계 용두산무덤에서 출토된 토기와 이도하자에서 채집된 2점의 단지(그림 85)로 볼 때 동굴무덤 제4기 유적과는 상이성과 상사성이 모두 파악된다. 따라서 그 연대는 동굴무덤 제4기 유적의 하한 연대와 비슷하거나 혹은 약간 늦은 시기로 추정된다. 상한 연대는 서주 중기 전후나 서주 전기까지 올라갈 수 있다.

요양 이도하자 1호에서는 한 쌍의 가로 손잡이가 달리고 아가리가 약간 벌어진 단지와 2점의 굽접시가 같이 출토되었다. 이것은 동굴무덤 제4기의 산성자 C동굴 8호 무덤에서 발견된 토기 바닥과 비슷하다. 이러한 유물은 동굴무덤의 늦은 시기 유적에 해당되는 것으로 추정된다(그림 85 참조).

③ 제3군

본계 장가보자, 요양 양갑산 널무덤이 대표적이다(그림 85 참조).

요양 양갑산 널무덤의 연대에 대해 쑨셔따오(孫守道)·쉬빙쿠언(徐秉琨)은 이 무덤에서 출토된 비파형동검에 근거하여 전국 후기로 추정하였고 한(漢) 초보다 늦지 않다고 판단하였다.[332] 그러나 5호에서 출토된 단지는 정가와자(鄭家洼子) 비파형동검 무덤에서 출토된 것과 유사하다.[333] 따라서 정가와자 무덤의 연대 추정에 따라 양갑산 널무덤의 연대는 전국 전기까지도 볼 수 있다.

장가보자 무덤에서 출토된 도포(刀布)의 형태를 보면 그 연대는 전국 중·후기에 해당한다.

현재까지는 태자하 유역에서 그 시기가 제2군과 제3군 무덤 사이에 있는 유적은 발견되지 않았다. 이를 통해 태자하 하류지역 제2군 유적의 하한 연대는 춘추 후기로 추정할 수 있다.

통강욕과 장가보자에서 출토된 단지를 서로 비교하면 그 형태적 차이는 비교적 크지만 두 무덤에서 출토된 항아리는 비슷하다. 따라서 태자하 상류지역 제2군 유적의 하한 연대는 전국 전·중기로 볼 수 있다.

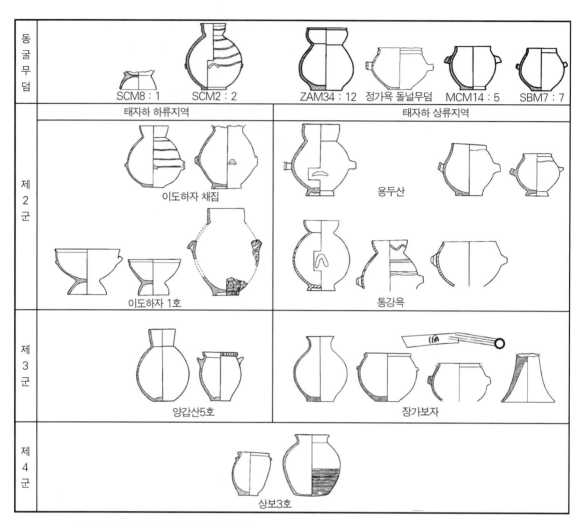

동굴무덤						
	SCM8 : 1	SCM2 : 2	ZAM34 : 12	정가욕 돌널무덤	MCM14 : 5	SBM7 : 7
	태자하 하류지역		태자하 상류지역			
제2군	이도하자 채집		용두산			
	이도하자 1호		통강욕			
제3군	양갑산5호		장가보자			
제4군	상보3호					

그림 85 태자하 유역 관련 무덤 출토 토기

④ 제4군

본계 상보 돌널무덤을 대표로 한다. 출토된 한식(漢式) 항아리의 분석에 따라 그 연대는 한 초에 해당하는 것으로 판단된다. 이 유적의 특징인 항아리의 형태를 보면 양갑산 널무덤에서 출토된 것과 연원 관계가 있어 보인다(그림 85).

(3) 개석무덤

태자하 유역에서 지금까지 발견된 개석무덤은 모두 홑묻기 석관형 개석무덤이며 6곳에서 확인되었다(그림 77의 61~66, 표 17의 61~66).

그 가운데 본계 신성자촌 대편지의 14기 개석 돌널무덤은(제2장 참조) 이 지역 개석무덤에 대한 구체적인 자료를 제공해 준다.

대편지 개석무덤에서 출토된 토기는(그림 86) 태자하 유역 제2군 돌널무덤에서 출토된 토기(그림 85 참조), 혼하 상류의 제2군 무덤에서 출토된 토기(그림 87) 및 청하와 구하 유역의 제2군 무덤에서 출토된 토기(그림 88)와 비슷하다. 주의해야 할 점은 청하 및 구하 유역의 서풍 성신촌 개석무덤에서도 비슷한 토기가 출토되었다는 것이다. 또한 비파형동검·비파형 청동투겁창·부채꼴 청동도끼의 거푸집·청동화살촉 등도 함께 출토되었다. 이들은 모두 비파형동검·부채꼴 청동도끼, 돌화살촉 등이 출토된 청원 문검(門臉) 개석무덤 및 부채꼴 청동도끼·돌화살촉 등이 출토된 서풍 부풍둔(阜豊屯) 개석무덤 등과 밀접한 연관성이 있어 보인다.

이런 유형의 유적에서 가장 주목되는 토기가 이른바 '미송리형 토기[弦紋壺]'이다. 대부분 '약간 벌어진 아가리'이며 처진 몸통이고, 한 쌍의 다리 모양 가로 손잡이와 한 쌍의 반달 모양 손잡이가 있다. 또한 몸통에는 평행하거나 곡선 모양의 묶음을 이룬 평행 줄무늬가 있다. 이러한 특징의 여러 요소들은 모두 마성자문화에 그 근원이 있다. 단지의 약간 벌어진 아가리는 마성자문화 동굴무덤 제3기에서 이미 출현하였고(그림 81 참조, ZAM34:12, ZAM31:7), 마성자문화 동굴무덤 제4기의 단지는 대부분 처진 몸통의 형태이고, 한 쌍의 다리 모양 가로 손잡이는 마성자문화 동굴무덤 제2기의 바리와 항아리에서 이미 확인되며(그림 80 참조), 동굴무덤 제4기의 단지에서도 보인다(그림 82 참조, ZAM2:1). 반달 모양의 손잡이는 마성자문화에서 자주 볼 수 있는 덧무늬와 닭벼슬 모양 손잡이에 연원이 있으며, 동굴무덤 4기에는 이미 보편적으로 유행된다. 곡선의 평행 줄무늬는 마성자문화 동굴무덤 1기의 바리에서 이미 출현되었다(그림 79 참조, SBT2③:65). 아주 흥미로운 사실은 마성자문화 동굴무덤

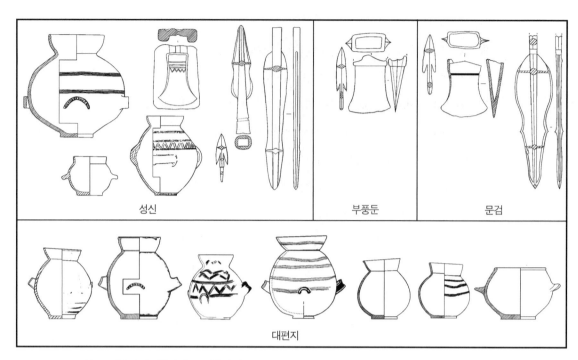

그림 86 제3구 개석무덤 출토 껴묻거리

4기에서 찾아진 1점의 단지(그림 82 참조, SCM2:2)가 한 쌍의 가로 손잡이를 제외한 '미송리형 토기'의 모든 특징을 가지고 있다. 따라서 '미송리형 토기'가 마성자문화에서 기원한 것은 틀림없다.

토기의 조합 관계를 보면, 신성자 대편지 혹은 성신촌의 개석무덤이나 용두산·축가구·황화산의 돌널무덤에서 발견된 '미송리형 토기'는 모두 쌍을 이루는 다리 모양 가로 손잡이가 달린 배부른 항아리와 같이 있다. 이 역시 마성자문화 제4기 토기의 전형적인 조합 양상이다.

분포 지역으로 보면, 신성자 대편지 개석무덤 출토 토기를 대표로 하는 유적들은 마성자문화 제4기 유적의 분포 범위와 대체로 일치한다.

따라서 신성자 대편지 무덤에서 출토된 토기를 대표로 하는 유적들은 마성자문화 전통을 계승한 것이 분명하며, 모두 같은 하나의 문화 계통에 속하는 것으로 볼 수 있다.

과거, 일부 연구자들은 이런 유형의 유적을 '쌍방문화'에 귀속시켰는데 필자는 이러한 관점에 동의하지 않는다. 쌍방의 석붕무덤과 개석무덤에서 출토된 유물을 보면, '미송리형 토기'가 찾아진 6호 개석무덤에서는 이 지역의 문화전통을 반영하는 겹입술 바리가 함께 출토되었다. 이러한 유형의 겹입술 바리는 요하 동쪽의 여러 강 유역 청동기시대 무덤에서는 발견되지 않는다. 따라서 이러한 유적은 쌍방 유적처럼 모두 '미송리형 토기'가 출토된다 할지라도 동일한 하나의 문화에 포함시킬 수 없다. 쌍방문화와 구별되는 개념에서 정식으로 발굴된 표지유적의 명칭을 따라 신성자문화로 명명할 것을 제안한다.

2) 혼하 유역

이 지역에서 하(夏)부터 전국 시기에 해당하는 주요 무덤으로는 돌널무덤, 널무덤과 몇몇의 개석무덤이 있다(고대산·신락 상층문화의 무덤은 미포함).

(1) 돌널무덤과 널무덤

지금까지 돌널무덤이 발견된 지역은 신빈 노성(老城)[334]·영릉 색가(永陵 色家),[335] 신빈 홍산(紅山)·남잡목진(南雜木鎮) 서산(西山)·대사평향(大四平鄉)·탕도향(湯圖鄉) 하서촌(河西村),[336] 신빈 대사평(大四平) 마가자(馬架子)·대사평 동승반랍령(東升半拉領) '돌방[石匣]'·북사평향(北四平鄉) '돌방[石匣]',[337] 무순 대화방(大伙房)[338]·대화방 축가구(祝家溝)·소청도(小青島)·팔보구(八寶溝)·망화구(望花區) 단동로(丹東路)·연반향(碾盤鄉) 자구(茨溝), 무순현 난산농장(蘭山農場)·이가향(李家鄉) 연화보(蓮花堡)·연화보유지(蓮花堡遺址) 뒷산[339]·대갑방(大甲邦)[340]·장군보(將軍堡),[341] 청원 토구자(土口子) 중학·만전자향(灣甸子鄉) 소착초구(小錯草溝)·북삼가향(北三家鄉) 이가복서(李家卜西)·대호로구(大葫蘆溝)·하가복향(夏家卜鄉) 마가점(馬家店),[342] 두호둔진(斗虎屯鎮) 백회장(白灰場)·현성(縣城) 부근·토구자향(土口子鄉) 문검(門臉)·감정자향(甘井子鄉) 대묘촌(大廟村)·남팔가향(南八家鄉) 오가보자(吳家堡子)·남구전향(南口前鄉)·임가보(任家

堡) 대남구(大南溝)·임가보 서산두(西山頭)·하가보향(夏家堡鄉) 마가보촌(馬家堡村) 반도구(半道溝)[343] 등이 있다.

또한 널무덤이 발견된 지역은 무순 순성구(順城區) 탑욕향(塔峪鄉) 널무덤,[344] 심양 정가와자 비파형동검 무덤[345]·정가와자 유적 널무덤[346] 등이 있다.

이 지역에서 구조와 문화 내용이 비교적 명확한 무덤들의 기본 현황은 표 21과 같다.

이 지역의 관련 무덤에서 출토된 유물들은 비교적 복잡하며 혼하 상류와 하류 지역의 정황이 다르므로 아래와 같이 구분하여 살펴보겠다.

① 혼하 상류지역

이 구역의 무덤은 출토 유물에 따라 3개 군으로 뚜렷이 구분된다.

ㄱ. 제1군

신빈 노성·홍산, 무순 자구·연화보[347] 등의 돌널무덤과 무순 탑욕 널무덤을 대표로 하며, 출토 유물의 특징으로 보면 마성자문화에 포함된다(그림 87).

깊은 바리와 단지의 특징을 보면 홍산·자구 돌널무덤은 마성자 동굴무덤 제3기 유적에 해당되며, 연화보 무덤의 긴 목단지·한 쌍의 가로 손잡이 달린 배부른 항아리, 탑욕 널무덤의 한 쌍의 가로 손잡이 달린 항아리의 특징은 마성자 동굴무덤 제4기 유적에 속한다.

따라서 이러한 무덤들의 연대는 상대 후기부터 서주 전기에 해당된다.

노성 돌널무덤에서 출토된 유물은 비교적 독특하다. 그 가운데 깊은 항아리·아가리가 오므라든 항아리·몸통이 처진 항아리 등의 기형은 모두 마성자 문화에서 볼 수 있다. 특히 작은 아가리·잘록한 목·배부른 단지의 특징은 동굴무덤 제4기의 토기들과 매우 유사하다. 그러나 한 쌍의 세로 손잡이 달린 계란 모양 단지의 특징은 마성자문화 무덤의 토기와 상사성 및 상이성이 동시에 존재한다.

연대는 마성자문화 동굴무덤 제4기 유적과 같은 시기이거나 약간 늦은 시기로 추정된다.

표 21 혼하 유역 관련 무덤(단위: cm)

유적명	무덤방 구조와 크기			묻기	껴묻거리	유형	분군
	벽[348]	바닥	길이×너비×깊이				
노성1호	A	흙	210×64×70	사람 뼈 없음	단지2, 바리2, 돌도끼1.	돌널무덤	제1군
노성2호	A	흙	220×70×70	사람 뼈 없음	단지2, 바리2, 가락바퀴1, 돼지이빨2.		
노성3호	B	돌	200×65×70	사람 뼈 없음	단지1, 바리1, 돌가락바퀴1.		
노성4호	A	흙	200×65×64	부식된 머리뼈, 딸린널	단지1, 바리1, 돌가락바퀴1, 바리 안에 돼지이빨3, 딸린널에 단지1.		
홍산1호	A	흙	126×108×42		단지1, 그물추1.		
홍산2호					돌도끼2, 돌검1, 회색토기 조각		
소청도5호	A	흙	165×48×42	사람 뼈 부식	단지1, 돌가락바퀴1.		제2군
팔보구6호	A	흙	165×59×36	사람 뼈 부식	단지1, 돌가락바퀴1.		
축가구1호	A	흙	189×54×60	사람 뼈 부식	청동도끼1, 토기3		
축가구2호	A	흙	198×63×43	사람 뼈 부식	단지1, 항아리2, 돌도끼2.		
축가구3호	A	흙		사람 뼈 부식	단지2, 항아리1, 돌도끼1.		
축가구4호	B	흙	201×99×45	사람 뼈 부식	단지2, 항아리1, 돌도끼1, 청동투겁창1, 청동도끼1.		
하가복	A	돌	200×45×50		단지1, 돌칼1.		
토구자	A	돌	180×80×?		단지1, 돌도끼1, 자귀1.		
이가복	A	돌	245×94×90	사람 뼈 부식	흙가락바퀴1, 돌가락바퀴1.		
소착초구	A	돌	200×60×55		돌검2.		
대갑방	A	흙	230×130×100	사람 뼈 부식	동검1, 단지2.		
정가와자 6512호			무덤구덩이 500×300×140 덧널 320×160 널 200×70	덧널과 벽 사이에 흙 채움, 덧널 바닥에 돌을 깜. 노인 남성1, 얼굴을 젖힌 펴묻기	42종 797점의 유물: 단지3, 동검3, 도끼1, 끌1, 칼1, 송곳1, 활통. 거울1, 머리꽂이2, 뼈 머리꽂이2, 돌구슬, 말갖춤4, 거울 모양 꾸미개6.	널무덤	제5군

유적명	무덤방 구조와 크기			묻기	껴묻거리	유형	분군
	벽	바닥	길이×너비×깊이				
정가와자 659호			175×50×95?	노인 남성, 바로펴묻기	단지1, 뼈검1, 뼈고리1.		
정가와자 1호			230×75×10		심하게 파괴되었고 단지 입술 조각만 발견	널무덤	제5군
정가와자 2호			190×40×25	옆으로 굽혀묻기	청동단검1, 단지1, 채운 흙 속에서 흙가락바퀴1.		

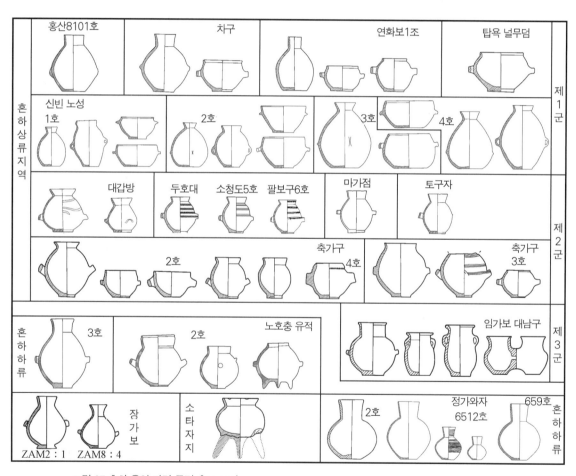

그림 87 혼하 유역 관련 무덤 출토 토기

ㄴ. 제2군

무순 대화방 축가구·소청도·팔보구·대갑방, 청원 토구자 중학·마가점 등의 돌널무덤을 대표로 하며, 태자하유역 돌널무덤 제2군 유적의 문화 내용과 비슷하다(그림 87 참조).

이 지구에서 출토된 단지의 특징은 묶음 줄무늬가 없는 민무늬인 것이 대부분이며, 또한 약간 벌어진 아가리가 보이지 않는다. 그러나 토기 갖춤새를 볼 때, 단지와 한 쌍의 손잡이 달린 배부른 항아리의 조합을 제외하면 대갑방과 축가구 1호에서는 모두 대형 단지와 소형 단지의 조합 관계가 확인된다. 이러한 양상은 신성자 개석무덤과 같다. 따라서 신성자문화에 속한다고 할 수 있다. 대갑방 돌널무덤에서 1점의 비파형동검이 출토되었는데 형식은 이른 시기로 연대는 서주 전기까지 올라갈 가능성이 있다.

ㄷ. 제3군

청원 임가보 대남구 돌널무덤이 대표적이며 껴묻거리가 비교적 특수하다. 보고서에서는 그 연대를 전국 후기에서 한 초로 추정하였는데 다소 늦게 설정한 것 같다(그림 87 참조).

② 혼하 하류지역

현재까지 이 지구의 관련 주요 무덤은 심양 정가와자 비파형동검 무덤·정가와자 유적의 널무덤이 있다. 출토된 토기는 곧은 목의 배부른 단지 위주이며 그 형태는 요양 양갑산 널무덤 출토품과 비슷하다. 발굴자는 이러한 유형의 무덤 연대를 춘추 후기에서 전국 전기로 설정하였다(그림 87 참조).

노호충[349] 유적의 출토유물을 보면 이 지역에는 혼하 상류지역 제1·2군 무덤과 같은 시기의 유적이 존재할 것으로 추정된다.

예를 들면 노호충 유적의 3호 재 구덩이에서 단지 2점이 발견되었다. 그 가운데 1점은 한 쌍의 가로 손잡이 달린 긴 목 단지이고 다른 1점은 어깨가 뚜렷한 단지이다. 그와 형태가 비슷한 유물이 마성자문화 동굴무덤에서도 발견되어 연대는 마성자문화 동굴무덤 제4기 유적과 대체로 비슷한 것으로 추정된다.

노호충 1호 재 구덩이에서는 모두 4점의 토기가 출토되었는데 아가리가 약간 벌어진 한 쌍의 손잡이 달린 단지와 한 쌍의 가로 손잡이 달린 배부른 항아리, 항아리 같은 솥[罐式鼎] 등이 있다. 그 가운데 단지와 항아리의 형태는 태자하 상류지역 제2군 유적에서 발견된 것과 비슷하다. 또한 항아리 같은 솥은 법고 소타자 13호 무덤에서 출토된 것과 비슷한데 단지 가로 손잡이만 없다. 이를 통해 볼 때, 이 지역에도 태자하 유역·혼하 상류지역의 제2군 유적과 같은 내용의 문화 성격을 지닌 무덤이 존재할 가능성이 크다.

노호충 3호 재 구덩이에서 출토된 유물에 근거하면 혼하 하류지역의 이러한 유적의 상한 연대는 대체로 서주 중기에 해당된다. 하한 연대는 정가와자 등 무덤의 연대에 따르면 전국 시기보다 늦지 않을 것으로 추정된다(그림 87 참조).

(2) 개석무덤

개석무덤은 오직 혼하 상류에서만 확인된다. 모두 2곳이 조사되었으나 자세한 현황은 알 수 없다(그림 77의 67·68, 표 17의 67·68).

3) 청하·구하 유역

이 구역에서 하(夏)부터 전국 시기에 해당하는 주요 무덤은 돌널무덤과 몇 기의 개석무덤이 있다(순산둔 등의 널무덤은 포함되지 않음).

(1) 돌널무덤

지금까지 알려진 유적은 서풍 소방대(消防隊)[350]·소육영둔(小育英屯)[351]·충후둔(忠厚屯),[352] 철령(鐵嶺) 구둥산(九嶝山)[353]·수아둔(樹芽屯),[354] 개원(開原) 이가대(李家臺)[355]·첨산자(尖山子)·소남구(小南溝) 북산(北山)·연화포(蓮花泡),[356] 법고(法庫) 석립자(石砬子)·장조산(長條山)·소타자지(小坨子地)[357] 등이 있다.

그 구조와 문화 내용이 비교적 명확한 돌널무덤의 기본 현황은 표 22와 같다.

표 22 청하·구하 유역 관련 무덤(단위: cm)

유적명	무덤방 구조와 크기			묻기	껴묻거리	유형	분군
	벽[358]	바닥	길이×너비×깊이				
육영둔1호	B	흙	181×64×70		단지1, 항아리1	돌널무덤	제1군
육영둔2호	B	흙	230×64×68	사람 뼈 없음	단지1, 항아리2, 가락바퀴2		
육영둔3호	C	흙	186×44×40	사람 뼈 없음	바리1		
육영둔4호	C	흙	186×38×52	바로펴묻기?	돌도끼1, 자귀1, 항아리1, 단지1		
석립자1호	A	돌	180×60×70	사람 뼈 없음	단지1, 항아리1, 마노구슬1		제2군
석립자2호	A	돌	120×40×50	사람 뼛조각			
석립자4호	A	돌	140×40×50	사람 뼛조각	단지1		
석립자5호					단지1		
석립자9호					단지1		
이가대1호	A	흙	180×40×40	사람 뼈 없음	항아리1, 활석제 거푸집1쌍		
이가대2호	A	흙	180×40×40	사람 뼈 없음	항아리1, 흙그물추1		
소남구1호					단지1		
소남구2호	A	흙	140×50×50	사람 뼛조각	단지1		
연화포1호	A		190×40×50		돌도끼2, 토기 손잡이2 (다리 모양, 덧띠) 채집		
충후둔	A	흙	175×64×?		청동도끼1, 토기3		
첨산자	A		190×66×60	홑무덤, 펴묻기	단지2, 청동도끼1		
소방대	A	바위	180×58×50	홑무덤, 펴묻기	단지1, 바리1, 돌도끼1		

출토 유물의 차이에 근거하여 이 구역의 무덤은 4개 군으로 나눌 수 있다.

① 제1군

서풍 소육영둔 무덤을 대표로 하며 마성자문화에 속한다.

출토된 토기의 조합 및 관련 유물의 특징을 보면, 마성자 동굴무덤 제4기 유적과 비슷하며 연대는 대체로 서주 전기로 볼 수 있다(그림 88).

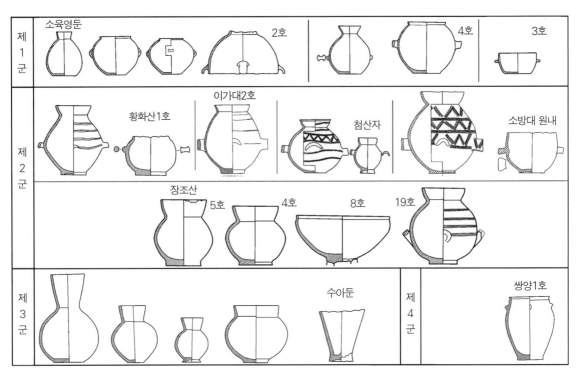

그림 88 청하·구하 유역 관련 무덤 출토 토기

② 제2군

서풍 소방대, 개원 이가대·첨산자, 법고 황화산1호·장조산 등의 돌널무덤을 대표로 한다. 출토유물을 보면 태자하 유역 돌널무덤 제2군 유적과 문화내용이 같다.

유물 변화의 추세를 보면, 제2군의 황화산 등 무덤에서 출토된 유물이 상대적으로 이르고, 장조산의 각 무덤에서 출토된 유물들이 형태상 조금 늦은 시기로 여겨진다. 예를 들면 한 쌍의 가로 손잡이 달린 단지의 손잡이가 약간 아래에 위치하면서 위로 들려진 형태이며, 꼭지 손잡이 또한 다른 무덤에서 출토된 것과 차이가 있다. 보다 중요한 것은 굽접시가 출현한 것과 항아리의 형태가 제3군의 유물과 비슷하다는 점이다(그림 88 참조).

제2군 무덤의 연대는 서주 중·후기부터 춘추 사이에 해당한다.

③ 제3군

철령 수아둔 무덤에서 출토된 유물을 대표로 한다. 토기는 단지와 항아리를 위주로 하며 굽접시도 발견되었다. 항아리는 장조산에서 출토된 것과 비슷하다. 그 연대는 제2군보다 조금 늦은 시기로 추정되지만, 양자 사이의 시간 간격은 그렇게 크지 않을 것으로 보인다(그림 88 참조).

④ 제4군

주의해야 할 점은 쌍양(雙陽) 태평향(太平鄕)[359] 돌널무덤에서 항아리 1점이 출토되었다. 그 형태가 양갑산 널무덤에서 출토된 것과 상당히 비슷하다는 점이다. 양갑산 유적 연대는 전국 전기까지 볼 수 있기 때문에 제3군의 연대는 춘추와 전국의 교체 시기가 될 수 있고, 제4군의 연대는 전국 시기로 볼 수 있다.

(2) 개석무덤

이 지구에서 발견된 개석무덤 유적은 7곳이다(그림 77의 69~75; 표 17의 69~75). 그 구조는 모두 홑묻기 석관형 개석무덤으로 확인되었다. 그 가운데 청원 문검·개원 건재촌·서풍 충후둔·부풍둔·성신촌의 개석무덤에서는 모두 유물이 출토되었다. 그림 86에 제시한 유물을 제외하고 문검 무덤에서 미송리형 토기와 뼈송곳, 건재촌 무덤에서 미송리형 토기와 청동 손칼, 부풍둔 무덤에서 굽접시의 바닥 조각, 충후둔에서 미송리형 토기 조각과 부채꼴 청동도끼 등이 발견되었는데 모두 신성자문화 관련 유적으로 판단된다.

이 지역 미송리형 토기의 무늬 구성은 평행 묶음 줄무늬 사이로 곡선의 파도무늬가 있는 점이 독특하다.

4) 관련 문제에 대한 논의

위에서 설명한 요하 동쪽의 여러 강 유역(제3구)의 관련 무덤 자료를 분석하여 아래와 같은 몇 가지 사실을 알 수 있었다.

첫째, 마성자문화는 태자하 상류지역에서 발생하였으며, 제3구역 전체에 중요한 영향을 미친 청동기시대 전기의 고고문화이다.

현재까지의 견해에 따르면 태자하 상류를 중심으로 하는 요하 동쪽의 여러 강 유역에서 동굴무덤은 가장 이른 시기의 무덤 형식으로 모두 마성자문화에 속한다. 그 상한 연대는 하(夏)대의 기년(紀年) 범위에 포함되며, 대체로 화장(火葬)이 성행하였다. 이 유형의 무덤은 매우 긴 기간 동안 지속되는데 대략 주 전기까지 유행하였다. 출토 토기의 조합과 같은 유형의 유물 형태 변화에 따라 4시기로 구분할 수 있다. 각 시기별 출토 토기들은 일정한 연속성이 있고 장례습속의 측면에서도 거의 변화가 없으며, 역사나 인문학적 배경에 대한 심층 연구의 필요성이 있다.

둘째, 마성자문화의 동굴무덤에 대한 시기 구분과 함께 마성자문화에 포함되는 모든 유형의 무덤(동굴무덤과 돌널무덤 등)에 대한 분기도 하였다.

그 가운데 마성자문화 제1·2기의 무덤은 모두 태자하 상류지역에서만 확인되었으며 동굴무덤 위주이다. 마성자문화 제3기의 무덤은 이미 혼하 상류지역까지 확산되었으며, 동굴무덤 이외에도 돌널무덤이 있다. 마성자문화 제4기의 무덤은 태자하 유역 전체와 혼하 유역, 청하·구하 유역에서도 확인되었고, 태자하 상류지역을 제외한 나머지 지역에서는 돌널무덤이 주도적 위치를 차지하였다. 장례습속 또한 차이가 있는데 화장 외에도 비화장무덤이 많이 있다. 마성자문화 제4기의 유적을 보면 각 지역의 무덤에서 출토된 유물들은 대부분 자체적인 고유한 특징을 지니고 있다. 예를 들면, 혼하 유역의 노성 무덤, 태자하 하류의 접관청 무덤 등은 서로 다른 지방 유형으로 구분이 가능하지만 여기서는 더 이상 자세한 논의는 하지 않겠다.

셋째, 마성자문화 이후 마성자문화 제4기 유적이 분포하였던 지역에서는 하나의 새로운 고고문화인 신성자문화가 보편적으로 출현하였다. 신성자문화는 마성자문화에 기원을 두고 있으며, 그 상한 연대는 마성자문화의 하한 연대와 대체적으로 연결되고 하한 연대는 각 지역별로 조금씩 차이가 있다.

장가보자·양갑산 널무덤 및 상보 돌널무덤에서 출토된 유물을 통해 볼 때, 전국시대에 진입하면 태자하 유역 일대의 전통문화에 커다란 변화가 발생한다. 그 가운데 상류지역의 장가보자 무덤에서는 더이상 신성자문화의 전형적인 토기가 발견되지 않는다. 다만 항아리 몸통 부분에 배부른 특징만 남아 있을 뿐이다. 이 무덤에서 출토된 도포로 보아 대체로 전국 중·후기 전후에 유행하였고 신성자문화가 태자하 상류지역에서 끝나는 시기이다. 태자하·혼하 하류·청하·구하 유역에서 이러한 유형의 유적은 전국 전기 이후 다른 하나의 고고문화 유형으로 대체되었다.

혼하 상류지역의 신성자문화 유적 또한 그 지역의 자체적인 특징을 지니고 있다. 예를 들면, 단지는 처진 몸통과 계란 모양 몸통 두 종류가 있고, 그 형태만 보면 노성 돌널무덤 출토 몸통이 처진 단지·계란 모양 단지와 더 유사하다. 또한 이 지역의 이런 유적에서 출토되는 대부분의 단지는 벌어진 아가리 위주이며 꼭지 손잡이도 발달되지 않았다. 임가보 무덤에서 출토된 유물을 보면, 전국 후기 이후 이 지역에는 새로운 문화 유형이 출현하였음을 알 수 있다.

넷째, 이 지역에서 개석무덤은 신성자문화 시기에 출현하였다. 그 연대는 서주 전기보다 이르지 않으며, 이곳의 돌널무덤과 오랜 기간 공존하였다. 지금까지 혼하 유역에서 발견된 개석무덤은 숫자가 매우 적고 분포 양상 또한 균일하지 못하다. 이런 정황은 이 지역의 개석무덤이 석붕과 마찬가지로 이곳에서 발생한 문화 요소가 아닐 가능성이 있다는 것을 암시한다.

2. 압록강 하류지역(제2구)

현재까지 알려진 자료에 따르면 이 지역에서 발견되는 개석무덤과 관련된 무덤에는 석붕무덤과 돌널무덤 등이 있다.

돌널무덤이 발견된 곳으로는 관전현(寬甸縣) 조가보(趙家堡)·포자연(泡子

沿)·사평가(四平街)·소진가(小陳家)·서방신(西房身), 봉성 삼가자촌(三家子村), 동항시(東港市) 대방신촌(大房身村) 등[360]이 있다. 모두 비파형동검 자료뿐으로 영세하고 단편적인 내용만 소개되었다. 석붕무덤은 3곳이 보고되었지만 출토 유물은 확인되지 않았다. 따라서 이 지역에서 확인된 개석무덤의 출토유물 자료를 활용하고 주변지역의 연구 성과를 참조하여 이 지역 개석무덤 문화의 성격과 연대 문제를 검토하고자 한다.

이 지역에서 현재까지 알려진 개석무덤은 홑묻기 토갱형과 홑묻기 석관형 개석무덤 등 두 유형으로 구분할 수 있으며, 모두 같은 묘지에 함께 있다. 봉성 동산 개석무덤에서 출토된 토기를 보면 마성자 및 신성자문화의 토기와 일정한 연관성이 있으며, 동시에 자체적인 특징도 있다. 이처럼 이 지역의 개석무덤은 문화 내용이 비교적 복잡하고 연속시간 또한 길기 때문에 보다 진일보한 분석과 연구가 요구된다.

1) 문화 요소 및 연대 분석

이 지역에서 발굴된 개석무덤 유적은 두 곳이며, 아래에 나누어 설명하겠다.

(1) 동산 묘지[361]
이 유적에서는 모두 33기의 무덤이 발굴되었는데 두 구역으로 나뉘어진다. 각 구역의 무덤들은 줄을 지어 분포하고 있다. 서로 중복되지 않으나 현재 많이 파괴된 상태이다. 이러한 상황을 고려하고 무덤 분포를 기초로 하여 유형학적인 방법으로 시기 구분을 하면 아래와 같다.

① 무덤의 분구(分區)와 분포
문헌 D에서는 무덤의 방향과 각 무덤들의 분포에 따라 2개의 군으로 나누었다.

A군: 무덤의 긴 방향은 서북–동남쪽이고, 산줄기와 동, 서, 북쪽 기슭에 위치한다. 모두 15기가 있다.

B군: 긴 방향은 동북–서남쪽이고, 산 아래 남쪽의 편평한 곳에 있으며 모두 18기가 있다(그림 89).

B군의 무덤들은 다섯 줄로 배열되었다. 각 무덤의 긴 방향은 모두 등고선과 수직인데(무덤의 한쪽 끝이 높고, 다른 쪽은 낮다), 전체적인 모습은 부채꼴로 분포하고 있다.

A군의 무덤들은 대체로 세 줄로 분포한다. 산줄기에서 서쪽으로 치우쳐 위치한 19호가 첫째 줄, 산줄기 가운데에 위치한 20호, 15호, 18호, 6호, 4호가 둘째 줄, 산줄기 가운데에서 조금 치우친 동쪽 기슭에 위치한 8호, 7호, 5호, 10호는 셋째 줄에 속한다. 산줄기 북쪽 기슭에 9호, 17호, 16호 및 동쪽 기슭에 위치한 10호, 14호, 1호는 대체로 셋째 줄의 연장선에 놓여 있어 같은 줄에 속하는 것으로 볼 수 있다.

문헌 D에서는 껴묻거리가 놓인 규칙성에 따라 다음과 같이 추론하였다. B군 무덤의 머리 방향은 북쪽을 향하고(머리가 높고 발이 낮다), A군은 서쪽을 향한다. 이러한 내용을 통해 두 무덤떼의 축조 순서를 보면 B군은 북쪽에서 남쪽으로, A군은 서쪽에서 동쪽으로 조성되었던 것으로 추론할 수 있다.

② 토기의 유형 분류

이 무덤에서 출토된 토기의 종류는 비교적 단순하며 단지와 항아리로 분류할 수 있다.

단지: 몸통의 형태에 따라 3가지로 나뉜다.

갑류는 계란 모양의 볼록한 단지이다. 수량이 가장 많은데 어깨가 둥글고, 볼록한 몸통, 납작밑이며, 몸통에 대칭되는 손잡이가 달려 있다. 손잡이에 따라 다시 2가지로 나누어진다.

A형: 다리 모양 세로 손잡이 달린 단지. 목 부분의 차이에 따라 다시 2가지로 구분된다.

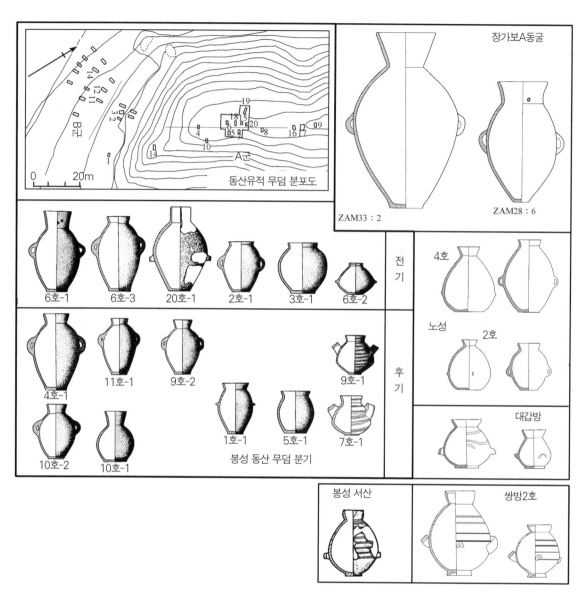

그림 89 봉성 동산 및 관련 무덤 껴묻거리 비교

Aa형, 긴 목. 6호 단지(6호-1)가 대표적. 수량이 많은 편이며, 4점이 보고됨.

Ab형, 짧은 목. 6호 단지(6호-3)가 대표적. 수량이 적은 편이며, 2점이 보고됨.

B형: 가로 손잡이 달린 단지로서 1점이 발견되었다(20호-1).

을류는 배부른 단지이다. 1점만 발견(10호-1)되었다. 긴 목이 경사지며, 몸통은 부르고 납작밑이다.

병류는 몸통이 처진 단지이며 3점이 출토되었다. 어깨가 둥글고 볼록한 몸통으로, 최대 지름이 아래쪽에 위치하며 납작밑이다. 아가리의 형태 차이에 따라 다시 2가지로 나뉜다.

A형: 아가리가 작고 몸통이 처진 단지로서 1점이 발견되었다(6호-2). 작고 둥근 아가리, 짧은 목, 처진 몸통, 납작밑이다. 몸통에는 2개의 닭벼슬 모양 손잡이가 있다.

B형: 아가리가 크고 몸통이 처진 단지이다. 2점이 발견되었다(7호-1, 9호-1). 토기는 작고 배부르다. 처진 몸통의 위쪽에 대칭되는 2개의 다리 모양 가로 손잡이가 달렸으며 몸통 전체에 묶음 줄무늬가 있다.

항아리: 몸통의 형태에 따라 2가지 유형으로 나뉜다.

갑류: 계란 모양의 볼록한 항아리. 2점이 발견되었다(1호-1, 2호-1).

을류: 배부른 항아리. 2점이 발견되었다(5호-1, 3호-1).

③ 무덤의 시기 구분과 연대

ㄱ. 분기

A군의 첫째 줄 무덤에서는 토기가 출토되지 않았다.

둘째 줄의 6호 무덤에서는 갑Aa형·Ab형, 병A형의 단지가 1점씩 출토되었다. 또한 20호에서는 갑B형 단지 1점이, 4호에서는 갑Aa형 단지 1점이 출토되었다.

셋째 줄의 9호와 10호에서 각각 2점의 토기가 출토되었다. 모두 갑Aa형 단지로 형태는 거의 같으며 을류 단지, 병B형 단지 등과 같이 출토되었다. 또한 7호에서도 병B형 단지가 찾아졌다.

둘째와 셋째 줄의 무덤에서 출토된 토기의 조합 관계를 보면 서로 차이가 확인된다. 같은 유형의 토기들을 형태적으로 비교하면 둘째 줄 4호 무덤에서 출토된 갑Aa형 단지와 같은 줄의 6호 출토 토기 사이에는 차이가 있다. 예를 들면 목의 높이가 낮아진 점이나 바닥의 크기가 커진 점 등이다. 이러한 특징은 셋째 줄 무덤에서 출토되는 같은 유형 토기의 형태에 보다 근접해 있다.

이러한 분석 내용을 종합하면 토기의 조합 및 관련 유물의 형태 차이를 반영하여 A군의 무덤들은 두 시기로 구분이 가능하다.

제1기는 둘째 줄의 6호, 20호 무덤 등이다.

제2기는 둘째 줄의 4호와 셋째 줄의 7호, 9호, 10호 무덤 등이 해당된다.

B군에서는 단 3기의 무덤에서만 토기가 발견되었다. 그 가운데 셋째 줄의 11호에서 출토된 갑Ab형 단지는 A군 4호 출토품과 비교적 비슷하여 이를 A군의 제2기에 포함시킬 수 있다.

둘째 줄 2호와 3호에서 각각 1점씩 출토된 항아리의 형태는 A군 제2기의 같은 유형 항아리와 차이가 있어 무덤의 배열 순서를 고려하면 이를 A군 제1기에 포함시킬 수 있다(그림 89 참조).

ㄴ. 연대

이미 대부분의 연구자들은 이 책에서 갑Aa형으로 분류한 단지가 장가보 A동굴의 제3층, 산성자 C동굴의 제3층, 노성 돌널무덤에서 출토된 단지 및 독과 비슷하다는 것에 주의하였다. 이에 따라 이 무덤의 연대는 대략 3000 bp 전후로 볼 수 있다.[362]

실제로 위에서 설명한 각 무덤의 관련 유물은 크기와 형태면에서 대부분 일정한 차이가 있어 단순히 비교해서는 안된다(표 23, 그림 89 참조).

그림 89와 표 23의 내용을 보면, 장가보 A동굴과 산성자 B동굴의 무덤에서 출토된 독(갑A형 단지의 조형)의 형태는 비교적 비슷하다. 모두 큰 편이며 아가리가 바닥 지름보다 큰데, 일부는 아가리가 바닥의 약 3배 이상 되는 것도 있다. 반면 동산, 노성 무덤에서 출토된 갑류의 단지 아가리는 대부분 바닥 지름보다 작거나 비슷하다. 다만 동산유적의 제1기에 속하는 6호 출토품만 아가리가 바닥보다 조금 커서 장가보 A동굴의 단지 형태와 비슷하다. 따라서 갑Aa형 단지는 모두 3가지 형식으로 나누어지며, Ab형 단지는 두 형식으로 구분할 수 있는데 표 23을 참조할 수 있다.

표 23 관련 무덤 출토 계란 모양 배부른 단지(갑A형 단지 및 독) 크기

| 출토유적 | | 크기(cm) | | | | | 비율 (%) | | | | 형식 | |
유적	유물번호	입지름	목높이	몸통지름	바닥지름	전체높이	입·몸통	입·높이	입·바닥	바닥·높이		
장가보 A동굴 ③층	ZAM31:1	34			16	92.8		37	213	17	I	Aa
	ZAM33:2	30			16.8	90		33	179	19		
	ZAM28:6	18			7.2	58.4		31	250	12		
	ZAM25:1	20			6	44		45	333	14		
산성자 C동굴③층	SCM7:5	22			8.8	58.8		37	250	14		Aa
동산 무덤	M6:1	13.5	9	22.5	10.2	40	40	34	132	26	II	
	M4:1	11		20	9	33	55	33	81	27	III	
	M9:2	9		18	8.5	28	50	32	94	30	III	
	M10:2	10	3.8	19	8.4	28	53	36	84	30		
	M6:3	9		18	9	30	50	30	100	30	I	Ab
	M11:1	8	2.5	16	7.5	26	50	31	94	29	II	
노성 무덤	M4:4	12		26.7	11.5	36.8	45	32	96	31	III	Aa
	M1:2	11.6		19.4	9.4	28	60	41	81	34	II	Ab
	M2:2	12.2		20.3	10.3	26.6	60	46	92	39		

앞에서 언급한 장가보 A동굴과 산성자 B동굴에서 출토된 갑Aa I식 단지(독)는 마성자문화 제3기와 관련이 있다. 갑Aa III식 단지가 출토된 노성 무덤의 연대는 마성자문화 제4기나 또는 조금 늦은 시기에 해당한다.

동산 묘지의 1기 무덤에서 출토된 배부른 항아리와 한 쌍의 가로 손잡이가 달린 단지(이 단지의 아가리 부분은 이미 파손되어 복원하기 어렵다. 그러나 가로 손잡이와 몸통의 형태를 보면 장가보 A동굴 제2층 무덤, 노호충 유적 3호 재 구덩이 출토 토기와 비슷하다) 등은 마성자문화 제4기 무덤 출토 토기와 유사하다. 그리고 여기서 출토된 Aa II식 단지의 정황으로 보면 그 연대는 노성 무덤보다 조

금 이른 것으로 보여 서주 전기로 추정된다.

동산 묘지 2기 무덤에서 출토된 갑Aa형, Ab형 단지는 노성 무덤에서 출토된 같은 유형의 토기와 형태가 거의 비슷하다. 대칭으로 달린 가로 손잡이와 처진 몸통의 미송리형 토기는 신성자문화 토기의 기본적인 특징을 가지기에 종합적으로 고려하면 그 연대는 서주 중기에 해당한다(그림 89 참조).

(2) 서산 묘지

봉성 서산 묘지에서는 한 쌍의 가로 손잡이가 달린 단지 1점만 출토되었는데 신성자문화의 토기 특징과 비슷하다. 그 연대는 대체로 동산 묘지의 제2기에 해당하거나 조금 늦을 수 있다(그림 89 참조).

2) 문화 속성

봉성 동산 무덤에서 출토된 두 시기의 토기들은 기형 및 관련 유물의 형태를 보면 강한 연속성을 지닌 문화에 해당된다는 것을 알 수 있다.

주요 기종인 한 쌍의 세로 손잡이 달린 계란 모양 단지는 마성자문화 제3기 무덤에서 유행한 독류의 토기에서 기원한 것이다. 이러한 사실은 동산 유적의 초기 무덤이 마성자문화와 밀접한 연관성이 있다는 점을 반영한다. 이밖에도 아가리가 작은 처진 몸통의 단지와 배부른 항아리는 마성자문화 제4기의 토기와 일정한 유사성이 확인되며, 동산 제2기 무덤에서는 신성자문화와 관련된 토기 유형이 새롭게 나타난다. 하지만 마성자문화, 신성자문화에서 흔히 보이는 한 쌍의 가로 손잡이가 달린 바리 및 한 쌍의 가로 손잡이가 있는 항아리는 이 묘지에서 발견되지 않는다.

이러한 내용을 통해 볼 때, 더 이상 추가 자료가 없는 상황에서 이 지역에서 봉성 동산과 서산 유적으로 대표되는 개석무덤은 마성자와 신성자문화에 속한다고 할 수 있다.

주의해야 할 것은 동산 1기의 토기 조합과 관련 유물의 형태가 혼하 상류

지역의 노성 돌널무덤과 강한 유사성을 보인다는 점이다. 예를 들면, 세로 손잡이 달린 계란 모양 단지와 아가리가 작은 처진 몸통의 단지 등이 모두 유행하며 무덤의 형식도 공통점을 가지고 있다. 즉, 노성 묘지에는 강돌을 사용하여 무덤방의 네 벽을 축조한 것도 있고, 바닥에 한 층의 강돌을 깔아 놓은 것도 있다. 또한 무덤방 위쪽에는 모두 비교적 큰 판자돌을 덮었다. 이러한 모습은 동산 묘지의 일부 무덤과 구조적으로 비슷하다. 동산 2기의 무덤에서 출토된 한 쌍의 가로 손잡이가 달린 처진 몸통의 단지는 혼하 상류지역의 대갑방 유적 출토 토기 형태와 매우 비슷하다. 이러한 사실들은 이 시기 압록강 하류지역과 혼하 상류(압록강 상류 부근)지역의 고고문화가 서로 밀접한 연관성이 있음을 알려 준다. 그 배경에 대해서는 보다 심층적인 연구의 필요성이 제기된다.

마성자문화 제3기 이후부터 신성자문화 단계에 압록강 유역에는 위에서 설명한 두 문화의 영향을 강하게 받은 지방문화 유형이 있었다는 추론이 가능하다.

3. 요동 연해 여러 강 유역(제1구)

현재까지 알려진 것에 의하면 1구에서 개석무덤이 분포한 지역은 석붕무덤에 비해 그 범위가 좁은 편으로 대부분 이 지역의 북부에 한정되어 있다.

선행연구에서는 거의 이 지역 선사문화를 커다란 하나의 문화권으로 설정해 왔다. 현재 관점에서 본다면 그 남부(대련시 직할의 각 지역과 보란점, 와방점 남부지역)와 북부지역의 고고 유적에는 일정한 차이가 있어 구분할 필요가 있다.

1) 연해 남부지역

이 지역에서는 아직까지 석붕무덤과 개석무덤이 발견되지 않았으며, 이미 알려진 무덤 유형으로는 돌무지무덤[積石塚·積石墓]과 돌널무덤, 독무덤, 돌덧널무덤, 널무덤 등이 있다. 이 지역 선사시대의 고고문화 연구는 비교적 깊이 진행되어 왔으며, 요동반도 북부지역 석붕무덤과 개석무덤 문화의 성격과 연대를 파악하는 데 중요한 실마리가 되고 있다. 따라서 이와 관련된 무덤 문화의 내용을 정리하면 다음과 같다.

(1) 돌무지무덤

적석묘는 단독의 돌무지무덤을 말한다. 하지만 적석총은 여러 기의 단독 돌무지무덤 또는 기타 유형의 무덤과 조합을 이루는 하나의 무덤 유형이다. 현재까지 발굴된 주요 유적에는 사평산(四平山), 노철산(老鐵山), 우가촌 타두(于家村 砣頭), 토룡(土龍), 강상(崗上), 누상(樓上), 와룡천(臥龍泉) 등이 있다. 다른 유형의 무덤과 비교하기 위하여 관련 유적의 대개와 구조 특징을 소개하면 다음과 같다.

① 사평산 무덤군[363]

사평산의 능선 위에 축조된 60여 기의 적석총과 적석묘가 발굴되었다. 그 가운데 37호는 적석묘로서 주위에 돌을 수직으로 쌓아 방형 기단 형태의 돌더미를 만들었고, 그 안에 무덤방을 축조하였는데 비교적 완전하게 보존되었다.

35호는 여러 기의 적석묘가 조합을 이룬 적석총이다. 조사 당시 북-남 방향으로 3개의 돌더미가 남아 있어 A, B, C구(丘)로 이름 붙였다. 동시에 A와 B구, B와 C구 사이에도 무덤방이 축조되어 있었다. 이 밖에도 C구의 남쪽에 또 다른 1개의 돌더미가 더 있어 D구라 하였다. 각 돌더미 사이의 무덤방은 모두 연접한 돌더미가 벽으로 이용되었다. 그 가운데 B구의 무덤방은 모줄인 긴 네모꼴인데 자연암반을 바닥으로 하였으며 위쪽은 넓고 평평한 판자돌을 개석으로 이용하였다. 무덤방 안에는 한 사람이 묻혔으며 머리 방향은 남쪽이다.

② 노철산 적석총군[364]

규모가 비교적 큰 40여 기가 산능선 위에 축조되었다. 자연 석재를 쌓아서 긴 네모꼴이나 긴 네모꼴에 가까운 외곽을 만든 다음 그 안에 여러 기의 무덤방을 두었다. 이러한 무덤방들은 대부분 한 줄로 배치되는데 간혹 여러 줄로 배치된 것도 있다. 한 줄로 배치된 것은 거의 동시에 축조된 것으로 보이며, 여러 줄로 배열된 것은 여러 차례에 걸쳐 무덤방을 축조한 것 같다. 무덤방은 일반적으로 긴 네모꼴이 많고, 바닥에는 돌을 깔았으며 위쪽에는 네모꼴의 큰 돌을 덮었다. 그 가운데 장군산 1호는 대부분의 껴묻거리가 토기인데 손으로 빚어 만든 작은 명기(明器)가 많다. 하지만 사람뼈가 발견되지 않아서 매장 습속은 명확하지 않다.

발굴자는 각 적석총 안의 무덤방에 묻힌 사람들 간에는 밀접한 관계가 있으며, 한 가족을 단위로 묻은 공동무덤인 것으로 추측하였다. 또 이 적석총의 형태와 비슷한 것이 여순구구(旅順口區) 쌍도진(雙島鎭) 우군산(牛群山)·석선산(石線山), 장해현(長海縣) 합선도(蛤仙島)에도 분포한다고 하였다.

③ 우가촌 타두 적석총[365]

상대적으로 낮은 하나의 작은 언덕 위에 위치한다. 현재 유적이 남아 있는 부분은 평면 삼각형이고, 모두 58기의 무덤방이 동–서 방향으로 배열되었다. 큰 돌을 쌓아서 무덤방을 만들었다. 각 무덤별로 작은 자갈돌을 덮었기 때문에 작은 봉분이 형성되어 있으며, 무덤 위쪽의 가운데에 1줄로 큰 돌을 덮은 것도 있다. 무덤방은 홑무덤이고, 평면은 긴 네모꼴, 네모꼴과 타원형 등 3종류로 나뉘어지며 크기는 다르다. 돌벽 사이에는 토기 조각들이 쌓여 있다.

사람뼈의 머리 방향은 동서쪽이고 무덤방의 가운데에 여러 개체의 주검이 쌓여 있다. 많은 것은 21구, 적은 것은 2구가 확인되었으며, 한 무덤방 안에 남자와 여자, 어른과 어린 아이들이 모두 묻힌 사례도 있다. 껴묻거리는 꾸미개를 주검 위에 놓은 것을 제외하면 대부분 주검의 양쪽 끝에 위치하고, 묻기는 바로펴묻기이다.

④ 토룡 무덤[366]

남북으로 뻗은 '토룡(土龍)'이라는 구릉 위에 위치하며, 모두 8기가 발굴되었다. 그 가운데 1호 적석총의 평면은 반원형이다. 산의 지세에 따라 3개 부분으로 조성되었으며 각 부분은 여러 번에 걸쳐 축조되었는데, 묻기는 모두 다르다. 그 가운데 동쪽 단 위에 조성된 것이 가장 이른데 모두 6기의 무덤방이 확인되었다. 북쪽 것은 두벌묻기를 하였으며, 남쪽 것은 화장하였다. 각 무덤 안의 사람뼈는 모두 2구 이상이다. 서쪽 단 위의 무덤들은 조금 늦은 시기에 해당하며, 8기의 무덤이 확인되는데 세 층으로 구분되고 단 동쪽의 편평한 곳에 집중되어 있다. 그중 위층의 무덤 가운데 16호는 길이 170cm, 너비 60cm의 범위에 두께 20cm 정도의 불에 탄 사람뼈가 가득 채워져 있어 수십 명의 사람이 묻힌 것으로 보인다.

화장 당시에 불의 온도가 매우 높았던 관계로 네 벽과 바닥돌에는 사람뼈가 뒤엉켜 있었다. 북쪽 단 위의 무덤은 조성 연대가 가장 늦은 것으로 보인다. 3기가 확인되었고 모두 화장되었는데 간골화장인 것으로 판단된다.

⑤ 왕보산 적석묘[367]

해발 46.8m 되는 낮은 산 위에 위치한다. 남북으로 뻗은 산능선에서 모두 8기의 적석묘가 조사되었다. 그 가운데 5호의 무덤방은 긴 네모꼴이다. 네 벽은 평지에 크고 작은 돌을 쌓아 불규칙하게 만들었다. 바닥에는 5~15cm 두께로 황갈색 흙과 자갈을 한 층 깔았고, 그 아래는 석회암층이다. 사람뼈는 발견되지 않았다.

7호는 산 위에 노출되어 있는 석회암을 바닥으로 이용하고 긴 돌을 쌓아 무덤방의 벽을 축조하였다. 그 다음 다시 석재를 쌓아 올려 둥근 모양의 돌무지 봉분을 만들었다. 무덤방 벽과 돌무지 위쪽에서는 많은 토기 조각이 찾아졌다. 사람뼈는 불에 탄 상태였는데 대부분 무덤방 동북쪽과 서남쪽의 모서리에 집중적으로 놓여 있었다. 무덤의 위쪽에 흑회색의 돌조각이 섞인 부식토가 한 층 깔려 있고, 그 위에 무덤방 크기와 비슷한 돌테가 있다. 이것은 아마도 후대에 만들었을 가능성이 있다.

⑥ 강상 적석묘[368]

동서 길이 100m인 둥근 흙언덕 위에 축조되었다. 돌을 쌓아 묘역을 만들었는데 두 부분으로 나뉜다. 주체가 되는 부분은 평면이 모줄인 긴 네모꼴이며, 두 줄의 낮은 돌담을 둘렀다. 서쪽의 한 줄은 남-북 방향의 돌담으로서 전체 묘역을 동쪽과 가운데 두 구역으로 구분하였다.

동쪽 구역은 네모꼴의 형태를 보이며 중앙에 둥근 모양으로 돌담이 둘려져 있고, 그 가운데에 규모가 가장 큰 7호 무덤이 있다. 이 무덤을 중심으로 둥근 돌담 안에는 8갈래의 방사형 돌담이 축조되었고, 다시 그 바깥으로 16줄의 방사형 돌담이 조성되어 전체 20여 곳의 작은 구역으로 나누어진다. 가운데 구역은 반달 모양인데 돌담에 의해 다시 몇 곳의 소구역으로 분할되었다. 두 구역 모두 바닥에는 한 층의 황토자갈층이 깔려 있으며, 그 위쪽이 바로 무덤 혹은 흙더미이다. 덧붙여진 서쪽 구역 역시 반달 모양이다. 모두 23기의 무덤이 조사되었는데, 동쪽이 순서있게 가장 밀집 분포되었고, 그 다음은 가운데며 서쪽에서는 1기의 무덤만 발견되었다.

동쪽의 2호, 12호와 가운데의 23호만 화장을 하지 않은 두벌묻기이고 나머지는 모두 화장하였다. 화장된 사람뼈는 몇 사람 또는 심지어 십여 개체가 한 곳에 겹쳐 매장된 것도 있는데 머리 방향은 모두 다르다. 간혹 어린이와 성인이 함께 묻힌 것도 있다. 아마도 다른 곳에 임시 매장되었던 사람뼈들을 모아서 동시에 화장한 다음 묻었던 것 같다. 각 무덤에 묻힌 사람 수는 차이가 있다. 많은 것은 18명(19호), 제일 적은 것은 2명(3호, 20호)이다. 머리뼈의 통계에 따르면 모두 144명이 매장되었다.

발굴자는 무덤방의 구조적 차이에 따라 5가지 유형으로 구분하였다. 첫번째는 판자돌을 바닥에 간 무덤[石板底墓]이다. 자갈돌을 깐 다음 그 위에 납작한 판자돌을 놓았다. 두 번째는 판자돌을 벽에 쌓은 무덤[石板壁墓]이다. 바닥은 자갈돌을 깔았고, 네 벽은 판자돌을 쌓아서 만들었다. 세번째는 불탄 흙을 간 무덤[燒土塊底墓]이다. 불에 탄 붉은 흙을 바닥에 깔았다. 네 번째는 자갈을 간 무덤[礫石底墓]이다. 바닥에 붉은 자갈을 깔았고 그 위쪽과 주변에도 붉은 색의 자갈돌이 흩어져 있다. 다섯 번째는 구덩이류[土坑類]이다. 무덤 바닥의 황토층에 매장하였다. 대부분 여러 사람을 두벌묻기 하였으며, 화장을 하지 않았다. 돌무지무덤 안에서는 토기, 청동기, 석기, 뼈연모 및 여러 재질의 꾸미개 등이 출토되었다.

⑦ 누상 적석묘[369]

나지막한 언덕의 중앙에 모줄인 네모꼴의 단을 만든 다음 그 위에 무덤을 축조하였고 마지막에 검은 흙과 자갈을 섞어 무덤 전체를 덮었다. 무덤은 대부분 단 위에 위치하며 모두 10기가 조사되었고 3종류로 구분된다.

첫 번째는 돌덧널무덤[石槨墓]이다. 무덤방 바닥에는 1매의 큰 판자돌을 깔고 그 주위로 각각 1매의 판자돌을 세워 벽을 만든 다음 그 위에 다시 판자돌을 덮었으나 현재는 남아 있지 않다. 여순 박물관의 보고[370]에 의하면 무덤 바닥의 판자돌 위에 3cm 정도의 숯층이 있었고, 사람뼈와 유물은 모두 숯층 위에 있었다. 두 번째는 판자돌을 깐 무덤[石板底墓]이다. 주검을 판자돌 위에 놓고 화장한 후 그 위에 검은 흙과 자갈돌을 덮었다. 세 번째는 자갈돌무덤[礫石墓]이다. 돌덧널무덤을 중심으로 질서 있게 그 주변에 위치한다. 모두 화장을 하였는데 적게는 2명, 많게는 15명이 매장되었다. 사람뼈는 모두 불에 타 조각이 되었으며, 동검과 토기 등도 대부분 불에 의하여 변형되어 무덤방에서 화장하였음을 알 수 있다. 6호는 15구의 사람뼈가 위아래로 겹쳐 6층으로 쌓여 있었다. 위층의 사람뼈가 불에 가장 강하게 탔으며, 아래층으로 갈수록 비교적 약해지는 것 같다. 따라서 주검을 모두 무덤방 안에 놓고 한꺼번에 화장을 진행하였던 것으로 보인다.

⑧ 와룡천 적석총[371]

평탄한 대지 위에 위치하며, 평면은 타원형이고 봉토는 잔돌과 검은 흙을 섞어 만들었는데 묘역 중심부로 갈수록 점차 두터워진다. 무덤은 모두 5기가 조사되었으며, 그 가운데 4호의 무덤방은 깨진 돌을 쌓아 만들었다. 깊이가 약 20~30cm쯤 된다. 내부에 채워진 흙은 홍갈색이며, 깨진 돌조각이 섞여 있다. 화장무덤으로 사람뼈는 이미 불에 타 조각만 남았다. 1~3호 무덤의 바닥에는 큰 판자돌을 깔았고, 모두 동서 방향이며 화장을 하였다. 각 무덤에서는 비파형동검이 1점씩 발견되었다. 5호는 남북 방향이고, 화장무덤이다. 껴묻거리가 비교적 많았는데, 비파형동검, 동검 손잡이, 검자루 맞춤돌, 작은 청동도끼, 청동 말갖춤, 청동단추 등이 있다.

(2) 널무덤

발굴된 곳은 단타자(單砣子),[372] 윤가촌(尹家村)[373] 상마석[374] 등의 무덤이 있다.

(3) 독무덤

발굴된 곳은 상마석,[375] 윤가촌[376] 등이 있다.

(4) 돌덧널무덤

자료가 발표된 윤가촌 유적에서는 1기(12호)가 발굴되었다.[377] 긴 네모꼴인 구덩이 돌덧널무덤[土坑石槨墓]이다. 덧널은 석회암 판자돌과 막돌을 쌓아서 만들었으나 이미 파괴된 상태이다. 사람뼈는 바로 놓여 있었고, 머리 방향은 동쪽이다. 껴묻거리는 세형동검·달도끼·항아리·굽접시 등이 있다. 이 밖에도 사람뼈 아래쪽에서 판회(板灰)의 흔적이 드러나 본래 나무관이 있었을 가능성이 있다.

(5) 구조 불명

쌍타자(雙砣子) 비파형동검 무덤[378]은 출토 위치로 보아 무덤이 자연 단애의 아래쪽 단 위에 위치한 것으로 보인다. 무덤의 위에는 흙과 돌을 덮어 놓았다. 무덤에서 출토된 유물은 모두 불탄 흔적이 없고 사람뼈도 화장의 흔적이 없다. 껴묻거리는 비파형동검, 항아리, 돌가락바퀴, 둥근 석기, 돌구슬 등이 출토되었다.

무덤에서 출토된 토기의 차이에 따라 이 지역의 무덤은 5개군으로 구분할 수 있으며, 그 연대와 문화 속성은 서로 다르다.

① 제1군

사평산, 노철산 돌무지무덤을 대표로 한다. 껴묻거리는 산동반도의 같은 시기 고고문화와 밀접한 연관성을 가진다. 현재 이 문화의 성격과 산동반도 용산문화와의 관계에 대해서 다양한 견해가 있지만, 한 가지 분명한 것은 돌무지무덤은 이곳의 고유한 형식이라는 점이다. 연대에 관해서는 일반적으로 산동 용산문화 후기에 속하며 대체로 하대 전기에 해당한다. 쟈오삥부는 이 문화의 연대를 기원전 2100~1900년 사이로 설정하였다[379](토기 그림 참조).

② 제2군

단타자 1·2호, 상마석 독무덤을 대표로 하며 일반적으로 쌍타자 2기 문화에 속한다. 이 문화의 유적에서 출토된 토기를 보면 토착문화 요소와 함께 산동반도 지역의 악석(岳石)문화 요소가 확인된다. 그러나 무덤에서 출토된 유물의 대부분은 이 지역 토착문화의 성격이 보다 강하게 남아 있다. 토기의 기종은 단지와 항아리, 바리 등이 주를 이룬다(그림 90).

이러한 무덤의 껴묻거리는 대부분 이 지역의 선행문화에서 그 원류를 찾을 수 있다. 또한 이 지역 북부의 문화요소에서 그 원류를 찾을 수 있는데, 개석 널무덤 및 개석 돌널무덤과 매우 밀접한 관계를 보인다.

쌍타자 2기 문화의 연대는 일반적으로 악석문화 연대를 참고하여 대체로 기원전 20~14세기 사이로 보고 있다. 쟈오삥부는 이 지역 쌍타자 1기 문화의 하한을 고려하여 그 연대는 기원전 1900~1400년 사이로 중원의 하대 중·후기부터 상대 전기에 해당된다고 보았다.

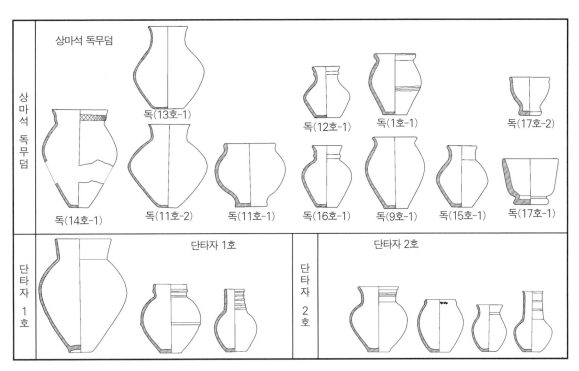

그림 90 1구 남부 제2군 무덤 출토 토기

③ 제3군

우가촌 타두 돌무지무덤을 대표로 한다. 껴묻거리의 종류는 토기, 석기, 청동기 및 여러 가지 꾸미개가 있다. 그 가운데 토기는 항아리, 단지, 큰 접시, 손잡이 달린 잔과 손잡이 없는 잔, 굽접시, 술잔(尊) 모양 토기, 바리, 배 모양 토기 등이 있다. 청동기에는 화살촉, 단추, 낚시바늘, 둥근 고리 등 작은 유물이 많다. 이 무덤의 문화 성격에 대해 대부분의 연구자들이 쌍타자 3기 문화의 후기 단계에 속하는 것으로 보고 있으며, '양두와(羊頭洼) 유형'[380]이나 '우가촌 상층문화'[381](혹은 유형) 등으로 부른다.

현재까지 이 무덤에 대하여 많은 학자들이 분기 연구를 진행하였다.

미야모토 카즈오는 무덤 출토 토기를 3단계로 나누었다. 초기는 쌍타자 3기 문화의 중·후기에 해당되며, 중기는 좀 더 늦은 단계에 위치하고, 후기의 연대는 쌍방 6호와 비슷한 시기로 보았다.[382] 천꾸앙(陳光)은 전체 묘지의 무덤을 3개 조로 구분하였으며 그 연대는 모두 쌍타자와 양두와, 우가촌 등의 유적에서 출토된 유물보다 늦은 시기로 인식하였다.[383] 쉬꽝훼이 역시 무덤 출토 토기를 3개 조로 구분하였다. 그에 의하면 A와 B조의 연대는 쌍타자 3기 문화와 같은 시기이며, C조의 연대가 조금 늦다고 설명하였다.[384]

설명이 필요한 것은 위의 학자들의 연구는 대부분 제한된 자료를 바탕으로 진행되었다는 점이다. 당시까지 일부 쌍타자 3기 문화 관련 중요 자료들은 정식으로 발표되지 않은 상황이었으며, 일부 유적은 발굴되지도 못한 상태였다. 대표적으로 쌍타자와 강상 및 대취자 유적 등이다.[385]

현재까지의 자료를 보면, 이 묘지의 많은 유물들은 쌍타자 3기 문화의 유적에서 볼 수 있다. 예를 들면 곧은 목의 배부른 항아리, 굽이 있는 궤(簋), 굽접시, 손잡이 달린 잔, 배 모양 토기 등이 있다. 그 가운데 몸통에 점토띠를 장식한 특징은 집터 유적에서 출토된 것과 동일하다. 그러나 무덤과 집터에서 출토된 유물 사이에 차이가 있음은 분명하다. 예를 들면 집터 유적에는 일반적인 긴 목의 배부른 항아리가 무덤에서는 확인되지 않거나, 혹은 무덤에서 확인되는 미송리형 토기가 집터에서는 출토되지 않는 점 등이다(그림 91).

종합해 볼 때 우가촌 타두 무덤은 쌍타자 3기 문화의 범주에 속한다.

쌍타자 3기 문화의 연대에 참고할 수 있는 방사성탄소연대 측정값은 모두 8개(표 24)가 있으며,[386] 그 연대 범위는 큰데 하(夏) 후기에서 주(周) 전기로 볼 수 있다. 쌍타자 2기 문화의 연대를 고려하면, 3기 문화의 상한 연대는 기원전 1400년 전후가 적당하고(중원의 상대 중기에 해당) 하한 연대는 주 전기로 볼 수 있어 대체로 마성자문화의 제3기와 4기에 해당된다.

우가촌 타두에서 출토된 2점(51호-3, 51호-4)의 깊은 항아리는 강상 무덤 하층 1호 집터에서 출토된 토기와 형태가 기본적으로 같다. 강상 무덤 하층의 연대 측정값을 보면 쌍타자 3기 문화 유적 가운데 그 연대가 비교적 이른 편에 속한다. 따라서 이 무덤의 상한 연대는 상대 중기까지 올려 볼 수 있다.

또한 거의 대부분의 연구자들은 우가촌 타두 무덤에서 출토된 몸통에 무늬가 있는 미송리형 토기를 이 유적의 가장 늦은 단계로 보고 있으며, 필자 또한

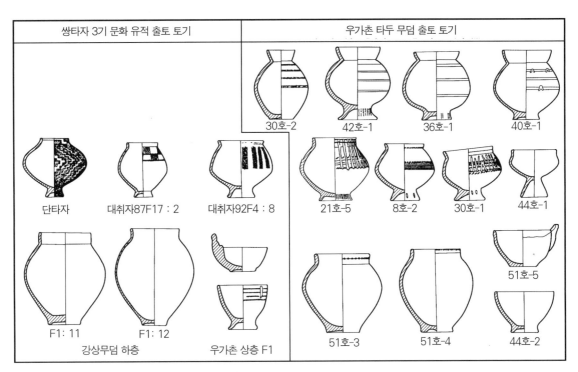

| 쌍타자 3기 문화 유적 출토 토기 | 우가촌 타두 무덤 출토 토기 |

그림 91 우가촌 타두 무덤 관련 유물 비교

표 24 쌍타자 3기 문화 방사성탄소연대(^{14}C) 측정값

시료	상대연대(BP)	나무 나이테 교정값
대취자 유적 92F1 숯	3384±92년	기원전 1691~ 기원전 1459년
강상 유적 하층 숯	3285±90년	기원전 1591~ 기원전 1405년
우가촌 유적 F1 숯(BK-78031)	3280±85년	기원전 1527~ 기원전 1408년
우가촌 유적 F1 숯(ZK-0565)	3230±90년	기원전 1516~ 기원전 1317년
대취자 유적 87 F14 숯	3170±75년	기원전 1431~ 기원전 1264년
쌍타자 유적 F4 숯	3120±90년	기원전 1416~ 기원전 1137년
대취자 유적 92F4(상) 숯	3053±86년	기원전 1373~ 기원전 1051년
대취자 유적 87F3 탄화곡물	2945±75년	기원전 1157~ 기원전 923년

그러하다. 그 가운데 30호-2의 아가리 벌어진 미송리형 토기는 형태나 장식 무늬 모두 이 지역의 이른 시기나 같은 시기의 유적에서 확인되지 않는 유형이다. 반면 이런 기형과 장식 무늬는 마성자문화에서는 매우 보편적으로 확인되고 있다. 흥미로운 것은 요동반도 북부의 화가와보 1호 석붕무덤에서도 유사한 형태의 토기(1호-2)가 1점 출토되었는데, 단지 몸통 부분에 묶음 줄무늬가 없다. 따라서 이러한 유형의 단지가 전파되는 노선은 매우 명확해 보인다. 또한 아가리가 약간 벌어진 미송리형 토기(42호-1, 36호-1, 40호-1)는 형태로 보아 타두 무덤에서 가장 유행한 굽이 있는 궤의 변형으로 볼 수 있고 몸통에 장식된 묶음 줄무늬(개별적으로 꼭지 손잡이 달림)의 기법은 마성자문화의 영향을 받았다고 볼 수 있다.

이런 점으로 볼 때 이 무덤의 하한 연대 역시 쌍타자 3기 문화(혹은 마성자 문화)의 하한 연대와 같거나 조금 늦다고 할 수 있고, 아마도 서주 전기보다는 늦지 않을 것이다(그림 91 참조).

④ 제4군

강상, 누상, 와룡천 돌무지무덤, 쌍타자 비파형동검 무덤을 대표로 한다.

출토된 토기는 비교적 적은데 손으로 만든 작은 것이 많다. 발표된 토기 형태로 보아 벌어진 아가리의 볼록한 항아리(강상 13호), 벌어진 아가리의 어깨가 둥근 항아리(강상 12호), 곧은 아가리의 배부른 항아리(누상 6호) 등 우가촌 타두 무덤에서 출토된 것과 비슷하다. 토기의 몸통에 입술 모양 손잡이가 달려있긴 하지만, 한 쌍의 가로 손잡이와 줄무늬의 묶음은 확인되지 않는다. 전체적으로 보면, 이러한 무덤 출토 유물은 독자적인 요소가 강한 것으로 보여 발굴자는 이를 윤가촌 1기 문화로 정하였고 이 책에서도 그것을 따랐다(그림 92).

발굴자는 각 무덤의 연대에 대하여 강상 무덤은 서주 후기부터 춘추 전기이며, 누상 무덤은 춘추 중·후기, 와룡천 무덤은 누상 무덤과 비슷하거나 조금 늦은 것으로 추정하였다.

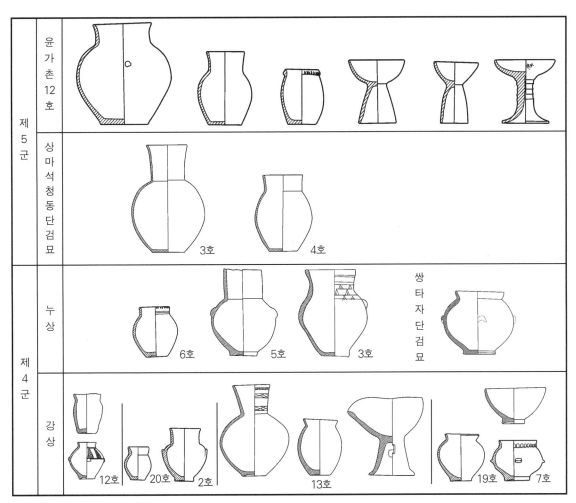

제5군	윤가촌 12호	
	상마석 청동 단검 묘	3호 4호
제4군	누상	6호 5호 3호 쌍타자 단검 묘
	강상	12호 20호 2호 13호 19호 7호

그림 92 1구 남부 제4·5군 무덤 출토 토기

⑤ 제5군

상마석 비파형동검 무덤, 윤가촌 돌덧널구덩이무덤을 대표로 한다(그림 92 참조).

발굴자는 위의 두 무덤의 연대를 모두 전국 전기로 설정하였다.[387] 또한 윤가촌의 돌덧널구덩이무덤은 윤가촌 2기 문화에, 상마석 비파형동검 무덤은 윤가촌 1기 문화와 연관되었다고 설명하였다.[388] 그러나 출토 토기를 보면 후자역시 윤가촌 2기 문화에 속할 수 있다.

2) 연해 북부지역

이곳은 개석무덤의 분포지역이며, 이 밖에도 석붕무덤, 돌널무덤, 널무덤 등이 있다. 이러한 유형의 무덤들 가운데 발굴된 것은 많지 않으며, 출토유물 자료 역시 매우 제한적이다.

그 가운데 석붕무덤과 관련된 내용은 이미 제2장에서 설명했으므로 여기 서는 자세히 다루지 않겠다.

돌널무덤은 단 1곳만 발굴되었는데 왕둔 2호[389]가 그 예이다. 쉬밍까앙의 소개에 따르면 이런 유형의 무덤이 장하(莊河) 성산(城山) 남쪽 기슭과 하화산 향(荷花山郷) 반둔(潘屯) 등지에서도 확인되었다고 한다.[390]

문물조사 자료에 따르면 이 지역 내에서 발견된 널무덤은 와방점시(瓦房店市) 동강진(東崗鎮) 성산(城山: 쉬밍까앙은 돌무지무덤이라 했음. 땅 속에 여러 기의 네모꼴 움을 파고 주검을 매장한 후 흙을 채웠으며, 그 위에 큰 돌을 덮었다. 무덤에서 는 대형의 평평한 돌도끼·둥근 석기·돌가락바퀴·단지·항아리 등이 채집되었음),[391] 한묘(韓廟: 괭이 모양의 돌창, 돌도끼, 돌가락바퀴와 모래 섞인 갈색 항아리 조각이 출토되었음), 서양향(西楊郷) 유둔(劉屯) 동산(비파형동검 출토) 등이 있다. 하지 만 고고 자료는 모두 정식으로 발표되지 않아 구체적인 현황을 알 수 없다. 현 재까지 발표된 자료를 보면 이런 무덤에서 출토된 유물 사이에는 일정한 관련 성이 있으며, 자세한 내용은 아래와 같다.

현재까지 알려진 자료에 의하면 이 지역의 토갱형 개석무덤, 석관형 개석 무덤, 돌널무덤 및 석붕무덤에서 가장 흔하게 볼 수 있는 토기는 겹입술 항아 리와 긴 목의 배부른 단지(몸통에 볼록한 무늬가 있음)가 있다. 그 가운데 겹입 술 항아리는 같은 시기 다른 지역의 무덤에서는 잘 확인되지 않는 토기로써, 이 지역 고고문화의 전형적인 토기이다.

이러한 겹입술 항아리는 입술의 형태에 따라 2가지로 나눌 수 있다.

갑류: 입술 부분이 약간 들려 있는 형태이며, 왕둔 1호, 화가와보 3호 출토 토기가 대표적이다. 입술 부분에 눌러 찍은 무늬가 있으며, 몸통이 약간 볼록

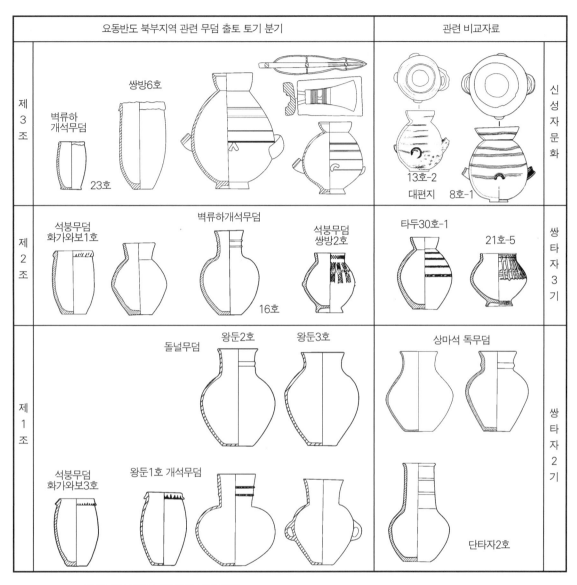

제3조					신성자문화
제2조					쌍타자3기
제1조					쌍타자2기

제3조: 벽류하 개석무덤, 쌍방6호, 23호
신성자문화: 13호-2, 대편지 8호-1
제2조: 석붕무덤 화가와보1호, 벽류하개석무덤, 석붕무덤 쌍방2호, 16호
쌍타자3기: 타두30호-1, 21호-5
제1조: 돌널무덤, 왕둔2호, 왕둔3호, 석붕무덤 화가와보3호, 왕둔1호 개석무덤
쌍타자2기: 상마석 독무덤, 단타자2호

그림 93 1구 북부 무덤 출토 토기 구분

하다(그림 93 제1조 토기).

을류: 입술 너비가 평평하며, 벽류하 23호, 쌍방 6호 출토 토기가 대표적으로 몸통이 원통형이다(그림 93 제3조 토기).

갑류의 겹입술 항아리와 공존하는 토기는 긴 목의 배부른 단지와 벌어진 아가리의 볼록한 단지 등이다. 을류의 겹입술 항아리와 공존하는 토기는 가로 손잡이 달린 약간 벌어진 아가리의 단지, 돌거푸집(도끼), 비파형동검 등이다. 이러한 유물 조합의 차이를 통해 두 종류의 겹입술 항아리의 유행 연대가 다름을 알 수 있다(그림 93 참조).

또 다른 한 종류의 토기는 긴 목의 배부른 단지이다. 대부분 긴 목이며, 목 부분에 볼록한 무늬가 있다. 그 가운데 왕둔 1호 토기는 몸통이 볼록하며 최대 지름이 가운데에 있다. 반면 왕둔 2호 출토 토기는 몸통의 최대 지름이 약간 위쪽에 있으며, 벽류하 16호 출토 토기는 곧은 어깨를 가지고 있다(그림 93 참조).

긴 목 단지와 겹입술 항아리의 변화상을 단서로 이 지역의 무덤은 3개 조로 구분된다.

제1조: 왕둔 석관형 개석무덤(1호), 돌널무덤(2호, 3호)과 화가와보 3호 석붕무덤이 대표적이다. 그 가운데 왕둔 2호와 3호 출토 토기는 상마석 독무덤에서 출토된 것과 비슷하다. 왕둔 1호에서 출토된 긴 목 단지의 몸통 형태는 단타자 2호 출토 토기와 닮았다. 이 밖에도 1조로 분류된 갑류의 겹입술 항아리는 마성자문화 1기(MBM9:16, 그림 79 참조), 2기(MAM18:23, 그림 80 참조)의 토기와 비교해 보면 비록 형태 및 크기에서 차이가 있지만 겹입술의 처리 수법이 비슷하다. 따라서 제1조 무덤의 연대는 쌍타자 2기 문화 및 마성자문화 1·2기에 해당되는 것으로 보여 그 상한 연대는 상대 전기보다 늦지는 않을 것이다.

제2조: 화가와보 1호와 쌍방 2호 석붕무덤 등을 대표로 한다. 그 가운데 화가와보 1호에서 출토된 볼록한 단지는 마성자문화 3·4기 유적에서 자주 확인된다. 또한 요동반도 남부의 우가촌 타두 무덤에서도 몸통에 묶음 줄무늬가 있는 것이 1점 출토되었다. 벽류하 16호의 토갱형 개석무덤에서 출토된 긴 목 단지의 평평하고 넓은 어깨가 아래로 갈수록 좁아진 모습은 대취자 92-3호 집터 토기(92F3:10)와 닮아 있다. 쌍방2호 출토 단지는 타두 무덤의 토기(21호-5)와 연원 관계가 있다. 이러한 내용을 고려하면 제2조 무덤의 연대는 상대 중기부터 주 전기로 추정할 수 있다.

제3조: 벽류하 토갱형 개석무덤 23호와 쌍방 6호 석관형 개석무덤을 대표로 한다. 그 가운데 쌍방 6호 무덤에서 출토된 아가리가 약간 벌어진 미송리형 토기와 비파형동검 등의 유물은 신성자문화와 밀접한 관계가 있다. 이를 통해 제3조 무덤의 상한 연대는 서주 중기로 추정할 수 있으며 하한 연대는 아직 단정하기 어렵다.

위에서 살펴본 각 조별 연대는 선행연구의 결과와 많은 차이가 있다.

기존 연구에서는 제1, 2조 무덤의 연대를 서주 후기~춘추 사이로 인식해 왔다. 그 이유 중 하나는 벽류하 개석무덤과 왕둔 돌널무덤 출토 단지를 심양 정가와자 6512호 무덤, 659호 무덤, 요양 양갑산 5호 무덤 토기와 같은 것으로 판단하였기 때문이다(실제로 이들 사이에는 형태 차이가 큰 것으로 보임). 두 번째는 벽류하 개석무덤에서 확인된 사람뼈는 화장된 것으로 이를 대련시 누상 무덤과 같은 장례습속으로 보았다(사실상 화장하는 습속은 요동지역에서 이르면 하대 중기에 이미 유행하였음). 세 번째는 활석 도끼 거푸집과 겹입술 항아리가 비파형동검 무덤에서도 출토된다는 점이다(하지만 형태가 다른 겹입술 항아리의 연대는 차이가 있어 같은 시기에 속하지 않으며, 일부 겹입술 항아리는 이미 입술을 말아 올린 항아리이므로 서로 다른 두 종류의 토기임). 이러한 분석의 관점에서 보면 선행연구는 다소 받아들이기 어려운 점이 존재한다.

위에서 설명한 각 조의 무덤에서 출토된 유물을 보면, 쌍타자문화와 마성자문화 어느 계통에도 포함되지 않는 것이 있다. 비록 현재까지 발굴된 자료가 매우 제한적이지만, 석붕무덤과 개석무덤을 주요 무덤으로 하는 유적의 분포 범위가 아주 광범위한 점을 고려하면 문화 특색이 뚜렷하다. 또한 대형 석붕무덤의 규모면에서만 볼 때 문명의 정도 역시 비교적 높아 요동반도 남·북 두 지역의 같은 시기 고고문화 유적보다 발달되었다. 따라서 이 지역에는 또 다른 하나의 고고문화 계통이 존재함을 알 수 있다. 제1, 2조의 유적과 제3조의 유적 사이에는 일정한 차이가 있음을 고려하여 잠정적으로 제1·2조를 화가와보 유형으로, 제3조의 유적은 쌍방 유형이라 부르고자 한다.

3) 소결

위에서 설명한 연해 남부 및 북부지역 관련 무덤의 문화 내용 및 연대에 대한 간단한 분석을 통해 볼 때 요동반도의 남, 북 두 지역에서 하대에서 전국 시기까지 모두 연속 발전하는 두 문화 계통의 존재를 확인하였다. 즉 돌무지무덤을 주요 무덤으로 하며 요동반도 남쪽을 중심으로 유행한 문화계통(이들은 다시 쌍타자 1, 2, 3기 문화 및 윤가촌 1, 2기 문화로 구분됨)[392]과 석붕무덤, 개석무덤을 주요 무덤으로 하며 요동반도 북부지역을 중심으로 하는 또 다른 하나의 문화계통(이들을 잠정적으로 화가와보 유형, 쌍방 유형으로 명명함)이다.

요동반도 남부지역의 돌무지무덤은 그 기원이 비교적 이르며, 적어도 하대 전기보다 앞서고 유행 기간이 비교적 길어 전국 전기까지 지속되었다. 돌무지무덤의 구조 특징과 장례습속의 발전관계를 보면 아래와 같은 규칙성이 찾아진다.

지세 선택은 산능선·작은 구릉·대지(臺地)·조성된 흙언덕 등에서 점차 평지로 변화된다. 돌무지무덤의 분포 상황은 홑무덤이 서로 연결된 것과 여러 기가 묘역을 이루는 집체묘역(集體塚區: 여러 시기에 걸쳐 축조)에서 홑무덤을 중심으로 방사형 배치가 된다.

장례습속은 홑무덤과 어울무덤의 널무덤에서 다인 2차 화장으로 변화된다.

이러한 무덤의 발전 규칙을 보면 이 지역 전통 무덤의 형식 및 장례습속 등은 시간적 추이에 따라 일정한 변화가 있었다. 그러나 그 전통 특색은 줄곧 이 지역에서만 유지되었던 것으로 보인다.

이 지역에서 독무덤의 전통은 대략 하 후기나 상 전기에 이르면 유행되기 시작하였다. 이런 무덤 형식은 아마도 다른 지역으로부터 영향을 받은 것으로 여겨진다. 널무덤은 독무덤과 같은 시기이거나 조금 빨리 유입된 것으로 보이는데, 이 지역 전통문화의 주류가 되지는 못하였다.

요동반도 북부지역에서 현재까지 가장 이른 시기의 무덤 형식은 개석무덤

(왕둔 1호), 돌널무덤(왕둔 2·3호), 석붕무덤(화가와보 3호)으로 연대는 대략 상
대 전기까지 올려 볼 수 있으며, 화가와보 1호, 쌍방 2호, 벽류하 토갱형 개석
무덤, 쌍방 6호 등은 서로 다른 발전 과정을 보인다. 서주 중·후기(현재의 발
굴로 보면 실제 연속시간은 좀 더 늦은 시기까지 지속될 가능성이 있음)에도 여전히
개석무덤과 석붕무덤이 주요 무덤 형식을 이루며, 출토 토기 가운데 특유의
겹입술 항아리가 계속해서 출토되고 있다.

4. 요북 길남지역

요북 길남지역이란 각 유형별 개석무덤이 있는 압록강 상류(4구), 서류 송
화강 상류(5구) 및 동요하 상류 북쪽 지역(6구)을 말한다.

무덤의 형태와 껴묻거리 및 장례습속을 보면, 위에서 설명한 각 지역별 다
른 개석무덤 유형들 간에는 다수의 공통점이 확인된다. 또한 이와 함께 일정
한 단계적 지역 차이도 나타나고 있어 비교적 복잡한 양상을 보인다.

현재 이 지역의 개석무덤 연구 성과는 단지 그 연대와 요동지역 개석무덤
과의 관계 등에 국한되어 있어 종합적이고 체계화된 연구는 이루어지지 않고
있다. 현재까지의 일반적인 견해는 이 지역 개석무덤의 연대는 비교적 늦은
편이며 존속 시간은 매우 길다는 것이다. 대략 춘추 후기부터 한 초까지인데,
요동지역 개석무덤의 영향을 받아 발생한 것으로 여겨진다. 덧붙여 형태적으
로 요동반도의 것과 연속적인 발전관계를 가질 뿐 아니라 연대 역시 연결성이
있다.[393] 지금까지의 조사성과를 보면 이 지역 각 소구역의 개석무덤 문화내
용, 유행 연대, 발전 및 변화과정 그리고 요동지역 고고문화와의 관련 문제 등
에 관하여 보다 심층적인 연구가 필요하다.

이 지역에서 현재까지 보고된 개석무덤 유적은 많지만 발굴자료가 발표된
곳은 비교적 드물다. 개석무덤과 같은 시기의 다른 유형의 무덤 자료는 물론
집터 유적의 자료 또한 매우 제한적이다. 이러한 상황으로 인해 먼저 껴묻거

리의 상이성에 따라 이미 발표된 자료를 가지고 유형별로 무덤들을 분류한 다음 나머지 관련 문제에 대하여 검토해 보겠다.

껴묻거리의 공통적인 특징과 지역 분포의 차이 등을 고려하여 초보적으로 요북 길남지역 개석무덤을 4개 군으로 분류하여 설명하겠다.

1) 제1군

동풍 낭동산(표 17의 93, 그림 77의 93 참조) 1~4호, 동요(東遼) 여명(표 17의 123, 그림 78의 123 참조) 2·3호 및 요원 남대묘(南大庙) 돌널무덤[394]이 대표적이다.

제1군의 무덤은 휘발하 상류 및 동요하 양안(兩岸)에 분포한다(즉, 5구와 6구의 남부).

남대묘 돌널무덤에서 출토된 볼록한 단지를 보면, 형태가 마성자문화의 제일 늦은 단계의 단지와 비슷하다. 그리고 여명 3호 출토 단지는 서단산문화 초기의 것과 비슷하다. 공교롭게도 위의 두 유적에서는 모두 가로 손잡이 달린 배부른 단지가 출토되었는데, 형태와 제작 방법이 똑같다. 가로 손잡이가 확인되며, 대칭되는 부분에는 꼭지 손잡이가 달려 있다. 이러한 양상은 바로 신성자문화의 일부 요소가 이미 융합되어 있음을 나타내 준다. 여명 2호에서 출토된 단지의 바닥은 넓고 평평하며 마성자문화 후기의 단지 특징과 닮았다. 또한 여명 2호 출토 바리는 신성자문화에 속하는 서풍 소방대 돌널무덤 출토품과 비교된다. 다만 후자는 한 쌍의 가로 손잡이가 있을 뿐이다(그림 94).

고려영(표 17의 121, 그림 78의 121 참조)에서 출토된 항아리는 매우 특수한 형태로서, 복원된 토기의 형태를 보면 백금보(白金寶)문화와 관련 있는 것으로 보여지는데 임시로 제1군에 귀속시키고자 한다.

위의 무덤에서 출토된 토기들은 대부분 주변지역의 다양한 고고문화 요소를 포함하고 있으며, 또한 그 자체의 특징을 가지고 있기 때문에 비교되는 자료가 추가되기 전까지 잠정적으로 하나의 새로운 고고문화 유형으로 명명하

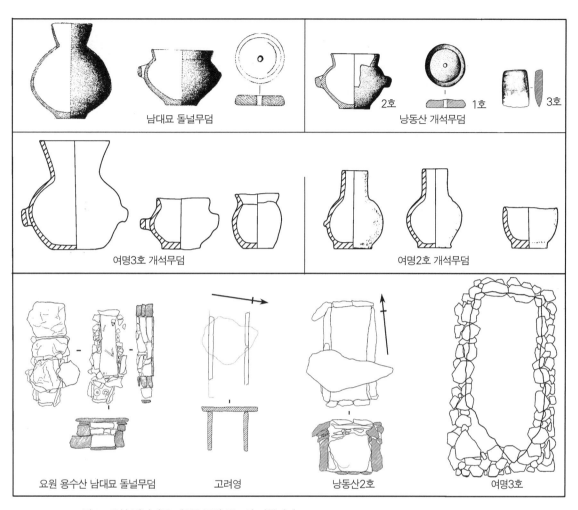

그림 94 요북 길남지구 제1군 무덤 구조와 껴묻거리

고자 한다. 찐쉬뚱이[395] 「동요하유역 고고문화유형의 몇 예[東遼河流域的若干
種古文化遺存]」에서 이 유형을 사가가(謝家街) 유형으로 명명한 것 또한 이러한
이유 때문이다. 그러나 이 군의 무덤과 고고(高古) 등지의 무덤을 모두 같은 유
형의 고고문화로 설정하고 있어 다시 재검토해 볼 필요가 있다. 즉 그 정형성
을 고려해 보면 용수산 남대묘 유형으로 하는 것이 보다 합리적이다.

남대묘 유형의 상한 연대에 관하여 찐쉬뚱은 서주 후기~춘추 전기까지 올
라갈 가능성을 제시하였다. 신성자문화 및 서단산문화의 연구 성과를 참조

하면 서주 중·후기까지 올려 볼 수 있다. 발굴자는 낭동산 무덤의 연대를 전국 중기로 설정하였는데 너무 늦은 것으로 생각된다. 이 유형 무덤의 분포 구역 내에 있는 2군과 3군 무덤의 연대를 볼 때, 이 유형 유적의 하한은 늦어도 춘추 후기에서 전국 전기까지 볼 수 있으며 신성자문화의 하한과 기본적으로 같다.

2) 제2군

여명 1호(표 17의 123, 그림 78의 123 참조), 금산(표 17의 127, 그림 78의 127 참조), 고고(표 17의 120, 그림 78의 120 참조), 후석(표 17의 128, 그림 78의 128 참조) 등의 무덤을 대표로 한다.

위의 무덤은 모두 제6구의 남쪽에서 발견된다. 그 가운데 여명 1호의 장례 습속은 자세히 알 수 없다. 아마도 홑무덤 돌널의 개석무덤으로 추정된다. 후석 무덤은 다층 매장으로 추정되며, 금산과 고고 무덤은 여러 명이 무덤방에서 화장된 점으로 미루어 어울묻기의 석광형 개석무덤으로 볼 수 있다. 각 무덤에서 출토된 토기 가운데에는 모두 아가리가 큰 배부른 단지가 확인된다. 단지의 형태와 크기에서 조금씩 차이가 있을 뿐이다. 그러나 이와 공존하는 유물들은 다소의 차이가 있어 이에 따라 위의 무덤들은 모두 2개조로 구분이 가능하다.

제1조: 금산과 여명 1호를 대표로 하며 출토 토기는 단지와 항아리 위주이다. 그 가운데 단지와 항아리의 몸통에는 대부분 같은 간격으로 3개의 닭벼슬 손잡이 혹은 젖꼭지 모양 손잡이를 장식하였다. 어떤 것은 4개의 대칭되는 혀 모양 손잡이를 장식한 것도 있다. 이 가운데 항아리의 아가리는 비교적 낮고 전체적으로 둥근꼴을 보이는 등 독자적인 특징이 강하다(그림 95).

위에서 설명한 무덤 출토 항아리를 철령 수아둔, 본계 통강욕·장가보자 무덤에서 출토된 같은 유형의 토기와 비교해 보면, 몸통의 형태는 통강욕 토기와 가장 가깝지만 가로 손잡이가 없다. 토기 손잡이의 형태만 놓고 본다면 장

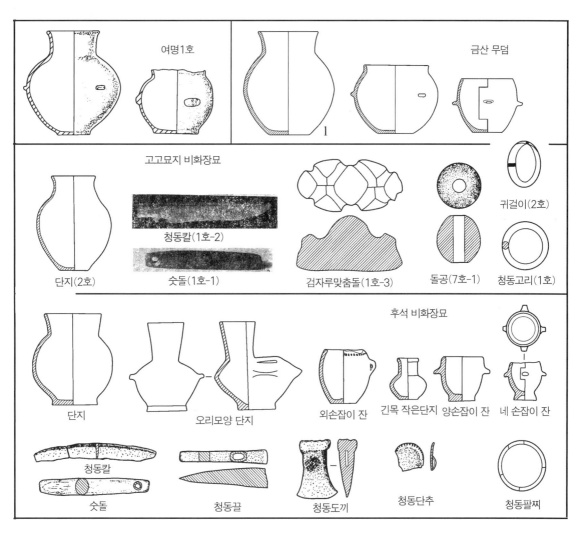

여명1호

금산 무덤

1

고고묘지 비화장묘

단지(2호)

청동칼(1호-2)

숫돌(1호-1)

검자루맞춤돌(1호-3)

돌공(7호-1)

귀걸이(2호)

청동고리(1호)

후석 비화장묘

단지

오리모양 단지

외손잡이 잔

긴목 작은단지

양손잡이 잔

네 손잡이 잔

청동칼

숫돌

청동끌

청동도끼

청동단추

청동팔찌

그림 95 요북 길남지구 제2군 무덤 출토 껴묻거리

가보자 출토품과 비슷하지만, 후자는 둥근 입술이다. 그러므로 그 연대는 통강욕보다는 약간 늦고 장가보자보다는 이른 것으로 추정된다. 선행 연구 성과에 따르면 대체로 제1조의 무덤 연대는 전국 전·중기 정도로 볼 수 있다.

　　제2조: 고고 묘지의 비화장무덤과 후석 무덤이 대표적이다.

　　고고 묘지의 무덤은 화장과 비화장의 두 종류로 구분되며, 구조 역시 차이가 있다. 무덤의 형식적 측면에서 보면 비화장무덤이 비교적 연대가 이른 것으로 추정된다. 발굴자는 이 묘지의 연대를 전국 중기 전후로 설정하였는데 무덤에서 출토된 단지와 장가보자 출토 단지를 비교해 보면 이러한 연대 추정은 합리적이다. 화장무덤이 일반적으로 늦다는 점을 고려할 때, 이 묘지의 하한 연대는 전국 후기로 추정된다. 후석 무덤에서 출토된 단지는 비록 금산 무덤 출토품과 형태가 매우 비슷하지만 출토된 청동칼, 숫돌 등의 형태로 볼 때 고고 무덤의 출토품과 유사하다. 더구나 함께 출토된 다른 토기를 보면 연대 역시 금산 무덤보다 당연히 늦다. 발굴자는 출토된 오리형 단지 등 유물의 형태에 근거하여 그 연대를 전국 후기에서 한 초로 추정하였는데 비교적 합당한 것으로 보인다(그림 95).

제2군의 무덤에서 출토된 유물을 보면 그 자체적인 특징이 있으며 모두 제6구에 분포한다. 그 가운데 제1조 무덤은 동요하의 남안에 분포하며, 제2조는 동요하 북쪽 지역에 분포하고, 껴묻거리 가운데에는 길림 서부의 고고문화 요소를 포함하고 있다. 제2군 무덤의 유행 연대를 보면 아래에서 살펴볼 제3군 무덤과 기본적으로 겹친다. 그러나 위치는 제3군에 비해 서쪽으로 치우쳐 있다. 이곳은 평원지대와 가깝고 껴묻거리 역시 차이가 있다. 따라서 이 책에서는 쩐쉬뚱의 견해를 받아들여 제2군의 무덤을 단독으로 구분하여 사가가 유형으로 부르겠다.

설명이 필요한 것은 석립산(표 17의 115, 그림 78의 115 참조), 관마산(표 17의 116, 그림 78의 116 참조) 등지의 무덤 출토유물 가운데에는 단지류가 비교적 발달하였으며, 모두 숫돌이 발견되었고 동검과 관련된 유물은 확인되지 않는 등 제2군의 유물 특징과 유사하다. 앞에서 설명한 두 곳의 무덤은 음마하 상류의 평원지역에 위치하며, 제2군과 인접하고 장례습속 역시 일치한다. 유행한 연대도 기본적으로 같아 이 문화 유형에 포함시킬 수 있다. 그러나 무시할 수 없는 점은 위의 두 묘지의 출토유물도 그 자체적인 특징을 가지고 있어 그 연원 문제에 관해서는 보다 심도 깊은 연구가 필요하다.

3) 제3군

조추구(표 17의 95, 그림 77의 95 참조), 용두산(표 17의 103, 그림 77의 103 참조), 삼리(표 17의 100, 그림 77의 100 참조), 서황산(표 17의 108, 그림 78의 108 참조) 등 개석무덤을 대표로 한다.

제3군의 무덤들은 제5구에서 발견되는데, 모두 휘발하 유역 및 서류 송화강 상류의 남부지역에 해당된다. 출토 토기는 항아리, 잔, 사발 등을 위주로 한다. 제2군 무덤에서 유행한 단지류의 토기는 발견되지 않는다. 비교적 후기 단계에 이르면 제2군 무덤에서는 확인되지 않던 각종 동검과 검자루 맞춤돌이 껴묻기된다. 관련 토기의 형태와 같이 출토된 유물의 차이에 따라 다시 2조로 나눌 수 있다.

제1조: 조추구 등지의 개석무덤이 대표적이다. 무덤의 형태를 보면 대부분 1매의 판자돌을 덮개돌로 하였으며 간혹 여러 매의 판자돌을 덮은 것도 있다. 또한 일부 무덤에서는 바깥에서 돌을 세운 것이 발견되기도 한다. 껴묻거리는 토기 외에 석기 및 기타 돌꾸미개·검자루 맞춤돌·청동기도 몇 점 발견되며 숫돌과 철기 등은 확인되지 않는다(그림 96).

제2조: 서황산 묘지를 대표로 한다. 무덤의 형태를 보면 대부분 간단한 구조의 널길이 있다. 출토유물은 토기, 청동기, 철기 등이 있다. 출토된 토기의 종류와 형태를 보면 제1조 무덤과 밀접한 관련이 있다(그림 96 참조).

위에서 설명한 제1조의 무덤은 주로 휘발하 상류지역에 분포하며, 제2조는 휘발하 하류에 분포한다.

제1조의 유적에 대해 쩐쉬뚱은 보산(寶山)문화의 범주[396]에 속하며 그 연대는 춘추 후기에서 전국 전기로 추정하였다. 그러나 제1군 무덤의 하한 연대를 고려해 볼 때, 3군 제1조 무덤의 상한 연대는 전국 전기로 볼 수 있다. 또한 제2조의 유적 가운데 서황산 묘지의 연대에 대해 린윈(林澐)은 대체로 전국 후기로 설정하였으며,[397] 제3군 무덤의 하한 연대에 해당한다. 앞의 1·2조 무덤의 관계가 긴밀한 점을 고려하면 제3군 유적을 보산 유형이라고 부를 수 있을 것이다.

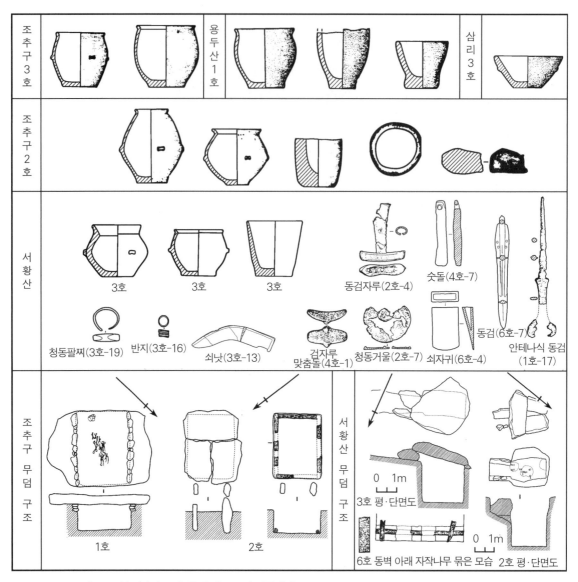

그림 96 요북 길남지구 제3군 무덤 구조와 껴묻거리

반석현(磐石縣) 이수상둔(梨樹上屯) 서산(표 17의 111, 그림 78의 111 참조) 묘지 역시 토갱형 개석무덤에 속하며, 여러 차례에 걸쳐 많은 사람을 화장하였다. 여기서 출토된 2점의 쌍꼭지 달린 검자루 맞춤개의 손잡이(이 가운데 1점은 흙제품)는 그 형태가 화전 서황산(4호-1) 출토품과 똑같다. 또한 무덤에서 출토된 청동칼의 몸체에는 뿔뼈를 상감하였고 전체 모습은 초승달 모양으로 만들었는데 서황산1호 출토 청동칼과 비슷하다. 이외에 단지(기타 지역과 관련 있는 것으로 보임)는 형태가 비교적 작고 아가리에는 파인 줄무늬가 있는데 조추구 2호 출토 항아리의 아가리에 있는 무늬와 일치한다. 따라서 보산문화에 포함시킬 수 있으며, 그 연대는 전국 중·후기로 볼 수 있다.

4) 제4군

신빈 왕청문(표 17의 80, 그림 77의 80 참조)의 정석형 개석무덤을 대표로 하며, 잠정적으로 왕청문 유형으로 명칭한다.

이 묘지는 제4구의 북부에 위치하며 제5구와 인접해 있다. 모두 3기의 무덤이 발굴되었으며, 문화 내용은 같고 연대도 대체로 일치한다. 출토된 토기의 특징은 대부분 손잡이가 달려 있는 것인데 4개가 가장 많다. 손잡이 형태는 거의 꼭지형이며, 다리 모양은 적은 편이고 다리 모양 세로 손잡이가 1점 있다. 토기의 바닥은 주로 오목한 평평밑이고 종류는 항아리가 주류이지만 드물게 단지와 잔 등도 있다.

왕청문 묘지에서 출토된 토기 가운데 높은 굽잔은 청동솥을 모방한 흔적이 분명하다. 형태는 고고[398] 무덤에서 출토된 것과 유사하지만 차이점 또한 확인된다. 입술을 말아 올린 항아리(일반적으로 겹입술 항아리라 불리지만 실제는 겹입술 항아리와 차이가 있음)는 본계 상보[399] 무덤에서 출토된 것과 비슷하다. 단지 상보에서 출토된 토기는 평평밑이라는 점에서 차이가 있다. 말아 올린 입술에는 손으로 문질러서 다듬은 흔적이 있으며, 여러 형태의 손잡이가 소량 확인된다. 이러함에도 불구하고 두 무덤에서 출토된 같은 항아리류는 매우 밀접한 연관성이 있다는 것은 의문의 여지가 없다. 고고와 상보 묘지의 연대는 전국 중·후기로 볼 수 있다.

왕청문 묘지에서 출토된 토기 가운데에는 4개의 손잡이가 달렸거나 벌어진 아가리, 나팔형 단지가 몇 점 확인되었다. 본계 망강루(望江樓)[400]에서도 비숫한 것이 출토되어 이것이 고구려 나팔형 단지와 관계있는 것인지에 대해 연구해 볼 필요가 있다.

왕청문 2호와 3호에서 모두 5점의 청동방울이 찾아졌다. 이런 청동방울은 하협심[401] 석붕무덤, 서풍 서차구 등의 묘지에서 발견되었다. 그러나 이 청동방울의 울림통에는 꼭지나 추 등은 달려 있지 않았다. 2호에서 출토된 가는 청동실을 감아서 만든 귀걸이는 화전 서황산[402](3호-16), 본계 환인 대전자[403]에서도 발견되었다. 따라서 하협심과 서황산 묘지의 연대 역시 전국 중·후기로 볼 수 있다.

왕청문 묘지의 연대를 가장 잘 반영해 주는 것은 2호에서 출토된 안테나식 청동손잡이 철검[觸角式銅柄鐵劍]이다. 이 철검의 손잡이는 이미 발굴되었던 두 마리 동물이 고개를 돌려 마주보고 있는 형태의 안테나식 동검과는 차이가 있다. 양쪽의 안테나가 안쪽으로 꺾여 만들어진 두 고리 모양은 이 검에서 이미 사라졌다. 검신의 형태로 볼 때 이미 철검과 큰 차이가 없어 이런 종류의 검 중 제일 늦은 단계에 속한다. 이 무덤에서는 2점의 검자루 끝부분 고리 장식[劍柄穿環]이 발견되어 묻힌 사람이 장검의 청동손잡이 철검을 동시에 사용하였음을 알 수 있다.

위의 내용을 종합하면 이 묘지의 상한 연대는 서한 전기를 넘을 수 없고, 서한 중·후기로 보는 것이 적절한 것으로 판단된다.

왕청문 묘지에서 출토된 항아리의 형태와 비슷한 것이 고려분(표 17의 122, 그림 78의 122 참조), 본계 광복촌 용두산(표 17의 79, 그림 77의 79 참조) 개석무덤에서도 발견되었다. 이러한 사실은 이들 간에 일정한 관계가 있음을 알려 준다(그림 97).

5) 소결

위에서 설명한 각 군별 무덤들의 연대와 분포지역, 고고문화 속성들은 모두 다르다. 그 가운데 연대가 가장 이른 것은 남대묘 유형으로, 이 지역은 신성

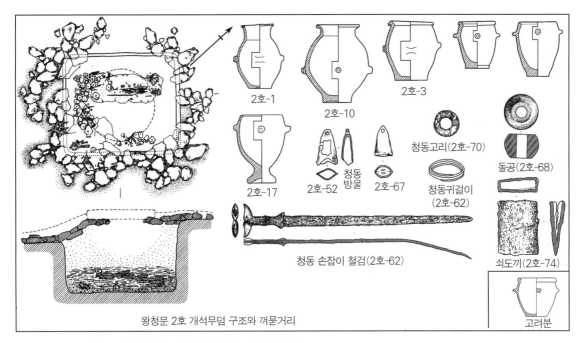

그림 97 요북 길남지구 제4군 무덤 구조와 껴묻거리

자문화의 분포구에 인접하며 이 문화의 영향을 비교적 많이 받았고 두 문화의 연대는 대체로 비슷하다. 남대묘 유형 이후에는 제6구에서 사가가 유형이 발달하였다. 이 문화 유형의 토기 특징을 보면 문화 내용이 비교적 복잡하여 서부와 남부지역에서 같은 시기의 고고문화 영향을 받은 것으로 보인다. 그리고 제5구는 보산 유형에 속하는데 문화 요소에 독자적인 것이 많다. 이러한 두 유형의 문화는 전국 시기에 유행한 것으로 판단되며, 왕청문 유형은 이 지역에서 확인된 개석무덤 중 가장 늦은 단계이다.

5. 각 지역 개석무덤의 관계

위에서 분석한 내용을 통해 알 수 있듯이 각 지구에서 확인되는 개석무덤 유형, 유행 연대, 문화 내용이 서로 다르기 때문에 그 원류와 상호관계는 매우 복잡하다. 따라서 보다 심도 깊은 비교연구의 필요성이 제기된다.

1) 홑묻기형 개석무덤

돌널형과 토갱형의 두 유형을 포함한다.

(1) 돌널형(갑A형)

돌널형 개석무덤은 주로 1구·2구·3구에서 확인되며, 6구에서도 일부 자료가 보고되고 있다.

그 가운데 1·2·3구의 이런 무덤은 장례습속이 기본적으로 같다. 대부분 사람뼈가 발견되지 않지만, 몇몇 무덤에서 사람뼈와 치아 등이 발견되었다. 봉성 서산과 동산 무덤은 확실히 화장을 하였다. 크기로 볼 때 무덤방의 길이는 일반적으로 짧아 대부분 170cm가 되지 않으며, 평균 150cm쯤이다. 너비 역시 좁은 편으로 거의 36~80cm이며, 어떤 것은 135cm로 넓은 것도 있다. 깊이는 20~85cm이다. 무덤의 규모로 보면 이런 무덤은 간골 두벌묻기로 추정되며, 무덤 밖에서 화장한 다음 간골묻기하였을 가능성도 배제할 수 없다. 내부구조 또한 차이가 있다. 어떤 것은 판자돌을 세워 무덤방을 만들었는데(개별적으로 딸린널이 있는 것도 있음), 1구와 3구의 서북부에서 확인된다. 또한 어떤 것은 돌을 쌓아 무덤방을 만들었는데(개별적으로 벽면에 홈을 낸 것과 딸린 널을 둔 것이 있음), 주로 2구와 3구의 동남부에서 확인된다(그림 98·99, 표 25).

무덤방의 구조를 보면, 이 유형의 개석무덤과 돌널무덤은 서로 같다. 단지 덮개돌이 1매의 판자돌로서 지표에 노출되었는가의 차이만 있을 뿐이다. 돌널무덤은 1구와 3구에서 보편적으로 찾아진다. 그렇다고 해서 이 유형의 개석무덤 기원이 돌널무덤과 관련 있다는 것은 아니다.

현재까지의 자료를 보면 1구 돌널무덤의 기원은 매우 빠르다. 왕둔 2호 무덤의 연대는 상대 전기까지 올려 볼 수 있다. 개석무덤에 속하는 왕둔 1호 역시 비슷한 연대로 설정할 수 있다. 두 무덤은 모두 판자돌을 세워 무덤방을 만들었다. 이와 동시에 입지형 석붕무덤 역시 이 지구에서 기원하였고 무덤방 구조가 석관형 개석무덤과 비슷하다. 제1구 석관형 개석무덤의 연대가 비교적 이르고 입지형 석붕과 대부분 같은 묘지에 분포하거나 교차 분포하고 무덤방 구조 또한 매우 비슷한 것으로 볼 때 다음과 같은 추론이 가능하다. 석관형 개석무덤의 기원은 연해 북부지역으로 볼 수 있으며, 입지형 석붕무덤의 형태를 참고하였을 가능성이 크다.

장례습속으로 보면, 화장 및 간골묻기의 습속은 모두 마성자문화 초기까지 거슬러 올라갈 수 있다. 현재까지의 자료를 보면, 1구의 북부, 2구와 3구에서는 청동기시대 전반에 걸쳐 화장이 유행하였다. 그러나 이 지역의 모든 무덤에서 화장이 이루어진 것은 아니고 마성자와 신성자문화의 돌널무덤에서 다수의 비화장묘가 확인되고 있다. 즉, 동굴무덤 역시 비화장무덤이 있으며, 유일하게 1구 남부의 쌍타자 3기 문화에서는 비교적 늦은 단계부터 화장이 유행하기 시작한다. 이러한 내용으로 보면 석관형 개석무덤에서 유행한 화장과 간골묻기는 1구 고유의 전통 매장 습속에 속하는 것으로 볼 수 있다.

제2구에서 돌널무덤의 현황은 상세하지 못하며, 개석무덤이 출현한 시기는 대체로 마성자문화 후기 단계임을 알 수 있다. 무덤의 구조에 마성자문화 돌널무덤의 전통이 강하게 남아 있다. 동시에 1구 개석무덤의 영향을 받아 형성된 것으로 볼 수 있다.

제3구에서 마성자문화에 속하는 돌널무덤은 모두 돌을 쌓아서 무덤방을 만들었다. 예를 들면 태자하 유역의 호구, 남분, 행화촌, 접관청, 청하·구하 유역의 소육영둔 등이 있다. 조금 늦은 단계에 판자돌과 막돌을 혼축한 것이 출현한다. 혼하 상류 홍산, 노성 등지의 돌널무덤이 그 예이다. 태자하 유역에서 신성자문화의 초기 단계에 속하는 돌널무덤 역시 막돌을 쌓아 만든 것으로, 이도하자, 용두산 등이 있다. 기타 지역에서는 대부분 판자돌을 세워 만든 것이 발견되었다. 무덤방의 크기는 보편적으로 큰 편이다.

이러한 분석 내용에 근거하여 아래와 같은 추론이 가능하다. 막돌을 쌓아 만든 돌널무덤은 3구의 전통적인 무덤 형식으로 볼 수 있다. 이 지역 개석무덤

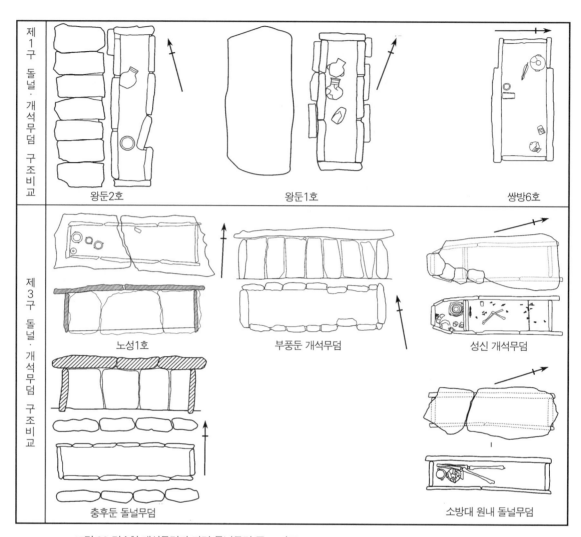

제1구 돌널·개석무덤 구조비교

왕둔2호　　　왕둔1호　　　쌍방6호

제3구 돌널·개석무덤 구조비교

노성1호　　　부풍둔 개석무덤　　　성신 개석무덤

충후둔 돌널무덤　　　소방대 원내 돌널무덤

그림 98 갑A형 개석무덤과 관련 돌널무덤 구조 비교

의 가장 이른 유형은 신성자문화에서 찾을 수 있다. 출현 연대를 보면 당연히 1구에서 기원한 것으로 여겨지며, 비교적 이른 단계의 무덤에서는 이 지역의 전통이 일정 부분 남아 있다.

제6구와 제3구는 서로 인접한다. 일부 돌널무덤 출토유물에서는 신성자문화의 특징이 찾아져 이 지역에도 역시 이 단계의 석관형 개석무덤이 존재하였을 가능성이 큰 것으로 추측된다.

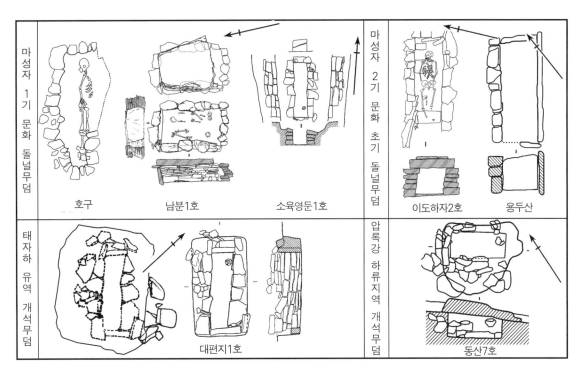

그림 99 갑A형 개석무덤과 관련 돌널무덤 구조 비교

표 25 홑무덤 돌널형 개석무덤(단위: cm)

유적명	위치[404]	덮개돌 (길이, 너비)	무덤방 구조와 크기				묻기	껴묻거리	구역
			벽[405]	바닥[406]	기타[407]	길이×너비×깊이			
쌍방 6호	B	지름 170	A	B		155×60×73	?	비파형동검1, 항아리2, 단지2, 청동도끼 활석 거푸집 1쌍	1구
왕둔 1호	B	186, 80	A	A		152×40×69	?	단지2, 항아리1	
동산 3호	C	270, 110	B	B		165×65×80	?	항아리1	
동산 7호	B	205, 165	B	B		132×60×55	?	단지2, 돌도끼1	
서산 1호	A	215, 110	B	B	B, C	125×50×30	무덤방 서쪽 판자돌 위 불탄 흔적과 숯	단지1	2구
서산 2호	A	200, 130	B	B		110×55×20	?		

유적명	위치	덮개돌 (길이, 너비)	무덤방 구조와 크기				묻기	껴묻거리	구역
			벽	바닥	기타	길이×너비×깊이			
대편지 16호	C	64, 44	B	A		74×36×30	?		
대편지 15호	C		B				?	단지1	
대편지 14호	C		B	B		165×53×70	?	단지1	
대편지 13호	C		B	B		140×50×55	?	단지2, 돌도끼1	
대편지 12호	C		B	B		160×54×38	?	돌삽1	
대편지 11호	C		B	B	A	155×48×60	?	단지1	
대편지 10호	C		B	B		160×53×50	?	단지3	
대편지 9호	C		B	A	A	146×51×55	?		
대편지 8호	C		B	B		135×39×58	?	단지2, 항아리1	
대편지 7호	C		B	A		165×82×54	?	단지2	
대편지 6호	C	180, 120	B	B		160×52×68	?	돌도끼1	
대편지 4호	C	220, 110	B	B		?×54×55	사람 치아 2		3구
대편지 1호	C	230, 150	B	B	A	160×54×55	?	단지1	
대편지 5호	C	185, 140	B	B		?×90×70	?		
대편지 2호	C	?, 150	B	B		?×135×85	?	단지1	
동구 1호	A	가장자리 길이 200	A	B		180×60×70	벽 바깥의 항아리 안에 치아1	항아리3, 돌도끼1, 칼1, 끌1	
양가촌 2호	B	260, 150	A			?	사람뼈	단검1	
부풍둔	A		A			160×50×50	뼛조각 치아	청동투겁창1, 화살촉2, 검1, 도끼1, 토기4	
성신 92-1호	B	180, 110	A	A	C	170×65×?	뼛조각 (옆으로 굽혀 묻기?)	단지2, 항아리1, 둥근 다리가 있는 토기1, 돌칼1, 거푸집2, 숫돌3, 화살촉16, 도끼1, 청동화살촉3, 투겁창1, 검1	
문검	B		A	A			뼛조각	동검1, 도끼1, 돌화살촉1, 뼈송곳1, 단지1	

(2) 토갱형(갑B형)

이 유형의 무덤은 1구와 2구에서 찾아지며, 발굴조사가 진행된 유적은 비교적 적다.

각 지역의 토갱형 개석무덤의 장례습속은 기본적으로 같다. 모두 화장이 유행하였고, 무덤 안에서 불탄 사람뼈가 확인된다. 2구의 동산 무덤에서는 숯 조각이 확인되었지만, 무덤방 안의 네 벽에서는 불에 탄 흔적이 찾아지지 않았다. 따라서 실내 화장에 대해서는 의문이 들며, 아마도 무덤 밖에서 화장하였을 가능성이 많다. 내부구조는 차이가 비교적 큰 편이다. 그 가운데 1구의 벽류하 무덤에서는 구덩이 안에서 이층대(二層臺)가 확인되었고, 그 위에 딸린 널이 있다. 2구의 동산 무덤에서는 구덩이 안에 돌을 쌓아 무덤방 벽을 견고히 하였고, 이른 시기의 무덤은 바깥에 작은 딸린방이 있으며, 어떤 것은 묘역이 확인된다.

현재까지의 발굴로 보아 두 지역의 무덤 구조에 있어서 어떤 발전 관계는 보이지 않는다. 하지만 발굴된 무덤이 적은 관계로 별도의 유형을 분류할 필요는 없다(그림 100, 표 26).

무덤방의 구조로 보아, 이 유형 개석무덤은 토갱에 해당된다. 현재까지의 자료를 보면 가장 이른 토갱무덤은 1구에 있으며, 대체로 쌍타자 2기 문화에서 독무덤과 같이 출현한다. 전형적인 무덤은 단타자 1호와 2호로서 지속적인 발전 관계에 있다. 쌍타자 3기 문화 다음에는 역시 화장이 유행한다. 무덤 안에서 화장을 하며, 윤가촌의 소형 토갱무덤이 대표적이다.

2구와 3구에서 현재까지 발굴된 토갱무덤은 연대가 모두 비교적 늦은 편이다.

이러한 판단에 따르면, 개석토갱묘는 1구에서 가장 먼저 기원하였는데 이 지역에서 널무덤이 유행되는 시기와 관련 있는 것으로 보인다. 마성자문화 후기 이후 제2구로 확산된 것으로 파악된다.

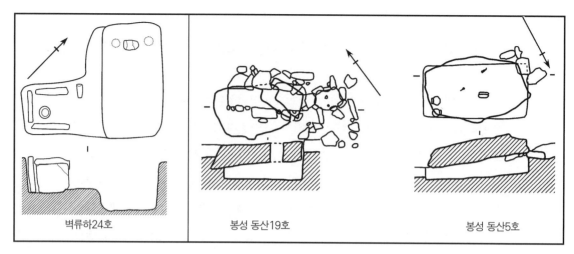

벽류하24호   봉성 동산19호   봉성 동산5호

그림 100 갑B형 개석무덤 구조 비교

표 26 홑무덤 토갱형 개석무덤(단위: cm)

유적명	위치[408]	덮개돌 (길이, 너비)	무덤방 구조와 크기			묻기	껴묻거리	구역
			벽	바닥	길이×너비×깊이			
벽류하 21호	A		흙	흙		불탄 사람 뼛조각	도끼거푸집1, 숫돌1	1구
벽류하 24호	A	268×200	흙	흙	150×78×36	?	항아리1, 돌도끼1	
벽류하 23호	A		흙	흙	150×90×50	항아리에서 날짐승뼈확인	단지2, 옥도끼1	
동산 1호	C	216×166	흙	흙	148×78×30	불탄 사람 뼛조각	단지1, 돌가락바퀴1, 도끼1	2구
동산 2호	C	210×85	흙	흙	170×65×70	?	단지1	
동산 4호	B	205×110	흙	흙	173×62×40	?	단지1	
동산 5호	B	190×56	흙	흙	186×85×40	?	항아리2, 돌도끼1, 자귀1	
동산 6호	A	220×130	흙	흙	150×75×50	?	단지3, 가락바퀴1, 돌도끼1, 끌1	
동산 8호	B	?×100	흙	흙	150×80×55	2사람? 불탄 뼛조각	돌칼1	
동산 9호	A	250×150	흙	흙	180×70×55	?	단지2, 돌가락바퀴1, 돌삽1	

유적명	위치	덮개돌 (길이, 너비)	무덤방 구조와 크기			묻기	껴묻거리	구역
			벽	바닥	길이×너비×깊이			
동산 10호	B		흙	흙	155×70×60	?	단지2, 돌도끼1, 가락바퀴1	
동산 11호	C	200×100	흙	흙	155×77×50	?	단지1, 돌자귀1, 도끼1	
동산 18호	A	214×137	흙	흙	200×60×50	?		
동산 19호	B	175×125	흙	흙	190×50×40	?	돌도끼1, 돌치레걸이1	2구
동산 20호	A		흙	흙	100×40×30	?	단지1	
서산 3호	A	190×90	흙	흙	145×55×20	소량의 숯		
서산 4호	A	110×115	흙	흙	96×53×36	소량의 숯		
서산 5호	A	170×130	흙	흙	120×60×30	소량의 숯		

(3) 소결

홑묻기형 개석무덤의 특징 비교 및 그 원류에 대한 분석을 통해 다음 사실을 알 수 있다. 서로 다른 지역에 분포한 홑묻기형 개석무덤들의 장례습속은 기본적으로 같다. 이러한 사실은 개석무덤을 사용한 집단들 사이에 공통된 상장(喪葬) 관념이 존재하고 관계가 비교적 밀접하다는 점을 알려 준다.

화장과 간골묻기가 가장 빨리 출현한 곳은 3구의 마성자문화 동굴무덤이고, 이 밖에 1구 북부의 화가와보 유형 무덤에서도 이른 시기부터 화장이나 간골묻기가 유행하였다. 그러나 1구 남부의 쌍타자 1·2·3기 문화의 무덤들 중에는 비화장무덤이 많다. 이처럼 장례습속을 보면 1구 북부와 2·3구에서는 비교적 이른 시기부터 같은 매장 습속 특징을 보인다. 출토유물(겹입술 항아리)을 참고하면, 신석기시대 후기부터 위에서 설명한 지역이 같은 고고문화 유형에 해당할 것이라는 추론이 가능하다. 아마도 이 지역에서 신석기시대의 무덤이 확인되지 않는 것은 화장이 유행하고 매장하는 전통이 없었던 것과 관계가 있는 것으로 추정된다.

서로 다른 지역에 분포하는 홑묻기형 개석무덤 사이에는 유행 연대와 형태 그리고 껴묻거리에서 모두 차이가 나타난다. 이러한 사실은 1구 북부와 2·3구의 고고문화가 청동기 시대에 접어든 다음에 분화가 시작되었음을 의미한다.

1구에서는 적어도 상대 전기부터 홑묻기 석관형 개석무덤이 유행하기 시작하며, 동시에 석붕무덤과 돌널무덤이 유행한다. 3구에서는 청동기시대의 이른 시기부터 동굴무덤과 돌을 쌓아 만든 돌널무덤이 유행한다. 2구와 3구의 홑묻기형 개석무덤은 1구의 같은 유형 무덤으로부터 영향을 받았다. 장례습속을 보면 대개 상대 후기의 집단 이동과 관련이 있는 것으로 보인다. 거의 동시에 3구의 고고문화 요소가 다시 제1구로 전파되는 현상이 확인된다. 이러한 양상은 껴묻기된 토기에 잘 반영되어 있다. 따라서 고고문화의 전파와 영향 관계는 복잡하면서도 서로 영향을 주고받는 관계에 있었다.

2) 어울묻기형 개석무덤

석광과 토광 모두를 포함한다.

같은 지역 내에서 같은 시기에 분포한 위의 2종류 무덤은 장례습속과 출토 유물이 기본적으로 같으며 서로는 형태상의 차이만 있을 뿐이다. 따라서 아래에서는 이들을 하나로 묶어 지역별로 나누어서 살펴보겠다.

(1) 제1군(남대묘 유형)

이 유형의 무덤은 주로 5구와 6구의 남부에 분포하며, 주변에 신성자, 서단산, 백금보문화가 있다. 무덤은 개석무덤과 돌널무덤 위주이며, 유행 연대는 신성자문화(서주 중·후기~춘추 후기)와 대체로 비슷하다. 그 가운데 개석무덤은 모두 석광이며, 이른 시기의 것은 돌널무덤과 닮아 있다. 무덤방의 크기는 상대적으로 작고 일부 묻기가 불명확한 것을 제외하면 모두 화장에 속한다. 연대가 비교적 늦은 개석무덤은 대부분 무덤방이 넓고 깊으며, 사용된 석재가 크고, 무덤방 내 2차 화장이 유행하였다(표 27).

이 유형 개석무덤의 구조와 껴묻거리를 보면 신성자 및 서단산문화의 영향을 많이 받은 것으로 보이지만, 여러 사람을 화장한 장례습속은 위의 두 문화 특징은 아니다. 어울묻기와 여러 사람 화장의 장속은 초기에 요동반도 연해지역 남부의 쌍타자 3기 문화의 비교적 늦은 단계와 윤가촌 1기 문화의 돌무지무덤에서 확인된다. 따라서 제1군 무덤의 장례습속은 그 기원이 복잡하다. 아마도 신성자문화를 위주로 하여 같은 시기 주변지역의 다양한 문화요소를 받아들여 발전된 것이거나, 혹은 신성자문화의 한 지방 유형 정도로 파악된다.

(2) 제2군(사가가 유형)

제6구에 분포하며, 주변지역에는 하협심 유형·서단산문화·한서 2기 문화 등이 있다. 개석무덤은 모두 석광이고, 출토 토기 가운데 특색 있는 것은 아가리가 크면서 둥근 몸통이고 납작밑 단지이다. 드물게 검자루 끝 또는 동검 등이 함께 껴묻기되기도 한다. 연대는 춘추 후기에서 전국 후기 정도이다. 그 가운데 동요하 남안에 위치한 제1조 무덤은 화장이 유행하였고 연대가 조금 빠르며, 출토유물은 하협심 유형과 비교적 비슷하다. 반면 동요하 북안에 위치한 제2조 무덤의 연대는 조금 늦고 장례습속 역시 차이가 있다. 고고 묘지의 정황으로 보아 연대가 조금 이른 것은 두벌묻기를 하였고, 늦은 것은 무덤방에서 2차 화장을 하였다. 후석 무덤의 껴묻거리는 3개 층으로 나누어 매장되었다. 바닥층에서는 사람의 치아가 발견되어 두벌묻기의 가능성이 있으며, 무덤방의 3층에서 숯조각이 찾아졌고, 껴묻거리는 풍부하다. 석립산 묘지는 무덤방 안에서 2차 화장이 진행되었고, 껴묻거리는 적다. 그리고 관마산 무덤은 5개 층으로 구분하여 매장하였는데, 바닥층은 화장을 하였고 나머지는 두벌묻기를 하였다. 껴묻거리는 매우 풍부하다(표 27 참조).

이 유형 개석무덤의 장례습속과 출토유물을 보면, 초기에는 하협심 유형의 영향을 많이 받았고, 후기에는 한서 2기 문화의 요소가 확인된다. 예를 들면 후석 무덤에서 출토된 오리형 단지와 외손잡이 달린 잔 등이 있다. 이 밖에도 6구의 북부와 서단산문화의 분포구역에서도 개석무덤이 확인된다. 대표적으로 소달구(騷達溝) 산정대관(山頂大棺)[409]이 있다. 산정대관 무덤의 형식, 장례습속, 껴묻거리 등은 비교적 특수한데 그 성격에 대해서는 많은 논의가 있었다. 그 문화내용 전반은 서단산문화의 돌널무덤과 차이가 있으며 발굴보고자 역시 이러한 사실을 이미 주목하였다.

짱씨잉(張錫瑛)은『시론: 소달구 산정대관의 문화성격[試論騷達溝山頂大棺的文化性質]』에서 이와 관련된 세부사항을 다음과 같이 제기하였다. "왕야저우(王亞洲)는 보고서를 편집하면서 산정대관을 'Dolmen'식[410] 무덤으로 명칭하였다." 구조를 고려하여 미야케 토시히코는 고인돌의 가장 이른 단계에서 보이는 특징[411]이라 설명하였다. 쉬꽝훼이는 개석무덤이라는 입장을 분명히 밝혔다.[412] 산정대관 무덤의 구조를 보면 개석무덤의 범주에 해당하는 것은 확실하다. 예를 들어 덮개돌은 완전한 타원형 화강암이고, 그것이 기반암인 무덤방의 가장자리를 덮고 있는 정황으로 보아 덮개돌이 원지표에 놓여 있음을 알 수 있다. 이 밖에도 이 널의 동남쪽에 놓여 있는 2매의 석재에 대해 왕야저우는 '석대(石臺)'라 하면서, 이것을 제사에 이용된 시설물이라고 추정하였다. 또한 대관의 남쪽으로 약 50m가량 떨어진 남쪽 산기슭에 하나의 큰 타원형 덮개돌이 있었는데 이를 '왕팔개석(王八蓋石)'이라고 부른다. 위에서 설명한 유적은 대부분 개석무덤의 한 유형이며 이러한 무덤 유형은 개념 정의하는 데 참고가 된다(그림 101).

종합적으로 고려하면, 사가가 유형은 하협심 유형의 한 지방문화 유형으로 이해할 수 있으며, 서로 인접한 문화 경계 지역의 무덤에서 출토되는 유물에는 주변지역 문화 요소가 공존되어 있다.

(3) 제3군(보산 유형)

제5구에 분포하며, 주변에 같은 시기의 서단산 문화, 사가가 유형, 유정동 문화(柳庭洞 文化), 하협심 유형 등이 있다. 개석무덤의 연대가 비교적 이른 시기의 것은 석광과 토광 모두 발견되며, 늦은 시기의 것은 대부분 토광이다. 두벌묻기의 가능성이 있는 일부 무덤을 제외하면, 대부분 무덤방 안에서 2차 화장을 하였다. 연대는 춘추 후기에서 전국 후기에 해당한다. 무덤 껴묻거리는 연대 변화에 따라 다양하고 풍부하다(표 27 참조).

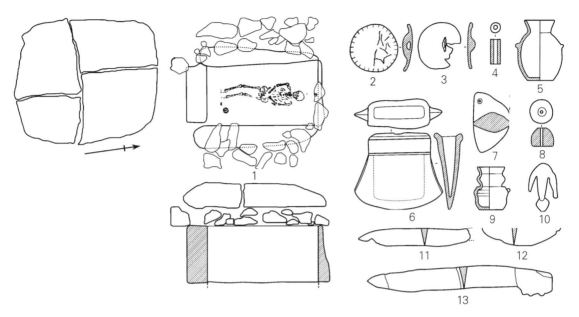

그림 101 소달구 산정대관 구조와 껴묻거리
1: 산정대관 무덤 구조, 2·3: 청동단추, 4: 돌대롱구슬, 5: 곧은목 단지, 6: 청동도끼, 7: 1식 꾸미개,
8: 흙가락바퀴, 9: 단지, 10: 명적, 11: 작은 청동칼, 12: 돌칼, 13: 큰 청동칼

이 유형의 무덤 출토 토기는 항아리 위주이며, 비교적 이른 시기 무덤 출토 항아리에는 삼각형의 파인 줄무늬가 있으며 지방 특색이 강하다. 주의해야 될 점은 길림 왕기(旺起) 서관산(西官山) 중구(中區) 1호의 출토유물과[413] 비슷하다는 것이다. 이 무덤은 계란 모양의 작은 구릉 위에 위치한다. 돌널이 크고 덮개돌이 1매의 큰 판자돌로 되어 있다. 이 무덤은 3개 층으로 매장되어 있고 적어도 5명가량이 묻혔으며, 2차 간골묻기가 진행된 것으로 보인다. 무덤의 구조와 장례습속이 모두 개석무덤과 같다. 비록 이 무덤은 서단산문화의 분포권 내에 위치하지만, 실제로는 보산 유형에 해당한다. 비교적 늦은 시기의 무덤에는 대부분 동검의 검자루 맞춤돌이 있다. 서황산 묘지에서는 비파형동검, 안테나식 동검 등이 출토된다. 이러한 양상은 이 유형 무덤의 껴묻거리 특징 중 하나로 추측된다. 이 구역에서 발견된 개석무덤과 석붕무덤의 숫자는 많으며, 연대는 남대묘 유형보다 늦은 것으로 추정된다. 출토 토기를 보면 주변지역의 하협심 유형, 유정동 문화와 일정한 관련이 있다. 종합적으로 고려하건

대, 하협심 유형의 한 지방 문화유형으로 볼 수 있다.

(4) 제4군(왕청문 유형)

무덤 자료는 비교적 적다. 주로 4구·5구·6구에 분포하며 토갱형 개석무덤과 정석형 개석무덤이 있다(표 27 참조).

왕청문 묘지의 출토유물을 보면, 그 연대는 이미 서한 중·후기까지 이른다. 제4군에서 출토된 토기와 비슷하고 연대가 조금 빠른 무덤으로는 동요 고려분, 환인 풍가보자, 광복촌 무덤 등이 있다. 왕청문 무덤에서 대량으로 출토된 입술을 말아 올린 항아리 형태를 보면 의심할 여지없이 본계 상보에서 출토된 입술을 말아 올린 항아리와 연관이 있다. 상보 묘지에서 출토된 토기 중에는 토착 전통이 강한 입술을 말아 올린 항아리가 확인된다. 이러한 토기가 중원 계통의 항아리와 함께 있다. 하지만 왕청문 묘지에서는 이러한 현상을 볼 수 없다. 이 밖에도 왕청문 묘지에서 출토된 높은 굽잔은 후석(사가가 유형)에서 출토된 네 손잡이 잔과 연원 관계가 있다. 안테나식 동검 또한 서황산둔 묘지(보산 유형)에서 자주 발견된다.

이러한 내용으로 보아 이 유형 개석무덤의 기원문제는 상당히 복잡하다. 동시에 진한(秦漢)대 이후 각 세력이 확장되는 과정에서 개석무덤 집단이 압록강 상류지역으로 집중되기 시작하였음을 알 수 있다.

표 27 어울묻기 개석무덤(단위: cm)

유적명	위치[414]	덮개돌 수량·크기 (길이×너비)	벽[415]	바닥[416]	기타	길이×너비×깊이	장법[417]	사람수	껴묻거리	유형[418]	구역[419]	군별
			무덤방 구조와 크기				묻기					
낭동산 3호	B	?	C	Aa		220×64×60	?	?	돌도끼2			
낭동산 1호	B	?	추정1?	C	Aa	230×160×150	실내 2차화장	많음	흙가락바퀴1	을A	5구	제1군
낭동산 2호	B	?	추정1?	C	Aa	220×118×105	실내 2차화장	많음	단지1			

유적명	위치	덮개돌 수량	덮개돌 크기 (길이×너비)	벽	바닥	기타	길이×너비×깊이	장법	사람수	껴묻거리	유형	구역	군별
낭동산 4호	B	?	추정2?	C	Aa		253×150×110	실내 2차화장	많음	옥석 치레걸이, 흰돌대롱	?		제1군
고려영	A	?	1?	A	Ba		140×70×110	?		항아리1			제1군
여명 1호	B	?		B				?		단지1, 항아리1			제1군
여명 2호	B	?						?	?	청동도끼1, 잔1, 단지4, 제기1, 가락바퀴2, 돌치레걸이1, 대롱1, 숫돌1			제1군
여명 3호	B	1	280×120	B	Aa		280×120×130	화장	2	단지2, 항아리3, 가락바퀴1, 돌치레걸이1, 돌대롱1			제1군
금산둔	A	1		B	Ba			회, 숯		단지1, 항아리1, 바리1		6구	제1군
고고 4호	B	3	3	B	Ba		190×85×136	두벌묻기	1			6구	제2군
고고 1호	A	?	추정1	B	Aa		220×105×180	두벌묻기	7	청동칼1, 숫돌1, 검자루 맞춤돌1, 귀걸이8, 옥석 꾸미개152		6구	제2군
고고 7호	B	3	3	B	Aa		190×120×150	두벌묻기	1	구멍 뚫린 돌공1		6구	제2군
고고 2호	A	?	추정2	C	Ba		195×130×190	두벌묻기	4	단지1, 뼈대롱1, 치레걸이1, 귀걸이2		6구	제2군
고고 6호	B	?	추정1	B	Aa		170×85×170	실내 2차화장	1			을A	제2군
고고 5호	B	?	추정1	B	Aa	널길	190×100×195	실내 2차화장	5			을A	제2군
후석	A	1		B	Aa		210×160×184	숯·돌 3층, 바닥에 치아3	?	청동팔찌1,청동끌1, 청동칼6,청동도끼1, 청동화살촉1, 청동단추1, 단지3, 잔3, 큰 접시2, 작은 잔4, 가락바퀴3, 돌공1, 돌화살촉1, 숫돌2, 돌치레걸이2, 돌구슬1		을A	제2군
석립산 2호	A	?		B	Ba		220×80×100	실내 2차화장※	?	돌도끼1, 숫돌1, 석기1, 돌대롱1, 꾸미개2, 청동단추1, 청동핀1		을A	제2군
석립산 1호	A	?		B	Aa		240×110×120	실내 2차화장※	?	항아리1, 작은 잔1, 돌대롱1, 청동단추1, 청동화살촉1		을A	제2군
관마산 1호	A	2	240×200 240×200	B	Ba		(230~350)×(150~200)×370	5층, 바닥층화장, 나머지 두벌묻기	60	항아리5, 단지5, 제기1, 사발2, 청동칼1, 꾸미개1, 골판1, 옥기1, 숫돌4		을A	제2군

유적명	위치	덮개돌 수량·크기 (길이×너비)		무덤방 구조와 크기				묻기		껴묻거리	유형	구역	군별
				벽	바닥	기타	길이×너비×깊이	장법	사람수				
산정 대관	A	1	270×233	Aa	Aa	A	200×120×140	1차장? 2층?	1?	청동도끼1, 청동칼2, 명적(鳴鏑)1, 단추13, 단지2, 가락바퀴2, 돌칼1, 꾸미개48		6구	제2군
왕기둔 1호	A	1	?	Aa	Aa		?	두벌묻기, 3층	5	항아리1, 가락바퀴2, 돌칼1, 돌도끼3	을A		제3군
삼리 2호	A	?	이미 없어짐	A	Aa		210×90	두벌묻기?		청동도끼1			
삼리 3호	A	?	이미 없어짐	A	?		210×140×201	실내 2차화장※	?	사발1			
보산 동산	A	1	255×85	A	Ba		210×70×50	실내 1차? 화장	1	단지1, 제기1, 청동단추10, 돌대롱13, 치레걸이1, 도끼1		5구	
타요촌 1호	A	?	이미 없어짐	A			245×170×56	화장	?	녹송돌대롱1, 간석기1			
오대산 2호	A	1	파괴	A	Aa		290×160×120	실내 2차화장	7	잔1, 항아리, 제기 조각, 가락바퀴			
두가구 1호	A	?	이미 없어짐	B	Aa		280×160×145	실내 2차화장 #◎	많음				
용두산 1호	A	2	320	B			290×150×125	실내 2차화장 ※	2	항아리1, 작은 잔1, 검자루 맞춤돌1			
대양 임장	A		이미 없어짐	A	Ba		260×90×90	실내 2차화장	7	흙가락바퀴1	을B		
조추구 1호	A	1	240×270	A	Ba		249×180×110	실내 2차화장 #	3				
조추구 3호	A	?	이미 없어짐	A	Ba		240×280×100	실내 2차화장	2	항아리2?, 가락바퀴1, 작은 잔1			
조추구 2호	A	3?	3매?	A	Ba	세움	260×200×119	실내 2차화장※	2	항아리2, 청동고리2, 뼈대롱1, 둥근 석기1, 검자루 맞춤돌1, 작은 잔1, 대롱34			
대양 유적	B		이미 없어짐	A	Aa		265×200×135	실내 2차화장※	많음				

유적명	위치	덮개돌 수량·크기 (길이×너비)		무덤방 구조와 크기				묻기		껴묻거리	유형	구역	군별
				벽	바닥	기타	길이×너비×깊이	장법	사람수				
서황산 1호	A	3	320×180	B	Bb	널길	320×180×340	실내 2차화장 =	많음	동검6, 칼3, 화살촉1, 단추2, 기타1, 쇠칼1, 돌공2, 가락바퀴1, 갈판1, 잔4, 꾸미개60	을B	5구	제3군
서황산 2호	A	3	220×100	B	Bb	널길	190×100×220	실내 2차화장 =	많음	동검2, 거울2, 십자형 청동기1, 쇠자귀1, 돌공1, 잔3, 가락바퀴1, 꾸미개12			
서황산 3호	A	1	300×240	B	Bb	널길	220×120×290	실내 2차화장 =	많음	동검1, 거울1, 용수철1, 대롱3, 반지2, 팔찌3, 쇠자귀1, 낫1, 칼1, 돌도끼1, 돌공4, 잔3, 항아리2, 꾸미개216			
서황산 4호	A		140×150	B	Bb	널길	200×190×130	실내 2차화장 =	많음	청동칼1, 쇠낫1, 돌도끼1, 칼1, 조약돌3,갈판1,잔5, 바리1, 가락바퀴1, 꾸미개15			
서황산 5호	A		?	Bb	Bb	널길	165?×69?×?	실내 2차화장 =	많음	돌도끼1, 돌공1, 꾸미개3			
서황산 6호	A		?	Bb	Bb	널길	200×104×125	실내 2차화장	많음	동검4, 쇠자귀3, 쇠낫1, 칼1, 잔2, 꾸미개87			
서황산 7호	A	추정 1	175×120	Bb	Bb	널길	186×104×160	실내 2차화장 =	많음	쇠칼1			
풍가보자 8호	C	1	190×120	D	Ab		120×65×21	?	?	항아리, 가락바퀴, 돌구슬	을A	4구	제4군
풍가보자 7호	C	1	190×170	D	Aa		215×90×30	?	?	달도끼, 돌검 조각			
대전자	C	1		A	Ab		234×180×?	화장	1?	동검1, 화살촉2, 명도전200, 쇠칼1, 돌고리1, 구슬213			
광복촌	A	1	274×170	Bb	Bb		230×140×100	실내 화장	?	겹입술 항아리1, 잔1, 청동팔찌1	을B		
왕청문 1호	A	1	지름 190	Ba	Ba			실내 화장	?	항아리1	정석형		
왕청문 2호	A	1	지름 170	Ba	Ba	막음돌	(250~270)× (210~230) ×135	실내 2차화장, 2층	많음	항아리62, 단지2, 바리1, 솥1, 구슬3, 청동방울2, 고리6, 청동손잡이 철검1, 쇠껴창1, 도끼1, 돌공1, 대롱2			

유적명	위치	덮개돌 수량·크기 (길이×너비)	무덤방 구조와 크기				묻기		껴묻거리	유형	구역	군별
			벽	바닥	기타	길이×너비×깊이	장법	사람수				
왕청문 3호	A	1 지름 230	Ba	Ba	막음돌	(250~253)× (200~230) ×100	실내 2차화장	2	항아리19, 단지1, 솥1, 청동방울3,	정석형		제4군
고려분 1호	A	1	B			250×170×102	?		항아리, 단지	乙A	6구	

제5장

결론

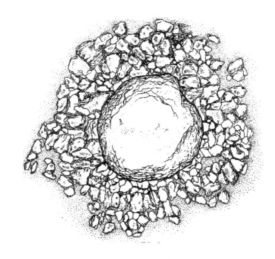

1. 주요 관점의 이해

이 책의 연구 대상은 지표에 있는 하나의 커다란 돌을 덮개돌로 삼은 무덤 및 제사 관련 건축물, 즉 '석붕'이다. 공간 범위는 중국 동북지구이며, 구체적인 내용은 석붕의 분류 및 분구, 각 유형 석붕의 고고문화 성격과 그 시·공간적 관계 등을 포함한다.

연구 과정에 제기하였거나 설명한 몇 가지의 학술 내용은 다음과 같다.

1) 석붕의 유형

이 책에서는 한국 학자 이융조 등의 의견을 참고하여 먼저 석붕의 기능을 두 가지로 구분하였다. 하나는 제사 석붕으로, 다른 하나는 석붕무덤이라고 불렀다.

제사 석붕은 중국과 외국 학자들이 언급한 제사 혹은 씨족의 공공활동 장소와 관련된 것으로 보이는 대형 석붕(해성 석목성 석붕 등)을 가리키는 것이 아니고, 무덤의 기능을 가지지는 않으나 상장의식(喪葬儀式)과 밀접한 관련이 있는 석재 건축시설을 말하는 것이다.

현재 이러한 종류의 석붕과 관련된 단서들이 상당 부분 알려져 있다. 문헌기록의 '대석(大石)'-삼족(三足)석붕, 천밍따가 조사하여 알려진 두 매의 석재가 한 매의 큰 돌을 지탱하고 있는 '석붕'(한반도 남부에서 발견되어 '지석'으로 불려지는 것) 그리고 두 매의 석재를 기울어지게 세워 만든 '삽붕(揷棚)', 요령 환인현 화래진 대은보 '석주자(石柱子)'와 미카미 츠구오가 한반도 남부에서 발견한 A형 고인돌(지표에서는 단지 하나의 큰 돌만 확인되고, 지표 밑에서는 어떠한 유구도 발견되지 않는 것) 등이 있다. 이러한 유형의 석붕에 대해서는 앞으로 많은 발굴조사와 보다 심도 깊은 연구를 기대한다(부록 참고).

석붕무덤에 대해 이 책에서는 그 무덤방의 위치에 따라 두 종류로 나누었다. 무덤방이 지표 위에 드러난 것은 석붕무덤, 지표 밑에 있는 것은 개석무덤이라고 하였다. 과거에 말하던 석붕무덤은 판자돌을 세워서 지표에 노출된 것을 가리켰다. 이 책에서의 석붕무덤은 모두 흙더미나 돌무지가 있으며(정확히 말하면 리원쎈의 견해), 판자돌을 세운 것은 입지형으로 부르고, 돌을 쌓은 것은 위체형으로 부르고자 한다. 이전까지는 흙더미나 돌무지가 비교적 잘 보존되어 있는 것들은 석붕무덤이 아니고 그 내부 구조가 어떠하든지 간에 모두 '돌무지무덤' 또는 '대석개묘'라 불렀다. 그 주요 원인은 석붕무덤의 구조에 대한 분석과 이해가 부족하였기 때문이다. 개석무덤 또한 개석형과 정석형의 두 종류로 구분할 수 있다. 전자는 덮개돌이 무덤방의 뚜껑돌이 되며, 후자는 덮개돌이 무덤의 표지 역할만 할 뿐 뚜껑돌의 기능은 하지 못한다.

2) 석붕무덤의 몇 가지 문제

이 책에서는 이미 발표된 석붕무덤의 자료를 모두 수집하였다. 요령성 제2차 문물조사 보고서 및 『중국문물지도집·길림분책』 등에서 다른 이름이 붙여진 석붕무덤을 찾을 수 있었다. 통계에 의하면, 중국 동북지구에서 현재까지 발견된 석붕무덤은 114곳, 개석무덤은 129곳으로 적지 않지만, 실제 현존하는 지점과 수량은 이보다 더 많을 것으로 여겨진다. 각 유형의 석붕무덤에 대한 체계적인 연구를 통하여 다음과 같은 사실들을 얻을 수 있었다.

(1) 분포

지금까지의 자료를 볼 때, 석붕무덤은 주로 서류 송화강 남쪽, 동요하 동쪽, 압록강 서쪽의 동북지역 남부에서 확인된다. 하지만 지역적 분포에서는 불균형이 엿보인다. 그 가운데 요동반도 연해 남부지역(금주의 남쪽 지역)에서는 각 유형의 석붕무덤이 확인되지 않는다. 요하 동쪽의 요하 수계에 해당되는 여러 강 유역(3구)에서는 석붕무덤이 비교적 적게 조사되었다. 반면에 연해 여러 강 유역의 북부(1구)와 압록강 상류(4구) 및 휘발하를 중심으로 한 서류 송화강 상류(5구), 동요하 상류(6구)에서는 석붕무덤이 밀집된 양상을 보인다.

석붕무덤을 석붕무덤과 개석무덤으로 크게 구분할 경우, 그중 동요하 유역(6구)에서는 개석무덤만 확인되며 석붕무덤은 조사되지 않았다. 또한 이 개석무덤의 형식은 전형적인 개석무덤과 차이가 있는데, 덮개돌이 대부분 여러 매의 판자돌로 이루어져 있다. 제3구에서는 개석무덤 유적이 상대적으로 많이 발견되었다. 분포 범위가 넓은 편이고, 압록강 상류지역(제2구)의 현황도 대체로 유사하다. 기타 다른 지역에서는 석붕무덤과 개석무덤이 함께 있으며 숫자도 거의 비슷하다.

서로 다른 형식의 석붕무덤과 개석무덤 분포를 보면 가장 많은 종류의 무덤이 발견된 곳은 제4구이다. 이곳에는 입지형과 위체형 석붕무덤이 공존하며, 개석형과 정석형 개석무덤이 모두 확인된다. 기타 지역의 석붕무덤과 개석무덤 종류는 비교적 간단하다.

이와 같이 유형별 석붕무덤의 분포를 보면 개석무덤과 석붕무덤의 분포지역이 반드시 같은 것은 아니며, 이러한 점은 두 종류 무덤의 관계에 대한 중요한 실마리를 제공해 줄 것이다. 석붕무덤의 유형을 전반적으로 고려한 결과, 제4구는 어느 단계에서 석붕무덤이 유행한 중심지역이었던 것으로 볼 수 있다.

(2) 시·공간적 관계

현재까지 알려진 자료에 의하면 석붕무덤과 개석무덤 가운데 가장 이른 시기의 것은 요동반도 북부지역(1구)의 화가와보 3호 석붕무덤과 왕둔 개석무덤을 대표로 하며, 그 상한 연대는 적어도 상대 전기, 기원전 16~15세기까지 올려 볼 수 있다. 이러한 연대는 이 유형 무덤에서 출토된 일부 유물에 의한 것이다. 긴 목 배부른 단지와 쌍타자 2기 문화에서 확인되는 것과 같은 유형의 유물 형태 및 유사한 특징을 예로 들 수 있다. 그리고 겹입술 항아리는 마성자 1·2기 문화 유적에서 출토된 독, 항아리의 겹입술 특징과 닮아 있는 점에 근거한다. 이전까지의 연구는 모두 이 유형 무덤에서 출토된 단지를 정가와자에서 출토된 것과 비교하여 그 연대를 서주 후기에서 춘추까지로 잘못 설정하였기 때문에 석붕무덤의 상한 연대에 대하여 많은 오해가 있었다.

예를 들어 한국과 일본의 몇몇 학자들은 석붕무덤의 상한 연대를 기원전 8~7세기 정도로 인식하고 있는데, 바로 이러한 잘못과 관련이 있다. 또한 일부 학자들은 석붕무덤의 상한 연대를 기원전 12세기에서 11세기로 인식하는데, 주로 쌍방 2호 석붕무덤의 연대에 의한 것이다. 이 또한 보다 이른 시기에 해당하는 화가와보 3호 석붕무덤에 주의하지 않은 것이 분명하다. 현재 많은 연구자들은 이 지역의 대형 석붕무덤의 연대가 가장 늦은 시기일 것으로 보고 있다. 사실 출토유물이 없어 그 하한 연대를 추정하기란 쉽지 않다.

중원세력의 확산이라는 역사적 배경을 고려하면 전국 중기로 볼 수 있으며, 무덤방의 구조를 보면 조금 더 늦을 가능성도 있다. 그 이유로 벽석의 결합 방식과 비슷한 것이 봉성 호가보자 2호에서 확인된다. 무덤방이 단 위에 축조된 예가 집안 장군총의 딸린무덤에서 나타나는 것을 들 수 있다. 이 지역 개석무덤의 하한 연대 역시 불명확하다. 대체로 석붕무덤과 유사하여 기원전 3~4세기로 추정된다.

압록강 하류지역(제2구)에서는 마성자 4기 문화(상대 후기나 주대 전기, 기원전 11세기 전후)에 속하는 개석무덤이 확인되나 석붕무덤의 현황은 불명확하다. 이 지역에서 이 두 종류 무덤의 하한 연대는 불명확하며, 제1구와 비슷하거나 조금 늦을 것으로 추정된다.

요하 동쪽의 요하 수계에 속하는 여러 강 유역(제3구)에서 가장 이른 개석무덤과 석붕무덤은 모두 신성자문화에 해당된다. 대체로 중원지역의 서주 전·중기 이후로, 기원전 8세기 이전이다. 이 지역에서 유행한 두 종류 무덤의 하한 연대는 제1구와 대체로 비슷할 것이다.

서류 송화강 상류(제5구), 동요하 상류(제6구)지역에서 가장 이른 개석무덤은 남대묘 유형이다. 그 상한 연대는 기원전 8세기를 넘지 않을 것으로 추정된다. 전국(기원전 5세기 전후) 이후에 접어들면 개석무덤이 앞에서 설명한 두 지역 내에서 유행되기 시작한다. 석붕무덤은 주로 5구에서 확인되나 자세한 내용은 알 수 없다.

제5구 석붕무덤의 기원에 관한 기존의 견해는 두 가지로 요약된다. 그 하나는 제1구와 기본적으로 동시에 발생하였다는 것이다. 다음은 제1구 석붕무덤이 쇠퇴한 이후에 발전하였다는 것이다. 지금까지의 자료를 보면, 첫 번째 견해에 대해서는 증거가 없고, 두 번째 견해 역시 설득력이 약하다. 그 이유는 대부분의 석붕무덤에서 출토유물이 확인되지 않기 때문이다. 다만 개석무덤과 같은 시기에 출현한 것으로 추정될 뿐이다. 현재까지의 자료를 보면, 위에서 설명한 두 지역 개석무덤의 하한 연대는 전국 후기이거나 그보다 조금 늦을 수 있다. 제5구 석붕무덤의 상황 역시 이와 비슷할 것으로 추정된다.

혼하와 압록강 상류지역(제4구)의 석붕무덤과 개석무덤의 출현 연대는 아직 불명확하나 마성자문화 이후로 보는 것이 타당하며, 신성자문화가 소멸된 이후에 가장 유행하였던 것으로 추정된다. 이 지역 입지형 석붕무덤은 적어도 전국 후기까지는 연속된다. 위체형 석붕무덤은 한 초, 정석형 개석무덤은 서한 중·후기(왕청문 묘지가 대표)까지 지속된다.

이러한 분석을 통해 알 수 있는 것은 각 지역 석붕무덤과 개석무덤의 발전 변화 과정이 동시에 진행된 것은 아니며, 각 지역 간의 '접속(接續)' 문제 또한 존재하지 않는다는 것이다. 아마도 1구에서 출현한 이래 점차 북쪽으로 확산되었을 것이며, 1구에서 두 종류 무덤이 지속적으로 발전하였을 것이다. 기타 지역에서 비록 신성자문화 및 남대묘 유형 단계에 개석무덤과 석붕무덤이 출현하지만, 이들이 주요 무덤 형식은 아니었다. 또한 개석무덤을 주요 묘제로 채택한 것은 천산산맥 서쪽 지역에서 가장 뚜렷하게 확인된다.

출토유물과 무덤 특징, 장례습속 및 분포지역 등의 정황을 종합적으로 고려하면, 제1구를 제외한 기타 지역에서 석붕무덤과 개석무덤이 대량으로 출현한 시점은 하협심 유형, 사가가 유형, 보산 유형 단계이다. 이러한 각 문화유형들의 기원은 비교적 복잡하다. 그 가운데 하협심 유형은 신성자문화와 관련이 있고, 사가가 유형은 하협심 유형과 서로 밀접한 관계에 있으며, 보산 유형의 기원은 불명확하다. 진한 시기 이후 개석무덤과 석붕무덤은 주로 제4구에서 유행된다. 출토유물을 보면 비교적 이른 시기부터 서로 다른 지역의 문화요소가 융합된 것으로 보인다.

(3) 개석무덤과 석붕무덤의 관계

그동안 체계적인 연구가 없었기 때문에 일부 연구자들은 개석무덤과 석붕무덤의 분포지역이 동일한 것으로 인식해 왔다. 어떤 곳에서는 한 유적에 함께 있기도 하고(1구), 혹은 한 지역에 교차 분포(제5구)하기도 한다. 따라서 이런 두 종류 무덤의 관계에 대해서 다음과 같은 두 가지의 해석이 있다.

첫 번째는 개석무덤이 석붕무덤에서 발전된 것이며 마지막 단계에 석붕무덤으로 대체된다.

두 번째는 개석무덤과 석붕무덤의 형식 차이는 묻힌 사람의 신분 차이를 반영한다.

이 책의 연구에 의하면, 비교적 이른 시기에 속하는 화가와보 유형의 개석무덤(왕둔 1호)과 석붕무덤(화가와보 3호)의 연대는 대체로 같다. 비교적 늦은 시기에 혼하 상류와 압록강 상류지역에서는 석붕무덤과 개석무덤이 공존하는데 한대 중기까지 계속된다. 또한 위체형 석붕무덤과 정석형 개석무덤의 구조를 보면 두 무덤의 덮개돌은 모두 덮는 기능을 하지 못하며 무덤의 발전 변화의 추세가 거의 일치한다. 현재까지의 자료를 보면, 개석무덤과 석붕무덤 사이의 변화 발전 관계를 설명하기 어렵다. 따라서 첫 번째 견해는 성립될 수 없고, 석붕무덤과 개석무덤은 장기간 병존한 두 종류의 무덤 양식임을 알 수 있다.

그렇다면 석붕무덤과 개석무덤에 묻힌 사람은 반드시 신분 차이가 있는가에 대한 문제 역시 정확하게 설명할 수 없으며 적어도 세 가지의 가능성이 있다. 첫 번째 기능의 차이, 두 번째 신분의 차이, 세 번째 집단의 차이 등이다.

기존에 필자는 만일 석붕무덤이 모두 지표에 노출되어 있었다면 화장의 장소였을 가능성이 있으며, 개석무덤은 매장의 장소였을 것으로 생각해 왔다. 그러나 석붕무덤의 구조적 특징을 분석한 결과 모두 흙더미나 돌무지 시설을 가지고 있으며, 또한 개석무덤과 석붕무덤의 분포지역이 반드시 일치하지 않는다는 사실을 확인하였다. 이를 통해 기존의 견해가 잘못된 것임을 알게 되었다.

한편 두 무덤의 구조가 신분의 차이에서 온다는 견해 역시 합리적이지 않다. 예를 들어 연대가 비교적 이른 시기의 무덤인 화가와보 3호와 왕둔 1호나 연대가 늦은 산용 4호(위체형 석붕무덤)와 왕청문(정석형 개석무덤) 등은 단지 무덤의 구조를 통해서 신분의 차이를 찾을 수 없다. 또한 제6구에서는 오직 개석무덤만 확인될 뿐 석붕무덤은 발견되지 않기 때문에 신분의 차이를 설명할 방법이 없다. 그렇다면 다른 종류의 무덤을 사용한 상이한 상장(喪葬)의식을 가진 두 종류의 집단이 존재했었을 가능성이 높은 것으로 볼 수 있고, 두 집단은 서로 긴밀하면서 의존적인 관계를 가진 것으로 여겨진다.

당연히 위에서 설명한 문제들은 보다 심화된 연구를 기대해 볼 수밖에 없으며 현재 결론을 내리기 힘들다.

3) 석붕무덤 유행 지역의 고고문화 내용

고고문화의 연구라는 측면에서 보면, 각 유형별 석붕무덤이 유행한 지역 및 그 주변지역에서는 대체로 하대에서 서한 시기까지 아래와 같은 서로 다른 문화 계통이 있었다.

(1) 쌍타자 – 윤가촌문화 계통

요동반도 남부의 연해지역은 돌무지무덤을 주요 무덤 유형으로 하며, 연대
는 대체로 하대에서 전국 초까지이다. 그 가운데 쌍타자 1기와 2기 문화는 같
은 시기의 산동반도 문화요소가 다수 확인되며, 모두 비화장무덤이다. 쌍타자
2기 문화에는 소량의 널무덤과 독무덤이 발견된다. 쌍타자 3기 문화 이후에는
지역 특색이 짙어지며 여러 사람 묻기가 출현한다. 윤가촌 1기 문화에는 여러
사람 화장이 등장하며, 윤가촌 2기 문화에서는 비화장의 널무덤이 나타난다.
이 계통의 문화에서는 석붕무덤과 개석무덤이 발견되지 않았다.

(2) 화가와보 – 쌍방문화 계통

요동반도 북부의 연해와 내륙지역을 중심으로 석붕무덤과 개석무덤이 주
요 무덤 유형으로 채택되었고 소수의 돌널무덤도 확인된다. 출토유물 중 가장
특색 있는 것은 겹입술 항아리이며, 연대는 대략 상대부터 전국 후기까지다.
화가와보 유형의 초기에는 쌍타자 2기 문화의 요소가 확인되며, 후기에는 마
성자문화의 영향이 보다 강하게 나타난다. 출토유물을 보면, 쌍방 유형 및 신
성자문화와 밀접한 관계가 있다.

(3) 마성자 – 신성자 – 하협심 – 왕청문 문화 계통

요동에서 요하 유역에 속하는 큰 샛강인 태자하와 혼하 유역을 중심으로
한다.

출토된 토기는 자체적인 특징이 강하며, 그 가운데 배부른 단지, 한 쌍의
손잡이 달린 깊은 항아리, 아가리가 약간 벌어진 미송리형 토기, 한 쌍의 손잡
이에 입술을 말아 올린 항아리 등은 이 지역의 서로 다른 시기 고고문화를 대
표하는 표지 유물이다. 연대 범위는 하대부터 서한까지이다.

그 가운데 마성자문화는 동굴무덤과 돌널무덤을 주요 묘제로 하며, 주로
태자하와 혼하 유역에서 유행하였다. 후기에는 압록강 유역(노성 유형)까지 확
산된다. 신성자문화는 돌널무덤을 주요 묘제로 하며, 소량의 개석무덤과 석붕

무덤이 축조된다. 분포 범위는 동요하 상류와 휘발하 상류지역(남대묘 유형은 신성자문화의 한 지방 유형)까지 광범위해진다. 하협심 유형에서는 개석무덤과 석붕무덤이 대량 확인되며, 돌널무덤 역시 존재한다. 분포 범위는 북쪽으로 확대된다. 남쪽은 태자하 중·상류에서 시작되며, 북쪽은 서류 송화강 남쪽지역까지이고, 동쪽은 압록강 상류지역까지, 서쪽은 음마하와 이통하 유역까지 이른다. 서류 송화강 유역에서 이 유형의 유적은 다시 두 개의 지방 유형으로 구분된다. 즉 사가가 유형과 보산 유형이다. 전국 후기 이후, 태자하와 혼하, 압록강, 동요하, 휘발하 상류지역을 중심으로 왕청문 유형이 발전하기 시작하고 각 유형별 석붕무덤은 번성하게 된다.

위에서 설명한 서로 다른 계통의 고고문화 사이에는 일정한 연관성이 있다. 한 문화가 약해지면 다른 한 문화는 강해지거나 서로 간 교류가 점차 강화되는 과정을 겪었다. 상대 중·후기부터는 마성자문화가 발전하여 흥성하게 되고, 요동 북부 전역에서 이 문화의 요소가 확인되는데 그 영향력은 요동 남부지역에까지 이른다. 더 나아가 마성자문화에 뿌리를 둔 신성자문화는 요동 전 지역에 보다 강한 영향력을 미치게 된다. 이러한 영향력은 쌍방 유형, 윤가촌 1기 문화에서 출토된 유물을 보면 보다 명확하게 확인된다. 그러나 주의해야 할 것은 화가와보-쌍방 계통에 속하는 특색 있는 무덤-석붕무덤과 개석무덤 역시 이 시기 북쪽으로 전파된다는 점이다. 또한 전국 이후에는 석붕무덤과 개석무덤이 하협심 유형에서 가장 유행하는 무덤 형식이 된다. 이와 관련된 역사 배경은 보다 심층적인 연구를 기대해 본다(그림 102).

비교적 최근 연구 성과들은 이 책에서 언급한 쌍방 유형, 신성자문화, 하협심 유형, 윤가촌 1·2기 문화를 쌍방문화[420]라고 통칭하고 있는데, 이는 앞으로 숙고할 필요가 있다.

2. 연구 과제

이 책의 연구 내용에는 많은 부분에서 부족한 점이 있어 이를 향후의 연구 과제로 삼고자 한다.

1) 관련 유적 연구

본 연구는 관련된 무덤 자료에 대한 귀납과 종합에 중점을 두었다. 그러나 상대적으로 관련 유적의 자료에 대한 정리와 분석이 부족하였다. 그 주된 이유는 요동반도 남부지역의 일부 자료를 제외한 다른 지역은 관련 자료가 매우 빈약하여 체계적인 비교를 진행할 수 없었기 때문이다. 각 지역의 무덤과 관련된 고고문화의 성격을 확정하는 데 부족함이 있을 것으로 판단된다.

2) 관련 문제에 대한 지속적인 논의

본 연구의 목적은 석붕 연구의 체계를 세우고 동북지구 각 지역 석붕의 유행 연대, 고고문화 성격 및 그 상호관계 등의 주요 문제를 초보적으로 해결하는 데 있다. 종합하면, 이 책을 통하여 이러한 목적에 거의 근접하였다고 할 수 있으나 일부 문제에 대해서는 보다 깊은 연구를 기대해 본다.

예를 들어, 요동반도 북부지역 석붕무덤의 기원과 시작 연대에 관하여 보다 많은 논의가 필요하다. 적어도 아래 2가지 측면의 문제에 대해서는 논의되거나 해결되지 않았다. 첫째, 지속된 시간이 비교적 긴 3개의 문화계통 중 남부의 쌍타자문화와 북부의 마성자문화 계통의 상한 연대는 모두 하대의 연대 범위 내에 있으나, 중부지역의 화가와보 문화계통의 상한 연대는 상대 전기로 볼 수 있다. 그렇다면 이 지역의 하대에는 어떤 고고문화가 존재하였는지, 또는 이 계통의 문화가 하대에 이미 형성되었던 것은 아닌지 하는 의문이 생긴다. 둘째, 지금까지의 고고 발굴을 보면, 화가와보 계통 문화는 쌍타자 2기

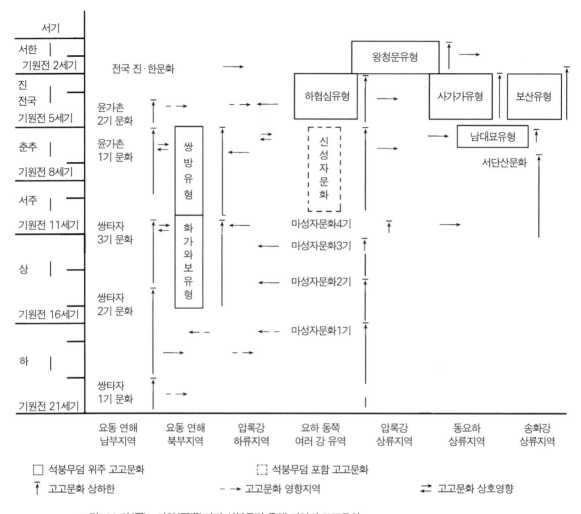

| | 요동 연해 남부지역 | 요동 연해 북부지역 | 압록강 하류지역 | 요하 동쪽 여러 강 유역 | 압록강 상류지역 | 동요하 상류지역 | 송화강 상류지역 |

□ 석붕무덤 위주 고고문화　　　　　▢ 석붕무덤 포함 고고문화

↑ 고고문화 상하한　　　　- → 고고문화 영향지역　　　　⇄ 고고문화 상호영향

그림 102 하(夏)~서한(西漢)시기 석붕무덤 유행 지역의 고고문화

문화와 밀접한 관련이 있다. 또한 쌍타자 2기 문화는 산동반도의 악석문화와
도 긴밀한 연관이 있다. 그렇다면 쌍타자 2기와 악석문화는 화가와보 계통 문
화의 형성과정에 어떠한 작용을 하였는가? 요동반도 북부와 산동반도의 석붕
무덤 사이에는 어떠한 관계가 있는가? 이러한 문제가 효과적으로 해결된다면
요동반도 북부지역 석붕무덤 연대를 보다 정확하게 판단하는 데 도움이 될 수
있을 것이다.

한편 이 책에서는 하요하 평원지역과 요서지역 및 중원지역의 문화가 요동지역 전통문화에 미친 작용과 영향에 대해서는 자세히 다루지 못하였다. 이러한 작용과 영향은 각 지역 석붕무덤과 개석무덤의 흥망과 밀접한 관계가 있을 것이다.

마지막으로 이 책의 몇몇 관점은 여전히 보충과 수정이 필요하다.

중국 동북지구 석붕무덤의 장례습속(석붕무덤과 개석무덤 포함)에 대한 연구를 통하여 우리는 다음과 같은 사실을 알 수 있다. 석붕무덤은 특징이 분명한 하나의 무덤 형식으로 이러한 특징은 구조뿐만 아니라 그 장례습속에도 잘 나타나 있다. 동시에 이처럼 독특한 특징을 가진 무덤들이 서로 다른 시기에는 그 발전의 중심을 달리하면서 변화·발전하는 과정을 겪었다는 것을 인식하게 되었다. 이는 연구자들로 하여금 그 배경에 보다 큰 관심을 갖게 하였다.

이 책에서 진행된 연구는 유적에 국한하지 않고 나아가 그 사회집단의 문화와 정신문화 연구에 보다 많은 관심을 두었다. 그러나 이러한 연구가 이루어지기 위해서는 기초작업이 중요함을 강조하고 싶다.

주

1 　덮개돌[頂石]: 대부분의 한국과 일본 학자들은 '상석(上石)'이라 부른다. 한반도 북부지역 일부 고인돌 구조의 특징 가운데에는 무덤방 자체의 뚜껑돌이 있는 돌널 위에 또다시 1매의 큰 돌을 덮기도 한다. 이러한 종류의 큰 돌을 '개석(蓋石)'이라 부르는 것은 합리적이지 못하며 '상석(上石)'이라고 불러야 한다. 중국 동북지구의 일부 석붕 중에는 무덤방을 지하에 두고, 그 위에 흙더미와 돌무지를 만든 후 그 위에 1매의 큰 돌을 올린 경우도 있다. 그런데 그 크기는 무덤방보다 작아서 덮개돌로서의 역할은 하지 못한다. 또한 이른바 '바둑판형[基盤型]'으로 불리는 일부 고인돌 중에서 그 위의 큰 돌 역시 덮개돌의 역할을 하지 못한다. 따라서 이 책에서는 '덮개돌[頂石]'이라고 부르겠다.

2 　『中國大百科全書·考古學』, 中國大百科出版社, 1986, 473쪽.

3 　(일본)東潮著, 趙天譯, 「高句麗之前的東北亞」, 『歷史與考古信息·東北亞』 2000年2期(東潮, 田中俊明編著, 『論高句麗的歷史與遺跡』第2章, 中央公論社, 1995年에서 옮김).

4 　이와 관련된 자세한 연구 성과는 각 장(章)의 관련 절(節)에서 구체적으로 소개하기로 하며, 여기서는 따로 주(註)를 달지 않겠다.

5 　기존에 '양갑점 석붕(亮甲店 石棚)', '보란점 석붕(普蘭店 石棚)'으로 불렀다.

6 　崔德文, 「遼寧省營口地區石棚研究」, 『中國考古集成·東北券』 青銅時代(二), 北京出版社, 1995.

7 　1924년, (일본)야기 소자부로는 『滿洲舊迹志』 상권에서 요동 석붕에 대한 개략적 내용을 소개하면서 이를 조선의 '탱석(撐石)'과 같은 돌멘으로 인식하였다.

8 　1931년, (일본)야마모토 타다시·쿠하라 이치지는 『南滿洲的多爾門及其方位』에서, 보란점(소관둔), 만가령(대자), 허가둔(석붕산), 분수령(석붕욕), 석목성 등지의 석붕에 대해 보고하였는데 역시 돌멘이라 불렀다.

9 　1944년, (일본)미야케 슌조는 『滿洲考古學槪說』에서 17곳의 석붕을 소개하면서 여전히 돌멘이란 용어를 사용하였다.

10 　이와 관련된 조사와 연구 현황은 다음 논문을 참고할 수 있다. 許明綱, 「大連地區石棚」, 『博物館研究』 1995年1期; (일본)田村晃一著, 蔡鳳書譯, 「遼東石棚考」, 『歷史與考古信息·東北亞』 2003年2期; (일본)田村晃一著, 白雲翔譯, 「東北亞地區的支石墓」, 『博物館研究』 1995年4期; (일본)東潮著, 趙天譯, 「高句麗之前的東北亞」, 『歷史與考古信息·東北亞』 2000年2期(東潮·田中俊明編著, 『論高句麗的歷史與遺迹』 第2章, 中央公論社, 1995年에서 옮김); 遼寧省文物考古研究所, 『遼東半島石棚』, 遼寧科學技術出版社, 1994年.

11 　(일본)鳥居龍藏, 「中國石棚之研究」, 『燕京學報』 31期, 1946年.

12 　(일본)駒井和愛著, 田耘(발췌 번역), 「日本的巨石文化」, 『遼寧文物』 總第5期, 1984年.

13 　(일본)田村晃一著, 白云翔譯, 「東北亞地區的支石墓」, 『博物館研究』 1995年4期 참고.

14 고인돌: 한국 청동기시대의 대표적인 무덤 형식. 신석기시대 북유럽, 서유럽, 지중해 연
안, 아프리카, 서남아시아 일대에 분포하며, 이것은 한국 고인돌과 직접적인 관련이 없
다. 중국 요령성, 산동반도와 일본 큐슈지역에도 분포하는데 이들 지역 고인돌과 한국
것은 약간 다른 점이 있다. 고인돌은 크게 판자돌로 무덤방의 네 벽을 지상에 설치하고
그 위에 덮개돌을 덮은 형식과 지하에 무덤방을 조성하고 주위에 굄돌을 놓은 다음 그
위에 덮개돌을 덮은 형식으로 구분된다. 앞의 것은 주로 한반도 중부 이북지역에 분포
하고, 뒤의 것은 주로 중부 이남지역에 있기 때문에 이 두 가지 형식은 다시 북방식 고
인돌과 남방식 고인돌이라고 부른다. 이외에도 지하에 무덤방을 만들었지만 굄돌이 없
고 무덤방 위에 직접 덮개돌을 덮어 남방식과 구별되는 것을 개석식 고인돌 또는 변형
고인돌이라 부른다(한국 고인돌의 정의:『韓國大百科全書』, 청징탕[成璟瑭] 옮김).

15 (미국)尼尔森, 「東北亞巨石文化的結構」, 『環渤海考古國際學術討論會論文集』, 北京 知識
出版社, 1996年.

16 (한국)河文植著, 常白衫譯, 「韓國靑銅器時代墓制硏究─以"支石"和"敷石墓"爲中心」, 『歷
史與考古新息·東北亞』1996年1期.

17 두 형식의 고인돌 특징에 대해 (일본)코마이 카즈치카는 『日本の巨石文化』에서 다음과
같이 설명했다. 탁자형 고인돌은 4매의 판자돌로 무덤방을 만들고 그 위에 거대한 덮개
돌을 덮었다. 그 형상이 마치 탁자와 비슷하기에 이런 이름을 얻게 되었다. 바둑판형 고
인돌의 특징은 여러 매의 돌 위에 덮개돌을 놓았으며 그 아래에 돌널이 있다. 덮개돌은
두텁고 대형인데 반하여 굄돌은 상대적으로 작아 그 형상이 바둑판을 닮았다. 이들 덮
개돌은 모두 지표에 노출되어 있는데, 이러한 고인돌의 특징이 바로 봉토돌방무덤과 큰
차이점이라 할 수 있다.

18 (일본)田村晃一著, 白云翔譯, 「東北亞地區的支石墓」, 『博物館硏究』1995年4期.

19 陳明達, 「海城的巨石建築」, 『文物參考資料』1953年10期.

20 符松子, 「遼寧省新發現兩座石棚」, 『考古通訊』1956年2期.

21 李文信, 「中國考古學通論·東北巨石建築物的石棚」, 東北人民大學歷史講義, 1956年.

22 王獻唐, 「山東的歷史和文物」, 『文物參考資料』1957年2期.

23 徐知良, 「中國的巨石文化與石棺葬介紹」, 『人文雜志』1958年2期.

24 陶炎, 「遼東半島的巨石文化」, 『理論與實踐』1981年1期; 肖兵, 「示與'大石文化'」, 『遼寧大
學學報』1980年2期; 王獻唐, 「山東的歷史和文物」, 『文物參考資料』1957年2期; 張維緒·鄭
淑艷, 「古代建築奇觀─世界最大的石棚」, 『歷史學習』1991年2期; 俠夫, 「小石棚」, 『旅大日
報』1961年9月17日.

25 李文信, 「中國考古學通論·東北巨石建築物的石棚」, 東北人民大學歷史講義, 1956年.

26 許玉林·許明綱, 「遼東半島石棚綜述」, 『遼寧大學學報』1981年1期.

27 許玉林, 「遼東半島石棚之硏究」, 『北方文物』1985年3期.

28 王洪峰, 「吉林海龍原始社會遺迹調査」, 『博物館硏究』1986年2期.

29 武家昌, 「遼東半島石棚初探」, 『北方文物』1994年4期.

30 陳大爲,「試論遼寧'石棚'的性質及其演變」,『遼海文物學刊』1991年1期.

31 遼寧省文物考古研究所,『遼東半島石棚』,遼寧科學技術出版社, 1994年.

32 許玉林,「對遼東半島石棚有關問題的探討」,『環渤海考古國際學術討論會論文集』, 北京 知識出版社, 1996年.

33 王洪峰,「石棚墓葬研究」,『靑果集』第1輯, 知識出版社, 1993年.

34 『中國大百科全書·考古學』石棚條, 中國大百科出版社, 1986年.

35 『中國大百科全書·考古學』巨石建築條, 中國大百科出版社, 1986年.

36 王仲殊,「從東亞石棚(支石墓)的年代說到日本彌生時代開始於何時的問題」,『考古』2004年 5期.

37 (한국)全榮來著, 徐光輝譯,『朝鮮半島石棚的類型學研究』.

38 遼寧省文物考古研究所,『遼東半島石棚』,遼寧科學技術出版社, 1994年 參조.

39 陳大爲,「試論遼寧'石棚'的性質及其演变」,『遼海文物學刊』1991年1期.

40 許玉林,「對遼東半島石棚有關問題的探討」,『環渤海考古國際學術討論會論文集』, 北京 知識出版社, 1996年.

41 武家昌,「遼東半島石棚初探」,『北方文物』1994年4期.

42 王洪峰,「石棚墓葬研究」,『靑果集』第1輯, 知識出版社, 1993年.

43 현재 중국 학계에서 부르는 석붕은 모두 좁은 의미의 석붕 개념에 속한다. 원문을 존중하기 위해 여기서는 용어 및 개념을 그대로 사용하겠다.

44 본문에서 특별히 각주를 달지 않은 유적들은 모두 遼寧省文物考古研究所,『遼東半島石棚』,遼寧科學技術出版社, 1994年에 근거하여 도면과 사진자료의 내용을 정리하였다.

45 許玉林,「遼寧盖縣伙家窩堡石棚發掘簡報」,『考古』1993年9期.

46 崔德文,「遼寧省營口地區石棚研究」,『中國考古集成·東北卷』靑銅時代(二), 北京出版社, 1995年 참조.

47 쉬밍까앙은 왕가구 석붕(王家溝 石棚)이라 하였다. 許明綱,「大連地區石棚研究」,『博物館研究』1995年1期 참고.

48 許明綱·許玉林,「新金雙房石棚和石蓋石棺墓」,『遼寧文物』1980年1期; 許明綱·許玉林,「遼寧新金雙房石蓋石棺墓」,『考古』1983年4期; 許玉林·許明綱,「新金雙房石棚和石蓋石棺墓」,『文物資料叢刊』1983年7期.

49 (일본)田村晃一著, 蔡鳳書譯,「遼東石棚考」,『歷史與考古信息·東北亞』2003年2期.

50 許玉林,「遼寧省岫岩縣太老墳石棚發掘簡報」,『北方文物』1995年3期.

51 (일본)田村晃一著, 蔡鳳書譯,「遼東石棚考」,『歷史與考古信息·東北亞』2003年2期.

52 許明綱,「大連地區石棚研究」,『博物館研究』1995年1期.

53 (일본)三宅俊彦,「對吉林省騷達溝山頂大棺的認識兼論支石墓的産生」,『考古學文化論集』(2), 文物出版社, 1997年.

54 예전에는 '보란점 석붕(普蘭店 石棚)', 또는 '양갑점 석붕(亮甲店 石棚)'으로 불렸다.

55 (일본)田村晃一著, 蔡鳳書譯,「遼東石棚考」,『歷史與考古信息·東北亞』2003年2期.

56 (일본)田村晃一著, 蔡鳳書譯, 「遼東石棚考」, 『歷史與考古信息·東北亞』 2003年2期.

57 기존에 '석산자 석붕(石山子 石棚)'이라 불렀다.

58 (일본)田村晃一著, 蔡鳳書譯, 「遼東石棚考」, 『歷史與考古信息·東北亞』 2003年2期.

59 許明綱, 「大連地區石棚研究」, 『博物館研究』 1995年1期.

60 遼寧省文物考古研究所, 『遼東半島石棚』, 遼寧科學技術出版社, 1994年.

61 기존에 '분수 석붕(分水 石棚)', '해성 분수 석붕(海城 分水 石棚)', '영구 분수 석붕(營口 分水 石棚)'으로 불렀다.

62 (일본)田村晃一著, 蔡鳳書譯, 「遼東石棚考」, 『歷史與考古信息·東北亞』 2003年2期.

63 쉬위이린이 설명한 문의 방향은 남동 45°이고, 천밍따가 현지에서 측량한 것은 30°이다. 여기서는 천밍따의 견해를 수용한다(陳明達, 「海城縣的巨石建築」, 『文物參考資料』 1953年10期 참조).

64 曉鴻, 「析木城石棚」, 『遼寧大學學報』 1983年3期.

65 (일본)田村晃一著, 蔡鳳書譯, 「遼東石棚考」, 『歷史與考古信息·東北亞』 2003年2期. "이런 부석 혹은 돌무지 시설은 당연히 지면보다 약간 높은 곳에 축조하며, 북한의 고인돌에서는 가장 이른 시기에 나타나는데 지면 위에 미리 마련된 흙단 또는 기단에 축조한다".

66 기존에 '만가령 석붕(萬家嶺 石棚)'이라고 불렀다.

67 기존에 '허가둔 석붕(許家屯 石棚)', '구채 석붕(九寨 石棚)'이라고 불렀다.

68 張維緒, 鄭淑艶, 「古代建築奇觀-世界最大的石棚」, 『歷史學習』 1991年2期; 「石棚迷宮初探」, 『營口社科研究』 1990年2期.

69 崔德文, 「遼寧省營口地區石棚研究」, 『中國考古集成·東北卷』 靑銅時代(二), 北京出版社, 1995年.

70 崔德文, 「遼寧省營口地區石棚研究」, 『中國考古集成·東北卷』 靑銅時代(二), 北京出版社, 1995年.

71 모두 세 개 지점을 포함: 용조산 5기, 차구 2기, 소발둔구 5기.

72 遼寧省文物考古研究所·撫順市博物館, 「趙家墳石棚發掘簡報」, 『北方文物』 2007年2期. 『遼東半島石棚』에서 이미 조가분 석붕이란 명칭을 사용하고 있지만, 해당 유적과 동일한 유적을 지칭하는 것은 아니다. 이를 구분하기 위하여 여기서는 관문 석붕이라 부르겠다.

73 熊增瓏 等, 「撫順河夾心墓地發掘簡報」, 『遼寧省博物館館刊』 3, 遼海出版社, 2008年.

74 武家昌, 「撫順山龍石棚與積石墓」, 『遼海文物學刊』 1997年1期.

75 관련 보고자료에 의하면 이 무덤에서는 5기의 석붕이 발견되었으나 나머지 3기는 이미 파괴되어 남아 있는 것은 2기뿐이다. 徐家國, 「遼寧省撫順市渾河流域石棚調査」, 『考古』 1990年10期 참조.

76 조피둔 1호·2호 석붕은 서로 1.5km가량 떨어져 있다. 쉬위이린은 이것을 통칭하여 조피둔 석붕이라고 하였다.

77 또는 '남잡목 석붕(南雜木 石棚)'이라고도 불린다.

78   특별히 주(註)를 단 것을 제외하고는 길림지역 석붕은 왕홍펑의 자료를 참고하였다. 王洪峰, 「吉林南部石棚及相關問題」, 『遼海文物學刊』 1993年2期; 王洪峰, 「吉林海龍原始社會遺迹調査」, 『博物館研究』 1986年2期; 王洪峰, 「吉林東豊縣南部古代遺跡調査」, 『考古』 1987年6期.

79   國家文物局主編, 『中國文物地圖集·吉林分冊』, 中國地圖出版社, 1993年. 아래에서는 별도의 주를 달지 않겠음.

80   李蓮, 「吉林頭道江下游考古調査簡報」, 『考古通訊』 1958年9期.

81   李蓮, 「吉林頭道江下游考古調査簡報」, 『考古通訊』 1958年9期.

82   李蓮, 「吉林頭道江下游考古調査簡報」, 『考古通訊』 1958年9期.

83   許玉林, 「對遼東半島石棚有關問題的探討」, 『環渤海考古國際學術討論會論文集』, 北京 知識出版社, 1996年.

84   武家昌, 『遼東半島石棚初探』, 『北方文物』 1994年4期.

85   許玉林, 『遼東半島石棚之研究』, 『北方文物』 1985年3期.

86   許玉林, 『遼東半島石棚之研究』, 『北方文物』 1985年3期.

87   許玉林·許明綱, 「遼東半島石棚綜述」, 『遼寧大學學報』 1981年1期.

88   許明綱·許玉林, 「新金雙房石棚和石蓋石棺墓」, 『遼寧文物』 1980年1期; 許明綱·許玉林, 「遼寧新金縣雙房石蓋石棺墓」, 『考古』 1983年4期; 許玉林·許明綱, 「新金縣雙房石棚和石蓋石棺墓」, 『文物資料叢刊』 1983年7期.

89   旅順博物館, 「遼寧大連新金縣碧流河大石墓」, 『考古』 1984年8期.

90   A. 崔玉寬, 「鳳城縣南山頭古墓調査」, 『遼海文物學刊』 1987年1期; B. 許玉林·崔玉寬, 「鳳城東山大石盖墓發掘簡報」, 『遼海文物學刊』 1990年2期; C. 崔玉寬, 「鳳城東山, 西山大石盖墓1992年發掘簡報」, 『遼海文物學刊』 1997年2期; D. 中日考古合作研究測量組, 「遼寧省鳳城縣東山大石盖墓墓地考古勘測」, 遼寧省文物考古研究所, (일본)中國考古學研究會, 『東北亞考古學研究-中日合作研究報告書』, 文物出版社, 1997年.

91   남산두 무덤은 동산 무덤과 같은 유적이다. 그 가운데 1호는 이후의 보고서에 부여된 일련번호와 관계가 분명하지 않다. 츄웨이위콴(崔玉寬) 선생도 이에 대하여 구체적으로 설명하지 못하는 상황이다.

92   崔玉寬, 「鳳城東山, 西山大石盖墓1992年發掘簡報」, 『遼海文物學刊』 1997年2期.

93   張德玉, 「從東溝石棺墓葬文化特徵看其族俗族種」, 『四平民族研究』 1992年1期.

94   요령성문물고고연구소에 의해 2006년 발굴이 진행되었는데 리씬최엔(李新全) 선생의 자료 제공에 감사드린다.

95   蕭景全·李榮發 等, 「新賓旺清門鎮龍頭山石蓋墓」, 『遼寧考古文集』 2, 科學出版社, 2010年.

96   원보고글에서는 모든 유물의 도면이 발표되었으나, 이 글에서는 그 설명이나 크기가 서술된 것만 소개하겠다.

97   金旭東, 「1987年吉林東豊南部蓋石墓調査與清理」, 『遼海文物學刊』 1991年2期.

98   洪峰, 「關馬山石蓋石壙墓及其相關問題」, 『長春文物』 1994年第7期.

99   金旭東, 「1987年吉林東豊南部蓋石墓調查與淸理」, 『遼海文物學刊』 1991年2期.

100   金旭東, 「1987年吉林東豊南部蓋石墓調查與淸理」, 『遼海文物學刊』 1991年2期.

101   金旭東, 「1987年吉林東豊南部蓋石墓調查與淸理」, 『遼海文物學刊』 1991年2期.

102   金旭東, 「1987年吉林東豊南部蓋石墓調查與淸理」, 『遼海文物學刊』 1991年2期.

103   金旭東, 「1987年吉林東豊南部蓋石墓調查與淸理」, 『遼海文物學刊』 1991年2期.

104   金旭東, 「1987年吉林東豊南部蓋石墓調查與淸理」, 『遼海文物學刊』 1991年2期.

105   金旭東, 「1987年吉林東豊南部蓋石墓調查與淸理」, 『遼海文物學刊』 1991年2期.

106   金旭東, 「1987年吉林東豊南部蓋石墓調查與淸理」, 『遼海文物學刊』 1991年2期.

107   吉林省文物考古硏究所·東豊縣文化館, 「1985年吉林東豊縣考古調查」, 『考古』 1988年7期.

108   唐洪源, 「遼源市西安區發現一處靑銅時代晚期石棺墓群」, 『吉林文物』 1986年21期; 吉林
      省文物考古硏究所·遼源市文管會辦公室, 「吉林省遼源市高古村石棺墓發掘簡報」, 『考古』
      1993年6期.

109   武保中, 「吉林公主岭猴石古墓」, 『北方文物』 1989年4期.

110   龐志國, 「九臺市石砬山·關馬山墓地」, 『中國考古學年鑒』(1990年), 文物出版社, 1991年; 吉
      林省文物考古硏究所, 「吉林九臺市石砬山·關馬山西團山文化墓地」, 『考古』 1991年4期.

111   龐志國, 「九臺市石砬山·關馬山墓地」, 『中國考古學年鑒』(1990年), 文物出版社, 1991年; 吉
      林省文物考古硏究所, 「吉林九臺市石砬山·關馬山西團山文化墓地」, 『考古』 1991年4期.

112   吉林省文物工作隊·吉林市博物館, 「吉林樺甸西荒山屯靑銅短劍墓」, 『東北考古與歷史』
      1982年1輯.

113   張永平·于嵐, 「磐石縣梨樹上屯西山發現一座靑銅時代墓葬」, 『博物館硏究』 1993年2期.

114   中日考古合作硏究測量組, 「遼寧省鳳城縣東山大石蓋墓墓地考古勘測」(大貫靜夫 執筆, 郭
      大順改定), 遼寧省文物考古硏究所·(일본)中國考古學硏究會, 『東北亞考古學硏究−中日合
      作硏究報告書』, 文物出版社, 1997年 참조.

115   (일본)西谷正 等, 「東北亞地區支石墓綜合硏究」, 平成6年~8年度 科學硏究費補助金硏究
      成果報告書.

116   劉俊勇·戴廷德, 「遼寧新金縣王屯石棺墓」, 『北方文物』 1988年3期.

117   魏海波, 「遼寧本溪發現靑銅短劍墓」, 『考古』 1987年2期; 魏海波, 「本溪梁家出土靑銅短劍
      和雙鈕銅鏡」, 『遼寧文物』 1984年6期.

118   淸原縣文化局, 「遼寧淸原縣門臉石棺墓」, 『考古』 1981年2期; 撫順市博物館考古隊, 「撫順
      地區早晚兩類靑銅文化遺存」, 『文物』 1983年9期.

119   許志國, 「遼寧開原市建材村石棺墓群」, 『博物館硏究』 2000年3期.

120   裴躍軍, 「西豊和隆的兩座石棺墓」, 『遼海文物學刊』 1986年1期.

121   遼寧省西豊縣文物管理所, 「遼寧西豊縣新發現的幾座石棺墓」, 『考古』 1995年2期. 이 무덤
      은 기존에 고구려 무덤으로 알려졌으며, 이와 유사한 무덤들이 서풍 일대에 많이 있다.

122   唐洪源, 「吉林省東豊縣狼洞山石棺墓調查與淸理」, 『北方文物』 1999年1期.

123   遼寧省西豊縣文物管理所, 「遼寧西豊縣新發現的幾座石棺墓」, 『考古』 1995年2期. 이 무

덤은 기존에 고구려 무덤으로 여겨지던 것으로, 이와 유사한 무덤들이 서풍 일대에 많이 있다.

124　于海民,「東遼黎明石棺墓淸理」,『博物館硏究』1989年2期.

125　唐洪源,「遼源地區發現兩處靑銅時代石棺墓」,『北方文物』1993年2期.

126　遼源市文管會·東遼縣文化館,「東遼縣高麗墳靑銅時代石棺墓」,『中國考古學年鑒(1990)』, 文物出版社, 1991年; 唐洪源,「遼源地區發現兩處靑銅時代石棺墓」,『北方文物』1993年2期.

127　武家昌,「撫順山龍石棚與積石墓」,『遼海文物學刊』1997年1期.

128　(한국)河文植著, 李勇軍譯,「中國東北地區與朝鮮半島支石墓的比較硏究」,『北方文物』1999年3期.

129　2006년 9~11월, 遼寧省文物考古硏究所·本溪市博物館·桓仁縣文物局이 연합 발굴하였다. 단장은 리씬춰이며, 관련 자료는 아직 발표되지 않았다.

130　속칭 '왕팔발자(王八脖子)'라고도 한다. 1950년대 발견된 이래(康家興,「渾江中游的考古調查」,『考古通訊』1956年6期 참고)『吉林省文物志』에 수록되었다. 1997~1999년 발굴된 내용은『中國文物報』2000年3月19日판에「探索高句麗早期遺存及起源」이라는 제목으로 발표되었다. 관련 내용은 國家文物局編,『1999中國重要考古發現』(「吉林通化萬發撥子遺址」), 文物出版社, 2001年에 소개되어 있다.

131　A. 曾昭藏·齊俊,「桓仁大甸子發現靑銅短劍墓」,『遼寧文物』1981年2期; B. 梁志龍·王俊輝,「遼寧桓仁出土靑銅遺物墓葬及相關問題」,『博物館硏究』1994年2期.

132　이른바 바둑판 고인돌은 비록 석붕과 같은 큰 덮개돌을 가지고 있지만 무덤방의 구조에서는 커다란 차이가 있다. 예를 들면 요동지역에서 이른바 바둑판식으로 불리는 것에 대해 우리는 대석개묘라 부르고 있다(許玉林,「遼東半島石棚之硏究」,『北方文物』1985年3期).

133　무덤방의 구조를 볼 때 일정한 유사성을 보이며, 서로 같은 묘역 내에 함께 군집을 이루기도 한다. 대석개묘의 출현은 석붕무덤보다 늦는데, 이것은 석붕무덤이 발전 변화하는 과정에서 생긴 것으로 동시에 '석붕'과 대석개묘가 공존하는 시기가 있다(遼寧省文物考古硏究所,『遼東半島石棚』, 遼寧科學技術出版社, 1994年).

134　武家昌,「遼東半島石棚初探」,『北方文物』1994年4期.

135　석붕무덤은 비교적 발전된 사회의 노예를 가진 높은 지위의 귀족 것이고, 대석개묘는 곧 일반 평민과 노예의 것으로 생각한다. 모두 같은 시기에 축조된 거석무덤의 2가지 형식이다(王嗣洲,「試論遼東半島石棚墓與大石盖墓的關係」,『考古』1996年2期).

136　(일본)田村晃一著, 白雲翔譯,「東北亞地區的支石墓」,『博物館硏究』1995年4期.

137　(한국)河文植著, 李勇軍譯,「支石墓出土的弦紋壺硏究」,『北方文物』2003年2期; (한국)河文植著, 李勇軍譯,「中國東北地區與朝鮮半島支石墓的比較硏究」,『北方文物』1999年3期.

138　(북한)黃基德著, 李雲鐸譯, 顧銘學校,「通過墓葬考察朝鮮靑銅器時代的社會關係」,『歷史與考古信息·東北亞』1984年3期 참조.

139　2차 세계대전 이후 미카미 츠구오는 지표조사 자료에 근거하여 편의상 '남방식'고인돌

을 4가지 형식으로 분류하였다. A형: 지상에 거석이 있고, 지하에 아무런 유구가 없는 것. B형: 평평한 덮개돌을 여러 매의 굄돌이 받치고 있고, 그 아래에 돌무지가 있는 것. C형: 돌무지 위에 하나의 평평한 덮개돌을 얹은 것. D형: 돌무지 위에 입체형 덮개돌을 놓은 것.

140 (북한)都宥浩,「朝鮮巨石文化」,『文化遺産』, 1959年2期.

141 (북한)黃基德著, 李雲鐸譯, 顧銘學校,「通過墓葬考察朝鮮青銅器時代的社會關係」,『歷史與考古信息·東北亞』1984年3期 참조.

142 (일본)田村晃一著, 白雲翔譯,「東北亞地區的支石墓」,『博物館研究』1995年4期 참조.

143 (일본)有光教一,「朝鮮支石墓譜系的考察」,『古代學』16卷2~4號合刊(1969年).

144 즉, 긴동에서 발견된 이러한 종류의 얇은 판자돌로 구성된 돌널 및 돌널이 직접 덮개돌을 받치는 역할을 하는 고인돌이 가장 이른 연대를 보인다는 견해이다. 덧붙여 덮개돌의 하중으로 인해 두께가 얇은 벽석은 점차 함몰된다. 따라서 후대로 갈수록 비교적 두터운 판자돌을 벽석으로 하거나 또는 돌널의 벽 바깥으로 돌을 쌓아 보강하게 된다. 결과적으로 전자가 발전하여 탁자형 고인돌이 되고, 후자가 변화하여 바둑판형 고인돌이 된다(甲元眞之,「朝鮮支石墓的編年」,『朝鮮學報』1973年66期).

145 (한국)崔夢龍著, 張玉春譯,「朝鮮支石墓」,『歷史與考古信息·東北亞』2001年1期 참조.

146 (북한)石光俊著, 李雲鐸譯, 顧銘學校,「朝鮮西北地方支石墓的演變」,『歷史與考古信息·東北亞』1985年3期(북한『歷史科學』1979年1期에서 옮김).

147 침촌형 집묘역 제1유형: 돌널이 비교적 간단하고 벽석이 얇은 편. 제2유형: 얇은 판자돌로 돌널을 만든 것과 두터운 판자돌을 사용하여 돌널을 만든 것이 섞여 있음. 제3유형: 돌널의 양쪽 벽을 모두 두터운 판자돌로 만들었음. 침촌형 단묘역 제4유형: 돌널은 모두 두터운 판자돌로 양벽을 만들고, 얇은 판자돌을 사용하여 옆 벽을 막음. 제5유형: 판자돌과 막돌을 사용하여 "凹"자형의 널을 만들고, 나머지 한 면은 판자돌로 막아 문이 되게 하였음.

148 오덕형 제1유형: 주위에 토석 혼합의 쌓은 묘역이 있고, 벽석의 높이는 1m 이하이며, 거칠게 손질하였음. 제2유형: 구덩이를 판 후 벽석을 똑바로 세웠고, 높이는 1m 이상이며 벽석과 덮개돌은 모서리를 둥글게 가공하였음. 제3유형: 벽석은 안쪽으로 기울어져 있고 정교하게 가공하였으며, 형체가 높고 큰 편으로 출입구가 없음.

149 金柏東,「浙南石棚墓葬研究」,『東方博物』2000年5期; 毛昭晰,「先秦時代中國江南和朝鮮半島海上交通初探」,『東方博物』2003年10期.

150 浙江省文物考古研究所,「瑞安岱石山‘石棚’和大石盖墓發掘報告」,『浙江省文物考古研究所學刊』, 長征出版社, 1997年.

151 兪天舒,「瑞安石棚墓初探」,『溫州文物』1990年5期.

152 金柏東,「巨石建築系列中的浙南石棚」,『溫州文物』1994年7期.
A형: 여러 매의 길쭉한 돌을 받침. B형: 얇은 판자돌이 있는 부분은 길쭉한 돌을 받치고, 두터운 부분은 여러 매의 돌을 높게 쌓았음. C형: 굄돌과 자갈돌로 벽을 만들고 덮개돌

을 올려놓음. D형: 굄돌과 판자돌로 3면의 벽을 만들고 덮개돌을 올려놓음.

153 毛昭晰, 「浙江支石墓的形制與朝鮮半島支石墓的比較」, 『中國江南社會與中韓文化交流』, 杭州出版社, 1997年. A형(대석산 I형): 불규칙한 큰 돌을 세워서 3면의 무덤방 벽을 형성하고, 긴 돌 아래쪽을 흙속에 묻음. B형(대석산 II형): 비교적 큰 돌을 지면에 배열하여 3면의 무덤방 벽을 만들고, 돌의 아래쪽은 흙속에 묻지 않음. C형(대석산 III형): 네 모퉁이에 각 1매씩의 불규칙한 돌을 세워 기둥을 만들고 그 위에 덮개돌을 올렸음. 덮개돌의 앞부분은 뒤쪽보다 높고, 양쪽과 뒤쪽은 여러 매의 큰 돌을 둘렀음. 두른 돌은 석붕의 덮개돌과 닿지 않음. D형(용두산형): 무덤방의 문 이외에 모두 각 1매의 비교적 높은 굄돌이 덮개돌을 지탱함. E형(상호형): 양쪽은 돌을 쌓아 벽을 만들고, 위에 덮개돌을 얹었음. 앞뒤에 모두 문돌이 있음.

154 陳元甫, 「浙江石棚墓研究」, 『東南文化』2003年11期.
제1류: 3면 모두 여러 매의 긴 돌이나 긴 네모꼴 돌을 긴밀하게 세워 3벽체를 이루었음. 위에는 커다란 덮개돌을 올렸으며, 3벽석이 받치고 있음. 제2류: 3면 모두 2매 또는 3매의 크기가 다른 큰 돌을 사용하여 지면에 벽을 만들어 덮개돌을 지탱하고 있음. 제3류: 네 모서리에 긴 돌 1매로 기둥을 세워 굄돌로 삼고, 굄돌 사이에는 돌을 쌓아 벽을 만들었음. 제4류: 자연적인 작은 돌을 쌓아 얕은 무덤구덩이 안에 네 벽을 만듦. 구덩이가 계통도 있으며, 그 위에 1매의 큰 돌을 덮는다. 현재의 상태를 보면 덮개돌 밑에 몇 매의 작은 돌만 있는 것도 있으나 기본적으로 지면 사이에 공간은 없음.

155 楊楠, 「中國東北與東南地區古代石構墓葬的比較分析」, 『考古與文物』1998年5期.

156 毛昭晰, 「先秦時代中國江南和朝鮮半島海上交通初探」, 『東方博物』2003年10期.

157 陳元甫, 「浙江石棚墓研究」, 『東南文化』2003年11期.

158 旅順博物館, 「遼寧大連新金縣碧流河大石盖墓」, 『考古』1984年8期.

159 (북한)石光俊著, 李雲鐸譯, 顧銘學校, 「朝鮮西北地方支石墓的演變」, 『歷史與考古信息·東北亞』1985年3期.

160 徐家國, 「遼寧省撫順市渾河流域石棚調査」, 『考古』1990年10期.

161 遼寧省文物考古研究所, 『遼東半島石棚』, 遼寧科學技術出版社, 1994年.

162 許明綱, 「大連地區石棚研究」, 『博物館研究』1995年1期.

163 崔德文, 「遼寧省營口地區石棚研究」, 『中國考古集成·東北卷』, 靑銅時代(二), 北京出版社, 1995年.

164 王洪峰, 「吉林南部石棚及相關問題」, 『遼海文物學刊』1993年2期; 王洪峰, 「吉林海龍原始社會遺跡調査」, 『博物館研究』1986年2期; 洪峰, 「吉林東豊縣南部古代遺跡調査」, 『考古』1987年6期.

165 지리적 개념에서 요동반도는 요하가 바다로 흘러드는 입구와 압록강이 바다에 유입하는 지역을 연결한 남쪽지역을 가리킨다.

166 조사를 통해 확인된 수량.

167 조사시 확인된 상태. 그 가운데 보존 상태가 좋은 것들은 이미 앞에서 석붕무덤의 자세

한 내용을 설명하였기에 참조하기 바란다. 하지만 보존 상태가 좋지 못한 것들에 대해서는 부분적인 특징이나 출토 사람 뼈와 유물 등 석붕무덤의 개황에 대해서 간단히 설명하였다. 참고문헌에서 유적의 명칭이 석붕으로 표기된 것은 그대로 사용하였으며(예: 하북 석붕), 유적 설명에서 석붕으로 표기된 것은 석붕무덤으로 고쳤다. 또한 서술의 편의를 위하여 입지형 석붕무덤은 이 표의 설명에서 가급적 석붕무덤으로 약칭하겠다. 각 석붕무덤의 관련 수치는 표 5-2를 참조하기 바란다.

168 입지형 석붕무덤 관련자료는 대부분 아래의 문헌을 참고하였다. A. 遼寧省文物考古研究所,『遼東半島石棚』, 遼寧科學技術出版社, 1994年. B. 崔德文, 「遼寧省營口地區石棚研究」,『中國考古集成·東北卷』靑銅時代(二), 北京出版社, 1995年. C. 許明綱, 「大連地區石棚研究」,『博物館研究』1995年1期. D. 遼寧省文物普查資料. E. 許明綱, 「大連古代石築墓葬研究」,『博物館研究』1990年2期. F. 王洪峰, 「吉林南部石棚及相關問題」,『遼海文物學刊』1993年2期. G. 王洪峰, 「吉林海龍原始社會遺跡調査」,『博物館研究』1986年2期. H. 洪峰, 「吉林東豊縣南部古代遺跡調査」,『考古』1987年6期. I. 國家文物局主編,『中國文物地圖集, 吉林分冊』, 中國地圖出版社, 1993年. 이 밖의 문헌을 참고할 경우 미주로 표기하였다.

169 비고의 내용은 기존에 불리던 명칭, 발굴 여부, 묘지내 다른 유형의 무덤과 공존 관계 및 무덤 외부의 돌무지 존재 여부 등 무덤의 구조적 특징에 대한 것들이다.

170 (일본)金關丈夫·三宅宗悅·水野淸一,『羊頭窪』, 東方考古學叢刊 乙種 第3冊, 1942年; 遼寧省博物館, 「金縣亮甲店小石棚」,『遼寧史迹資料』, 1961年.

171 "●"가 표시된 것은 유적 안이나 주변에 개석무덤이 분포한다.

172 許明綱·許玉林, 「新金雙房石棚和石蓋石棺墓」,『遼寧文物』1980年1期; 許明綱·許玉林, 「遼寧新金雙房石蓋石棺墓」,『考古』1983年4期; 許玉林·許明綱, 「新金雙房石棚和石蓋石棺墓」,『文物資料叢刊』1983年7期.

173 관련 내용은 문헌 A의 소둔 석붕 및 문헌 C의 송둔 서산, 남과원 등 두 곳을 종합.

174 (일본)鳥居龍藏, 「中國石棚之硏究」,『燕京學報』31, 1946年.

175 許玉林, 「遼寧蓋縣夥家窩堡石棚發掘簡報」,『考古』1993年9期.

176 용조산과 차구 두 지점 모두 문헌 A, B에서 하북 석붕으로 통칭되었으나, 여기에서는 구분하였다.

177 묘상과 남영지 두 지점 모두 문헌 B에서 임장 석붕으로 통칭되었으나, 여기에서는 구분하였다.

178 사니량, 후대립자, 과원, 하심지, 곽지 등 5개 지점 모두 문헌 A에서 추둔 석붕으로 통칭되었으며, 대부분 파괴된 상태이다. 문헌 B의 기록과는 조금 차이가 있는데, 이 책에서는 문헌 A의 내용을 따랐으며, 분류하여 소개하였다.

179 장발강, 고려성산 두 지점 모두 문헌 A, B에서 장발강 석붕으로 통칭되었으며, 모두 파괴된 상태이다. 이 책에서는 나누어 소개하였다.

180 陳明達, 「海城縣的巨石建築」,『文物參考資料』1953年10期.

181   (일본)鳥居龍藏,「中國石棚之硏究」,『燕京學報』31, 1946年.

182   許玉林,「遼寧省岫岩縣太老墳石棚發掘簡報」,『北方文物』1995年3期.

183   문헌 A: 황지촌 산두둔 동쪽 200m 지점의 평지에 2기의 석붕(남쪽 1기, 북쪽 1기) 확
인. 남쪽 것은 길이와 너비 10m, 높이 0.5m 되는 돌더미 가운데에 위치. 방향은 동서쪽
이며, 현재 북벽과 바닥돌만 있음. 남쪽으로 멀지 않은 흙더미 속에서도 두터운 큰 판자
돌이 드러남. 석붕무덤의 벽석으로 추정됨. 북석붕무덤은 남석붕무덤에서 북쪽으로 약
30m 지점에 위치, 남북향이며, 동·서쪽의 벽석은 길이와 너비, 두께가 동일. 이미 파괴
되었는데, 조사자료에서는 황지보 석붕으로 명칭됨.

184   (일본)甲元眞之 기록(森貞次郞 博士 古稀紀年 古文化文集, 上卷, 1982年), 宮本一夫 인
용(『東北亞地區支石墓綜合硏究』, 平成6-8年度 科學硏究費補助金 硏究成果報告書), 출
처 불명확.

185   동구현 마강향 마강촌의 밭에서 확인, 도면에 2기가 표시됨.

186   마을(屯) 동북쪽에서 2곳이 확인, 서첨산 동석붕 유적으로 불림. 이 석붕무덤에서 서북
쪽으로 약 300m쯤 떨어져 또 다른 2기의 석붕무덤이 발견되었으나 이미 파괴됨.

187   이가보둔 서쪽 600m 지점에 벽석 1개가 있음.

188   이 지역 문물조사 자료와 사진을 통해 확인.

189   소남구둔에서 돌무지 시설이 있는 돌널무덤을 확인. 사진을 통해 볼 때 위쪽은 돌무지
이고, 바닥은 큰 판자돌임.

190   최쌍래(崔雙來)의 기록에 의하면 양목향 건설촌 대이가보자둔 남쪽 높은 언덕 아래의
평지에서 석붕의 돌들을 확인.

191   (일본)甲元眞之 기록(森貞次郞 博士 古稀紀年 古文化文集, 上卷, 1982年), 宮本一夫 인
용(『東北亞地區支石墓綜合硏究』, 平成6-8年度 科學硏究費補助金 硏究成果報告書), 출
처 불명확.

192   熊增瓏 等,「撫順河夾心墓地發掘簡報」,『遼寧省博物館館刊』3, 遼海出版社, 2008年.

193   武家昌,「撫順山龍石棚與積石墓」,『遼海文物學刊』1997年1期.

194   遼寧省文物考古硏究所·撫順市博物館,「趙家墳石棚發掘簡報」,『北方文物』2007年2期.
『遼東半島石棚』에서 이미 조가분 석붕이란 명칭을 사용하고 있지만(표 5-1, 81), 이 유
적과 같은 유적을 가리키는 것은 아니다. 이를 구분하기 위하여 여기에서는 관문 석붕
이라 부르겠다.

195   문헌 A: 동서향, 덮개돌 파괴, 4벽은 기울어짐, 바닥돌 파괴. 1981년 조사를 통해 모래가
섞인 갈색, 붉은색 및 회색 토기 조각 출토. 항아리와 단지 등의 조각임. 蕭景全,「建國以
來遼東撫順地區的考古發現和硏究」,『博物館硏究』, 2000年3期. 신빈 상협하진 하서 석붕
무덤에서도 모래가 섞인 홍갈색 솥 1점이 출토되었다. 이 토기의 다리는 둥근 모양이며,
매우 작아서 높이가 1cm 정도밖에 안 된다. 일부 다리 모양 손잡이와 겹입술 토기의 아
가리 조각이 찾아졌다.

196   許志國,『遼寧開原市建材村村石棺墓群』,『博物館硏究』2000年3期.

197 (일본)三宅俊成,『滿洲考古學槪說』, 사람 뼈 출토되었음.

198 吉林省博物館,『吉林省新石器時代資料彙編』, 33쪽, "英額布新石器時代遺蹟."

199 동산과 양와방 2곳에서 확인, 문헌 G에서는 백석구 무덤으로 통칭. 문헌 I에서는 동산 묘장과 양와방 서산 묘장으로 나누어 설명. 2개의 문헌에 기록된 내용이 서로 다르기 때문에, 여기에서는 2지점으로 분리하여 설명함.

200 문헌 G: 양와방 석붕 2기, 양와방촌의 동산과 서산에 각각 1기씩 위치, 거리는 약 1km. 여기서는 두 지역으로 나누어 설명함.

201 문헌 F와 I의 기록 중 석붕과 개석무덤의 수량이 불일치, 여기에서는 문헌 F의 내용을 참고로 함.

202 문헌 I: 태평구 무덤떼에는 지하 돌널무덤 18기, 석붕무덤 6기로 기록. 문헌 F: 석붕무덤 16기, 석개무덤 8기로 기록, 두 지점에 나뉘어 분포, 북산에는 석개무덤과 파괴된 석붕무덤이 각각 2기씩, 6~12m 간격으로 분포, 남산에서 20기 확인, 그중 석붕무덤 14기, 석개무덤 6기. 이 책에서는 문헌 F의 내용을 받아들여 두 지점으로 나누어 설명.

203 문헌 F: 석붕무덤과 개석무덤 각 1기, 吉林省文物考古硏究所, 東豊縣文化館, 「1985年吉林東豊縣考古調査」(『考古』1988年7期)에서 석붕무덤 2기로 보고.

204 문헌 G: 모두 6기, 1호는 석붕무덤이며, 나머지는 개석무덤. 문헌 E: 도삼구 무덤떼에 모두 6기의 석붕무덤으로 보고, 이 가운데 5기는 땅속에 묻힘.

205 문헌 F: 16기 석붕무덤, 6기의 개석무덤이 4개 지점에 분포함. 문헌 I: "험수 무덤떼"에 모두 석붕무덤으로 기록됨. 이 책에서는 문헌 F의 내용을 참고하여 4개 지점으로 나누어 설명하겠음.

206 李蓮, 「吉林頭道江下遊考古調査簡報」, 『考古通訊』1958年9期. 문헌 F에는 석붕무덤으로 지칭, 리리엔은 돌널무덤으로 부름.

207 李蓮, 「吉林頭道江下遊考古調査簡報」, 『考古通訊』1958年9期. 문헌 F에는 석붕무덤으로 지칭, 리리엔은 돌널무덤으로 부름.

208 李蓮, 「吉林頭道江下遊考古調査簡報」, 『考古通訊』1958年9期. 문헌 F에는 석붕무덤이라 하였고, 리리엔은 돌널무덤이라 함.

209 송수정자 무덤: 산 능선에 묻혀 있는 1기의 대형 돌널무덤, 화강암의 판자돌을 세워 만듦, 반 이상이 묻혀 있는 석붕무덤.

210 ?는 수치가 불명확한 것. C는 남아 있는 크기이며, B는 지면에 드러난 부분의 크기이다. 이하 모두 동일.

211 문헌 C의 기록을 따름, 문헌 A에서는 이 석붕무덤의 높이가 135cm로 기록됨.

212 문헌 C의 처음 기록을 따름, 문헌 A에는 이 석붕무덤의 높이가 120cm로 기록됨.

213 (북한)石光俊著, 李雲鐸譯, 顧銘學校, 「朝鮮西北地方支石墓的演變」, 『歷史與考古信息·東北亞』1985年3期(북한,『歷史科學』1979年1期에서 옮김).

214 武家昌, 「遼東半島石棚初探」, 『北方文物』1994年4期.

215 遼寧省文物考古硏究所,『遼東半島石棚』, 遼寧科學技術出版社, 1994年; 許玉林, 「對遼東半

島石棚有關問題的探討」,『環渤海考古國際學術討論會論文集』, 北京 知識出版社, 1996年.

216 陳大爲, 「試論遼寧"石棚"的性質及其演變」, 『遼海文物學刊』 1991年1期.

217 王洪峰, 「石棚墓葬硏究」, 『靑果集』 第1輯, 知識出版社, 1993年.

218 A형: 무덤방은 네모꼴 혹은 네모꼴에 가깝고, '막음돌[端石]'은 굄돌의 끝부분에 위치하며, 양쪽 굄돌을 벗어남. B형: 무덤방은 대부분 긴 네모꼴, 문돌 및 막음돌은 양 굄돌보다 작으며, 그 사이에 끼임. 양 굄돌의 바깥쪽에 비교적 길게 나와 있음. C형: 무덤방은 원형과 타원형으로 돌을 쌓음. 무덤방의 위쪽 모서리에는 비교적 큰 틈이 있음. 예를 들면 오덕리 10호 고인돌. D형: 무덤방이 작고, 보통 많은 판자돌이나 돌을 사용하여 축조. 덮개돌은 두텁고 무거움. 기존에 '바둑판' 혹은 '남방식' 고인돌이라 함.

219 (일본)宮本一夫, 「中國東北地區的支石墓」, 『東北亞地區支石墓綜合硏究』, 平成 6~8年度 科學硏究費補助金 硏究成果報告書, 1997年.

220 내부구조란 벽석의 조합 방식을 말하며 4개 유형으로 나뉜다. 갑류: 막음돌이 양쪽 굄돌 사이에 끼어있는 것. 을류: 3벽 혹은 4벽이 덮개돌을 받치고 있는 것. 병류: 막음돌이 양 굄돌 바깥에 위치. 병A: 막음돌의 양끝이 굄돌의 바깥으로 나가지 않음. 병B: 막음돌의 양끝이 굄돌의 바깥으로 벗어난 것.

221 입지형 석붕무덤 가운데 단(壇)이 있는 것은 소수에 불과하며, 해당 사항이 있을 경우 J 표시를 하였음. 그 외부 형태는 차이가 많음.

222 문돌이 남아 있는 것은 2가지로 분류됨. A형: 문돌이 양쪽 굄돌 사이에 끼어 있음. Aa형: 무덤방의 너비와 높이가 같으며, 4면이 막힘. Ab형: 무덤방과 너비가 같지만, 높이는 낮고 반쯤 막혀 있음. Ac형: 문의 한쪽이 막혀 있고 그 옆을 막기 위하여 측문이 있음. B형: 문돌이 양 굄돌 바깥에 위치, 막음돌과 너비 같음. Ba형: 문돌과 무덤방의 높이 같음. Bb형: 무덤방보다 높이가 낮음.

223 지세는 여러 방면을 고려하였는데 가장 중점을 둔 것은 지형. A형: 주변의 조망이 좋은 구릉지대로 지세가 높은 개활지. B형: 연속되는 산능선이나 구릉지대, 지세는 비교적 높음. C형: 구릉 기슭.

224 입지형 석붕무덤의 긴 방향은 서로 달라 다음과 같이 구분하였음. E: 동서향, N: 남북향, X: 기운 방향.

225 대다수의 학자들이 석붕무덤의 축조기술에 관하여 여러 견해를 밝히고 있음. 축조기술이 발달함에 따라 사용된 석재가 크고 무거우며, 손질하는 기술이 정교해지고 사개맞춤[榫卯]이 나타남. 벽석을 세우는 방식도 직립에서 기울어 각진 모습으로 변화됨. 이상을 종합하여 몇 가지 유형으로 분류하면, A형: 매우 정교함(석재는 손질을 하였을 뿐만 아니라 맞물리는 곳에 홈을 파 놓았고 네 벽은 사다리꼴). B형: 비교적 정교함(석재의 두께가 고르며, 꼼꼼하게 손질). C형: 자연석재 사용(거의 손질하지 않은 채석 그대로의 모습으로 두께가 고르지 않으며 형태도 불규칙).

226 무덤방의 관련 수치 가운데 ? 표기는 추측에 의한 것, D는 바닥돌 크기.

227 1구: 요동 연해 여러 강 유역, 2구: 압록강 하류지역, 3구: 요하 동쪽 여러 강 유역, 4구:

압록강 상류지역, 5구: 서류 송화강 상류지역.

228 갑류: '감입'형 석붕무덤. 을류: '탑접'형 석붕무덤. 병류: '의고형' 석붕무덤.

229 (일본)東潮著, 趙天譯, 「高句麗之前的東北亞」, 『歷史與考古信息·東北亞』 2000年2期(東潮·田中俊明 編著, 『論高句麗的歷史與遺蹟』 第二章, 中央公論社, 1995年).

230 許玉林, 「遼寧盖縣伙家窩堡石棚發掘簡報」, 『考古』 1993年9期.

231 許玉林, 「對遼東半島石棚有關問題的探討」, 『環渤海考古國際學術討論會論文集』, 北京 知識出版社, 1996年.

232 劉俊勇·戴廷德, 「遼寧新金縣王屯石棺墓」, 『北方文物』 1988年3期.

233 許志國·庄艷傑·魏春光, 「法庫石砬子遺址及石棺墓調査」, 『遼海文物學刊』 1993年1期.

234 遼寧鐵嶺地區文物組, 「遼北地區原始文化遺址調査」, 『考古』 1981年2期.

235 관련 수치는 모두 최대 길이, 최대 너비, 최대 두께를 반영.

236 무덤방의 수치 중 ?는 추측을 통해 산출된 것이며, D는 바닥돌의 수치, B는 바깥에 드러난 높이를 표시.

237 1구: 요동 연해 여러 강 유역, 2구: 압록강 하류지역, 3구: 요하 동쪽 여러 강 유역, 4구: 압록강 상류지역, 5A구: 휘발하 상류지역, 5B구: 두도강 유역.

238 許玉林, 「遼寧省岫岩縣太老墳石棚發掘簡報」, 『北方文物』 1995年3期.

239 許明綱, 「大連地區石棚研究」, 『博物館研究』 1995年1期.

240 I식: 막음돌의 양끝이 굄돌의 바깥으로 벗어나지 않는 것. II식: 막음돌의 양끝이 굄돌과 나란한 것. III식: 막음돌의 양끝이 굄돌의 바깥으로 벗어난 것.

241 許玉林·任鴻魁, 「遼寧鳳城胡家堡孟家積石墓發掘簡報」, 『博物館研究』 1991年2期.

242 조사를 통해 확인된 수량.

243 武家昌, 「撫順山龍石棚與積石墓」, 『遼海文物學刊』 1997年1期.

244 "왕팔발자(王八脖子)"라고도 함. 1950년대 조사(康家興, 「渾江中游的考古調査」, 『考古通訊』 1956年6期)되어 『吉林省文物志』에 수록되었다. 1997~1999년 발굴된 내용은 『中國文物報』 2000년 3월19일 판에 「探索高句麗早期遺存及起源」으로 발표되었다. 관련 내용은 國家文物局編, 『1999中國重要考古發現』(「吉林通化萬發撥子遺址」), 文物出版社, 2001年에 소개되었다.

245 2006년 9~11월, 遼寧省文物考古研究所, 本溪市博物館, 桓仁縣文物局이 연합 발굴하였다. 책임 조사원은 李新全이며, 관련 자료는 아직 발표되지 않았다.

246 吉林省文物考古研究所, 「吉林長白縣干溝子墓地發掘簡報」, 『考古』 2002年8期.

247 旅順博物館, 「遼寧大連新金縣碧流河大石盖墓」, 『考古』 1984年8期.

248 遼寧省文物考古研究所, 『遼東半島石棚』, 遼寧科學技術出版社, 1994年.

249 許玉林·許明綱, 「遼東半島石棚綜述」, 『遼寧大學學報』 1981年1期.

250 許明綱, 「大連古代石築墓葬研究」, 『博物館研究』 1990年2期.

251 王冰·萬慶, 「遼寧大連市王寶山積石墓試掘簡報」, 『考古』 1996年3期; 中日考古合作研究測量組, 「遼寧省大連市金州區王山頭積石塚考古測量調査」, 『東北亞考古學研究』, 文物出版

社, 1997年.

252 華玉冰·王瑢·陳國慶, 「遼寧大連市土龍積石墓地1號積石塚」, 『考古』 1996年3期.

253 中國社會科學院考古研究所編著, 『雙砣子與崗上-遼東史前文化的發現和研究』, 科學出版社, 1996年.

254 쉬위이린과 쉬밍까앙의 '대석개묘'는 지표에 드러난 하나의 큰 돌을 덮개돌로 하는 무덤의 한 유형임.

255 許玉林·許明綱, 「遼東半島石棚綜述」, 『遼寧大學學報』 1981年1期.

256 쟝쯔리·천구워칭의 '대석개묘'는 무덤방이 지하에 있고 그 위에 하나의 완전한 판자돌을 덮은 후 대부분 덮개돌 위로 흙더미가 있는 무덤임.

257 張志立·陳國慶, 「東北地區石質葬具綜述」, 『中國考古學會第六次年會論文集』, 文物出版社, 1987年.

258 쩐쉬뚱은 무덤의 입지, 묻기, 껴묻거리의 유형 등 여러 방면에 걸쳐 '대개석묘'의 개념 정의를 하였지만, 이 종류 무덤의 구조적인 특징에 대하여 명확하게 설명하지는 않음.

259 金旭東, 「1987年吉林東豊南部蓋石墓調査與淸理」, 『遼海文物學刊』 1991年2期.

260 쉬꽝훼이는 종합적으로 '대석개묘'의 특징을 무덤방은 지하에 깊이 있고, 덮개돌은 통상적으로 하나의 큰 돌을 이용하는데 대체로 주변의 지면과 수평을 이루며, 개별적으로 덮개돌 위에 흙더미가 있다고 하였음.

261 봉성 남산두와 봉성 동산은 하나의 같은 유적임.

262 徐光輝, 「遼東石構墓葬的類型及相互關係」, 『環渤海考古國際學術討論會論文集』, 北京 知識出版社, 1996年.

263 왕쓰쪼우는 '대석개묘'와 관련하여 그 개념을 무덤방은 지하에 있고 무덤 위에는 큰 판자돌을 이용하여 덮은 돌이 지면에 드러난 특수한 무덤의 한 형식으로 설명하였음.

264 王嗣洲, 「論中國東北地區大石蓋墓」, 『考古』 1998年2期.

265 조사를 통해 확인된 수량.

266 조사 시 확인된 상태. 그 가운데 보존상태가 양호한 것은 이 책에서 이미 자세한 내용을 설명하였기에 참조하기 바람. 하지만 보존상태가 좋지 못한 것은 부분적인 특징, 출토 사람 뼈, 유물 등 개석무덤에 대하여 간단히 설명하였음.

267 개석무덤 관련 자료는 대부분 다음의 여러 문헌을 참고하였음. A. 遼寧省文物考古研究所, 『遼東半島石棚』, 遼東科學技術出版社, 1994年. B. 許明綱, 「大連地區石棚研究」, 『博物館研究』 1995年1期. C. 遼寧省文物普査資料(조사자료 가운데 석붕과 개석무덤의 서술은 대부분 통일된 체계를 갖추지 못하였다. 여기서 인용한 내용들은 가능한 원문에 충실하였으며 그에 대한 별도의 설명을 덧붙이겠다). D. 許明綱, 「大連古代石築墓葬研究」, 『博物館研究』 1990年2期. E. 肖景全, 李榮發 等, 「新賓旺淸門鎭龍頭山石蓋墓」, 『遼寧考古文集』(二), 科學出版社, 2010年. F. 金旭東, 「1987年吉林東豊南部蓋石墓調査與淸理」, 『遼海文物學刊』 1991年2期. G. 王洪峰, 「吉林南部石棚及相關問題」, 『遼海文物學刊』 1993年2期. H. 王洪峰, 「吉林海龍原始社會遺迹調査」, 『博物館研究』 1986年2期. I. 洪峰, 「吉林東

豊縣南部古代遺迹調査」,『考古』1987年6期. J. 國家文物局主編,『中國文物地圖集·吉林分冊』, 中國地圖出版社, 1993年.

268 비고의 내용은 옛 명칭, 발굴 여부, 묘지내 다른 유형의 무덤과 공존관계 등에 대한 것임 ('□'는 묘지 내부 혹은 인근에 석붕무덤이 있는 경우).

269 갑A형: 홀묻기 석관형 개석무덤, 갑B형: 홀묻기 토갱형 개석무덤, 을A형: 어울묻기 석광형 개석무덤, 을B형: 어울묻기 토광형 개석무덤.

270 旅順博物館,「遼寧大連新金縣碧流河大石蓋墓」,『考古』1984年8期.

271 許明綱·許玉林,「新金雙房石棚和石蓋石棺墓」,『遼寧文物』1980年1期; 許明綱·許玉林, 「遼寧新金雙房石蓋石棺墓」,『考古』1983年4期; 許玉林·許明綱,「新金雙房石棚和石蓋石棺墓」,『文物資料叢刊』1983年7期.

272 문헌 A: 소둔 석붕떼 부근에 대석개묘(즉 개석무덤)와 돌무지무덤이 있음. 모두 12기의 대석개묘와 1기의 돌무지무덤.

273 문헌 A: 소둔 석붕떼에서 북쪽으로 600m 떨어져 대석개묘 6기 있음.

274 旅順博物館,「遼寧大連新金縣碧流河大石蓋墓」,『考古』1984年8期.

275 劉俊勇·戴廷德,「遼寧新金縣王屯石棺墓」,『北方文物』1988年3期.

276 崔玉寬,「鳳城縣南山頭古墓調査」,『遼寧文物學刊』1987年1期; 許玉林·崔玉寬,「鳳城東山大石蓋墓發掘簡報」,『遼海文物學刊』1990年2期; 崔玉寬,「鳳城東山·西山大石蓋墓1992年發掘簡報」,『遼海文物學刊』1997年2期; 中日考古合作研究測量組,「遼寧省鳳城縣東山大石蓋墓墓地考古勘測」,『東北亞考古學研究』, 文物出版社, 1997年.

277 崔玉寬,「鳳城東山·西山大石蓋墓1992年發掘簡報」,『遼海文物學刊』1997年2期.

278 魏海波,「遼寧本溪發現青銅短劍墓」,『考古』1987年2期; 魏海波,「本溪梁家出土青銅短劍和雙鈕銅鏡」,『遼寧文物』第6期, 1984年.

279 梁志龍,「遼寧本溪多年發現的石棺墓及其遺物」,『北方文物』2003年1期.

280 遼寧省文物考古研究所 等,「遼寧本溪縣新城子大片地青銅時代墓地發掘」,『考古』2010年9期.

281 張德玉,「從東溝石棺墓葬文化特徵看其族俗族種」,『四平民族研究』1992年1期.

282 清原縣文化局,「遼寧清原縣門臉石棺墓」,『考古』1981年2期.

283 許志國,「遼寧開原市建材村石棺墓群」,『博物館研究』2000年3期.

284 裵躍軍,「西豊和隆的兩座石棺墓」,『遼海文物學刊』1986年1期.

285 遼寧省西豊縣文物管理所,「遼寧西豊縣新發現的幾座石棺墓」,『考古』1995年2期. 이 무덤은 기존에 고구려 무덤으로 여겨지던 것으로, 이와 유사한 무덤들이 서풍 일대에 많이 있다.

286 요령성 문물고고연구소에서 2006년 발굴. 조사기록[档案]에는 고구려 돌무지무덤으로 됨. 발굴을 통해 위체형 석붕무덤과 개석무덤, 고구려 돌무지무덤 등이 확인, 본계현에는 외관상 이와 비슷한 형태의 무덤들이 있음, 예를 들면 초하성진 사과수촌 돌무지무덤(지표에 큰 덮개돌 드러남), 평산구 교두진 상가촌 동산 돌무지무덤(지표에 둥근꼴

덮개돌 드러남), 청하성진 단산자촌 북돌방무덤(상부에 돌더미와 흙더미, 무덤의 일부
에 판자돌 노출), 초하장진 투욕촌 북돌방무덤 등.

287 曾昭藏·齊俊,『桓仁大甸子發現靑銅短劍墓』,『遼寧文物』1981年2期; 梁志龍·王俊輝,「遼
寧桓仁出土靑銅遺物墓葬及相關問題」,『博物館硏究』1994年2期.

288 조사기록에는 고구려 돌무지무덤으로 됨, 환인현에는 외관상 이와 비슷한 형태의 무덤
들이 있음. 아하향 연합촌 돌무지무덤, 이봉전자진 사도령자촌 서쪽 돌무지무덤(상부에
큰 덮개돌) 등.

289 요령성 문물고고연구소에서 2006년 발굴.

290 國家文物局編,『1999中國重要考古發現』(「吉林通化萬發撥子遺址」), 文物出版社, 2001年.

291 문헌 F: 석개무덤 5기, 덮개돌 노출. 문헌 H: 44-B2 용두보 무덤떼, 모두 7기, 장방형. 현
존 석붕무덤 5기, 반쯤 묻힘, 덮개돌만 노출.

292 唐洪源,「吉林省東豊縣狼洞山石棺墓調査與淸理」,『北方文物』1999年1期.

293 吉林省文物考古硏究所·東豊縣文化館,「1985年吉林東豊縣考古調査」,『考古』1988年7期.

294 吉林省文物工作隊·吉林市博物館,「吉林樺甸西荒山屯靑銅短劍墓」,『東北考古與歷史』
1982年1輯.

295 張永平·于嵐,「磐石縣梨樹上屯西山發現一座靑銅時代墓葬」,『博物館硏究』1993年2期.

296 劉法祥,「吉林省永吉縣旺起屯新石器時代石棺墓發掘簡報」,『考古』1960年7期.

297 吉林省博物館, 吉林大學考古專業,「吉林市騷達溝山頂大棺整理報告」,『考古』1985年
10期.

298 吉林省文物工作隊,「吉林舒蘭黃魚圈珠山遺址淸理簡報」,『考古』1985年4期.

299 龐志國,「九臺市石砬山·關馬山墓地」,『中國考古學年鑑』(1990年), 文物出版社, 1991年; 吉
林省文物考古硏究所,「吉林九臺市石砬山·關馬山西團山文化墓地」,『考古』1991年4期.

300 龐志國,「九臺市石砬山·關馬山墓地」,『中國考古學年鑑』(1990年), 文物出版社, 1991年; 吉
林省文物考古硏究所,「吉林九臺市石砬山·關馬山西團山文化墓地」,『考古』1991年4期.

301 吉林省文物考古硏究所·遼源市文管會辦公室,「吉林省遼源市高古村石棺墓發掘簡報」,『考
古』1993年6期.

302 唐洪源,「遼源地區發現兩處靑銅時代石棺墓」,『北方文物』1993年2期.

303 遼源市文管會·東遼縣文化館,「東遼縣高麗墳靑銅時代石棺墓」,『中國考古學年鑑(1991)』,
文物出版社, 1992年; 唐洪源,「遼源地區發現兩處靑銅時代石棺墓」,『北方文物』1993年2
期.

304 于海民,「東遼黎明石棺墓淸理」,『博物館硏究』1989年2期.

305 唐洪源,「東遼縣發現一批古文化遺物」,『博物館硏究』1998年3期.

306 遼寧省西豊縣文物管理所,「遼寧西豊縣新發現的幾座石棺墓」,『考古』1995年2期. 이 무덤
은 기존에 고구려 무덤으로 알려져 왔으며, 유사한 종류의 무덤들이 서풍 일대에 다수
있다.

307 武保中,「吉林公主嶺猴石古墓」,『北方文物』1989年4期.

308 遼寧省文物考古硏究所 等,『馬城子—太子河上游洞穴遺存』, 文物出版社, 1994年.

309 齊俊 等,「本溪水洞遺址及附近的遺跡和遺物」,『遼海文物學刊』1988年1期.

310 齊俊,「本溪地區太子河流域新石器至靑銅時期遺址」,『北方文物』1987年3期. 발표된 자료를 종합해 보면, 삼각 동굴은 북전 A동굴을, 노립배 동굴은 마성자 A동굴을 가리키는 것으로 여겨짐.

311 撫順市博物館 等,「遼寧新賓滿族自治縣東升洞穴古文化遺存發掘整理報告」,『北方文物』 2002年1期.

312 李恭篤,「遼寧本溪縣廟後山洞穴墓地發掘簡報」,『考古』1985年 6期; 李恭篤,「遼寧東部地區靑銅文化初探」,『考古』1985年6期.

313 李恭篤,「本溪地區洞穴文化遺存的發現與硏究」,『北方文物』1992年2期.

314 趙賓福,「馬城子文化新論—遼東北部地區夏商時期遺存的整合硏究」,『邊疆考古硏究』(第6輯), 科學出版社, 2008年.

315 아래에서 언급하는 연대 측정값은 모두『馬城子』보고서의 282쪽 내용 즉, 마성자문화 동굴무덤의 절대연대측정 일람표를 참고로 하였음.

316 許玉林,「遼寧東溝縣石佛山新石器時代晚期遺址發掘簡報」,『考古』1990年7期.

317 董新林,「高臺山文化硏究」,『考古』1996年6期.

318 리꿍두(李恭篤)·쟈오삥부는 모두 마성자 A동굴무덤의 연대를 비교적 늦은 시기로 보았는데, 그 기준은 서로 다른 근거를 제시하고 있음.

319 魏海波,「本溪連山關和下馬塘發現的兩座石棺墓」,『遼寧文物學刊』1991年2期. 虎溝유적은 또한 다음의 논문에서도 확인됨. 梁志龍,「遼寧本溪多年發現的石棺墓及其遺物」,『北方文物』2003年1期.

320 梁志龍,「遼寧本溪多年發現的石棺墓及其遺物」,『北方文物』2003年1期.

321 梁志龍,「遼寧本溪劉家哨發現靑銅短劍墓」,『考古』1992年4期.

322 魏海波·梁志龍,「遼寧本溪縣上堡靑銅短劍墓」,『文物』1998年6期.

323 萬欣·梁志龍·馬毅,「本溪南芬西山石棺墓」,『遼寧考古文集』, 遼寧民族出版社, 2003年.

324 遼陽市文物管理所,「遼陽二道河子石棺墓」,『考古』1977年5期.

325 遼陽市文物管理所,「遼陽市接官廳石棺墓群」,『考古』1983年1期.

326 梁振晶,「遼陽杏花村靑銅時代石棺墓」,『遼海文物學刊』1996年1期.

327 梁志龍,「遼寧本溪多年發現的石棺墓及其遺物」,『北方文物』2003年1期.

328 齊俊,「本溪地區發現靑銅短劍墓」,『遼海文物學刊』1994年2期.

329 孫守道·徐秉琨,「遼寧寺兒堡等地靑銅短劍與大伙房石棺墓」,『考古』1964年6期.

330 A형: 판자돌 세움, B형: 돌 쌓기, C형: 판자돌과 돌을 섞어 축조.

331 A형: 돌 깔, B형: 맨바닥.

332 孫守道·徐秉琨,「遼寧寺兒堡等地靑銅短劍與大伙房石棺墓」,『考古』1964年6期.

333 瀋陽故宮博物院 等,「瀋陽鄭家洼子的兩座靑銅時代墓葬」,『考古學報』1975年1期.

334 李繼群·王維臣·趙維和,「新賓老城石棺墓發掘報告」,『遼海文物學刊』1993年2期.

335 張波,「新賓縣永陵公社色家發現石棺墓」,『遼寧文物』, 1984年6期.

336 佟達·張正巖,「遼寧撫順大伙房水庫石棺墓」,『考古』1989年2期.

337 撫順市博物館考古隊,「撫順地區早晚兩類青銅文化遺存」,『文物』1983年9期.

338 孫守道·徐秉琨,「遼寧寺兒堡等地青銅短劍與大伙房石棺墓」,『考古』1964年6期.

339 佟達·張正巖,「遼寧撫順大伙房水庫石棺墓」,『考古』1989年2期.

340 徐家國,「遼寧撫順市甲邦發現石棺墓」,『文物』1983年5期; 撫順市博物館考古隊,「撫順地區早晚兩類青銅文化遺存」,『文物』1983年9期.

341 撫順市博物館考古隊,「撫順地區早晚兩類青銅文化遺存」,『文物』1983年9期.

342 淸原縣文物局 等,「遼寧淸原縣近年發現一批石棺墓」,『考古』1982年2期.

343 佟達·張正巖,「遼寧撫順大伙房水庫石棺墓」,『考古』1989年2期.

344 佟達·張正巖,「遼寧撫順大伙房水庫石棺墓」,『考古』1989年2期.

345 瀋陽故宮博物院 等,「瀋陽鄭家洼子的兩座青銅時代墓葬」,『考古學報』1975年1期.

346 中國社會科學院考古研究所東北工作隊,「瀋陽肇工街和鄭家洼子遺址的發掘」,『考古』1989年10期.

347 이 무덤에서 출토된 일부 유물은 비교적 늦은 연대를 보여 이 글에서는 자세히 다루지 않겠다. 여기서는 마성자문화와 관련 있는 토기에 대해서만 간단하게 분석을 진행한다.

348 A형: 판자돌 세움, B형: 돌 쌓기.

349 曲瑞琦,「瀋陽地區新石器時代的考古學文化」,『遼寧省考古·博物館學會成立大會會刊』, 1981年; 劉煥珉·周陽生,「瀋陽老虎冲青銅時代遺址發掘簡報」,『博物館研究』2005年2期.

350 遼寧省西豐縣文物管理所,「遼寧西豐縣新發現的幾座石棺墓」,『考古』1995年2期.

351 鐵嶺市博物館·西豐縣文物管理所,「西豐釣魚鄉小育英屯石棺墓淸理簡報」,『博物館研究』2004年2期.

352 裴躍軍,「西豐和隆的兩座石棺墓」,『遼海文物學刊』1986年1期.

353 王奇,「遼寧鐵嶺市淸河區九登山發現兩座石棺墓」,『博物館研究』2001年2期.

354 遼寧鐵嶺地區文物組,「遼北地區原始文化遺址調查」,『考古』1981年2期.

355 遼寧鐵嶺地區文物組,「遼北地區原始文化遺址調查」,『考古』1981年2期.

356 許志國·李忠恕,「遼寧開原市發現的幾座石棺墓」,『博物館研究』2001年4期.

357 許志國·莊艷杰·魏春光,「法庫石砬子遺址及石棺墓調查」,『遼海文物學刊』1993年1期.

358 A형: 판자돌 세움, B형: 돌 쌓기, C형: 판자돌과 돌을 섞어 축조.

359 劉景文,「雙陽考古調查記」,『博物館研究』1982年1期.

360 許玉林·王連春,「丹東地區出土的青銅短劍」,『考古』1984年8期.

361 A. 崔玉寬,「鳳城縣南山頭古墓調査」,『遼海文物學刊』1987年1期; B. 許玉林·崔玉寬,「鳳城東山大石蓋墓發掘簡報」,『遼海文物學刊』1990年2期; C. 崔玉寬,「鳳城東山·西山大石盖墓1992年發掘簡報」,『遼海文物學刊』1997年2期; D. 中日考古合作研究測量組,「遼寧省鳳城縣東山大石盖墓墓地考古勘測」,『東北亞考古學研究』, 文物出版社, 1997年.

362 許玉林·崔玉寬,「鳳城東山大石盖墓發掘簡報」,『遼海文物學刊』1990年2期.

363 이 돌무지무덤은 1941년에 발굴되었으나 정식 보고서는 발표되지 않았다. 발굴에 참여하였던 스미타 쇼이치(澄田正一)의 논문, 그리고 야키야마 신고(秋山進午)와 오카무라 히데노리(岡村秀典)가 발표한 조사보고를 참고하였다. 澄田正一·秋山進午·岡村秀典, 「1941年四平山積石墓的調査」, 『考古學文化論集』 4, 文物出版社, 1997年 참조.

364 旅大市文物管理組, 「旅順老鐵山積石墓」, 『考古』 1978年 2期.

365 旅順博物館·遼寧省博物館, 「大連于家村砣頭積石墓地」, 『文物』 1983年 9期.

366 華玉冰·王琇·陳國慶, 「遼寧大連市土龍積石墓地1號積石塚」, 『考古』 1996年 3期.

367 王冰·萬慶, 「遼寧大連市王寶山積石墓試掘簡報」, 『考古』 1996年 3期.

368 中國社會科學院考古研究所編著, 『雙砣子與崗上-遼東史前文化的發現和研究』, 科學出版社, 1996年.

369 中國社會科學院考古研究所編著, 『雙砣子與崗上-遼東史前文化的發現和研究』, 科學出版社, 1996年.

370 旅順博物館, 「旅順口區后牧城驛戰國墓清理」, 『考古』 1960年 8期.

371 中國社會科學院考古研究所編著, 『雙砣子與崗上-遼東史前文化的發現和研究』, 科學出版社, 1996年.

372 그 가운데 1호, 2호는 일반적으로 쌍타자 2기 문화에 속한다. 金關丈夫·三宅宗悅·水野清一, 『羊頭洼』, 東方考古學叢刊 乙種 第三冊, 1942年 참조.

373 이 유적에서 조사된 널무덤의 연대는 모두 다르다. 그 가운데 1기 문화에 속하는 것은 3기이며 모두 작은 널무덤으로 구덩이에서 화장하였다. 발굴자는 무덤의 연대에 대하여 누상 무덤과 비슷하거나 조금 늦다고 추정하였다. 즉 춘추 중기에서 후기 사이이다. 中國社會科學院考古研究所編著, 『雙砣子與崗上-遼東史前文化的發現和研究』, 科學出版社, 1996年 참조.

374 모두 긴 네모꼴의 구덩이홑무덤[竪穴單人墓]이다. 무덤구덩이는 작고 좁으며, 시설이 없다. 묻기는 바로펴묻기, 옆으로 굽혀묻기, 엎어묻기 등 3종류로 구분된다. 껴묻거리는 단지와 비파형동검 등이 있다. 이를 통해 발굴자는 상마석의 비파형동검 무덤을 전국 전기로 설정하였다. 旅順博物館·遼寧省博物館, 「遼寧長海縣上馬石青銅時代墓葬」, 『考古』 1982年 6期 참조.

375 旅順博物館·遼寧省博物館, 「遼寧長海縣上馬石青銅時代墓葬」, 『考古』 1982年 6期.

376 中國社會科學院考古研究所編著, 『雙砣子與崗上-遼東史前文化的發現和研究』, 科學出版社, 1996年.

377 中國社會科學院考古研究所編著, 『雙砣子與崗上-遼東史前文化的發現和研究』, 科學出版社, 1996年.

378 中國社會科學院考古研究所編著, 『雙砣子與崗上-遼東史前文化的發現和研究』, 科學出版社, 1996年.

379 趙賓福, 『中國東北地區夏至戰國時期的考古學文化研究』, 科學出版社, 2009年.

380 陳光, 「羊頭洼類型研究」, 『考古學文化論集』 2, 文物出版社, 1989年.

381 旅順博物館 等,「旅順于家村遺址發掘簡報」,『考古學集刊』第一集, 中國社會科學出版社,
1981年; 許玉林·許明綱·高美璇,「旅大地區新石器時代文化和靑銅文化槪述」,『東北考古與
歷史』第一輯, 文物出版社, 1982年; 徐光輝,「旅大地區新石器時代晚期至靑銅時代文化遺
存分期」,『考古學文化論集』4, 文物出版社, 1997年.

382 (일본)宮本一夫著, 賀偉譯,「中國東北地區史前陶器的編年與地域性」,『遼海文物學刊』
1995年2期 (『史林』68卷 2號 1985年에서 옮김).

383 陳光,「羊頭洼類型研究」,『考古學文化論集』2, 文物出版社, 1989年.

384 徐光輝,「旅大地區新石器時代晚期至靑銅時代文化遺存分期」,『考古學文化論集』4, 文物
出版社, 1997年.

385 許明綱·劉俊勇,「大嘴子靑銅時代遺址發掘紀略」,『遼海文物學刊』1991年1期; 遼寧省文物
考古研究所 等,「遼寧大連市大嘴子靑銅時代遺址的發掘」,『考古』1996年2期; 大連市文物
考古研究所,『大嘴子—靑銅時代遺址1987年發掘報告』, 大連出版社, 2000年.

386 中國社會科學院考古研究所編,『中國考古學中碳十四年代數據集(1965-1991)』, 文物出版
社, 1991年; 遼寧省文物考古研究所 等,「遼寧大連市大嘴子靑銅時代遺址的發掘」,『考古』
1996年2期.

387 旅順博物館·遼寧省博物館,「遼寧長海縣上馬石靑銅時代墓葬」,『考古』1982年6期; 中國
社會科學院考古研究所編著,『雙砣子與崗上—遼東史前文化的發現和研究』, 科學出版社,
1996年.

388 中國社會科學院考古研究所編著,『雙砣子與崗上—遼東史前文化的發現和研究』, 科學出版
社, 1996年.

389 劉俊勇·戴廷德,「遼寧新金縣王屯石棺墓」,『北方文物』1988年3期.

390 許明綱,「大連古代石築墓葬研究」,『博物館研究』1990年2期.

391 許明綱,「大連古代石築墓葬研究」,『博物館研究』1990年2期.

392 中國社會科學院考古研究所編著,『雙砣子與崗上—遼東史前文化的發現和研究』, 科學出版
社, 1996年.

393 王嗣洲,「論中國東北地區大石蓋墓」,『考古』1998年2期.

394 唐洪源,「遼源龍首山再次考古調查與淸理」,『博物館研究』2000年2期.

395 金旭東,「東遼河流域的若干种古文化遺存」,『考古』1992年4期.

396 金旭東,「1987年吉林東豊南部蓋石墓調查與淸理」,『遼海文物學刊』1991年2期.

397 林澐,「中國東北系銅劍再論」,『林澐學術文集』, 中國大百科全書出版社, 1998年.

398 武保中,「吉林公主岭猴石古墓」,『北方文物』1989年4期.

399 魏海波·梁志龍,「遼寧本溪縣上堡靑銅短劍墓」,『文物』1998年6期.

400 遼寧省文物考古研究所·本溪市博物館에서 2004年 발굴한 환인 만족자치현 아하향(雅河
鄕) 망강루 돌무지무덤 자료.

401 熊增瓏 等,「撫順河夾心墓地發掘簡報」,『遼寧省博物館館刊』3, 遼海出版社, 2008年.

402 吉林省文物工作隊·吉林市博物館,「吉林樺甸西荒山屯靑銅短劍墓」,『東北考古與歷史』(叢

刊)第一輯, 1982年.

403 曾昭藏·齊俊, 「桓仁大甸子發現靑銅短劍墓」, 『遼寧文物』 1981年1期.

404 A형: 산꼭대기나 산능선, B형: 산기슭, C형: 평지.

405 A형: 판자돌 세움, B형: 돌 쌓기.

406 A형: 돌 깜, B형: 맨바닥.

407 A형: 벽면의 한 쪽이 오목(凹)하며 문돌, B형: 묘역, C형: 딸린널 혹은 딸린방이 있음.

408 A형: 산꼭대기나 산능선, B형: 산기슭, C형: 평지.

409 吉林省博物館·吉林大學考古專業, 「吉林市騷達溝山頂大棺整理報告」, 『考古』 1985年10期. 특별히 주에서 설명한 것 외에, 이 책에서 사용된 관련 수치와 설명은 모두 이 글을 참조하였음.

410 張錫英, 「試論騷達溝山頂大棺的文化性質」, 『考古』 1986年6期.

411 三宅俊彦, 「對吉林省騷達溝山頂大棺的認識兼論支石墓的産生」, 『考古學文化論集』 4, 文物出版社, 1997年.

412 徐光輝, 「關於星星哨石棺墓地陶器編年的幾介問題」, 『慶祝張忠培先生七十歲論文集』, 科學出版社, 2004年.

413 劉法祥, 「吉林省永吉縣旺起屯新石器時代石棺墓發掘簡報」, 『考古』 1960年7期.

414 A형: 산꼭대기나 산능선, B형: 산기슭, C형: 평지.

415 A형: 판자돌 세움, B형: 돌 쌓기, C형: 판자돌과 돌을 섞어 축조, D형: 강돌 쌓기.

416 A형: 돌 깜(Aa형: 판자돌 또는 모난돌, Ab형: 자갈돌), B형: 맨바닥(Ba형: 생토, Bb형: 기반암).

417 화장 시 불 땐 방식에 따라 다음과 같이 구분하였다. "※": 사람 뼈 밑에 장작을 둠, "#": 장작을 위아래에 배치. "◎": 무덤방 바닥에 진흙테 있음, "=": 바닥에 나무껍질을 깜.

418 을A형: 어울무덤 석광형, 을B형: 어울무덤 토광형.

419 4구: 압록강 상류지역, 5구: 서류 송화강 남부 상류지역, 6구: 동요하 상류 및 그 북부 지역.

420 王巍, 「雙房遺存硏究」, 『慶祝張忠培先生七十歲論文集』, 科學出版社, 2004年; 吳世恩, 「關於雙房文化的兩個問題」, 『北方文物』, 2004年2期; 趙賓福, 「以陶器爲視角的雙房文化分期硏究」, 『考古與文物』, 2008年1期.

부록 제사 석붕에 대한 약간의 견해

학계에서는 석붕과 이것이 유행한 지역의 각종 거석건축물의 기능에 대한 견해가 줄곧 일치하지 않았다. 먼저 제사 석붕에 대한 분석을 진행하고, 이어서 기능에 대한 주요 내용을 추론해 보겠다.

1. 제사 석붕의 분석

1) 요동반도의 위석식 석붕[棚狀石棚]

대형 석붕에 관하여 민간에는 많은 옛이야기와 전설[1]이 있다. 석붕산, 유수방, 앙산촌 석붕은 서로 가까운 곳에 있다. 여기에는 3명의 신녀(神女)가 하늘에 오르기 위해 축조한 것이라는 전설이 있다. 그 가운데 석붕산 석붕을 축조한 여신은 마음이 순결하고 선량하여 하룻밤에 석붕을 만들고 하늘로 올라갔다. 그러나 유수방과 앙산촌의 여신은 마음이 그다지 순결하거나 착하지 않아 석붕을 축조하지 못한 채 한을 품고 작은 새가 되었다.

또한 석붕산 석붕에 관한 전설이 있다. 아주 오래전 이곳이 매년 홍수와 기타 자연 재해를 입자 백성이 도탄에 빠져 있었다고 한다. 하루는 갑자기 짙은 안개가 밤낮을 가리지 않고 계속 끼었으며 둘째 날 새벽에야 구름이 열리고 안개가 흩어지면서 산 위에 이 석붕이 나타났다. 이때부터 이곳은 매년 날씨가 좋았다고 전해진다.

해성 석목성 석붕은 옛날에 시누이와 올케 두 사람이 각자 석붕 1기씩을 축조하였다고 전해진다. 시누이는 마음을 다하여 밤에 석붕을 세우고 하늘로 올라가 신선이 되었다. 올케는 석붕을 축조한 다음 집을 떠나지 못하고 아이들을 보러 되돌아갔는데 돌아와 보니 석붕이 무너져 있어 화가 나 죽은 다음 석붕 아래에서 뻐꾸기가 되었다. 이 때문에 현지 사람들은 석목성 석붕을 고수석(姑嫂石)이라고 부른다.

석목성 석붕에 관한 또 다른 전설이 있다. "옛날에 시누이와 올케 두 사람이 한 곳에 살았는데 시누이가 항상 올케를 학대하였다. 올케는 그 고통을 견딜 수 없어서 언덕 위에 올라가 석붕이 되었으며 시누이는 이 모습을 보고 매우 후회하여 언덕 아래에서 석붕이 되었으므로 고수석이라고 한다"는 내용이다. 대황지 석붕의 덮개돌 위에는 시누이와 올케가 돌 위에 올라갈 때 남겨진 발자국과 말발굽 자국이 남아 있다고 전해진다. 대자 석붕도 선인(仙人)들의 축조에 대한 신화 이야기가 전해진다.

이러한 전설은 모두 '하늘[天]'과 관련이 있다. 즉, 사람이 만들고 석붕을 통하여 하늘로 올라갈 수 있다는 내용과 하늘이 내려준 것으로 지역의 평안을 지켜 주는 역할을 한다는 이야기이다. 이러한 석붕은 석붕산, 대자 석붕처럼 후대에 종교활동의 사당이 되었다. 앞에서 설명한 대형 석붕의 성격에 대해서 중국 학계는 서로 다른 견해를 가지고 있다.

리원씬,[2] 왕홍펑,[3] 쉬위이란[4] 등 몇몇 학자들은 무덤에 속한다고 하며, 천따웨이는 제사와 무덤 기능을 모두 지닌 거석 건축기념물로 인식하고 있다.[5] 이런 학자들의 관점에서 보면, 대형 석붕을 무덤으로 보면서도 그 기능에 대해 또 다른 의문점을 가지고 있다.

몇몇 학자들은 그것이 무덤이 아니라고 생각하면서도 그 기능에 대해서는 서로 다른 관점을 가지고 있다. 석붕은 대부분 하나는 크고 하나는 작으며, 동시에 하나는 위쪽, 하나는 아래쪽에 분포한다. 원시 사회의 주민들이 종교 제사의 장소로 사용하였을 가능성이 있다. 하늘, 땅, 해, 달을 상징하고 그 가운데 큰 것은 해이고 작은 것은 달이라는 것이다.[6] 대석문화(大石文化)는 원시 사회의 종교 건축물이거나 그 상징물이며 영석(靈石) 숭배의 한 표현으로 보기도 한다.[7] 석붕과 석갈(石碣)은 같이 있기도 하는데 원시 사회의 종교 기념물[8]이고, 석붕은 고대 마을 연맹이 '선양(禪讓)'하는 제사 장소로 보는 견해도 있다.[9] 『수암현지(岫岩縣志)』에는 "고수석(姑嫂石)은 옛날 사람들의 제사 장소로 사용되었으며 고소석(古掃石)이라 부른다"고 기재되어 있다.

이러한 설명들은 모두 석붕에 대한 체계적인 조사와 발굴 이전의 내용에 집중되어 있지만, 그 다음에도 논쟁은 멈추지 않고 있다. 우지야창은 그것은 무덤이 아니라고 인식하였으며,[10] 타무라 코이치는 이런 종류의 석붕을 분석한 후에 중국의 여러 학자들이 대형 석붕을 종교 시설이라고 인식하는 것에 어느 정도 이해를 함께 하며 석붕은 그 마지막 단계에서 조상 숭배 신앙 장소의 기능을 같이 가지고 있었다고 판단하였다.[11]

필자는 현재까지 고고학적 발굴에서 보면 요동반도 지역의 이런 대형 석붕에 대해서는 제사의 성격을 증명할 자료가 없다고 생각한다. 실제로 이를 증명하는 것이 쉽지 않으며, 적어도 다음과 같은 두 가지 측면에서 해결이 필요하다. 먼저 구조적으로 석붕무덤과 구별되어야 한다. 다음은 석붕무덤과 같은 시기의 수준 높고 특수한 유형의 무덤일 가능성을 배제해야 한다. 그러나 현재의 발견으로 이 문제를 해결하는 것은 거의 불가능하다. 덧붙여 설명하고 싶은 것은 이른바 무덤 겸 제사 장소라는 설명은 실질적인 의미가 없다. 왜냐하면 무덤 자체가 곧 제사 장소이기 때문이다. 무덤이 아니라고 주장하는 사람들도 많은 증거를 가지고 있지 않다. 반대로 무덤이라는 증거 역시 매우 빈약한데 일부 대형 석붕은 흙더미도 없고 유물도 없기 때문이다. 그것이 무덤이면 구조적으로 대형 무덤과 중·소형이 같은 종류에 속하는지부터 구분해야 한다. 이 점에 관하여 현재 여러 견해가 있다(제2장 참고).

2) '제단 고인돌[支石]'에 관하여

천밍따는 『해성현의 거석건축[海城縣的巨石建筑]』[12]에서 현지 육(陸)촌장의 이야기를 예로 들며 관심을 가질 만한 몇 가지 이야기를 기록하였다. 육촌장은 해성 석목성 석붕의 모습과 유사한 건축을 '석붕'이라고 부르는 것은 잘못된 것이며 당연히 '고수석(姑嫂石)'이라 불러야 한다고 하였다. '석붕'은 2매의 돌을 사용하여 하나의 큰 돌을 지탱하는 형식이며, 자연돌을 세운 것도 있는데 수암 일대의 산에서 흔히 볼 수 있다. 이 밖에도 일종의 자연적인 돌을 2매 사용하여 서로 지탱하는 사람인(人)자 모양의 '삽붕'이 있다.

지금까지 육촌장이 말하는 '삽붕'은 발견되지 않았다.

육촌장이 말하는 '석붕'은 오늘날까지도 볼 수 있으며, 주로 한반도에서 발견되었다. '고인돌[支石]'이라고 하며 이것은 생김새에 따른 것이다. 한국 학자 이융조 등은 '고인돌'의 형태와 기능을 분석하여 한국의 고인돌 연구에서 먼저 기능적으로 제단 고인돌[祭壇支石]과 고인돌[支石墓][13] 등 2가지로 분류할 것을 제안하였다.

'제단 고인돌'에 대해서 이융조 등은 기본적으로 양쪽의 굄돌이 덮개돌을 지탱하고 앞·뒤쪽의 막음돌은 없는 형식이며, 이는 후대에 파괴된 것이 아니라고 주장한다. 예를 들면 포천 수입리, 강화 부근리, 광명 철산동, 고창 지동 1호, 고창 강촌 등이 이에 속한다(표 1, 그림 1).

필자는 이러한 고인돌의 형태가 요동반도의 대형 석붕과 차이가 있다고 판단한다. 가장 큰 차이는 양쪽 굄돌 사이에 있는 막음돌이 없다는 것이다. 그리고 원래 막음돌과 문돌이 양쪽 굄돌 사이에 있었으나, 현재는 파괴된 상태라는 것을 설명할 증거는 아직까지 없다.

표 1 한국의 제단 고인돌

유적	입지	방향	형태	크기(cm)	비고
포천 수입리 고인돌	산 사이에 펼쳐진 평지 위, 양암천이 동북으로 흐름.	북동 8°	서쪽으로 기울어짐, 굄돌의 안기울임, 바닥에 돌깔림.	덮개돌 330x300x(15~30). 동벽 210x120x30. 서벽 225x90x20.	덮개돌의 서쪽에 지름 14cm, 깊이 3cm의 구멍. 마귀 할머니 축조 전설. '괸돌', '앵바위'라고 부름.
강화 부근리 고인돌	고려산과 별립산 사이의 구릉	남서 60°	굄돌이 동쪽으로 기움(14°)	덮개돌 720×545×(25~55). 동벽 455×230×(60~70). 서벽 460×250×(90~105).	덮개돌과 굄돌이 맞닿는 부분 손질, 축조 때부터 굄돌이 기울었음.
광명 철산동 고인돌	경사가 약 15°인 높은 언덕	동서	남쪽 굄돌은 배부른 모습으로 손질. 북쪽 굄돌은 뿔 모양이고 손질 안함. 바닥에 모래와 돌깔림.	덮개돌 292×185×(72~88)	북쪽 굄돌 주위에 지름 45cm 범위에 돌을 쌓아 놓았는데 보강 시설임. 출토 유물 가운데 고인돌과 같은 시대 것은 없음.
고창 지동 1호 고인돌	주위보다 높은 대지	동서	굄돌 안기울임. 바닥은 맨땅	덮개돌 345×290×(50~60). 남벽 315×165~170×(25). 북벽 285×160~165×(25).	'망군대(望君台)', '망북단(望北坛)', '괴인 바위'. 장사가 축조하였다는 이야기와 조선시대 의병 이야기가 전해짐.
고창 강촌 고인돌	들판보다 약간 높은 대지	북서 40°	덮개돌은 서쪽으로 기울었음. 굄돌은 2매를 이었음.	덮개돌 285×235×80	덮개돌의 북서쪽에 8개의 구멍. 지름 4~7.5cm. '괸돌', '금돌'

앞에서 설명한 제단 고인돌을 한반도 북부지역의 탁자식 고인돌과 비교하면 형태가 다르다. 한반도 북부에는 흙더미 또는 돌무지가 없는 오덕형 고인돌만 있으며, 그 이른 단계에는 묘역을 가진 고인돌이 있지만 늦은 단계에는 막음돌이나 문돌이 잘 보존된 고인돌이 발견된다. 예를 들면 석광준이 분류한 오덕2형 고인돌-황해북도 연탄군 오덕리 송신동 10호, 은율군 관산리 2호, 평안남도 용강군 석천산 12호, 배천군 용동리 고인돌 등이다. 오덕3형 고인돌은 수량이 비교적 적으며 그 모습이 모두 웅대하고 장엄하다. 가장 대표적인 것은 은율군 관산리 1호와 연탄군 오덕리 1호 고인돌이다. 모두 막음돌이 보존되어 있어 요동반도 대형 석붕의 형태와 비슷하고 막음돌이 양쪽 굄돌에 기대

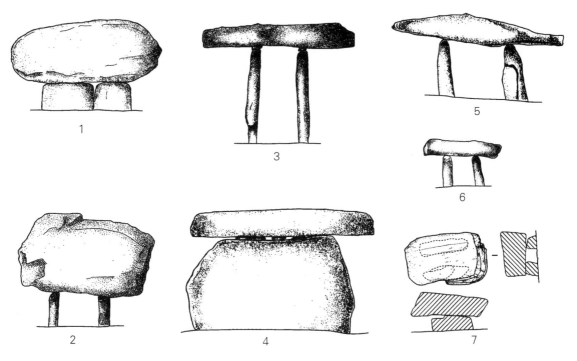

그림 1 한국내 발견된 제단 고인돌
1: 고창 강촌 고인돌(동쪽), 2: 고창 강촌 고인돌(남쪽), 3: 고창 지동 1호 고인돌(서쪽), 4: 고창 지동
1호 고인돌(남쪽), 5: 강화 부근리 고인돌(북쪽), 6: 포천 수입리 고인돌(남쪽), 7: 광명 철산동 고인돌

어 있다. 이러한 고인돌이 분포하는 지역에는 탁자식, 바둑판식, 개석식이 모두 분포한다. 그 가운데 탁자식 고인돌은 수량이 비교적 적으며 구조도 변화하였다. 판자돌을 세워 무덤방을 축조하는 특징은 점점 줄어들고 돌을 쌓는 것으로 대체되었다. 그리고 무덤방의 일부가 지하에 마련되면서 바둑판 고인돌의 형태와 매우 비슷해졌다. 이러한 유형의 고인돌이 밀집 분포한 지역에서 발견되는 이 같은 특수한 형태의 고인돌은 그 기능을 깊이 생각해 볼 필요가 있다.

중국 요동 산간지역에도 이런 고인돌이 있는 것을 고려하면 석붕의 형태와 크게 구별되므로, 필자는 그것이 무덤과 관련이 없다고 생각하지만 증거자료가 부족한 현단계에서는 여전히 많은 의문이 남는다.

3) '대석'['冠石']에 관하여 – '3족(3足) 석붕'

중국의 고대 문헌에 있는 다음 두 가지는 '제사 석붕'과 관련이 있으며 '대석(大石)'이라고 부른다.

『한서·오행지(漢書·五行志)』 27권에 "효소(孝昭) 원봉(元鳳) 3년 정월(기원전 78년)에 태산(泰山) 내무산(萊芜山) 남쪽에서 수천명이 흉흉(匈匈)하는 소리가 들려 사람들이 이를 살펴보니 큰 돌이 스스로 세워져 있었는데 높이가 1장 5척이요, 크기가 48보이고, 깊이가 8척으로 3개의 돌이 받치고 있는데 세워진 돌 주변에 수천의 백조가 모이고 있다"는 기록이 있다.

이 '큰 돌'의 형태에 대해서 두 가지의 해석이 가능하다. 먼저 1매의 큰 돌을 중심으로 주위에 3매의 선돌이 둘러 있는 것인데 '총석(叢石)'이라고 부를 수 있다. 다음으로 '세움[立]'은 돌 셋의 '다리[足]' 위에 가로로 놓는 것을 가리키고 '장5척(丈五尺)'은 전체 높이인데 이것이 곧 '3족(足) 석붕'이다. 이런 종류의 형태일 가능성이 비교적 크며 샤오뼁(肖兵)이 이것에 대해서 자세히 분석하고 도면으로 보여 준 적이 있다.[14] 그러나 이러한 설명은 논리적이지 않으며 일종의 신기루 현상을 반영하는 것 같다. 만약 그렇다면 이것은 어떤 시간, 어떤 지역, 어떤 사람이 '3족 석붕'을 둘러싸고 거행하는 활동의 사실적인 모습일 것이다.

『삼국지(三國志)』 8권에 "초평(初平) 원년(서기 190년), … 당시 양평 연리사(襄平 延里社)에 큰 돌이 나타났는데 길이는 1장 남짓이고 그 아래에는 3개의 작은 돌을 다리로 삼았다. 어떤 이가 공손도(公孫度)에게 이르길 '이것은 한 선제(漢 宣帝, 기원전 73~49년)의 관석을 상징하는 것입니다. 마을 이름도 선군(先君)과 같습니다. 사(社)는 토지를 주관합니다. 장차 땅을 얻고 삼공(三公)의 보좌를 받게 될 것입니다'"라고 기록되어 있다.

위에서 설명한 '대석'에 관하여 당시 사람들도 미처 그 쓰임새를 알지 못하였다. 『한서·오행지』에는 이러한 '대석'의 출현을 '서인이 영웅'이 되는 징조로 여겼다. 휴맹(睢孟)은 석음(石陰)을 백성들의 상징이라 하였고 태산(泰山)의

우뚝 솟은 산은 왕이 (역성혁명으로) 왕조를 개창하여 후세에 알리는 곳으로써 서인(庶人)이 천자가 될 것이라고 하였다. 휴맹은 사형에 처해졌다. 경방역(京房易)께서 전하기를 "복(復)은 무너졌는데 화가 없는 것이다. 위에서 아래로 내려오는 것을 붕(崩)이라 하는데 그것은 태산의 돌이 뒤집혀 아래를 향하는 것으로, 성인이 천명을 받아 군주가 된 것이다." 또한 이르기를 "돌이 사람처럼 서 있는 것은 서인이 천하의 영웅이 되는 것이다. 산에 (돌이) 서 있다면 성씨가 같은 자가 (영웅이 되고), 평지에 서 있다면 성씨가 다른 자가 (영웅이) 되는 것이다. 물에 서 있으면 성인(聖人)이 되는 것이고, 연못에 서 있으면 소인(小人)이 되는 것이다." 대석이 나타나고 5년 후 한 선제가 제왕의 자리에 올랐고 그때 그는 '서인[庶土]'의 신분이었다.

이러한 사실을 통해 볼 때 『삼국지』 8권에서 언급한 "한 선제 관석(冠石)의 징조"라는 것은 위의 내용과 부합하는 것으로 이 기회를 통해 공손도가 왕이 되기 위한 여론을 조작한 것이다. 다만 '대석' 자체에 관한 내용은 결코 있지 않은 일을 꾸민 것은 아닐 것이다.

아마 석붕무덤이 유행한 지역과 유행한 시기에 그와 형태가 비슷한 제사 석붕이 존재하였을 것이다. 산동 치박시 치천구 왕모산(淄博市 淄川區 王母山) 위의 '석붕'은 『삼국지』 8권에 기록된 '대석'과 유사하다. 이 석붕은 1928년 10월에 도리이 류조가 처음 발견하였으며 1941년 발굴되었다.[15] 덮개돌의 길이는 184cm, 너비 116cm, 두께 88cm이고, 그 아래에는 3매의 기둥 형태의 자연돌이 지탱하고 있었으며 높이는 겨우 70cm이다. 1957년 왕씨엔탕이 이 석붕에 대해 보고하였다.[16] 1992년 산동대학 고고학과 교수와 다무라 코이치가 재조사하였으나 이 석붕은 이미 없어졌다. 1998년 팡후훼이(方辉)는 산동 기독교공화대학[齊魯大學]에 있던 캐나다 국적의 제임스 M. 멘지스(James, M. Menzies: 明義士)교수가 보관하던 사진[17] 2장을 공개하였다. 제임스 교수가 1935년 답사 때 촬영한 것으로 옛 모습을 뚜렷하게 보여 주고 있다. 그 형태를 보면 굄돌은 상대적으로 낮고 작으며 기둥 모양으로 돌방의 꼴을 갖추지 못하여 무덤보다는 제사와 관련되었을 가능성이 크다(그림 2).

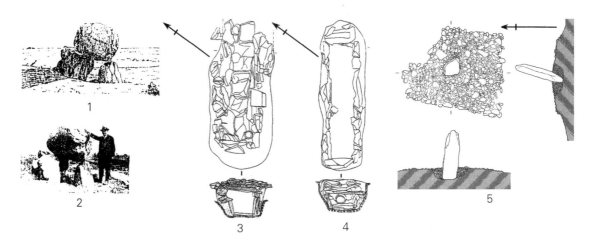

그림 2 왕모산 석붕 등 관련 유적
1: 도리이 류조가 그린 왕모산 석붕, 2: 제임스 M. 멘지스가 촬영한 왕모산 석붕,
3: 남황장 문화 18호 평·단면도, 4: 남황장 문화 1호 평·단면도, 5: 대은보 돌기둥 평·단면도

　　산동반도에서 가장 유명한 석붕은 왕모산 석붕이다. 전해지는 이야기에 따르면 반도 동쪽 끝의 영성(荣成), 문등(文登) 등 현과 시에는 옛날에 석붕이 있었는데 아쉽게도 대부분 파괴되었다. 리훼이주(李慧竹)의 연구에 의하면 현재 산동반도에는 '석붕'이라는 이름을 가진 마을이 많이 있다. 예를 들어 내양시 전점향 동석붕촌(莱陽市 前店鄉 東石棚村), 영성시 마도향 행석붕촌(荣成市 馬道鄉 杏石棚村), 영성시 하장진 석붕염가촌(荣成市 夏庄鎮 石棚閆家村), 유산시 마석장향 하석붕촌(乳山市 馬石庄鄉 下石棚村), 유산시 대고산진 석붕양가촌(乳山市 大孤山鎮 石棚楊家村) 등인데, 산동 '석붕' 분포의 대체적인 범위를 암시하고 있다.[18] 이러한 석붕 관련 지명 분포 구역에서 유산(乳山), 문등, 영성이 중심이며, 또 독특한 특징을 가진 무덤이 발견되고 있다. 즉 무덤 벽 주위에 돌을 쌓았으며 다시 큰 판자돌이 덮여져 있고 판자돌 위에 돌더미가 있다. 이러한 고고 유적을 '남황장문화(南黃莊文化)'[19]라고 부르며, 연대는 서주 중·후기에서 춘추 전기에 해당한다. 이러한 무덤은 산동의 다른 지역에서 널무덤을 주요 무덤 형식으로 하는 주나라의 무덤과 매우 다르다. 반대로 오히려 개석형 고인돌과 아주 비슷하다(그림 2 참고).

왕모산 유형으로 대표되는 석붕은 남황장 유형의 돌덧널무덤 분포지역과 일치한다. 다른 측면으로는 왕모산 유형 석붕의 기능이 무덤과 서로 다르다는 사실을 반영하는 것이다.

이러한 '대석'에 대해서 필자는 그것이 제사 성격을 가진 석붕이라고 생각한다.

4) 돌기둥[石柱子]에 관하여

중국 요동지역에는 위체형 석붕무덤이 '주상제석(柱狀祭石)'과 같이 있다. 예를 들어 환인현 화래진 대은보(桓仁縣 華来鎭 大恩堡) '돌기둥(石柱子)'[20]은 전체 높이가 293cm이다. 지표에 드러난 높이가 213cm이며 땅속에 80cm가 묻혀 있다. 가로 자른 면은 삼각형이며, 동남쪽으로 조금 기울어졌다. 그 주위에는 크고 작은 강 자갈돌이 1층 깔려 있다. 돌기둥 부근의 강 자갈돌은 작으며 바깥쪽은 비교적 큰 편이다. 돌기둥의 북쪽 밑부분과 돌틈에서 돌구슬과 오수전이 1개씩 발견되었다(그림 2 참고).

설명이 필요한 것은 이런 돌기둥이 요동 산지의 환인 등에서 보이는 것이 드문 예는 아니며, 『요동반도석붕』에도 이와 관련된 기록이 있다. 이 밖에도 미카미 츠구오가 분류한 A형 '남방식' 고인돌(지상에 큰 돌이 있고 지하에는 유구가 없음)을 볼 때, 이러한 돌기둥의 분포 범위가 비교적 광범위함을 알 수 있다.

엄밀히 말하면 그것은 이미 제사 석붕의 연구 범위에 속하는 것은 아니지만, 다른 측면에서 보면 이러한 제사 유적의 존재가 '제사 석붕'의 존재 가능성과 합리성을 증명하고 있다.

2. 제사 석붕의 기능

위에서 설명한 일부 석붕은 무덤이 아니지만 그 기능에 대해 결론을 내리기 어렵다. 대부분 무덤 구역에 분포하고 있는 정황으로 보면 매장의식이나 제사의식과 밀접한 관련이 있을 것이다.

세계적으로 전통적인 관념에서 보면 사람은 모두 죽은 다음에 하늘로 가기를 바란다. 석붕무덤 자체에서 제공되는 자료를 보면 이러한 의식(意識)은 특히 뚜렷하다. 평양 일대에서 조사된 14,000여 기의 고인돌 가운데 덮개돌 위에 구멍이 있는 것은 200여 기에 해당한다. 그 가운데 '침촌형' 고인돌에는 13개 정도가 있고, '오덕형'과 '묵방형' 고인돌에는 보통 10~50개가 파여 있다. 많은 것은 100개 이상인 것도 있다.

오덕형 고인돌 가운데는 덮개돌뿐 아니라 굄돌에도 이러한 구멍이 있다. 지금까지 이러한 구멍이 파여 있는 고인돌은 평안남도, 황해남도, 황해북도, 함경남도, 함경북도, 경기도, 충청북도, 경상남도, 경상북도 등에서 발견되었다. 이러한 구멍의 의미에 대해서 북한, 한국 학자의 해석은 서로 다르다. 어떤 사람은 그것이 고인돌에 묻힌 사람의 족보라고 보며, 어떤 사람은 상상의 별이라고 본다. 김동일은 상세한 고증을 통해 그것을 '별자리 그림[星座圖]'이라고 보고 하늘과 땅의 연결을 암시하며 당시 사람들은 죽은 다음 하늘로 올라간다는 관념이 아주 강하였다는 것을 설명하는 것으로 보았다.[21]

요동반도 석목성 석붕에는 문돌 윗부분, 서쪽 굄돌 안쪽에서도 구멍이 발견되었다. 비록 한반도 북부 고인돌의 상황과는 다르지만, 그 의미는 아마도 서로 통할 것으로 보인다. 한반도 남부의 양평 앙덕리, 옥천 안터, 음성 양덕리, 화순 대전에서 자갈돌 위에 구멍이 파인 유물이 발견되었는데, 이에 대해 하문식은 그것이 죽은 자의 영혼을 보호하는 '눈돌[眼石]'이라고 보았다.[22]

이러한 의미에서 보면 제사 석붕은 하늘로 올라갈 수 있는 일종의 매개(媒介)인 것이다.

주

1 遼寧省文物考古研究所, 『遼東半島石棚』, 遼寧科學技術出版社, 1994年.

2 李文信, 『中國考古學通論初稿』, 東北人民大學歷史講義, 1956年.

3 王洪峰, 「石棚墓葬研究」, 『青果集』 第1輯, 知識出版社, 1993年.

4 遼寧省文物考古研究所, 『遼東半島石棚』, 遼寧科學技術出版社, 1994年.

5 陳大爲, 「試論遼寧'石棚'的性質及其演變」, 『遼海文物學刊』 1991年1期.

6 陶炎, 「遼東半島的巨石文化」, 『理論與實踐』 1981年1期.

7 肖兵, 「示與'大石文化'」, 『遼寧大學學報』 1980年2期.

8 王獻唐, 「山東的歷史和文物」, 『文物參考資料』 1957年2期.

9 張維緒, 鄭淑艷, 「古代建築奇觀–世界最大的石棚」, 『歷史學習』 1991年2期.

10 武家昌, 「遼東半島石棚初探」, 『北方文物』 1994年4期.

11 田村晃一著, 蔡鳳書譯, 「遼東石棚考」, 『歷史與考古信息·東北亞』 2003年2期.

12 陳明達, 「海城縣的巨石建築」, 『文物參考資料』 1953年10期.

13 (한국)李隆助·河文植著, 孤鳴鶴譯, 「關於韓國支石另一類型的研究–以'祭壇支石'形式爲中心」, 『歷史與考古信息·東北亞』 1998年1期(韓國 延世大學 國學研究院 『東方學志』 第六十三輯에서 옮김).

14 肖兵, 「示與'大石文化'」, 『遼寧大學學報』 1980年2期.

15 鳥居龍藏, 「中國石棚之研究」, 『燕京學報』 第31期, 1946年.

16 王獻唐, 「山東的歷史和文物」, 『文物參考資料』 1957年2期.

17 方輝, 「山東淄川王母山石棚尋踪」, 『文物天地』 2000年1期.

18 李慧竹, 「漢代以前山東與朝鮮半島南部的交往」, 『北方文物』 2004年1期.

19 北京大學考古系等, 「乳山南黃莊石槨墓」, 『膠東考古』, 文物出版社, 2000年.

20 李新全이 발굴하였고, 미발표된 자료를 제공받았다. 특별히 감사드린다.

21 (북한)金東日著, 常白衫譯, 「關於刻有星座的支石墓」, 『歷史與考古信息·東北亞』 2000年1期(『朝鮮考古研究』 1996年 第3期에서 옮김).

22 (한국)河文植著, 常白衫譯, 「韓國青銅器時代墓制研究–以'支石'和'敷石墓'为中心」, 『歷史與考古信息·東北亞』 1996年1期.

그림 목록

표 목록

중국 동북지역의 고인돌—옮긴이가 사용하는 고인돌은 이 책의 石棚과 같은 광의의 범주에 해당—자료를 심층분석한 화이빙(华玉冰) 교수의 『中國東北地區石棚硏究』(2011년, 中國 科學出版社)를 우리말로 옮긴 지금의 심정은 긴 터널을 빠져나왔다는 후련함보다는 두렵고 초조한 마음뿐이다. 처음으로 번역을 한 것도 있지만 중국 동북지역 고인돌에 대하여 남다른 관심을 가지고 있다는 막연한 심정에서 이 책을 우리말로 옮겨야 하겠다는 의욕이 앞섰기 때문이다. 이 책을 우리말로 옮기면서 번역은 단순히 하나의 틀에 박힌 사전(辭典)적 일이 아니라는 사실을 확실히 깨닫게 되었으며, 전체 문맥을 파악하여 저자의 뜻하는 바를 얼마만큼 정확하게 전달하였는가 하는 물음에는 스스로 부끄러움을 느끼게 된다.

이 책은 저자가 2008년 길림대학 문학원의 고고학 및 박물관 전공 박사학위 논문으로 제출한 것을 바탕으로 이루어졌다. 저자가 고인돌을 연구하게 된 동기는 중국 동북지역의 청동기시대(商·周 시기)에 관심이 많은 지도교수 린윈(林沄)의 영향과 권유에 의한 것이라고 언젠가 옮긴이에게 들려준 기억이 난다. 린윈 교수는 대학시절 은사인 쑤바이(宿白) 교수의 요청으로 자료조사를 하는 과정에 중국, 한국, 일본 등 동북아 3국의 고대사에 공통적으로 등장하는 청동단검과 고인돌의 중요성을 인식하게 되었다고 한다. 하지만 1960년대 당시의 시대 상황으로 인해 자신이 간직하고 있던 많은 자료들을 상실하게 되었고, 그 결과 충분한 연구를 하지 못하게 된 것을 늘 안타까워하였다. 저자는 그런 스승의 마음을 이해하고 린윈 교수의 뜻을 이어 고인돌 연구에 매진하게 되었다.

이 책을 우리말로 옮기는 과정에는 여러 어려움이 있었다. 먼저 석붕과 같은 학술 용어에 대한 것이다. 저자는 석붕을 기능에 따라 제사와 관련된 석붕과 무덤 석붕으로 구분하였고 다시 무덤 석붕은 무덤방의 위치에 따라 석붕무덤[石棚墓]과 개석무덤[蓋石墓]으로 나누었다. 여기서 석붕무덤은 그동안 중국 학자들이 연구 대상으로 한 석붕(탁자식 고인돌)은 물론 대석무덤, 돌무지무덤, 압석묘 등을 포함하는 광의의 의미를 지닌다. 그리고 개석무덤(개석식 고인돌)은 대석개묘, 대개석묘 등을 포괄하고 있다. 저자가 석붕을 이렇게 분류한 것은 중국 고고학계의 연구 성과를 반영하고 계속된 조사에서 나타나는 무덤방의 새로운 구조를 고려한 결과에 따른 것이다. 따라서 옮긴이는 저자의 의도를 최대한 존중하는 의미에서 석붕이라는 전문용어를 그대로 사용하면서 포괄적인 의미에서 고인돌로 옮길 수 있는 경우에는 우리말로 번역하기도 하였다.

또한 중국 고고학계에서 일반적으로 사용하고 있는 유구나 유물(특히 토기의 경우)에 관한 전문 학술용어를 우리말로 옮기는 데 어려움이 많았다. 외국어 자체가 지니는 제한성 때문에 저자의 의도와 낱말이 지니는 함축된 뜻이 올바로 번역되었는지 스스로에게 묻지 않을 수 없다.

이 책을 번역하는 데 있어 옮긴이의 중국어 능력에 한계가 있어 여러 분의 도움을 받았다. 처음 옮긴 원고를 다듬는 과정에 오대양·최호현·조원진·김옥현·허문하(許文霞)·정경일(鄭京日)·이광명(李光明) 님의 많은 도움을 받았다. 또한 옮긴이의 무모한 도전을 격려해 주고 지원을 아끼지 않은 한강문화재연구원의 신숙정 원장님과 권도희 님 그리고 길림대학의 성경당(成璟瑭)님께도 감사드린다. 표지에 쓸 수 있도록 귀한 사진을 제공해 주신 우장문님, 편집과 출판 과정에 궂은일을 맡아 주신 사회평론 아카데미에도 고마움의 인사를 전한다.

2019년 8월
하문식

찾아보기